GRAMÁTICA DE USO DEL ESPAÑOL

Teoría y práctica

CON SOLUCIONARIO

Luis Aragonés
Ramón Palencia

A1-B2

Proyecto editorial
Equipo de Idiomas de SM

Autoría
Luis Aragonés
Ramón Palencia

Revisión
Víctor Benítez, Araceli Calzado, Cristina Aparecida Duarte,
Pablo Fernández de Córdoba, Julia Fernández Valdor, Olalla Hervás Daza

Colaboración
Marta Román

Diseño de interiores y maqueta
Julio Sánchez

Diseño de cubierta
Alfonso Ruano
Julio Sánchez

Ilustración
Ángel Trigo

Coordinación técnica
Ricardo Jabato

Coordinación editorial
Paloma Jover
Miriam Rivero
Pilar García

Dirección editorial
Concepción Maldonado

www.sm-ele.com

Comercializa

Para el extranjero:
Grupo Editorial SM Internacional
Impresores, 2 Urb. Prado del Espino
28660 Boadilla del Monte - Madrid (España)
Teléfono: (34) 91 422 88 00
Fax: (34) 91 422 61 09
internacional@grupo-sm.com

Para España:
CESMA, S. A.
Joaquín Turina, 39
28044 Madrid
Teléfono: 902 12 13 23
Fax: 902 24 12 22
clientes@grupo-sm.com

¿Cómo es?

Esta *Gramática de uso del español* está dirigida a estudiantes de nivel elemental o intermedio.

Está desglosada en 126 unidades que abordan temas gramaticales muy concretos organizados en dobles páginas:

Viñetas de presentación en contexto.

Ejercicios que trabajan lo expuesto en la página de teoría.

TEORÍA

PRÁCTICA

Explicaciones gramaticales sencillas y secuenciadas.

Cuadros de *Atención* para incidir sobre los puntos que producen mayor dificultad.

Remisiones a otras unidades para aclarar o completar conceptos.

Modelos de respuesta para facilitar la realización de los ejercicios.

Espacios para indicar el número de aciertos y realizar la autoevaluación.

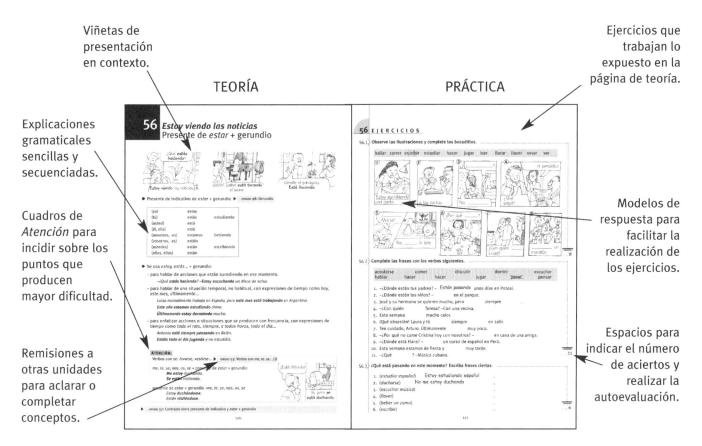

- Es una **gramática clara** en la exposición de los contenidos teóricos.

- Es una **gramática práctica** que incluye gran número de ejemplos y ejercicios.

- Es una **gramática de uso** con un vocabulario actual y rentable.

¿Cómo se usa?

- El libro puede trabajarse **en el aula** o bien emplearse como instrumento de **autoaprendizaje**. Por este motivo, se incluye al final un **solucionario** con las respuestas a todos los ejercicios planteados.

- **Cada una de las unidades del libro puede ser tratada de forma independiente:** profesor o alumno pueden acudir a resolver una cuestión determinada sin necesidad de seguir la *Gramática* de principio a fin.

- El acceso al libro se puede hacer, bien a través del **índice inicial**, en el que aparecen las unidades organizadas temáticamente; o bien a través del **índice analítico final**, en el que se incluyen, ordenados alfabéticamente, los conceptos y palabras clave.

Una propuesta de trabajo

- Para trabajar **aspectos gramaticales nuevos** para el estudiante:

  - Lectura de la teoría.

  - Realización de los ejercicios.

  - Revisión de los ejercicios con ayuda del solucionario, resaltando las respuestas incorrectas.

  - Nueva lectura de la teoría, centrándose en la búsqueda de la información que explique las incorrecciones detectadas en los ejercicios.

  - Nueva realización de los ejercicios y posterior revisión de los mismos.

  - Repetición del paso anterior unos días después.

- Para trabajar **aspectos gramaticales ya conocidos** por el estudiante:

  Realización del proceso anterior a partir del segundo paso. La lectura de la teoría se llevará a cabo únicamente para comprobar las razones por las que determinadas respuestas son incorrectas.

- Para trabajar **unidades que contienen aspectos gramaticales y temáticos comunes** y que están relacionadas entre sí a través de llamadas:

  - Para recordar contenidos anteriores necesarios para la comprensión de la nueva unidad, volver a la unidad o unidades indicadas en la llamada y leer la teoría.

  - Para avanzar y profundizar en el estudio de un contenido temático o gramatical, ir a la unidad o unidades indicadas en la llamada, leer la teoría y realizar los ejercicios.

- Para realizar una **autoevaluación** de cada unidad, completar con el número de aciertos el cuadro que aparece en el margen de cada ejercicio.

- Para trabajar **cuestiones referidas a la ortografía del español** se incluyen al final del libro tres unidades que pueden ser estudiadas en cualquier momento independientemente del itinerario escogido para las unidades del libro.

Índice

1 *el hijo, la hija*
Masculino, femenino (1)

El hijo, el padre son nombres masculinos.

La hija, la madre son nombres femeninos.

● En español, los **nombres** son masculinos o femeninos.

– Son **masculinos** los nombres referidos a **hombres**:

el hijo	*el doctor*
el padre	*el estudiante*
el camarero	*el taxista*

– Son **femeninos** los nombres referidos a **mujeres**:

la hija	*la doctora*
la madre	*la estudiante*
la camarera	*la taxista*

● Formación del femenino

– Muchos nombres masculinos y femeninos se distinguen por la terminación.

MASCULINO	FEMENINO	
–o, –e *el niño* *el cocinero* *el dependiente*	–a *la niña* *la cocinera* *la dependienta*	PERO: *el piloto* – *la piloto* *el paciente* – *la paciente* *el modelo* – *la modelo*
–consonante *el profesor* *el director* *el marqués*	+a *la profesora* *la directora* *la marquesa*	PERO: *el joven* – *la joven*

– Los nombres acabados en *–ante*, *–ista* no cambian en masculino y femenino.

  el estudiante – *la estudiante*   *el pianista* – *la pianista*

– Algunos nombres forman el femenino con otras terminaciones.

  el actor – *la actriz*   *el rey* – *la reina*   *el alcalde* – *la alcaldesa*

– Algunos nombres tienen formas diferentes para el masculino y el femenino.

*el **marido** – la **mujer***	*el **papá** – la **mamá***
*el **hombre** – la **mujer***	*el **padre** – la **madre***

– Algunos nombres tienen dos formas posibles de femenino.

  *el **médico** – la **médica** / la **médico***   *el jefe – la **jefa** / la **jefe***

ATENCIÓN:

Algunas palabras que acompañan al nombre son diferentes para masculino y femenino.

  aquel** chico **rubio** – **aquella** chica **rubia   ***un** hombre **alto** – **una** mujer **alta***

► UNIDAD 2: Masculino, femenino (2)   UNIDAD 4: El artículo indeterminado

  UNIDAD 13: Adjetivos calificativos   UNIDAD 6: El artículo determinado

  UNIDAD 14: Adjetivos de nacionalidad

1 EJERCICIOS

1.1. Escriba *M* (masculino) o *F* (femenino) en cada ilustración. Después, complete como en el ejemplo utilizando las palabras del recuadro con *el* o *la*.

cantante	cocinero	estudiante	modelo	paciente
~~periodista~~	pianista	piloto	rey	~~taxista~~

① F la periodista ② M el cocinero ③ M el rey ④ F la estudiante ⑤ F la modelo

⑥ M el taxista ⑦ F la piloto ⑧ M el cantante ⑨ F la pianista ⑩ F la paciente

ACIERTOS ...../10

1.2. Escriba el femenino de los siguientes nombres.

1. señor — señora
2. jefe — jefa
3. marido — ~~marido~~ mujer
4. pintor — pintora
5. actor — actriz

6. turista — turista
7. escritor — escritora
8. bailarín — bailarina
9. rey — reina
10. joven — joven

11. hombre — mujer
12. niño — niña
13. dependiente — dependienta
14. amigo — amiga
15. médico — médica

ACIERTOS ...../15

1.3. Observe el dibujo y complete las frases con las palabras del recuadro.

abuela	abuelo	hermana	hermano
~~hija~~	hijo	madre	~~padre~~
	tía	tío	

1. Luis es mi padre.
2. Ana es mi madre.
3. Laura es mi hermana.
4. Blanca es mi hija.
5. Pedro es mi hijo.

6. Luis es mi abuelo.
7. Ana es mi abuela.
8. Lucía es mi tía.
9. Julio es mi tío.
10. Raúl es mi hermano

ACIERTOS ...../10

2 el libro, la mesa
Masculino, femenino (2)

El libro, el teléfono son nombres masculinos.

La mesa, la silla son nombres femeninos.

● En español, los **nombres de cosas** pueden ser masculinos o femeninos.

– Los nombres **acabados en –o** son **masculinos**:

el lib**ro**	el car**ro**	el teléfon**o**
el vas**o**	el braz**o**	el muse**o**

PERO: la mano   la foto   la moto   la radio

– Los nombres **acabados en –a** son **femeninos**:

la cas**a**	la sill**a**	la mes**a**
la caj**a**	la tortill**a**	la car**a**

PERO: el día   el idioma   el mapa

el problema   el pijama   el planeta

– Los nombres **acabados en –e** o **en consonante** pueden ser:

– **masculinos:**

• Los días de las semana: *el lune**s**, el miércole**s**...*

• Los nombres compuestos: *el paragua**s**, el cumpleaño**s**...*

• Otros: *el restaurant**e**, el coch**e**, el cin**e**, el hote**l**, el lápi**z**, el pa**n**, el pulóve**r**...*

– **femeninos:**

• Los nombres acabados en *–ción*, *–sión*: *la can**ción**, la habita**ción**, la televi**sión**...*

• Los nombres acabados en *–dad*, *–tad*: *la ciu**dad**, la universi**dad**, la liber**tad**...*

• Otros: *la clas**e**, la noch**e**, la lech**e**, la sa**l**, la flo**r**, la lu**z**...*

● La mayoría de los **nombres de animales** son masculinos o femeninos.

– Son solo **masculinos**: *el pez, el pájaro, el ratón, el conejo...*
– Son solo **femeninos**: *la jirafa, la serpiente, la rana, la sardina...*

PERO: Algunos tienen una forma masculina y otra femenina.

el gato	– la gata	el caballo	– la yegua
el perro	– la perra	el toro	– la vaca
el león	– la leona	el gallo	– la gallina

▶ UNIDAD 1: Masculino, femenino (1)   UNIDAD 4: El artículo indeterminado

UNIDAD 13: Adjetivos calificativos   UNIDAD 6: El artículo determinado

UNIDAD 14: Adjetivos de nacionalidad

2 EJERCICIOS

2.1. Clasifique los siguientes nombres en la tabla. ....

~~atención~~ cama casa ~~cine~~ ciudad cuaderno cumpleaños día	
expresión foto habitación hotel idioma lámpara	
lápiz leche libro luz mano minuto museo	
noche página planeta problema radio	
teatro teléfono universidad vaso ventana viernes	

EL...		LA...	
cine	minuto	atención	leche
cuaderno	museo	cama	luz
cumpleaños	planeta	casa	mano
día	problema	ciudad	noche
expresión / hotel	teatro	expresión	página
idioma	teléfono	foto	radio
lápiz	vaso	habitación	universidad
libro	viernes	lámpara	ventana

ACIERTOS /32

2.2. Complete las siguientes tablas con los animales correspondientes. ....

MASCULINO	FEMENINO	MASCULINO	FEMENINO
el gato	la gata	el perro	la perra
el caballo	la yegua	el león	la leona
el gallo	la gallina	el toro	la vaca

ACIERTOS /6

2.3. Escriba lo que hay en cada ilustración con *el* o *la* como en el ejemplo. Consulte el diccionario en caso de duda. ....

~~árbol~~ diccionario gorila hospital llave mariposa nariz pez tenedor tren	

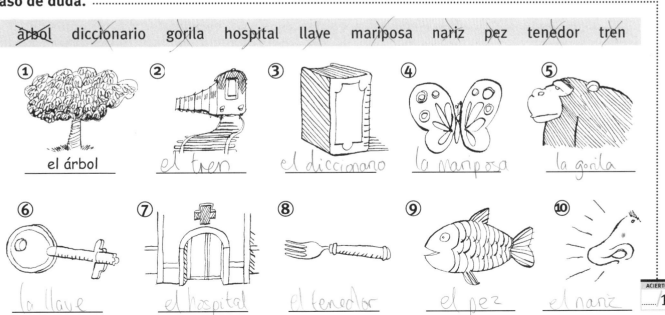

① el árbol	② el tren	③ el diccionario	④ la mariposa	⑤ la gorila
⑥ la llave	⑦ el hospital	⑧ el tenedor	⑨ el pez	⑩ el nariz

ACIERTOS /10

3 *libro, libros*
Singular, plural

libro   *reloj*

Se usa el **singular** para hablar
de una sola persona, animal o cosa:

    niño   *gato*   *mesa*

 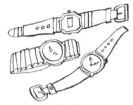

libros   *relojes*

Se usa el **plural** para hablar de
más de una persona, animal o cosa:

    niños   *gatos*   *mesas*

● Formación del plural

SINGULAR	PLURAL	EJEMPLOS
–a, –e, –i, –o, –u	+ s	*casa* ▸ *casas* *libro* ▸ *libros*
–á, –é, –ó, –ú		*café* ▸ *cafés* *menú* ▸ *menús*
–consonante	+ es	*frijol* ▸ *frijoles* *reloj* ▸ *relojes* *mes* ▸ *meses*
–í, –y		*rubí* ▸ *rubíes* *ley* ▸ *leyes*
–as, –es, –is, –os, –us	no	*(el) lunes* ▸ *(los) lunes*
(en palabras de dos o más sílabas)	cambian	*(el) paraguas* ▸ *(los) paraguas*
–z	–z > c + es	*actriz* ▸ *actrices* *pez* ▸ *peces*

ATENCIÓN:

    autobús ▸ *autobuses*   *televisión* ▸ *televisiones*

● Algunos nombres utilizan la forma de plural para singular y plural.

unas tijeras   *tres tijeras*

SINGULAR	PLURAL
tijeras	*tijeras*
gafas	*gafas*
pantalones	*pantalones*
vaqueros	*vaqueros*

● Masculino + femenino = plural masculino

    papá   +   *mamá*   =   *papás*

padre + madre = padres   *Los **padres** de Miguel se llaman Antonio y Pilar.*

hijo(s) + hija(s) = hijos   *Julia tiene tres **hijos**.*

rey + reina = reyes   *Los **reyes** de España son Juan Carlos y Sofía.*

▶ UNIDAD 13: Adjetivos calificativos

UNIDAD 14: Adjetivos de nacionalidad

UNIDAD 4: El artículo indeterminado

UNIDAD 6: El artículo determinado

3 EJERCICIOS

3.1. Escriba el plural de los siguientes nombres.

1.	mujer	mujeres	7.	pantalones	pantalones	13. león	leónes
2.	pez	peces	8.	hotel	hoteles	14. día	días
3.	autobús	autobúses	9.	universidad	universidades	15. clase	clases
4.	actriz	actrices	10.	televisión	televisiónes	16. foto	fotos
5.	habitación	habitaciónes	11.	niño	niños	17. banana	bananas
6.	mamá	mamás	12.	hermana	hermanas	18. jueves	jueves

3.2. Continúe la descripción indicando los objetos que aparecen en el dibujo.

En el dibujo hay...

1 mesa	2 botellas
1 lámpara	3 lápices
1 gafas	4 libros
2 postales	2 vasos
4 sillas	3 tijeras

botella gafas lámpara lápiz libro
mesa postal silla tijeras vaso

3.3. Sustituya las palabras subrayadas como en el ejemplo.

1. Amalia tiene un hijo y dos hijas.
   Amalia tiene tres hijos.

2. El abuelo y la abuela de Marta viven en Caracas.
   Los abuelos de Marta viven en Caracas.

3. Un amigo y una amiga míos están en Chile.
   Dos amigos míos están en Chile.

4. Mi hermano y mi hermana son médicos.
   Mis hermanos son médicos.

5. Mi padre y mi madre son muy altos.
   Mis padres son muy altos.

6. El rey y la reina de España viven en Madrid.
   Los reyes de España viven en Madrid.

7. En mi clase hay tres alumnos y cinco alumnas.
   En mi clase hay ocho alumnos .

8. En mi escuela hay un profesor y dos profesoras.
   En mi escuela hay tres profesores .

9. He mandado un correo electrónico a mi tío y a mi tía.
   He mandado un correo electrónico a mis tíos .

10. Es una compañía de ballet con un bailarín y dos bailarinas.
    Es una compañía de ballet con tres bailarines .

4 un, una, unos, unas
El artículo indeterminado

● Formas del artículo indeterminado

	MASCULINO	FEMENINO
SINGULAR	un **un** chico, **un** abrigo	una **una** chica, **una** casa
PLURAL	unos **unos** chicos, **unos** abrigos	unas **unas** chicas, **unas** casas

ATENCIÓN:

un (no una) + nombres femeninos en singular que empiezan por *á*, *há*:

   un águila   **un aula**   **un hacha**

Pero: **unas** águilas, **una** buena aula, **una** pequeña hacha

● Se usa un, una, unos, unas + nombre para identificar algo o alguien como parte de una clase o grupo.

   –¿Qué es eso? –Es **un reloj**.
   –¿Quién es Chayanne? –Es **un cantante**.
   La papaya es **una fruta**.

● Se usa un, una, unos, unas + nombre para indicar cantidad.

   – un, una + nombres contables en singular = 1

       Necesito **un** lápiz.
       Una entrada, por favor.

un lápiz   una entrada

   – unos, unas + nombres con forma única de plural = 1

       Necesito **unas** tijeras.
       Quiero **unos** vaqueros.

unas tijeras   unos vaqueros

   – unos, unas + nombres contables en plural = algunos, algunas (3, 4, 5...)

       Me han regalado **unas** flores.
       He comprado **unos** libros.

unas flores   unos libros

UNIDAD 5: Ausencia de artículo   UNIDAD 7: Contraste entre el artículo determinado y el indeterminado

4 EJERCICIOS

4.1. Complete con *un*, *una*, *unos*, *unas*. ....

   1. _una_ flor   6. _____ cine   11. _____ ciudad

   2. _____ sillas   7. _____ habitación   12. _____ aula

   3. _____ relojes   8. _____ lápices   13. _____ profesora

   4. _____ paraguas   9. _____ chica   14. _____ pantalones

   5. _____ alumnos   10. _____ aulas   15. _____ camarero

ACIERTOS ...../15

4.2. Complete las respuestas utilizando *un*, *una*, *unos*, *unas* y las palabras de los recuadros. ....

ciudad	~~deporte~~	flor
fruta		país

científico	escritora	director de cine
~~futbolista~~		pintora

¿Qué es...

1. ... el balonmano? Es _un deporte_ .

2. ... Sevilla? Es _____ .

3. ... Colombia? Es _____ .

4. ... una rosa? Es _____ .

5. ... el mango? Es _____ .

¿Quién es...

1. ... Ronaldo? Es _un futbolista_ .

2. ... Isabel Allende? Es _____ .

3. ... Frida Kahlo? Es _____ .

4. ... Amenábar? Es _____ .

5. ... Stephen Hawking? Es _____ .

ACIERTOS ...../10

4.3. Escriba lo que hay en cada ilustración utilizando *un*, *una*, *unos*, *unas* y las palabras del recuadro. ....

árboles caballo casa chicas ~~coche~~ gafas gato hacha libros niños televisión vacas

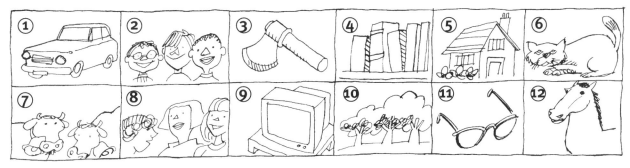

1. _un coche_   5. _una casa_   9. _un televisión_

2. _unos niños_   6. _un gato_   10. _unos árboles_

3. _un hacha_   7. _unas vacas_   11. _unas gafas_

4. _unos libros_   8. _unas chicas_   12. _un caballo_

ACIERTOS ...../12

4.4. Complete las frases con *un*, *una*, *unos*, *unas*. ....

1. _Un_ melón, por favor.

2. El Orinoco es _un_ río.

3. ¡Cuidado, _un_ serpiente!

4. ¡Mira! _una_ águila.

5. Quiero _unos_ vaqueros, por favor.

6. –¿Qué es eso? –Es _una_ radio.

7. ¿Tienes _un_ mapa de Ecuador?

8. Rosa tiene _una_ hija.

9. Necesitamos _unas_ tijeras.

10. Tengo _unos_ zapatos muy cómodos.

ACIERTOS ...../10

5 un coche / coche
Ausencia de artículo

● No se usa *un, una, unos, unas* detrás de *ser* o *hacerse* con nombres de profesión, religión, nacionalidad o ideología política.

> **Soy estudiante.**
> Chantal **es francesa. Es abogada.**
> Lenin y Stalin **eran comunistas.**

Alberto **se ha hecho budista.**

PERO: Se usa *un, una, unos, unas*:

– cuando el nombre va con un calificativo.

> Chantal es **una francesa muy simpática.**
> Es **un médico extraordinario.**

– cuando se identifica a alguien por su profesión.

> –¿Quiénes son las Hijas del Sol? –Son **unas cantantes.**

▶ UNIDAD 4: El artículo indeterminado

Es **una actriz muy famosa.**

Compare:

La hermana de Rosa es **profesora** de español. Almodóvar es **director de cine**.	Es **una profesora muy seria.** –¿Quién es Almodóvar? –Es **un director de cine.**

● No se usa *un, una, unos, unas* ante el objeto directo de un verbo cuando nos referimos a la clase de objeto, no a un objeto concreto.

> Lola colecciona **sellos.**
> El novio de Lali es escritor. Escribe **novelas.**
> Están buscando **piso.**
> ¿Tienes **teléfono**?
> No tengo **coche.**
> Siempre bebemos **agua** en las comidas.
> Ernesto no come **carne.**
> ¿Hay **pan**?
> Tomás canta **flamenco.**

Luis siempre lleva **corbata.**

PERO: Se usa *un, una, unos, unas*:

– cuando se habla de cantidad.

> La novia de José Alfonso ha publicado **una novela.** (= 1)
> Me han regalado **unos sellos.** (= algunos sellos)

– cuando se añade un adjetivo al nombre.

> Tengo **unos sellos muy raros.**
> Aquí hacen **un pan buenísimo.**

Hoy lleva **una corbata muy original.**

Compare:

Antonio vende **coches.** Necesito **gafas.** ¿Tienes **hermanos**?	Hoy ha vendido **un coche.** Necesito **unas gafas especiales.** Tengo **una hermana.**

▶ UNIDAD 46: Presente de indicativo de *haber* impersonal

5.1. Observe las ilustraciones y complete las frases con las palabras del recuadro.

abogada	actriz	camarera	cocinero	
	estudiante	fotógrafo	médico	profesora

Eva es abogada. José Luis es _____. Mar es _____. Félix es _____

Roberto es _____. Adrián es _____. Eloísa es _____. Leonor es _____.

ACIERTOS / 8

5.2. Rodee la forma correcta en cada caso.

1. –¿Quién es Luis Miguel? –Es (*cantante* / un cantante); es (mexicano / *un mexicano*).
2. La doctora Ramírez es (*médica* / *una médica*) buenísima; es (*argentina* / *una argentina*).
3. El marido de Luisa es (*abogado* / *un abogado*). Es (*abogado* / *un abogado*) muy caro.
4. Tomás se ha hecho (*musulmán* / *un musulmán*).
5. Los tíos de Andrea son (*protestantes* / *unos protestantes*).
6. El hermano de Patricio es (*actor* / *un actor*) famoso.
7. –¿Quién es Vargas Llosa? –Es (*escritor* / un escritor); es (*peruano* / *un peruano*).
8. Alberto y Lola son (*estudiantes* / *unos estudiantes*). Son (*socialistas* / *unos socialistas*).
9. Sarita quiere ser (*bailarina* / *una bailarina*).
10. García Márquez es (*escritor* / un escritor) de éxito.

ACIERTOS / 10

5.3. Complete con *un, una, unos, unas* cuando sea necesario.

1. –¿Comes __ø__ carne? –No, soy __ø__ vegetariano.
2. Colecciono _____ monedas. Ayer me compré _unas_ monedas chinas.
3. Alberto tiene _un_ apartamento en Benidorm.
4. –¿Tomas _____ café? –Solo _____ taza al día.
5. –¿Azúcar? –Gracias, no tomo _____ azúcar.
6. ¿Tenéis _____ hijos?
7. Chelo canta __ø__ ópera.
8. Ernesto es __ø__ músico. Escribe __ø__ canciones.
9. ¿Necesitas __ø__ dinero?
10. –¿Quieres _unos_ queso? –No, gracias; es _un_ queso muy fuerte.
11. Carolina es __ø__ vendedora. Vende __ø__ enciclopedias.
12. ¿Tienes __ø__ hermanos?

ACIERTOS / 12

19

6 el, la, los, las
El artículo determinado

Mira, **la madre** de Antonio.

¿Puedo ver **al director?**

Las rosas son mis flores preferidas.

● Formas del artículo determinado

	MASCULINO	FEMENINO
SINGULAR	el **el** padre, **el** libro	la **la** madre, **la** hoja
PLURAL	los **los** padres, **los** libros	las **las** madres, **las** hojas

> **ATENCIÓN:**
>
> *el* (no *la*) + nombres femeninos en singular que empiezan por *á*, *há*:
>
> > **el aula   el agua   el hacha   el águila**
> >
> > Pero: **la** otra aula, **las** aulas, **las** hachas, **las** águilas
>
> *a + el = al*   Juego **al** fútbol.
> *de + el = del*   El hijo **del** profesor está en mi clase.

● Se usa *el, la, los, las* + nombre:

– para hablar de una persona o una cosa única.

> **La madre** de Antonio es policía. (Antonio solo tiene una madre.)
>
> Buenos Aires es **la capital** de Argentina. (Argentina solo tiene una capital.)
>
> ¿Quién es **el presidente** de Brasil? (Brasil solo tiene un presidente.)

– para hablar de una persona o una cosa específica; es decir, cuando está claro de qué persona o cosa estamos hablando.

> Quiero ver **al director.** (el director de este banco)
>
> Enciende **la luz,** por favor. (la luz de la habitación)
>
> Luis está en **la cocina.** (la cocina de esta casa)

Cierra **la puerta,** por favor.

– para hablar de algo o alguien en sentido general.

> **El tabaco** es malo para la salud. (todo el tabaco)
>
> **Los chilenos** hablan español. (todos los chilenos)

▶ UNIDAD 7: Contraste entre el artículo determinado y el indeterminado
UNIDAD 8: El artículo determinado con nombres propios
UNIDAD 10: Otros usos del artículo determinado

6 EJERCICIOS

6.1. Complete con *el*, *la*, *los*, *las*.

1. _la_ casa
2. _el_ médico
3. _las_ naranjas
4. _el_ coche
5. _el_ habitación
6. _el_ águila
7. _los_ pantalones
8. _el_ aula
9. _las_ sillas
10. _ellos_ lápices
11. _los_ tijeras
12. _el_ profesor
13. _el_ perro
14. _la_ hermana
15. _los_ alumnos

ACIERTOS ..../15

6.2. Observe la ilustración y complete las frases con *el*, *la*, *los*, *las* y las palabras del recuadro.

Felipe — Claudia — Javier — Lucía

Juan — Marta — Enrique — Fernando — Isabel

Irene — Juana

hermana	hermanos	hijas
madre		marido
~~padre~~	tía	tío

1. _El padre_ de Marta se llama Felipe.
2. _la madre_ de Marta se llama Claudia.
3. _el abuelo_ de Marta se llama Javier.
4. _la abuela_ de Marta se llama Lucía.
5. _los hermanos_ de Marta se llaman Enrique y Fernando.
6. _ela hermana_ de Marta se llama Isabel.
7. _el marido_ de Marta se llama Juan.
8. _las hijas_ de Marta se llaman Irene y Juana.

ACIERTOS ..../8

6.3. Complete las frases con las palabras del recuadro y *el*, *la*, *los*, *las*.

| agua | diccionario | ~~jardín~~ | luz | tijeras | ventana |

① Susana está en **el jardín**
② Cierra _la ventana_
③ Pásame _el agua_, por favor.
④ Déjame el _diccionario_
⑤ Enciende _la luz_
⑥ Pásame _las tijeras_

ACIERTOS ..../6

6.4. Complete las siguientes frases con *el*, *la*, *los*, *las* (utilice *al* y *del* cuando sea necesario).

1. _Las_ águilas son aves.
2. Montevideo es _el_ capital de Uruguay.
3. Queremos ver a _el_ jefe de estudios.
4. Cierra _la_ puerta de _el_ jardín, por favor.
5. Tenéis que ir a _el_ aula 15.
6. _el_ agua es mi bebida preferida.
7. _los_ padres de Sofía viven en Lima.
8. Me gustan _las_ naranjas.
9. Vivimos cerca de _el_ centro.
10. Ese coche es de _el_ padre de Mónica.

ACIERTOS ..../10

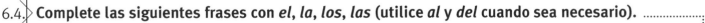

7 un perro / el perro
Contraste entre el artículo determinado y el indeterminado

Compare:

ARTÍCULO INDETERMINADO	ARTÍCULO DETERMINADO

- Se usa *un, una, unos, unas* cuando se habla por primera vez de algo nuevo para el oyente (información nueva).

- Se usa *un, una, unos, unas* cuando se habla de una persona, animal o cosa como parte de una clase o grupo.

> **Un** hijo de Andrés es médico.
>   (Andrés tiene tres hijos.)
> Tucumán es **una** ciudad de Argentina.
>   (Hay muchas ciudades en Argentina.)
> He visto **una** película de terror.
>   (Hay muchas películas de esa clase.)
> Necesito alquilar **un** coche.
>   (un coche cualquiera)

- Se usa *un, una, unos, unas* para indicar cantidad.

- Se usa *el, la, los, las* cuando se habla de algo ya mencionado (información conocida).

- Se usa *el, la, los, las* cuando se habla de una persona, animal o cosa único o específico (único en la situación).

> **La** hija de Rosa es escritora.
>   (Rosa solo tiene una hija.)
> Buenos Aires es **la** capital de Argentina.
>   (Argentina tiene solo una capital.)
> **Los** actores eran muy malos.
>   (los actores de la película)
> Necesito arreglar **el** coche.
>   (Es mi coche.)

- Se usa *el, la, los, las* para hablar de algo en sentido general.

▶ UNIDAD 4: El artículo indeterminado   UNIDAD 6: El artículo determinado

7 EJERCICIOS

7.1. **Complete los textos con *un, una, unos, unas* o *el, la, los, las* (utilice *al* o *del* cuando sea necesario).**

① He visto **una** película preciosa. Es _una_ comedia. _Los_ actores son fabulosos. _La_ película es sobre _el_ médico que se enamora de _la_ paciente. _El_ médico no sabe cómo decírselo a _la_ paciente. Esta tiene _el_ hijo y _el_ médico tiene _una_ hija. _Un_ hijo de _la_ paciente y _la_ hija de _el_ médico se conocen y se hacen amigos. ____ día dan ____ fiesta e invitan a sus padres a ____ fiesta. ____ película acaba con ____ boda de ____ padres.

② Es _un_ cuadro precioso. Se ve a ____ hombre y ____ mujer en ____ jardín. ____ hombre está leyendo ____ libro y ____ mujer está tumbada debajo de ____ árbol. En ____ ramas de ____ árbol hay ____ pájaros de muchos colores. ____ pájaros tienen ____ alas extendidas; parece que van a echarse a volar.

③ Mis hijos tienen ____ perro y ____ gato. ____ perro duerme en ____ jardín y ____ gato dentro de casa.

ACIERTOS 39

7.2. **Rodee la forma correcta en cada caso.**

1. Chihuahua es (*la*/*una*) ciudad de México.
2. He visto (*la*/*una*) película de acción. (*El*/*Un*) personaje principal era (*el*/*un*) detective.
3. (*La*/*Una*) nueva película de Fernando Trueba es muy buena.
4. Soy enfermero y trabajo en (*el*/*un*) hospital.
5. Estoy leyendo (*el*/*un*) libro sobre (*el*/*un*) rey Juan Carlos.
6. ¿Qué es eso? ¿Es (*la*/*una*) televisión portátil?
7. ¿Quién es (*el*/*un*) primer ministro?
8. Carmen trabaja en (*el*/*un*) hotel. Es recepcionista.
9. (*La*/*Una*) novia de Arturo es brasileña.
10. (*El*/*Un*) Sol es (*la*/*una*) estrella.
11. Paco es (*el*/*un*) nombre español.
12. –¿Dónde está Carlos? –En (*la*/*una*) cocina.
13. Vivo en (*el*/*un*) centro de Lima.
14. (*La*/*Una*) moto de Pedro es italiana.
15. (*La*/*Una*) Luna gira alrededor de (*la*/*una*) Tierra.

ACIERTOS 15

7.3. **Complete con *un, una, unos, unas* o *el, la, los, las*.**

1. Me han regalado **unos** bombones.
2. No me gusta _el_ chocolate.
3. _Una_ piña, por favor.
4. _La_ piña es mi fruta preferida.
5. Me encantan _los_ cuadros de Dalí.
6. ¿Te gustan _las_ peras?
7. Me he comprado _unos_ vaqueros.
8. Te he comprado _unas_ margaritas.
9. Quiero comprarme _unos_ pantalones cortos.
10. Me encanta _el_ agua.

ACIERTOS 10

8 el señor Alonso, la calle Mayor
El artículo determinado con nombres propios

- *El, la, los, las* con nombres de personas

  Se usa *el, la, los, las* + *señor, señora, señorita, doctor, doctora, presidente, presidenta...* + (nombre +) apellido.

  > **El señor Alonso** es mi jefe.
  > **La señora Gómez** es muy amable.
  > **La doctora Blanco** trabaja en este hospital.

El señor Alonso es mi jefe.

  PERO:

  – No se usa *el, la, los, las* cuando se habla directamente a una persona.

  > Buenos días, **señor Alonso**.
  > Una llamada para usted, **doctora Blanco**.

  – No se usa *el, la, los, las* con (*don/doña*) + nombre propio.

  > **Julián** es mi primo.   **Doña Rosa** es maestra.

Buenos días, señor Alonso.

- *El, la, los, las* con nombres de lugares

  – Se usa *el, la* + nombres de calles, plazas, avenidas...

  > Marga vive en **la avenida de América**.
  > Hay un cine nuevo en **la calle Bolívar**.

  – Se usa *el, la, los, las* + nombres de cines, hoteles, museos...

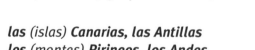
Y tú, ¿dónde estudias? En la Autónoma.

el *(hotel)* **Ritz**	**el** *(Museo del)* **Prado**
el *(cine)* **Gran Vía**	**la** *(Universidad)* **Autónoma**
el *(teatro)* **Buenos Aires**	**el** *(hospital)* **Sotomayor**

  – Se usa *el, la, los, las* + nombres de ríos, lagos, mares, océanos, grupos de islas, montañas, desiertos...

el *(río)* **Tajo, el Amazonas**	**las** *(islas)* **Canarias, las Antillas**
el *(lago)* **Titicaca**	**los** *(montes)* **Pirineos, los Andes**
el *(mar)* **Mediterráneo, el Caribe**	**el** *(desierto del)* **Sahara**
el *(océano)* **Pacífico, el Atlántico**	

  PERO: No se usa *el, la, los, las* con nombres de islas solas.

  > *Mallorca*   *Sicilia*   *Santo Domingo*

ATENCIÓN:

No se usa *el, la, los, las* con los nombres de ciudades, regiones, provincias, comunidades autónomas, estados, países, continentes...

> – Ciudades: *Barcelona, París, Santiago de Chile, Buenos Aires.*
> – Países, regiones...: *España, Alemania, Bolivia, Francia; Galicia, Andalucía, California.*
> – Continentes: *África, América del Sur.*

PERO:

> – Ciudades: *La Habana, El Escorial, La Haya, La Paz, Las Palmas, Los Ángeles, El Cairo.*
> – Países y regiones: *El Salvador, (la) India, (los) Estados Unidos, La Mancha, La Rioja, La Pampa.*

8.1. **Complete con *el*, *la*, *los*, *las* cuando sea necesario.** ....

1. ¿Dónde vive _Ø_ don José?

2. –Buenas tardes, _Ø_ señor Alfonsín. –Buenas tardes, _Ø_ Elena.

3. _la_ doctora Castro está en la sexta planta.

4. ¿Quién es _La_ señora Jiménez?

5. Aquí trabaja _Ø_ Josefa.

6. –Buenos días, _Ø_ doctor Rojo. –Buenos días, _Ø_ María.

8.2. **Observe el mapa y complete las frases.** ....

1. (*Hotel Central*) El Hotel Central está en la plaza de España.

2. (*Museo Botero*) _____ está en _la calle mayor_.

3. (*Banco Nacional*) _____ está en _la Avenida de America_

4. (*Teatro Lorca*) _____ está en _____.

5. (*Cine América*) _____ está en _la Plaza Real_.

6. (*Hospital Universitario*) _____ está en _El paseo del Parque_

8.3. **Complete las frases con los nombres y *el*, *la*, *los*, *las* cuando sea necesario.** ....

1. (*Habana, Cuba*) La Habana es la capital de Cuba.

2. (*India, Asia*) _La India_ está en _Asia_.

3. (*Islas Galápagos, Ecuador*) _Las_ están en _____.

4. (*Salvador, Guatemala, Honduras*) _____ tiene frontera con _____ y _____.

5. (*Ángeles, California*) _____ está en _____.

6. (*Lago Titicaca, Perú, Bolivia*) _____ está entre _____ y _____.

7. (*Amazonas, América del Sur*) _____ es el río más largo de _____.

8. (*Jamaica, mar Caribe*) _____ está en _____.

9. (*Puerto Rico, islas Antillas*) _____ es una de _____.

10. (*Francia, Europa*) _____ es un país de _____.

11. (*Pampa, Argentina*) _____ es una región de _____.

12. (*Pirineos, España, Francia*) _____ separan _____ de _____.

8.4. **Rodee la forma correcta en cada caso.** ....

1. ¿Has estado en (*el*/*ø*) Museo del Prado?

2. (*El*/*ø*) Felipe estudia en (*la*/*ø*) Universidad de Alcalá.

3. (*La*/*ø*) doctora Soria trabaja en (*el*/*ø*) Hospital Doce de Octubre.

4. El hermano de Ana vive en (*La*/*ø*) Paz.

5. (*El*/*ø*) Cairo es la capital de (*El*/*ø*) Egipto.

6. (*El*/*ø*) Pancho vive en (*El*/*ø*) Monterrey.

7. Este queso es de (*La*/*ø*) Mancha.

8. (*El*/*ø*) cine Cartago está en (*la*/*ø*) calle Buenos Aires.

9 *el seis de enero*
El artículo determinado con expresiones de tiempo y de cantidad

● Se usa *la, las* + horas.

la una y diez   *las dos*

*El partido es a **las nueve**.*

● Se usa *el* + días de la semana cuando se habla de un día específico.

> ***El domingo** voy a una fiesta.* (el domingo próximo)
> ***El sábado** estuve con Luisa.* (el sábado pasado)

PERO:	*–¿Qué día es hoy?*

> *–**Lunes**. Ayer fue **domingo**.*

● Se usa *los* + días de la semana, cuando se habla de una acción habitual.

> ***Los miércoles** tengo clases de español.* (todos los miércoles)
> *Mariano trabaja **los domingos**.* (todos los domingos)

● Se usa *el* + fechas.

> *Me examino **el doce** de junio.*

PERO:	*–¿Qué día es hoy?*

> *–**Cinco** de marzo. Ayer fue **cuatro** de marzo.*

ATENCIÓN:

día de la semana + fecha → solo un artículo

> *El examen es **el jueves**.* + *El examen es **el veinte de junio**.*
> *El examen es **el jueves, veinte de junio**.*

No se usa artículo con los nombres de los meses.

> *Mi cumpleaños es en **octubre**.*

● Se usa *por la* + partes del día (*mañana, tarde, noche*).

> *Trabajo **por la mañana** y estudio **por la tarde**.*

PERO:	*A mediodía, de madrugada*

> *Voy a casa **a mediodía**.*
> *El camión de la basura pasa **de madrugada**.*

● Cantidad o frecuencia (*una vez, cuatro horas, cinco días...*) + *al/a la* + período de tiempo

> *Ando **una hora al día**.*
> *Vamos al cine **dos veces al mes**.*

● Se usa *el, la, los, las* + unidades de medidas (*kilo, litro, docena...*).

> *El aceite de oliva ha subido veinte céntimos **el litro**.*
> *Los plátanos cuestan dos euros **el kilo**.*

9 EJERCICIOS

9.1. **Escriba las horas utilizando las palabras del recuadro y *la* o *las*.**

3. ~~Las~~ cuatro menos diez   6. Las doce y cinco   4. las dos   5. Las ocho y media   8. Las once y cuarto
~~tres y veinte~~   7. La una menos cuarto   2. La una y veinticinco

①

las tres y veinte

② _____

③ _____

④ _____

⑤ _____

⑥ _____

⑦ _____

⑧ _____

ACIERTOS ..../8

9.2. **Complete con *el, la, los, las* cuando sea necesario.**

1. Mi cumpleaños es _el_ doce de febrero.
2. _Los_ martes tenemos clase de español.
3. Normalmente estudiamos por _la_ noche.
4. Felipe se casa _el_ martes, _el_ trece de julio.
5. La fiesta es _el_ domingo a _las_ siete.
6. Hoy es _el_ jueves, _el_ cuatro de _Ø_ octubre.
7. El partido es a _las_ diez.
8. Trabajo por _la_ tarde y estudio por _la_ mañana.
9. Nací _el_ dos de _Ø_ diciembre.
10. Diana sale siempre __ sábados.
11. Tengo vacaciones en __ agosto.
12. Tenemos un examen __ lunes.

ACIERTOS ..../12

9.3. **Complete las frases.**

1. (*8 horas, día*) Duermo ocho horas al día .
2. (*2 días, semana*) Voy al gimnasio 2 días a la semana .
3. (*1 vez, año*) Vamos de vacaciones 1 vez al año .
4. (*2 veces, mes*) Voy al cine 2 veces al mes .
5. (*1 noche, semana*) Salimos un noche a la semana .
6. (*1 hora, día*) Corro una hora al día .

ACIERTOS ..../6

9.4. **Escriba los precios como en el ejemplo.**

① 2 EUROS Kilo

② 4 PESOS Litro

③ 2 EUROS Docena

④ 1 PESO 100 gramos

Dos euros el kilo de kiwis. cuatro pesos el litro de leche. dos euros la docena de huevos. un peso el cien gramos de queso.

ACIERTOS ..../4

10 *tocar la guitarra*
Otros usos del artículo determinado

● Se usa *el, la, los, las* en los casos siguientes:
- *tocar el piano, la guitarra...*

    Ana está aprendiendo a **tocar el piano**.

  | PERO: | *tener, necesitar, comprar una guitarra, un piano...*

    Tengo una guitarra española.

Juan **toca el piano** muy bien..., pero **necesita un piano** nuevo.

- *jugar al fútbol, al tenis, al ajedrez, a las cartas...*

    ¿Sabes jugar **al ajedrez**?
    Jugamos al fútbol todos los domingos.

  | PERO: | *hacer gimnasia, natación, alpinismo.*

    Hago gimnasia todas las mañanas.

- *las matemáticas, la lengua, el griego, el español...*

    Mi asignatura preferida son **las matemáticas**.
    El griego es una lengua muy sonora.

  | PERO: | No con *hablar, saber, enseñar, estudiar...*

    Claudia **estudia Filosofía**.
    ¿Usted **habla chino**?

El chino es muy difícil.

- *la policía, el ejército, los bomberos.*

    El tío de Andrés es capitán **del ejército**.
    Luis quiere ingresar en **la policía**.

- *la radio, la televisión, el periódico, las noticias.*

    Me gusta escuchar música en **la radio**.
    Siempre escuchamos **las noticias** de las nueve.
    ¿Has leído **el periódico** hoy?

  | PERO: | *una radio, una televisión* (aparatos), *una noticia.*

    Tengo **una radio nueva**. (un aparato)
    Me he comprado **una televisión**. (un aparato)
    Tengo **una buena noticia**.

¿Prefieres vivir en una ciudad o en el campo?

- *el mar, el campo, la playa, el cielo, la naturaleza.*

    Es muy sano bañarse en **el mar**.
    Vamos **al campo** todos los fines de semana.
    Hay que proteger **la naturaleza**.

- *ir al... / venir del... / estar en el...* hospital, cine, teatro, dentista, médico, banco, aeropuerto, lavabo, trabajo, colegio.

    ¿Puedo **ir al servicio**, por favor?
    La madre de Rosa **está en el hospital**.
    Mis padres **van** hoy **al teatro**.

- *ir a la... / venir de la... / estar en la...* iglesia, universidad, cárcel, oficina.

    Mi hermana **está en la universidad**.
    Los domingos **voy a la iglesia**.

  | PERO: | *ir a... / venir de... / estar en...* casa, correos, clase.

    Voy a correos a enviar un paquete.
    Edgar **está en casa** desde las doce.

Vengo **del dentista**.

10 EJERCICIOS

0.1. **Observe las ilustraciones y complete las frases utilizando las palabras del recuadro y *el, la, los, las, al*.**

ajedrez	cartas	fútbol	~~guitarra~~	piano	tenis	trompeta	violín

① Santi toca <u>la guitarra</u>. ② Elsa toca <u>el violín</u>. ③ Rosa juega a<u>l ajedrez</u>. ④ Elena toca <u>el piano</u>.

⑤ Inés juega a<u>l fútbol</u>. ⑥ Pepe juega a<u>l tenis</u>. ⑦ Juan toca <u>la trompeta</u>. ⑧ Miguel juega a <u>los cartas</u>. **ACIERTOS** 8

0.2. **Complete con *el, la, los, las, al, del* o *un, una, unos, unas* cuando sea necesario.**

1. ¡Fuego! Llamad a <u>los</u> bomberos.
2. ¿Hablas <u>X</u> español?
3. <u>El</u> griego no es difícil.
4. Este fin de semana vamos a <u>la</u> playa.
5. ¿Has escuchado <u>las</u> noticias?
6. Susana estudia <u>la</u> Arquitectura.
7. Merche hace <u>la</u> gimnasia en el colegio.
8. El padre de Pepe es general de<u>l</u> ejército.
9. <u>La</u> Historia es una asignatura apasionante.
10. Los Martín tienen una casa en <u>el/un</u> campo.
11. Antonio tiene <u>una</u> guitarra eléctrica.
12. He comprado <u>la</u> televisión.
13. Escucho <u>la</u> radio por las mañanas.
14. ¡Un ladrón! Llama a <u>la</u> policía.
15. Siempre leo <u>el</u> periódico después de desayunar. **ACIERTOS** 15

0.3. **Complete las frases con las palabras del recuadro y con *el, la, al* o *del* si es necesario.**

cárcel	casa	colegio	cine	correos	hospital	médico	~~universidad~~

① Va a <u>la universidad</u>. ② Va a<u>l cárcel</u>. ③ Lo llevan a<u>l hospital</u>. ④ Está en <u>la casa</u>.

⑤ Va a<u>l correos</u>. ⑥ Viene de<u>l colegio</u>. ⑦ Van a<u>l cine</u>. ⑧ Están en <u>médico</u>. **ACIERTOS** 8

29

11 *el rojo, uno rojo*
Omisión del nombre

El, la, los, las o *uno, una, unos, unas* se pueden usar en lugar de un nombre mencionado anteriormente o cuando no es necesario mencionarlo porque se sabe de qué se está hablando.

● *el, la, los, las* o *uno, una, unos, unas* + adjetivo
   –¿Qué camisa te gusta más? –**La verde.** (la camisa verde)
   –¿Qué tipo de zapatos quiere? –Quiero **unos cómodos.** (unos zapatos cómodos)
   –¿Quién es don Tomás? –**El delgado.** (el señor delgado)

Compare:

– Se usa *el, la, los, las* cuando se habla de alguien o algo específico:	– Se usa *uno, una, unos, unas* cuando se habla de una clase de objetos:
–¿Quién es Susi?	–¿Qué tipo de coche busca?
–**La alta.** (la chica alta)	–**Uno pequeño.** (un coche pequeño)

ATENCIÓN:

La forma del adjetivo (masculino, femenino, singular o plural) es la misma que la del nombre al que se refiere.
   –¿Qué *zapatillas* te gustan más? –Las **rojas.**

● *el, la, los, las* + *de* + nombre = posesión, situación, materia
   *Mi coche es peor que **el de mi hermano.***
      (el coche de mi hermano)
   –¿Quién es Alicia?   –**La del vestido blanco.**
      (la chica que tiene el vestido blanco)
   *Esas gafas no me gustan. Prefiero **las de la derecha.***
      (las gafas que están a la derecha)
   –¿Qué pendientes te vas a poner? –**Los de oro.**
      (los pendientes de oro)

● *lo* + adjetivo masculino singular = la cosa, las cosas
   ***Lo bueno** del verano son las vacaciones.* (la cosa buena del verano)
   ***Lo mejor** de Perú es la gente.* (la mejor cosa de Perú)
   *Me gusta **lo salado.*** (las cosas saladas)
   ***Lo más bonito de la vida** son los amigos.* (la cosa más bonita)

***Lo difícil** del español son los verbos.*

11 EJERCICIOS

1.1. Complete las frases con *el, la, los, las* o *uno, una, unos, unas* y los adjetivos entre paréntesis. ⋯⋯

1. ¿Qué zapatos prefieres, (*negro, blanco*) <u>los negros</u> o <u>los blancos</u> ?
2. –¿Qué tipo de cuaderno quiere? –(*pequeño*) <u>el pequeño</u>
3. –¿Te gustan estos sombreros? –(*negro, marrón*) Me gusta <u>el negro</u>, pero no <u>me gusta el marrón</u>
4. –¿Qué pantalones prefieres? –(*rojo*) <u>Los rojos</u>. (*blanco*) <u>Los blancos</u> son muy caros.
5. ¿Ves a esas dos chicas? (*alto*) <u>El alto</u> es Marta.
6. –¿Qué tipo de libro quieres leer? –(*entretenido*) <u>un (libro) entretenido</u>
7. ¿Qué manzanas prefiere, (*verde*) <u>Las verdes</u> o (*rojo*) <u>Esos rojos</u> ?
8. Esta taza está sucia. Dame (*limpio*) <u>un limpio</u>, por favor.
9. –¿Qué clase de cámara quiere? –Quiero (*bueno*) _____, aunque sea cara.
10. –¿Tienes ordenador? –Sí, tengo (*portátil*) <u>un portátil</u>

1.2. Observe las ilustraciones y complete las frases con *el, la, los* o *las*, con *de* y con las palabras dadas. ⋯⋯

① ¿Qué gafas le gustan? — <u>Las de la derecha.</u>
derecha/izquierda

② ¿Quién es Alberto? — <u>El del pelo corto</u>
pelo corto/pelo largo

③ Me gusta más <u>las de la izquierda</u>
derecha/izquierda · EXPOESCULTURA

④ ¿Qué galletas te gustan más? — <u>Los del choco</u>
chocolate/coco

⑤ ¿Quién es Rosi? — <u>La de la falda larga</u>
falda corta/falda larga

⑥ ¿Qué zapatos le gustan más? — <u>Las de arriba</u>
abajo/arriba

⑦ Quiero <u>el de</u> _____
José Crespo/Sandra Arenas

⑧ ¿Cuál es tu padre? — <u>El del bigote</u>
barba/bigote

ACIERTOS /8

1.3. Complete las frases con *el, la, los, las* o *lo* y los adjetivos entre paréntesis. ⋯⋯

1. ¿Qué es (*mejor*) <u>lo mejor</u> de Cuba?
2. ¿Qué naranjas prefiere, (*caro, barato*) <u>las caras</u> o <u>las baratas</u>?
3. No me gusta (*amargo*) <u>el amargo</u>.
4. (*barato*) <u>Lo barato</u> es siempre caro.
5. ¿Veis a aquel grupo de chicas? Mis hermanas son (*moreno*) <u>las morenas</u>.
6. (*importante*) <u>Lo importante</u> es ser feliz.
7. (*malo*) <u>Lo malo</u> del invierno es el frío.
8. ¿Qué pendientes te gustan más, (*largo, corto*) <u>los</u> _____ o <u>los</u> _____?
9. –¿Qué coche es el tuyo? –(*pequeño*) <u>el pequeño</u>
10. (*pequeño*) <u>el</u> _____ es hermoso.

ACIERTOS /10

12 *este, ese, aquel...*
Demostrativos

Este, ese, aquel... sirven para señalar algo o a alguien. Su forma (masculino, femenino, singular o plural) depende del nombre al que se refieren.

cerca de mí	SINGULAR	PLURAL
MASCULINO	este	estos
FEMENINO	esta	estas

cerca de usted	SINGULAR	PLURAL
MASCULINO	ese	esos
FEMENINO	esa	esas

lejos de usted y de mí	SINGULAR	PLURAL
MASCULINO	aquel	aquellos
FEMENINO	aquella	aquellas

¿Cuánto cuesta **esta** revista?

¿Cuánto cuesta **esa** revista?

¿Quiénes son **aquellas** chicas?

PERO: A veces se usa *ese, esa, esos, esas* para señalar algo que está lejos de usted y de mí.

Me gusta **esa** casa.

- *Este, ese, aquel...* se usan con nombres. En estos casos, tienen la misma forma (masculino o femenino, singular o plural) que el nombre al que acompañan.
    Esa chica es amiga de Ana.   **Estos zapatos** son muy caros.

- *Este, ese, aquel...* se pueden usar también solos.
    ¿Cuál es tu maleta, **esta, esa** o **aquella**?   **Este** es Juan, mi novio.

- *Este, ese, aquel...* sirven también para señalar en el tiempo.
    – *este* → presente o futuro próximo. **Este año** ha sido muy frío.
    – *ese* → pasado. Estuve en Perú en 1999. **Ese año** hubo elecciones.
    – *aquel* → pasado lejano. Los españoles llegaron a América en 1492. En **aquella época,** el imperio inca iba de Chile a Ecuador.

- Se usa *esto, eso* y *aquello* para señalar algo sin decir el nombre.
    – Porque no se sabe qué es.   – Porque no es necesario decirlo.

¿Qué es **esto**? No sé. Parece una lámpara.

¿De quién es **eso**?

2.1. Complete con *este, ese, aquel...* y las palabras del recuadro.

| ~~árboles~~ | ~~bolso~~ | gafas | ~~llaves~~ | ~~llaves~~ | maleta | paraguas | ~~revista~~ |

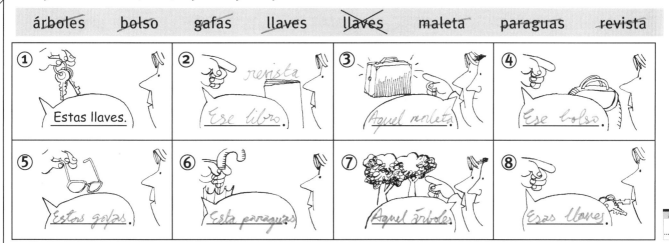

① Estas llaves.
② *revista* — *Ese libro.*
③ *Aquel maleta.*
④ *Ese bolso.*
⑤ *Estas gafas.*
⑥ *Esta paraguas.*
⑦ *Aquel árboles.*
⑧ *Esas llaves.*

ACIERTOS ...../8

2.2. Complete con *este, ese, aquel...*

① Me gusta mucho **este** restaurante.
② ¿Conoces a *aquel* chico?
③ *Este* es Julia, una compañera.
④ Mira. *Aquel* es el padre de Charo.
⑤ *este* vaso está sucio.
⑥ ¿Cuánto cuestan *estas* gafas?
⑦ *Aquel* es la casa de Ramón.
⑧ ¿Adónde va *ese* autobús?

ACIERTOS ...../8

2.3. Complete las frases con *este, ese, aquel...*

1. **Este** verano vamos a ir a Ibiza.
2. Nací en 1983. *Ese* mismo año nació mi prima.
3. –¿Qué haces *esta* noche? –Nada. *Esta* semana tengo mucho trabajo.
4. 2001 fue un año extraordinario. *Ese* verano conocí a Maite.
5. Mis padres vivieron en Perú entre 1950 y 1965. *Esos* fueron los mejores años de su vida.
6. *Este* mes ha sido fabuloso. He encontrado piso y trabajo.
7. Luis se casó en 1970. En *ese* época yo vivía en México.
8. *Esta* tarde tengo un examen.

ACIERTOS ...../8

2.4. Complete con *esto, eso o aquello*.

① ¿De quién es **esto**?

② ¿Qué es *Eso*?

③ ¿Qué es *eso*?

④ ¿De quién es *esto*?

ACIERTOS ...../4

13 un coche pequeño
Adjetivos calificativos

un coche **pequeño**   una casa **pequeña**

Estamos **cansados**.

Pequeño, pequeña, alta y *cansados* son adjetivos calificativos: añaden información sobre una persona, animal o cosa.

● Adjetivos calificativos: formación del femenino y del plural

SINGULAR		PLURAL	
MASCULINO	FEMENINO	MASCULINO	FEMENINO
–o	–a	–os	–as
un coche pequeñ**o**	una casa pequeñ**a**	unos chicos alt**os**	unas chicas alt**as**
–e	–e	–es	–es
un chico inteligent**e**	una chica inteligent**e**	unos pantalones verd**es**	unas flores verd**es**
–consonante	–consonante	+es	+es
un chico jove**n**	una chica jove**n**	unos calcetines azul**es**	unas camisas azul**es**
–or, –án, –ón, –ín	+a	+es	+as
un chico encantad**or**	una chica encantad**ora**	unos hombres charlatan**es**	unas mujeres charlatan**as**
PERO: un gorro **marrón**	una bufanda **marrón**	unos pantalones **marrones**	unas faldas **marrones**

ATENCIÓN:

feliz – felices	*joven – jóvenes*	*charlatán – charlatana*	*marrón – marrones*

● El adjetivo tiene la misma **forma** (masculino o femenino, singular o plural) que la persona, animal o cosa a la que se refiere.

Yo soy **moreno**.   Yo soy **morena**.

*Susana y Elena son muy **trabajadoras**.*
*Me he comprado unos **zapatos negros**.*
*En Guatemala hay **ruinas** muy **antiguas**.*

ATENCIÓN:

nombre masculino + nombre femenino = adjetivo plural masculino

> ***Antonio** y **Marta** son **altos** y **morenos**.*
>
> *Gabi lleva una **camisa** y un **pantalón negros**.*

● **Colocación** del adjetivo

ser/estar + adjetivo: *Roberto **es simpático**.*   *Juan **está** muy **delgado**.*

nombre + adjetivo: *María tiene los **ojos azules**.*

PERO: *buen/buena* + nombre: *Julio es un **buen escritor**.*
*Luisa es una **buena profesora**.*
mal/mala + nombre: *Felipe es un **mal ejemplo** para sus hijos.*
*Tengo una **mala noticia**.*

3.1. Complete las frases con la forma correcta de los adjetivos entre paréntesis. ┈┈┈┈┈┈┈┈┈┈┈┈┈

1. Vivo en un piso (*pequeño*) pequeño.
2. Rosa tiene los ojos (*verde*) _verdes_. Es (*rubio*) _rubia_ y tiene el pelo (*corto*) _corto_ y (*rizado*) _rizada_. Es muy (*simpático*) _a____ y (*alegre*) _____, y muy (*charlatán*) _____.
3. Gerardo y Ana son muy (*inteligente*) _s____.
4. Me gustan las rosas (*blanco*) _s____.
5. Don Santiago es una persona (*encantador*) _a____.
6. Chus y Lolo no son (*feliz*) _es____. Están siempre (*enfadado*) _s____.
7. Me he comprado una camisa (*rojo*) _a____ y unos pantalones (*gris*) _es____.
8. Eduardo es (*alto*) _____ y (*fuerte*) _____. Es (*moreno*) _____ y tiene los ojos (*negro*) _s____. Es muy (*guapo*) _____, pero es un poco (*antipático*) _____.
9. Begoña lleva una falda (*marrón*) _____ y una blusa (*amarillo*) _a____.
10. Concha y Rodrigo son muy (*simpático*) _s____ y muy (*trabajador*) _es____. Además son muy (*amable*) _s____.
11. Las hijas de Andrés son muy (*joven*) _es____.

ACIERTOS /11

3.2. Complete las frases con los adjetivos del recuadro. ┈┈┈┈┈┈┈┈┈┈┈┈┈┈┈┈

| alegre | campeón | cansado | ~~enfermo~~ | fuerte | gordo | ~~rubio~~ | triste |

① Somos **rubias**.

② Estoy muy _gordo_.

③ Esta gata está _triste_.

④ Estamos _tristes_.

⑤ Marga es muy _alegre_.

⑥ Estamos muy _cansados_.

⑦ Julia es muy _fuerte_.

⑧ ¡Somos _campeones_!

ACIERTOS / 8

3.3. Complete las frases con un nombre y un adjetivo del recuadro. ┈┈┈┈┈┈┈┈┈┈┈

1. Susana tiene los ojos azules.
2. La amapola es una _flor roja_.
3. El español es un _idioma fácil_.
4. Don Tomás es un _profesor bueno_.
5. La _comida preferida_ de Peter es la tortilla de patatas.
6. En Toledo hay muchos _edificios antiguos_.
7. Esta camisa y estos pantalones están muy viejos. Necesito _ropa nueva_.
8. Mi _color preferido_ es el rojo.

color	~~comida~~
edificio	flor
idioma	~~ojo~~
profesor	~~ropa~~

antiguo	~~azul~~
~~rojo~~	~~bueno~~
~~fácil~~	~~nuevo~~
~~preferido~~	preferido

ACIERTOS / 8

14 *una amiga chilena*
Adjetivos de nacionalidad

● Adjetivos de nacionalidad: formación del femenino y del plural

SINGULAR		PLURAL	
MASCULINO	FEMENINO	MASCULINO	FEMENINO
−o	−a	−os	−as
chileno, cubano	chilena, cubana	chilenos, cubanos	chilenas, cubanas
*Donoso es **un escritor chileno.*** *Isabel Allende es **una escritora chilena.***		***Los puros cubanos** son de gran calidad.*	
−a, −e, −í	−a, −e, −í	−as, −es, −ís (o −íes)	−as, −es, ís (o −íes)
belga canadiense marroquí	belga canadiense marroquí	belgas canadienses marroquís / marroquíes	belgas canadienses marroquís / marroquíes
*La capital **belga** es Bruselas.* *La bandera **canadiense** es roja y blanca.* *La capital **marroquí** es Rabat.*		*Me encantan **los bombones belgas.***	
−consonante	+a	+es	+as
portugués alemán español	portuguesa alemana española	portugueses alemanes españoles	portuguesas alemanas españolas
*Bild es **una revista alemana.*** *A Carla le gusta mucho **la comida española.***		*Faro y Oporto son **ciudades portuguesas.***	

> **ATENCIÓN:**
>
> portug**é**s ▸ portug**e**sa, portug**e**ses, portug**e**sas
>
> alem**á**n ▸ alemana, alemanes, alemanas

● Masculino + femenino = plural masculino

> *Iván es **cubano**. Haydée es **cubana**. → Iván y Haydée son **cubanos**.*
> *Tengo **unos sellos** y **unas monedas rusos**.*

● Colocación del adjetivo

> ser + adjetivo: *Gabriel García Márquez **es colombiano**.*
> nombre + adjetivo: *La **bandera argentina** es azul y blanca.*

36

4 EJERCICIOS

4.1. Complete la lista.

SINGULAR		PLURAL	
MASCULINO	FEMENINO	MASCULINO	FEMENINO
1. brasileño	brasileña	brasileños	brasileñas
2. costarricense	→	costarricenses	→
3. escocés	escocesa	escoceses	escocesas
4. iraní	iranía	iraníes	→
5. japonés	japonesa	japoneses	japonesas
6. nicaragüense	→	nicaragüenses	→
7. venezolano	venezolana	venezolanos	venezolanas
8. vietnamita	→	vietnamitas	→

ACIERTOS ...../8

4.2. Complete las frases con los adjetivos del recuadro.

chino   ~~egipcio~~   francés   ~~indio~~   italiano   mexicano   ~~peruano~~   ruso

① Soy peruana.
② Somos chinas.
③ Somos egipcios.
④ Soy francesa.
⑤ Somos italianas.
⑥ Somos mexicanos.
⑦ Soy india.
⑧ Somos rusos.

ACIERTOS ...../8

4.3. Complete las frases con un nombre y un adjetivo de cada recuadro.

actriz   capital   ~~capital~~   ~~ciudad~~   ~~ciudad~~
escritor   ~~moneda~~   ~~moneda~~

canadiense   colombiano   estadounidense   ~~francés~~
~~japonés~~   marroquí   portugués   vietnamita

1. El yen es la <u>moneda japonesa</u>.
2. El dirham es la <u>moneda marroquí</u>.
3. Gabriel García Márquez es un <u>escritor colombiano</u>.
4. Burdeos es una <u>ciudad francés</u>.
5. Julia Roberts es una <u>actriz estadounidense</u>.
6. Hanoi es la <u>capital vietnamita</u>.
7. Montreal y Edmonton son <u>ciudades canadienses</u>.
8. Lisboa es la <u>capital portugués</u>.

ACIERTOS ...../8

37

15 más caro, menos trabajador
Forma comparativa de los adjetivos (1)

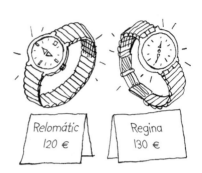

El Regina es **más caro** que el Relomátic.

Una jirafa es **más alta** que un oso.

Marta es **menos trabajadora** que Laura.

Más caro, más alta y *menos trabajadora* son formas comparativas de los adjetivos. Se usan para comparar dos personas, animales o cosas.

● Formación del comparativo

Superioridad (+) → *más* + adjetivo (+ *que*)	*Felipe es **más alto** que su hermana.* *Y **más fuerte**.* *Necesitamos un piso **más grande**.*
Inferioridad (–) → *menos* + adjetivo (+ *que*)	*Clara es **menos trabajadora** que Gilberto.*

Formas irregulares

+ *viejo* ► **mayor**
– *viejo* ► **menor**
+ *bueno* ► **mejor**
– *bueno* ► **peor**

Eva, 24   Javi, 20

*Eva es **mayor** que Javi.*
*Javi es **menor** que Eva.*

*El coche de Ana es **mejor** que el de Álvaro.*
*El coche de Álvaro es **peor** que el de Ana.*

● El adjetivo tiene la misma **forma** (masculino o femenino, singular o plural) que la persona, animal o cosa a la que se refiere.

 Mis **hermanos** son más **altos** que yo.
 Marta es menos **trabajadora** que Raúl.
 Estas **camisas** son más **caras**.

PERO: *mayor/menor/mejor/peor* → singular (masculino y femenino)

 mayores/menores/mejores/peores → plural (masculino y femenino)

 Eva es **mayor** que Javi, pero **Javi** es **mayor** que su hermano.
 Estas **camisas** son más baratas, pero son **peores**.

● *Más/menos...que* + pronombre personal sujeto ► UNIDAD 34: Pronombres personales de sujeto

 Eres más fuerte ~~que mí~~. → *Eres más fuerte **que yo**.*
 *Somos menos altos **que vosotros**.*

● *A veces no es necesario mencionar la persona o cosa con la que se compara algo.*

 *Este piso es pequeño. Yo quiero uno **más grande**.*

15 EJERCICIOS

5.1. **Complete las frases con la forma comparativa adecuada.**

1. ¿Quién es (+ *guapo*) más guapo, Juan o su hermano?
2. ¿Quién es (– *caprichoso*) menos caprichoso, Alberto o Luisa?
3. ¿Qué ciudad es (+ *antiguo*) _más_____, Lima o Santiago?
4. ¿Quién es (+ *bueno*) más_____, Ronaldo o Rivaldo?
5. ¿Qué país está (– *poblado*) menos_____, Venezuela o Colombia?
6. ¿Qué deporte es (– *peligroso*) menos_____, el esquí o el alpinismo?
7. ¿Qué es (+ *malo*) más_____, estar enfermo o no tener dinero?
8. ¿Quién es (+ *viejo*) más_____, Sofía o su esposo?

ACIERTOS ...../8

5.2. **Escriba comparaciones como en el ejemplo utilizando las palabras del recuadro.**

| ~~alto~~ | caro | ~~caro~~ | ~~largo~~ | potente | ~~pequeño~~ | poblado | rápido | ~~viejo~~ |

1. (Luis 1,90 cm; su hermano 1,82 cm) Luis es más alto que su hermano.
2. (Uruguay 176 220 km²; Argentina, 2 766 890 km²) Uruguay es más pequeño que Argentina
3. (Paraguay, 5,5 millones de habitantes; Ecuador, 13 millones) Paraguay está menos poblado que Ecuador
4. (Luisa 19 años; Clara, 25 años) Luisa es menos vieja que Clara
5. (fresas 3,50 euros/kilo; plátanos, 1,75 euros/kilo) Las fresas son más caras que los plátanos
6. (Amazonas 6 788 km; Paraná, 3 780 km) El Amazonas es más largo que Paraná
7. (televisión 345 euros; radio, 60 euros) Esta televisión es más cara que la radio
8. (Suiko, disco duro 20 GB; Misima, disco duro 80 GB) Los ordenadores Suiko son más potentes que los de disco
9. (león 80 km/h; canguro, 50 km/h) El canguro es menos rápido que el león

ACIERTOS ...../9

5.3. **Complete las frases con la forma comparativa de los adjetivos del recuadro.**

| alto | ~~fuerte~~ | rápido | viejo |

① Soy más fuerte que tú.
② Soy _____.
③ Sois _____.
④ Eres _____.

ACIERTOS ...../4

5.4. **Complete las frases con la forma comparativa adecuada.**

1. Este piso es muy antiguo. Prefiero uno (*antiguo*) menos antiguo.
2. Esta casa es muy cara. Prefiero una (*barato*) más barata.
3. Estos pantalones son muy grandes. Necesito unos (*pequeño*) más pequeños.
4. Esta cama es incómoda. Prefiero una (*cómodo*) más cómoda.
5. Mi trabajo es muy malo. Quiero uno (*bueno*) más bueno.
6. Este postre está muy dulce. Prefiero los postres (*dulce*) menos dulces.
7. Este libro es un poco aburrido. Prefiero uno (*entretenido*) más entretenido.
8. Esta falda es muy corta. Quiero una (*largo*) más larga.

ACIERTOS ...../8

39

16 *tan alto, igual de alto*
Forma comparativa de los adjetivos (2)

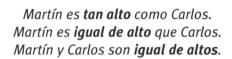

Martín   Carlos

Martín es **tan alto** como Carlos.
Martín es **igual de alto** que Carlos.
Martín y Carlos son **igual de altos**.

Un caballo no es **tan grande** como un elefante.
Un caballo no es **igual de grande** que un elefante.
Un elefante y un caballo no son **igual de grandes**.

Tan alto, tan grande, igual de alto, igual de grande son expresiones comparativas. Se usan para indicar si cierta cualidad –alto, grande– es igual o no en dos personas, animales o cosas.

Sonia es igual de **guapa** que su **madre**.   **El tren** no es tan **rápido** como **el avión**.

● Formación del comparativo de igualdad

Igualdad (=)	*tan* + adjetivo + *como*	Soy **tan alto como** tú, pero no soy **tan fuerte**. Un toro no es **tan rápido como** un caballo.
	igual de + adjetivo (+ *que*)	Soy **igual de alto** que mi hermano. Mi hermano y yo somos **igual de altos**.

● El adjetivo tiene la misma **forma** (masculino o femenino, singular o plural) que la persona, animal o cosa a la que se refiere.

Mi **piso** es igual de **pequeño** que el tuyo.   Mi **hermana** es tan **alta** como yo.
Sonia y su madre son igual de **guapas**.   **Estos dos televisores** son igual de **caros**.

● *que/como* + pronombre personal sujeto   ▶ UNIDAD 34: Pronombres personales de sujeto

Los hijos de Andrés no son tan guapos **como él**.
Yo soy igual de trabajadora **que vosotros**.

Compare:

–Juani es simpática. –Pues Loli es ~~tan simpática~~. Pues Loli es **tan simpática como ella**. / Pues Loli es **igual de simpática**.	– Felipe es muy trabajador. – Pues sus hermanos no son **tan trabajadores**. / Pues sus hermanos no son **tan trabajadores como él**. / Pues sus hermanos no son **igual de trabajadores**.

ATENCIÓN:

A veces se prefiere *no tan* + adjetivo positivo, en lugar de *más* + adjetivo negativo o *menos* + adjetivo positivo.

Adolfo es **más feo** que Jorge. → Adolfo **no es tan guapo** como Jorge.
Luisa es **menos fuerte** que Ana. → Luisa **no es tan fuerte** como Ana.

16 **E J E R C I C I O S**

6.1. Complete las frases con el comparativo de igualdad y las palabras del recuadro.

alegre	~~alto~~	alto	caro	inteligente	~~joven~~	rápido

1. (David, 52 años; Alonso, 40 años) David _no es tan joven como Alonso_.
2. (Ana, 1,72 m; María, 1,72 m) Ana y María _son igual de altas_.
3. (Darío, 90/100; Margarita, 90/100) Darío y Margarita _son igual de altos inteligentes_
4. (naranjas, 2,20 euros el kilo; manzanas, 1,90 euros el kilo) Las manzanas _son mas caras que naranjas_
5. (Antonio, 100 m/9,5 s; Paco, 100 m/ 9,5 s) Antonio y Paco _son igual de rápido_.
6. (Esther, alegre ++; Pilar, alegre +) Pilar _está menos alegre que / no está tan alegre como Esther_

ACIERTOS /7

7. (Fermín, 1,75 m; Álvaro, 1,78 m) Fermín _no es tan alto como Álvaro_

6.2. Complete las comparaciones de igualdad con los adjetivos del recuadro.

alto	bueno	entretenido	~~fácil~~	fuerte	malo	peligroso	~~rápido~~

1. El italiano es _tan fácil como / igual de fácil que_ el español.
2. Un coche no es _tan rápido como_ un avión.
3. Un gorila no es _tan alto como_ una jirafa.
4. Un oso y un gorila son _peligrosos fuertes_

5. El café de Brasil es _igual de bueno_ el de México.
6. El teatro es _igual de entretenido que_ el cine.
7. El esquí no es _tan fuerte peligroso que_ el alpinismo.
8. El tabaco y el alcohol son _malos_

ACIERTOS /8

6.3. Vuelva a escribir las frases con el comparativo de igualdad. Cambie el adjetivo si es necesario.

1. Jorge es más feo que yo. Jorge _no es tan guapo como yo_.
2. Elio es más bajo que su padre. Elio _no es tan alto como/que su padre_
3. La silla es más incómoda que el sillón. La silla _no es tan cómoda como/que el sillón_
4. Vosotras sois más simpáticas que Hugo. Hugo _no es tan simpáticas como/que vosotras_
5. Eres más fuerte que yo. (Yo) _Soy tan/más fuerte como/que tu_
6. Él es peor que Rinaldo. Él _no es tan (mejor/mayor) como/que Rinaldo_

ACIERTOS /6

6.4. Complete los diálogos con el comparativo de igualdad.

1. –Luis es muy listo. –Pues su hermano es _igual de listo / tan listo como él_.
2. –Rosario es muy elegante. –Pues sus hijas no son _tan elegantes_.
3. –Jesús es muy simpático. –Pues su hermana no es _tan simpática como él_
4. –Los peruanos son muy amables. –Pues los colombianos son _igual de amables_
5. –Esta cama es muy cómoda. –Pues la mía no es _tan cómoda (como tuya)_.
6. –Juan es muy amable. –Pues sus hijos no son _tan amables_.
7. –Este piso es viejo. –Pues el mío es _igual de viejo_.
8. –Elvira es muy guapa. –Pues sus hermanas son _igual de guapas_

ACIERTOS /8

17 la más alta, el menos trabajador
Superlativo

Carla es **la más alta** de sus hermanos.

Zapatos Loto, **los más cómodos**.

David es **el menos trabajador** de sus amigos.

La más alta, los más cómodos, el menos trabajador son formas de superlativo. Se usan para comparar a alguien o algo con un grupo.

> **El Teide** es la montaña más alta **de España**.   **Soraya** es la más cariñosa **de su familia**.

● Formación del superlativo

Superioridad (+) →	*el/la/los/las* (+ nombre) + *más* + adjetivo (+ *de*)
	*Alberto es **el más trabajador** de su familia.*
	*El Everest es **la montaña más alta** del mundo.*
Inferioridad (−) →	*el/la/los/las* (+ nombre) + *menos* + adjetivo (+ *de*)
	*Hugo es **el menos hablador** de mis amigos.*
	*Paraguay es **el país menos poblado** de América del Sur.*

Formas irregulares

+ *viejo* ►	*el/la mayor, los/las mayores*	→ *Eva es **la mayor** de sus hermanos.*
− *viejo* ►	*el/la menor, los/las menores*	
+ *bueno* ►	*el/la mejor, los/las mejores*	→ *Estas naranjas son **las mejores** de España.*
+ *malo* ►	*el/la peor, los/las peores*	

ATENCIÓN:

mejor / peor (+ nombre) + *de* + nombre	*Julián es **el mejor alumno de la clase**.*
superlativo + *de* + nombre	*Hoy es el día **más feliz de mi vida**.*
superlativo + *que* + verbo	*Elena es la chica **más alegre que he conocido**.*

● El adjetivo tiene la misma **forma** (masculino o femenino, singular o plural) que la persona, animal o cosa a la que se refiere.

> **Raúl** es **el más cariñoso** de sus hermanos.
> **Carola y Elena** son **las más simpáticas** del grupo.

● A veces no es necesario mencionar el grupo con el que se compara algo.

*Este televisor es **el más caro**.* (de todos los televisores de esta tienda)

*Laura es **la más alta**.* (de la clase)

7.1. ▷ **Complete las frases con un superlativo.** ⋯⋯⋯⋯⋯⋯⋯⋯⋯⋯⋯⋯⋯⋯⋯⋯⋯⋯⋯⋯⋯⋯⋯⋯⋯

1. ¿Cuál es (*ciudad, + bonito*) <u>la ciudad más bonita</u> de Cuba?
2. ¿Cuál es (*país, – poblado*) <u>el país menos poblado</u> de América Latina?
3. ¿Cuál es (*ciudad, – contaminado*) <u>el ciudad menos ^{contaminada}</u> de España?
4. ¿Cuál es (*río, + largo*) <u>el río más largo</u> de México?
5. ¿Cuál es (*capital, + alto*) <u>ela capital más alta</u> de América del Sur?
6. ¿Cuál es (*país, + grande*) <u>el país más grande</u> de América Latina?
7. ¿Cuál es (*isla, + pequeño*) <u>la isla más pequeña</u> del Caribe?
8. ¿Cuál es (*catedral, + antiguo*) <u>la catedral más antigua</u> de México?

ACIERTOS ⋯⋯/8

7.2. ▷ **Escriba frases sobre un grupo de amigos.** ⋯⋯⋯⋯⋯⋯⋯⋯⋯⋯⋯⋯⋯⋯⋯⋯⋯⋯⋯⋯⋯⋯⋯⋯

1. (*simpático: Lucas ++, Marina –, Leo +*) Lucas es <u>el más simpático</u> de sus amigos.
2. (*simpático: Lucas ++, Marina –, Leo +*) Marina es <u>la menos simpática</u>.
3. (*trabajador: Lucas +, Marina ++, Leo ++*) Marina y Leo son <u>los más trabajadores</u>.
4. (*trabajador: Lucas +, Marina ++, Leo ++*) Lucas es <u>el menos trabajador</u>.
5. (*elegante: Lucas –, Marina ++, Leo +*) Marina es <u>el más elegante</u>.
6. (*elegante: Lucas –, Marina ++, Leo +*) Lucas es <u>el menos elegante</u>.
7. (*atractivo: Lucas +, Marina +, Leo –*) Lucas y Marina son <u>los más atractivos</u>.
8. (*atractivo: Lucas +, Marina +, Leo –*) Leo es <u>el menos atractivo</u>.

ACIERTOS ⋯⋯/8

7.3. ▷ **Complete estos eslóganes publicitarios.** ⋯⋯⋯⋯⋯⋯⋯⋯⋯⋯⋯⋯⋯⋯⋯⋯⋯⋯⋯⋯⋯⋯⋯⋯⋯

1. Agua de Monteviejo, (*bebida, + sano*) <u>la bebida más sana</u> y (*+ refrescante*) <u>la más refrescante</u>.
2. Regina, (*reloj, + caro*) <u>el reloj más caro</u> del mundo.
3. Ordenadores portátiles Misima, (*+ pequeño*) <u>son más pequeños</u> y (*+ potente*) <u>más potentes</u>.
4. Ropa deportiva Libre, (*+ cómodo*) <u>es la ropa más</u> _{cómodas} y (*+ elegante*) <u>más elegante</u>.
5. Galletas Artaneda, (*+ bueno*) <u>son las galletas más</u> _{buenas} para el desayuno.
6. Supermercados García, (*+ económico*) <u>son los supermercados más económicos</u>
7. Zumos Frutasol, (*+ sano*) <u>son los zumos más sanos</u>
8. Leche fresca Norte, (*+ bueno*) <u>es la leche más buena</u> para su familia.

ACIERTOS ⋯⋯/8

7.4. ▷ **Complete las frases con un superlativo y *de* o *que*.** ⋯⋯⋯⋯⋯⋯⋯⋯⋯⋯⋯⋯⋯⋯⋯⋯⋯⋯⋯

1. Julia es (*chica, + alegre*) <u>la chica más alegre que</u> conozco.
2. Para mí, el café de Colombia es (*+ bueno*) <u>el café más bueno</u> del mundo. _{que}
3. Las ruinas de Machu Picchu son (*+ impresionante*) <u>las más impresionantes</u> he visto.
4. El día de mi boda fue (*+ feliz*) <u>el día más feliz</u> de mi vida.
5. ¿Cuál es (*país, + interesante*) <u>el país más interesante</u> ^{que} has visitado?
6. Esther es (*+ viejo*) <u>la más vieja de</u> mis hermanas.

ACIERTOS ⋯⋯/6

18 mi, tu, su...
Posesivos (1)

Mi, tu, nuestro son posesivos. Se usan para indicar posesión y otro tipo de relaciones
con personas, animales o cosas: familia, origen, etc.

> **Mi madre** trabaja en un laboratorio.
> –¿Dónde es la fiesta? –En **mi casa**.

> Jimena tiene un pequeño chalé en **su pueblo**.
> –¿Cuál es **tu color** preferido? –El blanco.

● Formas de los posesivos

POSEEDOR	POSESIVOS			
	SINGULAR		PLURAL	
	MASCULINO	FEMENINO	MASCULINO	FEMENINO
yo	mi	mi	mis	mis
tú	tu	tu	tus	tus
usted	su	su	sus	sus
él, ella	su	su	sus	sus
nosotros, -as	nuestro	nuestra	nuestros	nuestras
vosotros, -as	vuestro	vuestra	vuestros	vuestras
ustedes	su	su	sus	sus
ellos, ellas	su	su	sus	sus

● Se usa mi, tu, su... + nombres.

> ¿Quién es **tu profesor**?   Ayer vi a Ignacio con **sus primas**.   ¿Dónde están **vuestras cosas**?

ATENCIÓN:

su, sus = de él; de ella; de usted; de ellos; de ellas; de ustedes

Abel,
es **su** mujer.

Jorge y **sus** hijas.   Alicia en **su** coche.   Los señores Puebla
en **su** casa.

Generalmente, la situación indica a quién se refiere su, sus.

> Mire, don Raúl. Ahí va Jorge con **sus** hijas. (Raúl sabe de quién son las hijas, de él o de Jorge.)

● Se usa el, la, los, las no mi, tu, su... con partes del cuerpo, prendas de vestir y otros objetos
personales.

> Me duele ~~mi~~ cabeza.   → Me duele la cabeza.
> Quítate ~~tu~~ abrigo.   → Quítate el abrigo.
> Tengo que lavar ~~mi~~ coche.   → Tengo que lavar el coche.

8.1. Observe los árboles genealógicos y complete las frases con *mi, tu, su...*

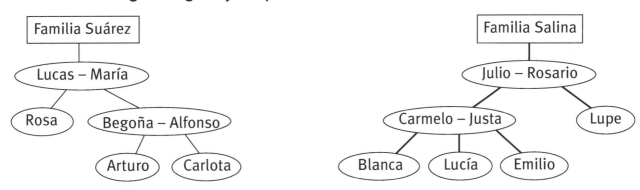

1. ARTURO: ¿Cómo se llaman **tus** padres, Blanca?
2. EMILIO: _Mis_ hermanas se llaman Blanca y Lucía.
3. CARLOTA: ¿Cómo se llama _su_ mujer, don Carmelo?
4. BLANCA y LUCÍA: _Nuestra_ abuela se llama Rosario.
5. EMILIO: Arturo, Carlota, ¿cómo se llaman _nuestros_ abuelos?
6. ALFONSO: _Mi_ madre se llama María.
7. BLANCA: ¿Cómo se llama _tu_ tía, Arturo?
8. CARLOTA: ¿Cómo se llaman _sus_ hijos, don Julio?
9. CARMELO y LUPE: _nuestros_ padres se llaman Julio y Rosario.
10. ARTURO: Blanca, Lucía, ¿cómo se llama _vuestra_ madre?

ACIERTOS
......../10

8.2. Complete las frases con *mi, tu, su...*

1. –¿Cuál es _tu_ color preferido, Berta? –El azul.
2. Mi hermano y yo jugamos mucho al tenis. Es _nuestro_ deporte preferido.
3. La señora Valverde y _sus_ hijas son muy agradables.
4. –¿Dónde están Sol y Rocío? –En _su_ casa.
5. Anoche fui al cine con _mi_ padre y _mis_ hermanos.
6. Jorge, Juan, ¿dónde están _vuestros_ libros?
7. –¿Cuál es _tu_ comida preferida, Enrique? –La paella.
8. Ayer conocí a _tus_ padres, Verónica. Son muy simpáticos.

ACIERTOS
......../8

8.3. Rodee la forma correcta en cada caso.

1. Me estoy lavando (*mi*/*el*) pelo.
2. Átate (*tus*/*los*) zapatos.
3. Rodrigo trabaja con (*su*/*el*) padre.
4. Tenéis (*vuestros*/*los*) ojos rojos.
5. (*Mis*/*Los*) tíos viven en Puerto Rico.
6. Le di (*mi*/*la*) mano.
7. (*Su*/*La*) abuela tiene 85 años.
8. Tienes una mancha en (*tu*/*la*) nariz.
9. Quitaos (*vuestras*/*las*) chaquetas.
10. Al señor Alfonsín se le ha estropeado (*su*/*el*) coche.

ACIERTOS
......../10

19 mío, tuyo, suyo...
Posesivos (2)

Mía, mío, tuyo, nuestro son posesivos. Se usan para indicar posesión y otro tipo de relaciones con personas, animales o cosas: familia, origen, etc.

> –Mi madre trabaja en un banco. ¿Y **la tuya**? –**La mía** trabaja en una agencia de viajes.
> –Mi pueblo es muy bonito y moderno. –**El nuestro** es muy antiguo.

● Formas de los posesivos

POSEEDOR	POSESIVOS			
	SINGULAR		PLURAL	
	MASCULINO	FEMENINO	MASCULINO	FEMENINO
yo	mío	mía	míos	mías
tú	tuyo	tuya	tuyos	tuyas
usted	suyo	suya	suyos	suyas
él, ella	suyo	suya	suyos	suyas
nosotros, -as	nuestro	nuestra	nuestros	nuestras
vosotros, -as	vuestro	vuestra	vuestros	vuestras
ustedes	suyo	suya	suyos	suyas
ellos, ellas	suyo	suya	suyos	suyas

● Se usa *ser + mío, tuyo...* para expresar posesión.

> Esta bolsa no es **mía**. ¿Es **tuya**, Amparo?
> –¿Es esto **nuestro**? –No, es **suyo**.

● Se usa *el, la, los, las + mío, tuyo...* cuando se habla de algo o alguien mencionado anteriormente.

> –¿Es tuya esa **bolsa**? –No, **la mía** es más pequeña.
> Como se estropeó el **coche** de Jaime, fuimos en **el nuestro**.

● Se usa (*un, una, unos, unas* +) nombre + *mío, tuyo...* cuando hablamos de algo o alguien como parte de un grupo.

> –¿Conoces a Julián? –Sí, hombre. Es **amigo mío**. (Es uno de mis amigos.)
> **Una tía nuestra** vive en Panamá. (una de nuestras tías)

> **ATENCIÓN:**
>
> *suyo, suya, suyos, suyas* = de él; de ella; de usted; de ellos; de ellas; de ustedes
>
> Generalmente, la situación indica a quién se refiere *suyo/suya/suyos/suyas*.
>
> > –¿Son estas las maletas de Felisa? –No, **las suyas** son azules. (las de Felisa)
> > –¿Son estas mis maletas? –No, **las suyas** son más pequeñas. (las de usted)

▶ UNIDAD 11: Omisión del nombre

9.1. Complete las frases como en el ejemplo.

① ¿De quién son estas llaves? — Son **mías**

② ¿De quién es este libro? — Es *mío*.

③ ¿De quién es este paraguas? — Es *suyo*.

④ ¿De quién son estos CD? — Son *nuestros*

⑤ ¿Son *nuestros* estos libros?

⑥ ¿Son *vuestras* estas maletas?

⑦ ¿Es *tuyo* este reloj?

⑧ ¿Es *tuya* esta bufanda?

ACIERTOS ...../8

9.2. Escriba *el mío, la tuya, los suyos...* según corresponda en las siguientes frases.

1. Estas llaves no son mías. __Las mías__ son más pequeñas.
2. –¿Es ese vuestro coche? –No, *el nuestro* es más grande.
3. Este abrigo no es de Pedro. *El suyo* es azul.
4. –Perdona, ¿es este mi asiento? –No, *el tuyo* está más atrás.
5. –¿Es ese nuestro profesor? –No, *el nuestro* es mayor.
6. –Mi deporte preferido es el fútbol. ¿Y *qué es tuyo*? –*El mío* es el esquí.
7. –Mis hijos practican muchos deportes. ¿Y *tuyos*, Manuel? –*Los míos* juegan al tenis.
8. –¿Son esos los padres de Arturo? –No, *los suyos* son más jóvenes.
9. –Mi profesora es peruana. –*La mía* es argentina.
10. –Nuestros hijos son muy trabajadores. –*Los míos* son un poco vagos.

ACIERTOS ...../10

9.3. Complete con *mío, tuyo, suyo...* y *un, una, unos* o *unas* si es necesario.

1. (*amigo, yo*) __Un amigo mío__ es pintor.
2. (*amiga, yo*) *Una amiga mía* ha ganado un premio.
3. Ayer estuve con (*primo, vosotros*) *un primo vuestro*
4. El director del banco es (*amigo, ellos*) *un amigo suyo*
5. Raquel es (*prima, nosotros*) *una prima nuestra*
6. ¿Es Alicia (*tía, tú*) *la tía tuya*?
7. –¿Conocéis a Mariano? –Sí, es (*amigo, nosotros*) *amigo nuestro*
8. El domingo conocimos a (*familiares, ustedes*) *familiares suyos*

ACIERTOS ...../8

todos, algunos, unos, ninguno...
Indefinidos (1)

Todos los niños
están llorando.

Algunos niños
están llorando.

Un niño
está llorando.

Ningún niño
está llorando.

Se usa *todos, algunos, un, ningún* para referirse a los componentes de un grupo.

todos = la totalidad del grupo

algunos = una parte del grupo

un = un elemento no determinado del grupo, no se dice cuál.

ningún = nadie o nada del grupo

● *todo, toda, todos, todas*

todo, toda	+ *el , la* + *mi, tu...* + *este, ese, aquel...*	+ nombre singular	*Dame **todo el pan**.* ***Toda tu familia** es muy alegre.* *Tira **toda esa basura** al contenedor.*
todos, todas	+ *nosotros, vosotros...* + *los, las* + *mis, tus...* + *estos, esos, aquellos...*	+ nombre plural	*Sois muy amables **todos vosotros**.* *Voy a México **todos los veranos**.* ***Todos mis hermanos** hablan francés.* *Deme **todas esas manzanas,** por favor.*

● *un, unos...; algún, algunos...; ningún, ninguna*

un, una *algún, alguna* *ningún, ninguna*	+ nombre singular		*He conocido a **un compañero** tuyo.* *¿Ha venido **algún alumno**?* *Alicia no sale **ningún domingo**.*
unos, unas *algunos, algunas*	+ nombre plural		*Conozco a **unos chicos** que estudian quechua.* *He recorrido **algunas zonas** de Perú.*
uno, una *alguno, -a, algunos, -as* *ninguno, ninguna*	+ de +	*nosotros, vosotros...* *los, las... + nombre plural* *mis, tus... + nombre plural* *estos, esos... + (nombre plural)*	*¿**Alguno de vosotros** conduce?* *No veo a **ninguno de los niños**.* ***Uno de mis tíos** vive en Caracas.* ***Alguno de estos** es mío, seguro.*

– *algún, alguno, alguna* expresan cantidad e identidad indeterminadas (no se dice ni cuántos ni cuáles); por eso, es muy común en preguntas.

   *¿**Alguno** de vosotros habla árabe? –No, **ninguno**.*

● *Uno, ninguno, alguno* y *todo* se pueden usar solos cuando está claro de quién o de qué se habla.

   ***Todos** quieren venir a la fiesta. (todos nuestros amigos)*
   *–¿Has visto a **alguno** de mis compañeros? –No, no he visto a **ninguno**.*

ATENCIÓN:

ninguno + verbo afirmativo → ***Ninguno** de mis amigos **ha salido**.*
verbo negativo + *ninguno* → ***No ha salido ninguno** de mis amigos.*

20 EJERCICIOS

20.1. Observe las ilustraciones y complete las frases con *todo, algún, un, ningún...* y las palabras del recuadro.

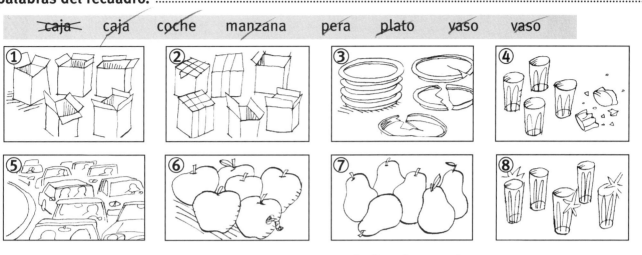

caja̶ caja coche manzana pera plato vaso vaso

1. _Todas las cajas_ están vacías.
2. _Algunas las cajas_ están cerradas.
3. _Algunos platos_ están rotos.
4. _Un vaso_ está roto.
5. _Todos los coches_ están parados.
6. _Una manzana_ está podrida.
7. _Ninguna pera_ está podrida.
8. _Algunos vasos_ están relucientes.

ACIERTOS /8

20.2. Escriba *todo, algún, un, ningún...* según corresponda.

1. Alicia está estudiando con _unos_ compañeros.
2. En _algunos_ países de África se habla español.
3. ¿Has estado en _algún_ país de América?
4. _Toda_ mi familia habla español.
5. _Todas_ mis amigas son simpáticas.
6. _Algunos_ aves no pueden volar.
7. _Ningún_ elefante come carne.

ACIERTOS /7

20.3. Complete las frases con *uno, alguno, ninguno...* + *de* cuando sea necesario.

1. Ayer conocí a _uno de_ tus hermanos.
2. ¿_Algún_ ustedes habla quechua?
3. No he conocido a _ninguna de_ mis abuelas.
4. ¿Trabaja _algún_ tus hermanos?
5. Felipe sale con _algunas_ mis amigas.
6. _Ninguno de_ nosotros ha estado en la Isla de Pascua, pero nos gustaría ir.

ACIERTOS /6

20.4. Complete los diálogos con *todo, algún, ningún...*

1. —¿Conoces a los amigos de Pedro? —Conozco a _algunos_, pero no a _todos_.
2. —¿Has comprado ya los libros? —Sí, los he comprado _todos_.
3. —¿Conoces algún país de Asia? —No, no conozco _ninguno_.
4. —¿Has visto a alguna de mis hermanas? —No, no he visto a _ninguna_.
5. Me encantan las mariposas. _Todas_ tienen las alas muy bonitas.

ACIERTOS /5

49

21 uno, otro, cualquiera
Indefinidos (2)

● *un, una, unos, unas* ▶ UNIDAD 20: Indefinidos (1)

un, una = un elemento indeterminado, no se dice cuál.

unos, unas = identidad y cantidad indeterminadas, no se dice cuáles ni cuántos.

*Necesito **un móvil** nuevo.*

*Ana está con **unas compañeras**.*

Otro zumo, por favor.

● *otro, otra, otros, otras*

– uno o más elementos del mismo tipo

*Toma **otra galleta**. (una galleta más)*
***Otros dos bocadillos**, por favor. (dos bocadillos más)*

– uno o unos elementos de tipo distinto

*Déjame **otro libro**. Este no me gusta. (un libro diferente)*

otro, otra	+ nombre singular	*Tráiganos **otra cuchara**, por favor.*
otros, otras	+ nombre plural + *dos, tres...* + nombre plural	*Enséñeme **otros zapatos**. Estos no me gustan.* *Necesitamos **otras dos jugadoras**.*
otro, otra + de	+ *nosotros, vosotros...* + *los, las* + *mis, tus...* + nombre plural + *estos, esos...*	*Quiere que vayamos **otro de nosotros**.* *Pásame **otro de los pasteles de chocolate**.* *He perdido **otra de mis plumas**.* *Dame **otra de esas ciruelas**.*

● *cualquier, cualquiera*

Indica uno, no importa cuál, no conocido ni identificado.

*Dame **cualquier libro**. (Uno, pero no importa cuál.)*
*Puedes llamarme a **cualquier hora**.*

¿Cuál le gusta?

Deme una cualquiera.

cualquier + nombre singular		***Cualquier día** voy a verte.*
nombre singular + *cualquiera*		*Dame **un libro cualquiera**.*
cualquiera + de	+ *nosotros, ustedes...* + *los, las* + *mis, tus...* + nombre plural + *estos, esos...*	***Cualquiera de ustedes** puede hacerlo.* *Pásame **cualquiera de los bolígrafos**.* *Ponte **cualquiera de mis trajes**.* ***Cualquiera de esos chicos** es más amable que tú.*
uno, una + cualquiera		*Es igual. Deme **uno cualquiera**.*

● *Uno, una, unos, unas, otro, otra, otros, otras* y *cualquiera* pueden ir solos cuando está claro de quién o de qué se está hablando.

*–Necesitamos **sillas** nuevas. –He visto **unas** preciosas.*
*Hay muchos **bocadillos**. Toma **otro**.*

21 EJERCICIOS

1.1. ▷ **Observe las situaciones y complete las frases con *un, una...* u *otro, otros...*** ·····

①
<u>Una</u> tónica,
por favor.

②
Deme ~~otra~~ bolsa, por
favor. Esta está rota.

③
Préstame <u>uno</u>
libro, por favor.

④
~~Otra~~ tónica,
por favor.

⑤
Préstame <u>otros</u> libros.
Estos los he leído.

⑥
Deme <u>una</u> bolsa,
por favor.

⑦
Tráiganos <u>otras</u> cucharas, por
favor. Estas están sucias.

⑧
¡Qué rica estaba! ¿Me
das <u>otra</u> manzana?

ACIERTOS
......./8

1.2. ▷ **Utilice las expresiones del recuadro para completar las siguientes frases.** ·····

cualquier
cualquiera
cualquiera de

1. Esto lo puedes encontrar en <u>cualquier</u> tienda.
2. Eso es complicado. No lo puede hacer <u>cualquiera de</u> nosotros.
3. Si quieres que te ayude, ven <u>cualquier</u> mañana. Estoy siempre libre.
4. Usa <u>cualquiera de</u> esos ordenadores. Todos funcionan.
5. Dale una excusa <u>cualquiera</u>. No le importará.

ACIERTOS
......./5

1.3. ▷ **Escriba *uno, cualquier, otro...* + *de* cuando sea necesario.** ·····

1. –¿Te gustan las galletas? Toma <u>una</u>.
2. Este helado estaba riquísimo. Quiero <u>otro</u>.
3. Diez euros no son suficientes. Necesitamos <u>otro</u> cinco.
4. –¿Dónde estabas? –Con <u>unas</u> amigas.
5. Ayer jugué al tenis con <u>unos</u> tus primos.
6. Si vienen Arnaldo y Marta al concierto necesitaremos <u>otras</u> dos entradas.
7. Quiero <u>cualquiera de</u> esas corbatas.
8. Han llegado <u>otros</u> libros para la biblioteca.

ACIERTOS
......./8

1.4. ▷ **Complete con *otro, otra, otros, otras* y *cualquiera*.** ·····

1. –¿Le gustan estos zapatos? –No, enséñeme <u>otros</u>, por favor.
2. No es muy difícil. <u>Cualquiera de</u> puede hacerlo.
3. –¿Qué trabajo quieres hacer? –<u>Cualquiera</u>. Necesito trabajar.
4. He perdido el tren a Cuzco. ¿Cuándo hay <u>otros</u>?
5. –¿Le gustan estos plátanos? –No, deme <u>otro</u>. Esos están muy verdes.

ACIERTOS
......./5

22 mucho, poco, demasiado, suficiente...
Indefinidos (3)

mucho dinero   **poco** dinero   **demasiado** dinero   **suficiente** dinero

Mucho, poco, demasiado y *suficiente* se usan para indicar cantidad.

mucho = una gran cantidad	*demasiado* = más cantidad de lo necesario
poco = una cantidad pequeña	*suficiente* = la cantidad necesaria

● *mucho, poco, demasiado, suficiente*

mucho, mucha *poco, poca* *demasiado, demasiada* *suficiente*	+ nombre singular no contable	*No tengo **mucha hambre**.* *Martín tiene **poco tiempo** para estudiar.* *Rodri come **demasiado chocolate**.* *No tengo **suficiente dinero** para el avión.*
muchos, muchas *pocos, pocas* *demasiados, demasiadas* *suficientes*	+ nombre plural	*Mis hijos duermen **muchas horas**.* *Marcela tiene **pocas amigas**.* *Alejo come **demasiados pasteles**.* *Tenemos **suficientes patatas** para hoy.*

ATENCIÓN:

suficiente(s) + nombre ► Hay **suficiente agua**.
nombre + *suficiente(s)* ► Hay **agua suficiente**.

● *bastante, bastantes*

– una gran cantidad, pero no mucho

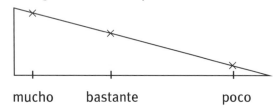

mucho   bastante   poco

mucha gente   **bastante** gente

– la cantidad necesaria, suficiente

*–¿Crees que hay **bastante comida**? –Sí, solo somos tres.*
*No podemos ir de vacaciones. No tenemos **bastante dinero**.*

● *Mucho, poco, demasiado, suficiente, bastante* pueden ir solos cuando está claro de qué se está hablando.

*–¿Cuántos **huevos** hay? –Tres. Son **suficientes** para una tortilla.*
*–¿Tienes **tiempo**? –No tengo **mucho**. Me voy en diez minutos.*

2.1. Sustituya las cantidades subrayadas por *mucho, mucha... o poco, pocos...*

1. Sonia tiene <u>unos doscientos</u> libros. <u>Sonia tiene muchos libros</u>.
2. Alberto tiene <u>dos</u> amigos. *Alberto tiene pocos amigos*.
3. Ayer dormimos <u>diez</u> horas. *Ayer ~~bastante~~ dormimos bastante*.
4. Bebo <u>tres litros de</u> agua al día. *Bebo mucha agua (al día)*.
5. Hemos comprado <u>diez litros de</u> aceite. *Hemos comprado mucho aceite*.
6. Quedan <u>dos</u> patatas. *Quedan pocas patatas*.
7. Luisa toma <u>media cucharada de</u> azúcar en el café. *Luisa toma poco azúcar*

ACIERTOS ....../7

2.2. Indique si estas cantidades le parecen demasiado o suficiente.

1. Javier trabaja doce horas todos los días. <u>Trabaja demasiadas horas</u>.
2. Enrique duerme cuatro horas todos los días. <u>No duerme suficientes horas</u>.
3. Jacinta bebe un vaso de agua al día. *No bebe suficiente agua*.
4. Como cinco plátanos al día. *Como demasiados plátanos*.
5. Inés bebe litro y medio de agua al día. *Bebe suficiente agua*.
6. Gabriel come medio kilo de carne todos los días. *Come demasiado carne*
7. Tenemos una patata para hacer una tortilla. *Tenemos suficientes patatas*

ACIERTOS ....../7

2.3. Describa lo que hay en cada ilustración utilizando *mucho, poco, bastante...* y alguna de las palabras del recuadro.

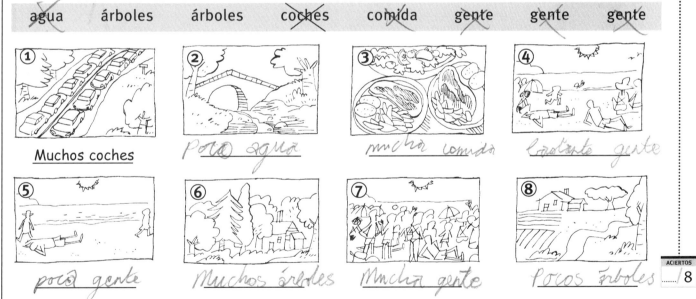

| ~~agua~~ | árboles | árboles | ~~coches~~ | ~~comida~~ | ~~gente~~ | ~~gente~~ | ~~gente~~ |

1. Muchos coches
2. *Poca agua*
3. *mucha comida*
4. *bastante gente*
5. *poca gente*
6. *Muchos árboles*
7. *Mucha gente*
8. *Pocos árboles*

ACIERTOS ....../8

2.4. Complete las frases con *mucho, poco, demasiado, suficiente, bastante...*

1. –¿Tienes hambre? –No tengo <u>mucha</u>. Puedo esperar.
2. –¿Cuántas manzanas tienes? –Tres. Son *suficientes* para una tarta.
3. –¿Cuánto dinero tienes? –Veinticinco euros. Es *suficiente*. Las entradas cuestan veinte.
4. –¿Cuánta gente hay? –No hay *mucha*. Unas diez personas.
5. –¿Cuántas horas duermes al día? –*No suficiente* Cinco o seis. Tengo que estudiar.
6. –¿Crees que veinte bocadillos serán suficientes? –Son *demasiado*. Solo somos tres.

ACIERTOS ....../6

23 alguien, algo, nadie, nada
Indefinidos (4)

*Hay **alguien** detrás de la puerta.*

*No hay **nadie** detrás de la puerta.*

*Hay **algo** detrás de la puerta.*

*No hay **nada** detrás de la puerta.*

Se usa *alguien, algo, nadie* y *nada* para referirse a personas o cosas de identidad desconocida.

alguien = una persona (o varias), pero no se sabe quién.   *nadie* = ninguna persona

algo = una cosa (o varias), pero no se sabe qué cosa.   *nada* = ninguna cosa

● *alguien, algo, nadie, nada*

	PERSONAS	COSAS
Frases afirmativas y preguntas	alguien ***Alguien** ha roto la silla.* *¿Hay **alguien** ahí dentro?*	algo *Hay **algo** en la sopa.* *¿Has dicho **algo**?*
Frases negativas	nadie *No ha venido **nadie**.*	nada *Hoy no he vendido **nada**.*

ATENCIÓN:

nadie, nada + verbo afirmativo	***Nadie** me ha visto.*	***Nada** le importa.*
verbo negativo + *nadie, nada*	***No** me ha visto **nadie**.*	***No** le importa **nada**.*

● Se usan *algo de, nada de* + nombres no contables (*agua, queso*...) para indicar cantidad.

 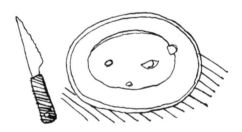

*Hay **algo de queso** en la nevera.* (un poco)

*No hay **nada de queso**.*

● Se puede usar *algo* y *nada* solos, cuando el nombre al que se refieren se ha mencionado anteriormente.

*–¿Tienes **dinero**?*   *–Tengo **algo**.*   *–Pues yo no tengo **nada**.*

▶ UNIDAD 104: Adverbios de cantidad   UNIDAD 108: Adverbios de negación

3.1. Observe las ilustraciones y complete las frases con *hay, no hay* + *alguien, algo, nadie* o *nada.* ·······

  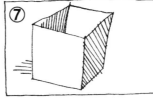 

1. <u>No hay nada</u> en la mesa.
2. <u>Hay alguien</u> en mi habitación.
3. <u>Hay alguien</u> detrás del árbol.
4. <u>No hay nadie</u> en el salón.
5. <u>Hay algo</u> en el libro.
6. <u>No hay nadie</u> en la piscina.
7. <u>No hay nada</u> en la caja.
8. <u>Hay algo</u> en el árbol.

ACIERTOS /8

3.2. Complete las frases con *alguien, algo, nadie* o *nada.* ·······················

1. Hay <u>alguien</u> esperándole en recepción.
2. Me han dado <u>algo</u> para ti.
3. <u>Algo</u> huele mal en la cocina.
4. Hoy no he hecho <u>nada</u>.
5. ¿Ha visto <u>alguien</u> mi bolígrafo?
6. <u>Nadie</u> quiere acompañarme al cine.
7. Necesito que <u>alguien</u> me ayude con este ejercicio.
8. Hay mucha gente en la calle. ¿Ha pasado <u>algo</u>?
9. No ha pasado <u>nada</u>. Ha sido una falsa alarma.
10. No hay <u>nadie</u> en casa de Tomás. No contestan el teléfono.

ACIERTOS /10

3.3. Conteste a las preguntas usando *algo, nada, algo de* o *nada de.* ·······················

1. –¿Hay comida?
2. –¿Queda pan?
3. –¿Y leche?
4. –Necesitamos comprar comida. ¿Tenéis dinero?
5. –¿Qué podemos comprar?
6. –¿Y fruta?

–No queda <u>nada de</u> queso, pero queda <u>algo de</u> jamón.
–Queda <u>algo</u>, pero poco.
–No queda <u>nada</u>, pero queda <u>algo de</u> zumo.
–Tenemos <u>algo de</u>, pero poco.

–Bueno, podemos comprar <u>algo de</u> pan y <u>algo de</u> queso.
–No podemos comprar <u>nada de</u> fruta. No tenemos suficiente dinero.

ACIERTOS /6

24 *más, menos, tanto*
Comparación con nombres

Belén tiene **más libros** que yo.

Ahora tengo **menos pelo** que cuando era joven.

Hoy no tengo **tanto trabajo** como ayer.

Más, menos, tanto se usan para hacer comparaciones con nombres.

> *más* = mayor cantidad (+)
>
> *menos* = menor cantidad (–)
>
> *tanto* = igual cantidad (=)

● Comparación con nombres

> **+** *más* + nombre (+ *que*)
>
> *Ernesto tiene **más alumnos** que Guadalupe.*
> *Pedro tiene **más amigos** que Antonio.*
>
> **–** *menos* + nombre (+ *que*)
>
> *Antes había **menos coches** que ahora.*
> *Ahora tengo **menos sueño** (que antes).*
>
> **=** *tanto, tanta, tantos, tantas* + nombre (+ *como*)
>
> *Hoy no hay **tanta gente** como ayer.*
> *No tengo **tantos amigos** como mi hermana.*

– *que, como* + pronombre personal de sujeto ▶ UNIDAD 34: Pronombres personales de sujeto

> *Rodolfo tiene más vacaciones **que tú**, pero tú haces más viajes **que él**.*
> *¿Tienes tanta hambre **como yo**?*

– Normalmente no se usa *que, como* + término de comparación cuando está claro con qué se compara.

> *Ahora tengo **menos hambre**.* (que antes de la comida)
> *Hoy no hay **tanta gente**.* (como ayer)

● *Más, menos, tanto...* se pueden usar solos cuando el nombre al que se refieren se ha mencionado anteriormente.

> *–Sonia tiene cerca de cien **CD**.*   *–Yo tengo **más**.*   *–Pues yo no tengo **tantos**.*

– Sin embargo, en frases afirmativas, *tanto, tanta, tantos, tantas* van siempre con *como* + término de comparación.

> *–Elisa tiene una gran colección de CD.   –Yo tengo tantos.* ▶ *Yo tengo **tantos como ella**.*

4.1. Complete las frases con *más, menos* o *tanto, tanta, tantos, tantas.* ························

1. Buenos Aires tiene (+) <u>más</u> habitantes que Madrid.
2. Ahora bebo (–) <u>menos</u> leche que cuando era pequeño.
3. Sol ha leído (+) <u>más</u> libros que yo.
4. No tengo (=) <u>tantos</u> amigos como mi hermana.
5. En Canarias no hace (=) <u>tanto</u> calor como en Cuba.
6. José Manuel trabaja (–) <u>menos</u> horas que tú.
7. Tenemos (=) <u>tanta</u> prisa como tú.
8. Samuel tiene (+) <u>más</u> ropa que yo.
9. En La Paz hace (+) <u>más</u> frío que en Caracas.

4.2. Establezca comparaciones utilizando las palabras del recuadro. ························

años calor corbatas ~~dinero~~ estudiantes frío habitantes hambre ~~leche~~ postales

1. Roberto tiene 200 pesos. Clara tiene 20. Clara tiene <u>menos dinero que Roberto</u>.
2. Elsa bebe 1/2 litro de leche al día. Eloy bebe 1 litro. Elsa no bebe <u>tanta leche como Eloy</u>.
3. Hoy hace 30°. Ayer hizo 25°. Hoy hace <u>más calor ~~como~~ que ayer</u>.
4. Rosario tiene un millón de habitantes; Mendoza tiene un millón y medio de habitantes. Rosario no tiene <u>tantos habitantes como Mendoza</u>.
5. Simón tiene 30 años; yo tengo 28. Simón tiene <u>más años que yo</u>.
6. Ayer vinieron doce estudiantes; hoy han venido diez. Hoy no han venido <u>tantos estudiantes como ayer</u>.
7. Ayer hizo 5°. Hoy hace 10°. Hoy no hace <u>tanto frío como ayer</u>.
8. No he comido nada desde esta mañana; Irene no ha comido nada desde anoche. Irene tiene <u>más hambre ~~como~~ que yo</u>.
9. Tengo dos corbatas; tú también tienes dos corbatas. Tengo <u>tantas corbatas como tú</u>.
10. Habéis recibido cinco postales este verano; yo he recibido tres. He recibido <u>menos postales ~~como~~ vosotros que</u>.

4.3. Complete las respuestas como en el ejemplo. ························

1. –Felipe tiene dos hijos. –Yo tengo <u>más</u>. Tengo cuatro.
2. –Tengo siete hermanos. –Yo tengo casi <u>tantos como tú</u>. Tengo seis.
3. –Aurora tiene 30 días de vacaciones. –Yo tengo <u>menos</u>. Tengo 22.
4. –Tengo unos quinientos libros. –Yo no tengo <u>tantos</u>. Tengo unos trescientos.
5. –Tengo sueño. He dormido solo cuatro horas. –Yo tengo <u>~~menos~~ más</u>. He dormido solo dos horas.
6. –Hoy hay cerca de doscientos espectadores. –Ayer había <u>menos</u>. Había solo cincuenta.
7. –Hemos estado en diez países diferentes. –Yo he estado en <u>más</u>. He estado en doce.
8. –Trabajo ocho horas al día. –Yo trabajo <u>tanto como tú</u>. También trabajo ocho.

25 uno, dos, tres...
Números cardinales (1)

● Números cardinales 0–99

0	cero				
1	uno/un, una	11	once	21	veintiuno/veintiún, veintiuna
2	dos	12	doce	22	veintidós
3	tres	13	trece	23	veintitrés
4	cuatro	14	catorce	24	veinticuatro
5	cinco	15	quince	25	veinticinco
6	seis	16	dieciséis	26	veintiséis
7	siete	17	diecisiete	27	veintisiete
8	ocho	18	dieciocho	28	veintiocho
9	nueve	19	diecinueve	29	veintinueve
10	diez	20	veinte		

30	40	50	60	70	80	90
treinta	cuarenta	cincuenta	sesenta	setenta	ochenta	noventa

31	treinta y uno	43	cuarenta y tres	78	setenta y ocho
	treinta y un	44	cuarenta y cuatro	89	ochenta y nueve
	treinta y una	56	cincuenta y seis	99	noventa y nueve
32	treinta y dos	67	sesenta y siete		

ATENCIÓN:

uno, una → *–¿Cuántos años tienes? –Treinta y **uno**.*
     *–¿Cuántas chicas hay en tu clase? Veinti**una**.*

un + nombre masculino → *En mi oficina hay veinti**ún** hombres.*

un + nombre femenino singular que empieza por $\acute{a}$–, h$\acute{a}$– → *En esa montaña vive **un águila**.*

una + nombre femenino → *Tengo treinta y **una** libras.*

● Los números cardinales se usan para indicar:

–cantidad exacta: *En mi clase hay **catorce alumnos**.*
     *Solo tengo **quince pesos**.*

–medidas, pesos y distancias: *Peso **setenta y cinco kilos**.*

–edad: *–¿Cuántos años tienes? –**Veinticuatro**.*

–fechas: *Hoy es **cuatro de febrero**. La boda es **el día trece**.*

–la hora: *Las **tres y veinte**. / Las **quince veinte**.*

De Madrid a Toledo
hay **ochenta kilómetros**.

la **una** en punto

las **tres y diez**

las **cuatro** y cuarto

las **cinco** menos cuarto

–números de teléfono: 46596703 = cuatro, seis, cinco, nueve, seis, siete, cero, tres.
     902 32 46 01 = nueve cero dos, treinta y dos, cuarenta y seis, cero uno.

5.1. **Escriba los siguientes números con palabras.**

1. 21 euros ___Veintiún euros___
2. 10 de enero ___diez___
3. 31 días ___treinta y uno___
4. 49 kilos ___cuarenta y nueve___
5. 15 de diciembre ___quince___
6. 88 centímetros ___ochenta y ocho___
7. 31 aulas ___treinta y uno___
8. 28 de febrero ___veinta ocho___
9. 25 años ___veinticinco___
10. 61 semanas ___sesenta y uno___

11. 1 de mayo ___uno___
12. 45 kilómetros ___cuarenta y cinco___
13. 34 metros ___treinta y cuatro___
14. 53 años ___cincuenta y tres___
15. 92 kilos ___noventa y dos___
16. 21 alumnas ___veintiuno___
17. 5 de agosto ___cinco___
18. 11 alumnos ___once___
19. 76 años ___setenta y seis___
20. 51 libras ___cincuenta y uno___

ACIERTOS /20

5.2. **¿Qué hora es? Observe y anote.**

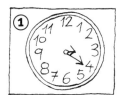 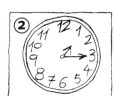  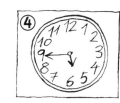 

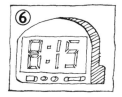 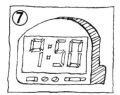 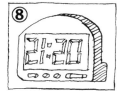 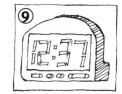 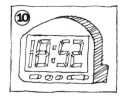

1. ___las tres y veinte___
2. ___la una y cuarto___
3. ___las seis menos cuarto___ / ___las nueve y media___
4. ___las once menos veinticinco___
5. ___las ocho y cuarto___ →

6. ___las diez menos diez___
7. _____
8. ___las nueve y veinte___
9. ___las doce y treinta y seis___
10. ___las siete menos ocho minutos___

ACIERTOS /10

5.3. **Escriba los números de teléfono como en el ejemplo.**

1. PILAR 93 547 89 02
2. ELVIRA 92 478 90 16
3. TOMÁS 512 02 96
4. JOSÉ LUIS 91 464 3358
5. ANTONIA 96 352 6361
6. VIRGINIA (01) 823-7192
7. Ramón 5543 1298
8. ALICIA 650 22 3459

1. ___nueve tres, cinco cuarenta y siete, ochenta y nueve, cero dos___
2. ___nueve dos, cuatro siete ocho, noventa, dieciséis___
3. ___cinco uno dos, cero dos, noventa y seis___
4. ___noventa y uno, cuatro seis cuatro, tres tres cinco ocho___
5. ___noventa y seis tres cinco dos, seis tres, seis uno___
6. ___cero uno, ocho dos dos tres, siete uno, noventa y dos___
7. ___cinco cinco cuatro tres, doce, noventa y ocho___
8. ___seis cincuenta, veintidós, treinta y cuatro, uno nueve___

ACIERTOS /8

59

26 cien, mil, un millón...
Números cardinales (2)

● Números cardinales: 100, 1 000...

100	cien	1 000	mil
101	ciento uno/un, ciento una	2 000	dos mil
125	ciento veinticinco	10 000	diez mil
200	doscientos, doscientas	100 000	cien mil
300	trescientos, trescientas		
400	cuatrocientos, cuatrocientas		
500	quinientos, quinientas		
600	seiscientos, seiscientas	1 000 000	un millón
700	setecientos, setecientas	2 000 000	dos millones
800	ochocientos, ochocientas		
900	novecientos, novecientas		

137	ciento treinta y siete
2 079	dos mil setenta y nueve
864 325	ochocientos sesenta y cuatro mil trescientos veinticinco
1 537 982	un millón quinientos treinta y siete mil novecientos ochenta y dos
10 410 212	diez millones cuatrocientos diez mil doscientos doce

ATENCIÓN:

un millón **de** euros   tres millones **de** habitantes

PERO: un millón doscientos mil euros
       tres millones cien mil habitantes

¡**Un millón de pesos!**

– *cien* + nombre masculino/femenino → *cien euros; cien personas*
  doscientos, trescientos... + nombre masculino → *doscientos euros*
  doscientas, trescientas... + nombre femenino → *doscientas personas*

– *mil, millón*   1 212   mil doscientos doce
                   2 400 000   dos millones cuatrocientos mil

– (,) coma   3,1416   tres coma catorce dieciséis
                       6,10   seis (con) diez

● Recuerde que los números cardinales se usan para indicar:
  – cantidad: *Jorge gana **ciento veinticinco mil pesos** al mes.*
            *Este piso cuesta cerca de **ciento cincuenta mil euros**.*
  – medidas, pesos y distancias: *Esta mesa mide **ciento cincuenta centímetros**.*
            *De Barcelona a Madrid hay casi **seiscientos kilómetros**.*
  – edad: *El hombre más viejo del mundo tiene **ciento doce años**.*
         *La catedral de Lima tiene más de **cuatrocientos años**.*
  – los años: 1989 **mil novecientos ochenta y nueve**
             2002 **dos mil dos**

2003
MARZO

L	M	Mi	J	V	S	D
					1	2
3	4	5	6	7	8	9
10	11	12	13	14	15	16
17	18	19	20	21	22	22

Doce de marzo
de **dos mil tres**

▶ UNIDAD 25: Números cardinales (1)

6 EJERCICIOS

6.1. Transcriba los siguientes números.

1. 183 <u>ciento ochenta y tres</u>
2. 1 070 <u>mil setenta</u>
3. 3 561 <u>tres mil quinientos sesenta y uno</u>
4. 115,10 <u>ciento quince mil ciento quince coma/con diez</u>
5. 1 231 758 <u>millón doscientos treinta y uno mil, setecientos cincuenta y ocho</u>
6. 3 050 947 <u>tres millón cincuenta mil, novecientos cuarenta y siete</u>
7. 415,25 <u>cuatro cinco mil, cuatrocientos quince coma/con veinticinco</u>
8. 22 891 604 <u>veintidós millón, ochocientos noventa y uno, mil, seiscientos cuatro</u>

ACIERTOS /8

6.2. Escriba con letras los siguientes precios.

1. $ 205 <u>Doscientos cinco dólares</u>
2. € 301 <u>trescientos uno euros</u>
3. ¥ 2 612 <u>dos mil seiscientos doce</u>
4. € 83 195 <u>ochenta y tres mil, ciento noventa y cinco</u>
5. BRL 568 <u>quinientos sesenta y ocho</u>
6. DKK 1 421 <u>mil cuatrocientos veintiún</u>
7. IRL 833 <u>ochocientos treinta y tres</u>
8. MXN 471 950 <u>cuatrocientos setenta y un mil, novecientos cincuenta</u>

1 $	= un dólar
1 €	= un euro
1 ¥	= un yen
1 BRL	= un real
1 DKK	= una corona danesa
1 IRL	= una lira turca
1 MXN	= un peso mexicano

ACIERTOS /8

6.3. Complete las frases escribiendo los números entre paréntesis.

1. La Habana tiene (*2 000 000*) <u>dos millones</u> de habitantes.
2. María gana (*2 085*) <u>dos mil ochenta y cinco</u> euros al mes.
3. Rafael tiene una colección de más de (*300*) <u>trescientos</u> mariposas.
4. La mujer más vieja del mundo tiene (*118*) <u>ciento dieciocho</u> años.
5. De Cartagena a Bogotá hay (*1 274*) <u>mil doscientos setenta y cuatro</u> kilómetros.
6. Alberto pesa (*108*) <u>ciento ocho</u> kilos.
7. Machu Picchu tiene más de (*500*) <u>quinientos</u> años.
8. Esta televisión cuesta (*310*) <u>trescientos diez</u> bolívares.

ACIERTOS /8

6.4. Escriba las fechas con palabras.

ENERO 21 1812   MAYO 2 2001   OCTUBRE 25 1954   DICIEMBRE 31 2008   JULIO 10 1613

1. <u>Veintiuno de enero de mil ochocientos doce</u>
2. <u>dos de mayo de dos mil uno</u>
3. <u>veinticinco de octubre de mil novecientos cincuenta y cuatro</u>
4. <u>treinta y uno de diciembre de dos mil ocho</u>
5. <u>diez de julio de mil seiscientos trece</u>

ACIERTOS /5

27 *primero, segundo, tercero...*
Números ordinales

Yo vivo allí, en **el cuarto piso**.

Ángeles tiene siete hermanos. Ella es **la segunda**.

Cuarto y *segunda* son números ordinales. Se usan para indicar el orden en una clasificación o secuencia.

> *Javier acabó **sexto** en el maratón.*   *Ana es mi **tercera** profesora de español.*

● Números ordinales

1.º/1.ª *primero/primer, primera*	6.º/6.ª *sexto, sexta*
2.º/2.ª *segundo, segunda*	7.º/7.ª *séptimo, séptima*
3.º/3.ª *tercero/tercer, tercera*	8.º/8.ª *octavo, octava*
4.º/4.ª *cuarto, cuarta*	9.º/9.ª *noveno, novena*
5.º/5.ª *quinto, quinta*	10.º/10.ª *décimo, décima*

ATENCIÓN:

primero, tercero + sustantivo masculino singular = *primer, tercer*

> *El **primer tren** sale a las 7.20.*   *Hoy es nuestro **tercer día** en Bolivia.*

– A partir del 11.º se usan normalmente los números cardinales.   ▶ UNIDAD 25: Números cardinales (1)

> *Alfonso **XIII** (trece) es el abuelo de Juan Carlos I (primero).*
> *La oficina de Maribel está en el piso **diecisiete**.*
> *Federico García Lorca nació a finales del siglo **XIX** (diecinueve).*

– Los ordinales tienen la misma forma (masculino, femenino, singular o plural) que el nombre al que se refieren.

> *Las oficinas de Intersa están en la **tercera planta**.*
> ***Chus y yo** quedamos **segundos** en un campeonato de tenis.*

– En algunos casos, los ordinales pueden ir delante o detrás del nombre.

> *Vivo en el **segundo piso**. / Vivo en el **piso segundo**.*

PERO: No con nombres propios.

> *Carlos **V** (quinto)*

– Los ordinales pueden ir solos cuando está claro el nombre al que se refieren.

> *El Universidad de Chile va **primero** en la liga.*
> *–¿Por qué capítulo vas? –Por el **quinto**.*

– Cuando se escriben con números, se añade º para el masculino, y ª para el femenino; o se usan números romanos.

> *Fernando **III***
> *Capítulo **VIII***

Peluquería Rodolfo
1º dcha.

E J E R C I C I O S

7.1. Observe las ilustraciones y complete las frases. ······································

Antonio Oliva 2º C	Servicios de Gas 11º A	Sastrería MODERNA 10º D	Moreno-Arribas abogados 3º D	Molina Cardoso 12º A
Gestoría Salvado 1º A	Hispanosa 14º D	Academia Cervantes 4º B	Julia Salinas 7º C	Editorial Mundisa 9º D

1. Antonio Oliva vive en el ___segundo___ piso.
2. Las oficinas de Servicios de Gas están en el piso ___once___.
3. La sastrería Moderna está en la ___décima___ planta.
4. Hay un despacho de abogados en el ___tercero___ piso.
5. La familia Molina Cardoso vive en el piso ___doce___.
6. La gestoría Salvado está en el ___primero___ piso.
7. Las oficinas de Hispanosa están en el piso ___catorce___.
8. La academia Cervantes está en la ___cuarta___ planta.
9. Julia Salinas vive en el piso ___siete___.
10. La editorial Mundisa está en el ___noveno___ piso.

7.2. Escriba los nombres de los personajes con palabras. ···························

1. Juan Carlos I _Juan Carlos primero_.
2. Isabel I ___primera___.
3. Juan XXIII ___veintitrés___.
4. Alfonso XII ___doce___.
5. Luis XV ___quince___.
6. Iván IV ___cuarto___.
7. Margarita II ___el segundo___.
8. Pío XI ___once___.
9. Juana III ___tercera___.
10. Juan Pablo II ___segundo___.

ACIERTOS /10

7.3. Escriba los números que aparecen entre paréntesis. ·························

1. Estudio (2.º) ___segundo___ curso de Arquitectura.
2. Enero es el (1.º) ___primero___ mes del año.
3. Estoy leyendo un libro con (15) ___quince___ capítulos. Voy por el capítulo (11.º) ___once___.
4. El Valencia es el (1.º) ___primero___ en la Liga de fútbol.
5. Javi es el (3.º) ___tercero___ de sus hermanos.
6. Ellas han sido las (1.ª) ___primeras___ en llegar.
7. La ñ es la letra (15.ª) ___quince___ del alfabeto.
8. El despacho de José está en el (8.º) ___octavo___ piso.
9. Tuerza por la (2.ª) ___segunda___ calle a la izquierda.
10. Nos vamos de vacaciones la (3.ª) ___tercera___ semana de agosto.
11. El siglo XVIII ___dieciocho___ fue el Siglo de las Luces.
12. Tina y Carla acabaron (4.ªs) ___cuartas___ en el campeonato de tenis.

ACIERTOS /12

28 *que, el que, quien...*
Relativos (1)

¿Has visto el paquete **que** ha llegado?

El chico con **el que** sale Nieves es bombero.

Que, el que son relativos. Se usan para dar información sobre un nombre anterior sin volver a mencionarlo.

> *Tengo **un loro**. **El loro** habla.* → *Tengo **un loro que habla**.*
> *He recibido **una revista**. Clara escribe en **esta revista**.* → *He recibido **una revista en la que escribe Clara**.*

– En algunos casos, la información sirve para identificar el nombre al que se refiere.

> *–¿Quién es Begoña? –Es **la chica que está bailando** con Pedro.*
> ***El coche que está delante del banco** es el mío.*

– En otros, sirve para definir el nombre al que se refiere.

> ***Un carnicero** es una persona **que vende carne**.*

● Formas de los relativos

	que
(preposición +)	*el que, la que, los que, las que*
	quien, quienes

– *Que* sirve pare referirse a personas, animales o cosas.

> ***Las chicas que** conocimos ayer son de Córdoba.* — *comes from*
> *El cóndor es **un ave que** procede de América del Sur.*
> *No me gusta **el libro que** estoy leyendo.*

– Después de una preposición se usa *el que, la que, los que, las que* para referirse a personas, animales o cosas. Tienen la misma forma (masculino, femenino, singular o plural) que el nombre al que se refieren.

> *Ese es **el perro del que** te hablé.*
> ***Las chicas con las que** estaba jugando son mis sobrinas.*

– Después de una preposición se puede usar también *quien* o *quienes* para referirse únicamente a personas.

> *El chico **con quien** sale Nieves es bombero.*
> *Las chicas **con quienes** estaba jugando son mis sobrinas.*

● Se usa *el que, la que, los que, las que* en lugar de un nombre mencionado anteriormente.

> *–¿Cuál es **tu maleta**? –**La que** tiene ruedas.* (La maleta que tiene ruedas.)
> *Me gusta más **este libro** que **el que** me recomendó Luis.* (El libro que me recomendó Luis.)

● Se usa *lo que* para referirse a una afirmación anterior o a una idea.

> ***Lo que** has dicho es una tontería.*
> ***Lo que** tú necesitas es mucho cariño.*

EJERCICIOS

3.1. Rodee la forma correcta en cada caso. ....

1. Ese es el señor con (*que*/*quien*) tienes que hablar.
2. Necesito el libro (*que* / *el que*) te presté.
3. Tengo un amigo (*que*/*quien*) vive en Panamá.
4. Este es el restaurante (*que* / *el que*) me han recomendado.
5. Este es el agujero por (*que* / *el que*) entran los ratones.
6. Sebastián es el chico (*que*/*quien*) está hablando con Lola.
7. ¿Conoces a la señora (*que* / *la que*) nos ha saludado?
8. Ese es el equipo contra (*que* / *el que*) jugamos el domingo.
9. Usa los pañuelos (*que* / *los que*) están en el baño.
10. La academia a (*que* / *la que*) voy está en el centro.

ACIERTOS /10

3.2. Una las dos frases en una sola con *que, quien, quienes, el que, la que, los que* o *las que*. ....

1. Tengo un ventilador. Funciona con pilas. Tengo <u>un ventilador que funciona con pilas</u>.
2. La vicuña es un mamífero. Vive en los Andes. La vicuña <u>es un mamífero que vive en Andes</u>.
3. Ayer comimos ostras. ¿Te gustaron? ¿Te gustaron <u>las ostras que comimos ayer</u>?
4. Estoy leyendo un libro. Me gusta mucho. Me gusta mucho <u>el libro que estoy leyendo</u>
5. Paco sale con una chica. La chica es piloto. La chica <u>que sale con Paco es piloto</u>.
6. He comprado unos cuadros. Te había hablado de ellos. He comprado <u>los cuadros que h</u>
7. Ayer conocí a unas chicas. Ana vivía con ellas. Ayer <u>conocí a las chicas que vivía con Ana</u>

ACIERTOS /7

3.3. Escriba las respuestas con las palabras entre paréntesis y el relativo adecuado. ....

1. ¿Quién es Roberto? (*Un chico. Lo conocí en el parque.*) <u>Un chico que conocí en el parque</u>.
2. ¿Qué es un "abstemio"? (*Una persona. No bebe alcohol.*) <u>Una persona que no bebe alcohol</u>
3. ¿Qué le has regalado a Cristóbal? (*Un cuadro. Lo he pintado yo.*) <u>Un cuadro que he pintado yo</u>
4. ¿Quién hace tanto ruido? (*Unos obreros. Están arreglando la calle.*) <u>unos obreros que están arreglando la calle</u>
5. ¿Quién es Óscar? (*Un chico. Trabajo con él.*) <u>un chico con el que trabajo</u>.
6. ¿Qué es un "ateo"? (*Una persona. No cree en Dios.*) <u>Una persona que no cree en Dios</u>
7. ¿Qué es un "canguro"? (*Una persona. Cuida niños.*) <u>Una persona que cuida niños</u>.
8. ¿Qué te ha enseñado? (*Una pluma. Quevedo escribía con ella.*) _____.

ACIERTOS /8

3.4. Complete las frases con *que, el que, la que, los que, las que* o *lo que*. ....

1. –¿Quién es esa chica? – <u>La que</u> trabaja con Eduardo.
2. <u>El que</u> tú quieres es imposible.
3. –¿Qué libro estás leyendo? – <u>El que</u> me prestó Antonio.
4. Mi casa es <u>la que</u> está en aquella esquina.
5. ¿Recuerdas <u>el que</u> dijiste ayer?
6. –¿Quiénes son esas chicas? – <u>Las que</u> estuvieron en mi fiesta.
7. –¿Quiénes son Guille y Silverio? – <u>Los que</u> viven en el sexto.

ACIERTOS /7

29 *cuyo, donde, cuando...*
Relativos (2)

Esa es la persona **cuyo perro** ganó el concurso.

● Se usa *cuyo, cuya, cuyos, cuyas* para indicar posesión y otro tipo de relaciones: parentesco, procedencia, etc.

> *Tengo **un amigo**. **Su** padre es fotógrafo.* → *Tengo un amigo **cuyo padre** es fotógrafo.*
> *Los alumnos **cuyos nombres** diga pueden salir.*

> (preposición +) *cuyo, cuya, cuyos, cuyas* + nombre

> *Ese señor es **un escritor**. Te he hablado **de sus** libros.* → *Ese es el escritor **de cuyos libros** te he hablado.*

> *Ese es el profesor **en cuya casa** fue la fiesta.*

– *Cuyo, cuya, cuyos, cuyas* tienen la misma forma (masculino, femenino, singular o plural) que el nombre al que acompañan.

> *Conozco a una chica. **Su hermana** ha escalado el Aconcagua.*
> *Conozco a una chica **cuya hermana** ha escalado el Aconcagua.*

> *Conozco a un señor. **Sus hijos** han estudiado Físicas.*
> *Conozco a un señor **cuyos hijos** han estudiado Físicas.*

● Se puede usar *donde* y *adonde* para referirse a lugares.

– *donde:* en lugar de *en el que, en la que, en los que, en las que*

> *Esta es **la casa donde** nació Cervantes.*
>   (en la que nació Cervantes)
> *Me gustó mucho **el restaurante donde** comimos ayer.*
>   (en el que comimos ayer)

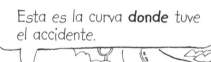

Esta es la curva **donde** tuve el accidente.

– *adonde:* en lugar de *al que, a la que, a los que, a las que*

> *Esta es la piscina **adonde** van los niños en verano.*
>   (a la que van los niños en verano)

● Se puede usar *cuando* para referirse a una expresión de tiempo.

> *El verano **cuando** nos conocimos fue muy especial.*

66

9 EJERCICIOS

9.1. **Una las frases con *cuyo, cuya, cuyos, cuyas* como en el ejemplo.**

1. Esa es la tienda. Su dueño es mi tío. <u>Esa es la tienda cuyo dueño es mi tío</u>.
2. Mi madre tiene una amiga. Su hija está en mi clase. *Mi madre tiene una amiga cuya hija está en mi clase*
3. Conozco a un chico. Su madre es capitán del ejército. *Conozco a un chico cuya madre es capitán del ejército*
4. Lorenzo conoce a un profesor. Sus hijos hablan cuatro idiomas. *Conoce a un profesor cuyos hijos hablan*
5. Tengo un primo. Su mujer dirige una multinacional. *Tengo un primo cuya mujer dirige una multinac*
6. Tengo una abuela. Paso las vacaciones en su pueblo. *Tengo una abuela cuyo pueblo paso vacaciones*
7. El verano pasado ayudamos a una familia. Su coche se había averiado. *El verano pasado ayudamos a una familia cuyo coche se había averiado*
8. Tengo unas amigas. Sus padres veranean en Asturias. *Tengo unas amigas cuyos sus padres veranean en Asturias*
9. Me encontré con un chico. Viajé a Guatemala con su hermana. *con cuya hermana*.
10. Me he encontrado con una señora. Estoy haciendo un mueble para sus hijas. _____.

ACIERTOS __/10

9.2. **Lea la información sobre los vecinos de un edificio y responda a las preguntas.**

Sr. Palacios	Su mujer da clases en la universidad.
Alba y Silvia	Su piso está enfrente del nuestro.
Familia Torroja	Sus perros ladran por las noches.
Alberto	Hicimos una fiesta en su casa.
Sra. Albéniz	Su hijas bailan muy bien.
Pablo y Teresa	Su gata nos visita todas las tardes.

1. ¿Quién es el Sr. Palacios? <u>Es el hombre cuya mujer da clases en la universidad</u>.
2. ¿Quiénes son Alba y Silvia? *Son una pareja cuyo piso está enfrente del nues*
3. ¿Quiénes son los Torroja? *Son la familia cuyos perros ladran por la noche*
4. ¿Quién es Alberto? *Es el hombre en cuya casa hicimos una fiesta*
5. ¿Quién es la Sra. Albéniz? *Es la mujer cuyas hijas bailan muy bien*
6. ¿Quiénes son Pablo y Teresa? *Son la pareja cuya gata nos visita todas las tardes*

ACIERTOS __/6

9.3. **Complete las frases con *donde, adonde* o *cuando*.**

1. Rocío es la dueña de la casa <u>donde</u> vive Matías.
2. Esta es la escuela *donde* estudié.
3. Son los domingos *cuando* más gente viene.
4. Este es el edificio *donde* trabaja Marisa.
5. Lima es la ciudad *donde* está enterrado Pizarro.
6. Esta es la dirección *a donde* tienes que mandar el paquete.
7. Normalmente es a las dos *cuando* comemos.
8. El país *donde* conocí a mi marido fue Colombia.
9. El pueblo *donde* nació Adolfo ya no existe.
10. ¿Cuál es el pueblo *a donde* vais en verano?
11. Este es el hotel *donde* nos alojamos el año pasado.
12. Recuerdo una época *cuando* no había muchos coches en Madrid.

ACIERTOS __/12

30 ¿quién?, ¿qué?...
Interrogativos (1)

¿**Quién** vive en esa casa?

Un actor famoso.

¿**Qué** va a tomar?

Un café, por favor.

Quién y *qué* son interrogativos. Se usan para pedir información sobre personas, animales o cosas.

(preposición: *a, de, con... +*)	*quién* *quiénes* *qué* *qué* + nombre

¿**Quién** ha llamado por teléfono?   ¿**Quiénes** son los ganadores?
¿**Qué** vende esa señora?   ¿**Qué queso** prefieres?
¿**Para quién** es esta carta?   ¿**Con qué** has hecho el caldo?

> **ATENCIÓN:**
>
> interrogativo sujeto (*quién, qué*) + verbo (+ complementos)
>
> ¿**Quién** ha vendido el ordenador?   ¿**Qué** pasa?
>
> interrogativo complemento (*a quién, qué...*) + verbo + sujeto (+ complementos)
>
> ¿**A quién** ha vendido Alejo el ordenador?   ¿**Qué** ha vendido Alejo?

● Se usa *quién* o *quiénes* para preguntar por la identidad de personas.

  –¿**Quién** es esa señora? –Es mi profesora de piano.
  –¿**Quiénes** son los hermanos de Mercedes? –Los que están en la mesa del centro.
  –¿**Con quién** está hablando Pablo? –Con un vecino.

● Se usa *qué* para preguntar por cosas o acciones.

  –¿**Qué** tienes en la mano? –Unas monedas.
  –¿**Qué** hacéis? –Estamos estudiando un poco.
  –¿**De qué** están hablando? –De fútbol, como siempre.

– Se usa *qué* + nombre singular o plural para preguntar por una clase de cosas o animales
  (¿*qué clase de...?*).

  –¿**Qué queso** habéis comprado? (¿Qué clase de queso?) –Queso de bola.
  –¿**Qué animales** viven en la tierra y en el agua? –Los anfibios.

▶ UNIDAD 31: Interrogativos (2)

30.1. Ordene las palabras de las siguientes preguntas.

1. ¿tiene / en la mano / Julián / qué? _¿Qué tiene Julián en la mano?_
2. ¿quién / Eloísa / está bailando / con? _¿Quién está bailando con Eloísa?_
3. ¿ese anillo / para / es / quién? _¿Para quién es ese anillo?_
4. ¿anoche / pasó / qué? _¿Qué pasó anoche?_
5. ¿quién / esa bolsa / de / es? _¿De quién es esa bolsa?_
6. ¿tus padres / te / qué / han regalado? _¿Qué te han regalado tus padres?_
7. ¿la puerta / qué / has abierto / con? _¿Con qué has abierto la puerta?_
8. ¿está escribiendo / una novela / quién? _¿Quién está escribiendo una novela?_
9. ¿María / qué / quiere? _¿Qué quiere María?_
10. ¿quiere / a María / quién? _¿Quién quiere a María?_
11. ¿es / la sopa / qué / de? _¿De qué es la sopa?_

ACIERTOS /11

30.2. Complete las preguntas con _quién_, _quiénes_ o _qué_.

1. ¿ _Quién_ te ha regalado ese collar?
2. ¿De _quién_ es esta pluma?
3. ¿ _Qué_ miel tomas normalmente?
4. ¿Con _quién_ fuiste a Bolivia?
5. ¿ _Qué_ estás haciendo?
6. ¿ _Quiénes_ van a jugar en el equipo esta semana?
7. ¿ _Qué_ libros le gustan a Teresa?
8. ¿Con _qué_ has abierto el paquete?
9. ¿A _quién_ visteis anoche en la fiesta?
10. ¿ _Qué_ visteis anoche en la tele?
11. ¿ _Qué_ quería Julián?

ACIERTOS /11

30.3. Formule preguntas sobre la información marcada en cada caso.

1. –Ayer estuve con Águeda. –¿ _Con quién_ estuviste ayer?
2. –Esa silla está hecha de cuerda. –¿ _De qué_ está hecha esa silla?
3. –Normalmente comemos con pan de molde. –¿ _Con qué_ pan coméis?
4. –Alfonso quiere comprarse un CD. –¿ _Qué_ quiere comprarse Alfonso?
5. –Estas gafas son de Pablo. –¿ _De quién_ son esas gafas?
6. –Georgina está trabajando con su madre. –¿ _Con quién_ está trabajando Georgina?
7. –Han ganado Eduardo y Marisa. –¿ _Quiénes_ han ganado?
8. –Mira. Esos chicos están bailando. –¿ _Qué_ están haciendo esos chicos?
9. –Belinda no quiere a Ariel. –¿ _A quién_ no quiere Belinda?
10. –Estas flores son para mi abuela. –¿ _Para quién_ son esas flores?
11. –Me han regalado unos bombones. –¿ _Qué_ te han regalado?

ACIERTOS /11

31 ¿cuál?, ¿qué?...
Interrogativos (2)

¿Cuál es tu coche?

El que tiene muchas pegatinas.

¿Cuáles de estos países no tienen costa: Uruguay, Paraguay, Bolivia...?

Cuál, cuáles son interrogativos. Se usan para pedir información sobre personas, animales o cosas.

(preposición: *a, de, con...* +)	*cuál, cuáles*	
	cuál, cuáles + de +	*estos, esos* (+ nombre)
		mis, tus + nombre
		los + nombre
		nosotros, vosotras, ustedes, ellos...

¿Cuál es tu color preferido?   *¿Cuáles son tus deportes preferidos?*
¿Cuál de tus hermanos vive en La Habana?   *¿Cuál de vosotros habla ruso?*
¿Cuál de estas ciudades está en Argentina: Tucumán, Guayaquil o Arequipa?

● Se usa *cuál, cuáles* para pedir información sobre un grupo específico de cosas o personas. La pregunta da a elegir entre dos o más elementos de ese grupo.

     –¿Tienes un boli? –Sí. Tengo uno azul y otro negro. ¿Cuál prefieres? –El negro.
     –¿Cuál de esas chicas es la hermana de Toni? –La del pelo largo.
     –¿Cuál es el río más largo del mundo? –El Nilo.
     –¿Por cuál de estas ciudades pasa el Ebro: Barcelona, Zaragoza o Valencia? –Por Zaragoza.

– También se puede usar *qué* + nombre para pedir información sobre un grupo específico.

     –¿Qué libro prefieres: el de Borges o el de Cortázar?
     –¿Qué médico te ha visto? –La doctora Martín.

¿En qué ciudad española está la Puerta de Alcalá?

Compare:

respuesta abierta	respuesta limitada	
qué, quién, quiénes	*qué* + nombre	*cuál, cuáles*
¿Qué quieres?	*¿Qué libro quieres?*	*¿Cuál de estos libros quieres?*
¿Qué es un OVNI?	*¿Qué poeta famoso nació*	*¿Cuál es tu apellido?*
¿Quién inventó el teléfono?	*en Chile?*	*¿Cuáles de estas cajas son nuestras?*
¿Quiénes han venido?	*¿Qué es tu apellido?*	*¿Cuál libro quieres?*

PERO: Se usa *¿qué?* para cosas y *¿quién?* para personas cuando se dicen los elementos entre los que se da a elegir.

     ¿Qué prefieren, carne o pescado?   *¿Quién es más alta, Rosana o Leila?*

..1. **Una los interrogativos con el resto de las preguntas.** ··

¿Cuál...
¿Cuáles...
¿Cuál de...
¿Cuáles de...

1. <u>Cuál de</u> esos chicos es el hijo de Guillermo?
2. _Cuál_ es tu bebida preferida?
3. ... tus padres nació en Panamá?
4. ... tus hermanos nacieron en Ecuador?
5. ... ustedes ha estado en la Patagonia?
6. ... los dos diccionarios prefieres?
7. ... es la montaña más alta del mundo?
8. ... son las cinco ciudades más pobladas de América?

ACIERTOS ...... /8

..2. **Complete las frases con *cuál, cuáles, cuál de, cuáles de* o *qué*.** ·································

1. –¿ <u>Cuál de</u> tus hermanos trabaja en Aerolíneas? –Jaime.
2. –¿_Cuál_ es tu comida preferida? –El pescado.
3. –¿_Cuáles_ son tus deportes preferidos? –El baloncesto y el tenis.
4. –¿_Cuáles Qué_ deportes practicas? –Tenis y natación.
5. –¿_Qué_ quieres estudiar? –Aún no lo sé.
6. –¿_Cuál_ es tu película preferida? –*Casablanca*.
7. –¿_Cuál de_ tus hermanas vive en Rosario? –Cecilia.
8. –¿En _cuál qué_ ciudad de México vive María? –En Tijuana.
9. –¿Con _qué_ líneas aéreas va a viajar Sol? –Con Iberia.
10. –¿_Cuáles_ son nuestras habitaciones? –Las tres de la derecha.
11. –¿En _qué_ trabaja Mariano? –Es cocinero.
12. –¿_Qué_ prefieres, té o café? –Té.

ACIERTOS ...... /12

..3. **Complete las preguntas de un concurso de cultura de España y América Latina. Utilice *quién, quiénes, qué, cuál, cuál de*.** ··

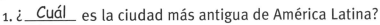

1. ¿ <u>Cuál</u> es la ciudad más antigua de América Latina?
2. ¿_Qué_ es un "huaino"?
3. ¿En _qué_ ciudad española está el Museo del Prado?
4. ¿_Qué_ es la capital de Colombia?
5. ¿_Quién_ escribió *Trilce*?
6. ¿_Qué_ río atraviesa Santiago de Chile?
7. ¿Entre _cuáles qué_ países está el lago Titicaca?
8. ¿En _cuál de_ estas ciudades está la Sagrada Familia: Barcelona, Sevilla o Valladolid?
9. ¿_Quiénes_ construyeron Machu Picchu?
10. ¿En _qué_ país suramericano está el volcán Inti?
11. ¿_Cuál_ es la ciudad más poblada de América Latina?
12. ¿_Qué_ es un "poncho"?

ACIERTOS ...... /12

32 ¿cuándo?, ¿dónde?...
Interrogativos (3)

● Se usa *dónde* para pedir información sobre un lugar.

dónde
por, de... dónde
adónde

–¿**Dónde** vive Graciela?
–En Rosario.

–¿**Por dónde** pasa el Guadalquivir?
–Por Sevilla.

¿Adónde vas?

A la playa.

● Se usa *adónde* para preguntar por el lugar al que va alguien o algo.

–¿**Adónde** vais a ir este verano? –A Ica.
–¿**Adónde** hay que enviar este paquete?

● Se usa *cuándo* para pedir información sobre el momento de realización de una acción.

cuándo
desde, hasta... cuándo

–¿**Cuándo** se casa Sebastián? –El mes que viene.

–¿**Desde cuándo** estudias español? –Desde hace un año.

● Se usa *cuánto, cuánta, cuántos, cuántas* para pedir información sobre cantidad.

cuánto, –a, –os, –as (+ nombre)
con, en... cuánto, –a, –os, –as (+ nombre)

–¿**Cuántos años** tiene Rosario? –Doce.

–¿**Con cuántos amigos** vas?

– Se puede usar *cuánto* solo cuando está claro de qué estamos hablando.

–¿**Cuánto** vale esa revista? (¿Cuánto dinero?) –Cinco pesos.
–¿**Cuánto** pesas? (¿Cuántos kilos?) –Sesenta y cinco kilos.

● Se usa *cómo*:

– para pedir información sobre el modo o la manera en que se realiza una acción.

–¿**Cómo** conduce Alberto? –Bastante mal. Ten cuidado.
–¿**Cómo** has abierto la puerta? –Con la llave de Marcela.

– para pedir información sobre el estado de alguien o algo.

–¿**Cómo** está la madre de Julia? –Ya está mejor.

– para pedir información sobre las características de alguien o algo.

–¿**Cómo** son los padres de Aurora? –Son muy simpáticos.
–¿**Cómo** es la casa de Ángel? –Es muy grande. Tiene diez habitaciones.

● Se usa *por qué* para pedir información sobre las causas o los motivos de una acción.

–¿**Por qué** no viniste ayer? –Estaba un poco cansada.

● Se usa *para qué* para pedir información sobre el objetivo o la finalidad de una acción o sobre el uso de un objeto.

–¿**Para qué** quieres la plancha? –Quiero plancharme una camisa.
–¿**Para qué** sirve esa máquina? –Para moler café.

ATENCIÓN:
interrogativo (*dónde, cuándo*...) + verbo + sujeto
¿**Dónde** vive Graciela?   ¿**Por qué** se ríe Juanjo?

EJERCICIOS

2.1. **Ordene las palabras para formar frases.**

1. –¿en Santander / cuándo / hasta / vais a estar? ¿Hasta cuándo vais a estar en Santander?
2. –¿a Brasil / cómo / Javier / fue? ¿Cómo fue a Brasil Javier?
3. –¿los niños / lloran / por qué? ¿Por qué lloran los niños?
4. –¿trabaja / Sebastián / dónde? ¿Dónde trabaja Sebastián?
5. –¿este botón / para qué / sirve? ¿Para qué sirve este botón?
6. –¿dónde / Peter / de / es? ¿De dónde es Peter?
7. –¿la comida / para / es / cuántos? ¿Para cuántos es la comida?
8. –¿están / los enfermos / cómo? ¿Cómo están los enfermos?

ACIERTOS /8

2.2. **Formule preguntas sobre la información marcada en cada caso.**

1. –**El año pasado** estuve en Antigua. –¿ Cuándo estuviste en Antigua?
2. –El domingo vamos a ir **al campo**. –¿ A dónde vais a ir el domingo?
3. –El novio de Carla es **muy agradable**. –¿ Cómo está es el novio de Carla?
4. –Necesito **veinte** pesos. –¿ Cuántos pesos necesitas?
5. –Normalmente estudio **por la tarde**. –¿ Cuándo estudias?
6. –Ramón está **en la playa**. –¿ Dónde está Ramón?
7. –Necesito un cuchillo **para la carne**. –¿ Para qué necesitas un cuchillo?
8. –No pude venir anoche. **Estaba cansado**. –¿ Por qué no pudiste venir anoche?
9. –Vivo en Quito **desde 1999**. –¿ Desde cuándo vives en Quito?
10. –Martina es **de Bolivia**. –¿ De dónde es Martina?

ACIERTOS /10

2.3. **Complete la entrevista con los interrogativos adecuados.**

1. –¿ Dónde vive actualmente?
2. –¿ Por qué vive allí?
3. –¿ Por qué está aprendiendo español?
4. –¿ Cuándo empezó a estudiarlo?
5. –¿ Cuándo empieza el rodaje de la próxima película?
6. –¿ A dónde va a ser?
7. –¿ Cómo se va a titular la película?

–En Barcelona.
–Me gusta la ciudad.
–Quiero trabajar en España.
–Hace seis meses.
–Dentro de una semana.

–En Brasil y Paraguay.
–*Ruta peligrosa*.

ACIERTOS /7

2.4. **Complete con *cuánto, cuánta, cuántos o cuántas*.**

1. –¿ Cuántos años tienes? –Veinticuatro.
2. –¿ Cuánto tiempo necesitas para hacer la comida? –Una hora.
3. –En mi clase hay muy pocas chicas. –¿ Cuántas hay?
4. –¿ Cuánto se tarda en hacer el test? –Media hora.
5. –¿ Cuánta gente ha venido a la conferencia? –Unas treinta personas.

ACIERTOS /5

73

¡**Qué** alegría! ¡**Cuánto** tiempo sin vernos!

¡**Cómo** bailan! Parecen profesionales.

Qué, cuánto y *cómo* son exclamativos. Se usan para expresar diferentes sentimientos: alegría, sorpresa, admiración, desagrado...

sorpresa:	*¡**Qué** casa más grande! Pensé que sería más pequeña.*
admiración:	*¡**Qué** salón más bonito! Es muy moderno.*
desagrado:	*¡**Cuánta** gente hay! No vamos a tener sitio.*

● *Qué* sirve para expresar sentimientos sobre las características de alguien o algo o sobre la manera de hacer algo.

qué	+ adjetivo + adverbio + nombre	(+ verbo) (+ sujeto)	*¡**Qué** alta (es) Linda!* *¡**Qué** bien conduces!* *¡**Qué** frío (hace)!* *¡**Qué** suerte tiene Pablo!*

qué + nombre + *tan, más* + adjetivo (+ verbo) (+ sujeto)

*¡**Qué** pendientes tan/más caros!*
*¡**Qué** casa tan/más bonita (tiene Lola)!*

● *Cuánto, cuánta, cuántos, cuánta* sirve para expresar sentimientos de sorpresa, admiración, desagrado, etc., ante una cantidad o ante la intensidad de alguna acción.

cuánto, –a, –os, –as + nombre (+ verbo)	*¡**Cuánto** dinero se gasta Pili!* *¡**Cuántos** sellos tienes!*
cuánto + verbo (+ sujeto)	*¡**Cuánto** trabaja Lidia!*

– *Cuánto, cuánta, cuántos, cuántas* tiene la misma forma (masculino, femenino, singular o plural) que el nombre al que se refiere.

● *Cómo* sirve para indicar sentimientos de sorpresa, admiración, desagrado, etc., ante la manera de hacer algo o ante la intensidad de alguna acción.

cómo + verbo (+ sujeto)	*¡**Cómo** canta Ángela! Tiene una voz preciosa.* *¡**Cómo** come! Se nota que tiene hambre.* *¡**Cómo** nieva!*

33 EJERCICIOS

33.1. Observe las ilustraciones y escriba las exclamaciones oportunas con *qué* y los nombres y adjetivos dados.

camisa	chico	coche
pendientes	relojes	

alto	barato	bonito
caro	largo	

1. ¡Qué coche más/tan largo!
2. ¡Qué camisa más cara!
3. ¡Qué pendientes más bonitos!
4. ¡Qué chico más alto!
5. ¡Qué relojes más baratos!

ACIERTOS /5

33.2. Complete las frases con *qué, cómo* o *cuánto, cuánta...*

1. ¡Cuánto duerme José!
2. ¡Qué noche tan fría!
3. ¡Cuántas estrellas!
4. ¡Cómo corren tus hijos!
5. ¡Qué barbaridad! ¡Cuánto cuesta ese cuadro!
6. ¡Cómo llueve! Parece el diluvio.
7. ¡Cuántos libros tiene Marisa!
8. ¡Cómo lloran! ¡Pobrecillos!
9. ¡Qué vago es Lolo! No le gusta nada trabajar.
10. ¡Qué tarde es! Tengo que irme.

ACIERTOS /10

33.3. Exprese sus sentimientos ante las siguientes afirmaciones utilizando *qué, cómo* o *cuánto, cuánta...*

1. Jorge tiene muy mala suerte. ¡Qué mala suerte tiene Jorge!
2. Hoy hace mucho calor. ¡Cómo hace calor hoy! × ¡Qué calor hace hoy!
3. Lotta habla español muy bien. ¡Qué bien habla Lotta español!
4. Estamos muy cansadas. ¡Qué cansadas estamos!
5. Alfonso conduce muy mal. ¡Qué mal conduce Alfonso!
6. Sara y Eva son muy listas. ¡Qué listas son Sara y Eva!
7. Rodri come muy deprisa. ¡Qué deprisa come Rodri!
8. Lucio es muy guapo. ¡Qué guapo es Lucio!
9. Rosario duerme mucho. ¡Cuánto duerme Rosario!
10. Alberto gasta mucho dinero. ¡Cuánto gasta Alberto!
11. Hay mucha gente en la playa. ¡Cuánta gente hay en la playa!
12. Tengo mucha suerte. ¡Qué suerte tengo!

ACIERTOS /12

75

34 yo, tú, él...
Pronombres personales de sujeto

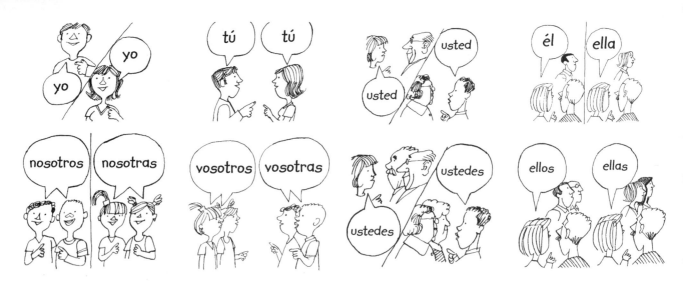

ATENCIÓN:

masculino + femenino = plural masculino

Luisa, José y yo → **nosotros**   Luisa, José y tú → **vosotros**   Luisa y José → **ellos**

● *Tú, usted; vosotros, vosotras, ustedes*

	Con familia, amigos, compañeros, gente joven...	Con desconocidos, gente mayor, superiores...
España	tú vosotros, vosotras	usted ustedes
América Latina[1]	tú/usted ustedes	usted ustedes

[1] También en ciertas zonas de España (Canarias y sur de la Península).

– En algunas zonas de América Latina como Argentina, Paraguay y Uruguay se usa *vos* en lugar de *tú*.

● Normalmente no es necesario usar *yo, tú, ellos...* con los verbos.

~~Yo~~ vivo en Bogotá.   ¿Cómo te llamas ~~tú~~?

PERO:

– *Usted, ustedes* se usan con más frecuencia.

Arlindo, ¿dónde vive **usted**?   –**Usted** no es peruano, ¿verdad? –No, soy boliviano.

– Se usa *yo, tú, ellos...*:

• para indicar contraste: **Yo** compro fruta y **tú** te la comes.

• dar énfasis: **Yo** quiero trabajar, pero mis padres quieren que estudie.

• dejar claro de quién se está hablando:
Mira, allí van Silvia y Jorge. Son peruanos. **Él** es de Arequipa y **ella** es de Lima.

• cuando van con palabras que se refieren a otras personas:
Alicia y tú parecéis hermanas.   **Mi padre y yo** somos buenos amigos.

▶ UNIDAD 41: Pronombres personales con preposiciones

4 EJERCICIOS

4.1. **Escriba el pronombre correspondiente.**

① Ellas ② nosotros ③ usted ④ Yo ⑤ vosotros
⑥ nosotras ⑦ tú ⑧ ustedes ⑨ Él ⑩ Ellos

ACIERTOS /10

4.2. **Observe y escriba *España*, *América Latina* o *España y América Latina*.**

¿Cómo están ustedes?

Tengo hambre. ¿Y vosotras?

Pasen ustedes, por favor.

¿Son ustedes estudiantes?

① América Latina ② España ③ Los 2 ④ América Latina

ACIERTOS /4

4.3. **Lea la información y complete las frases con *yo, tú*... solo cuando sea necesario.**

	Pep	Concha	Adriana	Gabriel	Rosita
nacionalidad	española	española	argentina	mexicana	mexicana
ciudad	Barcelona	Murcia	Córdoba	Monterrey	Mérida
ocupación	periodista	estudiante	enfermera	periodista	estudiante

1. PEP: Concha y _yo_ somos españoles. _Ella_ es de Murcia y _yo_ soy de Barcelona.
2. CONCHA: Gabriel y Rosita son mexicanos. _____ es de Mérida y _____ es de Monterrey.
3. GABRIEL: ¿De dónde es Adriana? PEP: _X_ es argentina.
4. ROSITA: Concha y _yo_ somos estudiantes. _Ella_ es española y _yo_ soy mexicana.
5. ADRIANA: ¿De dónde son Pep y Concha? GABRIEL: _Ellos_ son españoles. _Él_ es estudiante y _ella_ es periodista.

ACIERTOS /5

4.4. **Complete las frases con el pronombre personal cuando sea necesario.**

1. –¿De dónde sois Adolfo y _tú_? – _X_ somos de Uruguay.
2. –¿Dónde vives _X_? – _X_ vivo en Murcia. ¿Y _tú_? – _Yo_ vivo en Granada.
3. –Perdone, ¿de dónde son _ustedes_? – _X_ somos de Arequipa.
4. _Nosotros_ estudiamos Medicina.
5. _____ quiero un café, y _vosotros_ ¿qué queréis?
6. Mira, Lucía y Ana. _____ son amigas de Blanca.
7. _X_ quiero ser abogada, pero mis padres quieren que estudie Medicina.

ACIERTOS /7

35 *Te amo*
Pronombres personales de complemento directo

Me, te, lo, nos se usan como complemento directo de un verbo para referirse a una persona, animal o cosa conocida o mencionada.

> Lola ama **a Carlos**. (*A Carlos* es el complemento directo.) → *Lola **lo** ama.*
> No encuentro **el pan**. (*El pan* es el complemento directo.) → *No **lo** encuentro.*

● Pronombres personales de complemento directo

SINGULAR	PLURAL
me (a mí)	nos (a nosotros, a nosotras)
te (a ti)	os (a vosotros, a vosotras)
lo (a él; a usted, masculino; una cosa, masculino)	los (a ellos; a ustedes, masculino; cosas, masculino)
la (a ella; a usted, femenino; una cosa, femenino)	las (a ellas; a ustedes, femenino; cosas, femenino)

> –¿Quién eres? No **te** conozco.
> –¿**Nos** recuerdas? **Nos** conocimos en Mallorca. –¡Ah, sí! Ahora **os** recuerdo.
> –¿Quieres **este libro**, Héctor? –No, no **lo** quiero. Gracias.
> –¿Quieres **a tus padres**? –Sí, **los** quiero.

ATENCIÓN:

masculino + femenino = plural masculino

> –¿Veis mucho **a Almudena y a Luis**? –No, no **los** vemos mucho.

● Colocación ▶ UNIDAD 39: Pronombres de complemento con el imperativo, el infinitivo y el gerundio

(no) me, te, lo... + verbo

> Yo **os conozco**. Vosotros sois los hermanos de Lucía.
> ¿Dónde está Marisa? No **la veo**.

● Cuando se habla de personas se usa *a mí, a ti, a él...*, además de *me, te, lo...*:

– para dejar claro a quién nos referimos.

> Ayer **las** vi en el parque. (¿A ustedes o a ellas?) ⟶ *Ayer **las** vi **a ustedes** en el parque.*
> *Ayer **las** vi **a ellas** en el parque.*

– para indicar contraste.

> Ramón ama a María, pero María no **lo** ama **a él**.

– para dar énfasis.

> **A mí** no **me** conoce. (Puede que conozca a otros, pero a mí no.)
> **A nosotros** no **nos** ven. (Puede que vean a otros, pero a nosotros no.)

35.1. Utilice *lo, la, los, las* para completar las siguientes frases. ....

1. ¿Dónde está Andrés? No __lo__ veo.
2. ¿Dónde están las cucharas? No _las_ veo.
3. ¿Dónde están tus amigos? No _los_ veo.
4. ¿Dónde está el teléfono? No _lo_ veo.
5. ¿Dónde está Julia? No _la_ veo.
6. ¿Dónde están tus padres? No _los_ veo.
7. ¿Dónde está la entrada? No _la_ veo.
8. ¿Dónde están las naranjas? No _las_ veo.

ACIERTOS /8

35.2. Complete con *me, te, lo...* ....

1. Yo __te__ conozco. Tú eres amigo de Ana.
2. Yo _los_ conozco. Ustedes son los padres de Jesús.
3. Yo _os_ conozco. Vosotros sois compañeros de Ramón.
4. Yo _la_ conozco. Usted es la madre de Rosario.
5. Yo _las_ conozco. Ustedes son las tías de Pepe.
6. Yo _os_ conozco. Vosotras sois amigas de Raquel.
7. Yo _lo_ conozco. Usted es el padre de Pedro.
8. Yo _te_ conozco. Tú vives en la calle Arenal.

ACIERTOS /8

35.3. Utilice *me, te, lo...* y las formas verbales correspondientes para completar las respuestas. ....

1. –¿Amas a Luis? –Sí, __lo amo__.
2. –¿Quieres esta foto? –No, _no la quiero_.
3. –¿Has comprado el periódico? –No, _no lo he comprado_.
4. –¿Nos quieres, mamá? –Sí, _os quiero_ mucho.
5. –¿Has visto mis zapatillas? –No, _no las he visto_.
6. –¿Me recuerdas? –Sí, _te recuerdo_. Tú eres Julián.
7. –¿Ves mucho a Pepe y a Luisa? –Sí, _los veo_ mucho.
8. –¿Te quiere Elena? –No, _no te me quiere_. X
9. –¿Conoces a los Sres. Pardo? –No, _no los conozco_.
10. –¿Te conocen en esta tienda? –Sí, _me conocen_ mucho.

ACIERTOS /10

35.4. Complete las frases con *me, te, lo...* y *a mí, a ti, a él...* ....

1. Yo conozco a esa chica, pero ella no ___me___ conoce ___a mí___.
2. Desde aquí vemos a Roberto, pero él no ___nos___ ve ___a nosotros___.
3. Teresa quiere a Alfredo, pero él no ___la___ quiere ___a ella___.
4. Esas señoras me conocen, pero yo no ___las___ conozco ___a ellas___.
5. Ustedes me conocen, pero yo no ___los___ conozco ___a ustedes___.
6. Esos chicos conocen a Miguel, pero Miguel no ___los___ conoce ___a ellos___.

ACIERTOS /6

36 *Me han regalado un reloj*
Pronombres personales de complemento indirecto

Me, te, le se usan como complemento indirecto de un verbo para referirse a una persona, animal o cosa conocida o mencionada.

> *Luis ha regalado un reloj **a Chus**. (A Chus es el complemento indirecto.)* → *Luis **le** ha regalado un reloj.*
>
> *He preguntado **a Ana** por sus padres. (A Ana es el complemento indirecto.)* → ***Le** he preguntado por sus padres.*

● Pronombres personales de complemento indirecto

SINGULAR	PLURAL
me (a mí)	nos (a nosotros, a nosotras)
te (a ti)	os (a vosotros, a vosotras)
le (a él; a ella; a usted; a una cosa)	les (a ellos; a ellas; a ustedes; a unas cosas)

> –Ayer vi a Rodolfo. –¿**Le** dijiste que quiero verlo?
> –¿Qué **os** ha preguntado Leonor? –**Nos** ha preguntado dónde vivimos.

● Colocación

(*no*) *me, te, le...* + verbo

> –¿Qué **te ha dicho** el médico? –**Me ha dicho** que estoy bien.
> –¿Qué **te ha preguntado** Charo? –No **me ha preguntado** nada.

● Cuando se habla de personas se usa *a mí, a ti, a él...*, además de *me, te, le...*:

– para dejar claro a quién nos referimos.

> ***Le** dije que no era verdad. (¿A usted, a él, a ella?)*
> → ***Le** dije **a usted** que no era verdad.*
> → ***Le** dije **a él** que no era verdad.*
> → ***Le** dije **a ella** que no era verdad.*

– para dar énfasis.

> –¿**Te** ha dado el dinero? –**A mí** no **me** ha dado nada. (Puede que lo haya dado a otros, pero a mí no.)

ATENCIÓN:

> Normalmente, cuando se habla de personas, se usa *me, te, le...*, además de la persona a la que se refiere, cuando se menciona por primera vez.
>
> > –¿**Le** has regalado algo **a Pedro**? –Sí, **le** he regalado una cartera.
> >
> > –¿Qué **le** has regalado **a tu familia**? –**A Juana le** he regalado un collar y **a los niños les** he comprado juguetes.
> >
> > ***Les** he comprado unos bombones **a mis hermanas**.*

6.1. **Complete con *me, te, le*...**

¿Qué **te** ha regalado?

Me ha regalado un pañuelo.

② **nos** ha regalado unos libros.

③ **le** ha regalado una bufanda.

④ ¿Qué **le** ha regalado a usted?

⑤ **les** ha regalado perfume.

⑥ ¿Qué **os** ha regalado?

⑦ **le** ha regalado un paraguas.

ACIERTOS 7/7

6.2. **Responda a estas preguntas siguiendo el modelo.**

1. ¿Qué te han dicho? __No me han dicho nada__.
2. ¿Qué le ha dicho a usted? __No me ha dicho a usted nada__.
3. ¿Qué os ha dado? __No nos ha dado nada__.
4. ¿Qué le han preguntado a Susana? __No le han preguntado nada__.
5. ¿Qué me ha dicho? __No te ha dicho nada__.
6. ¿Qué nos han preguntado? __No os han preguntado nada__.
7. ¿Qué te ha vendido? __No me ha vendido nada__.
8. ¿Qué les han dado a ustedes? __No nos han dado nada__.
9. ¿Qué le han preguntado a Alberto? __No le han preguntado nada__.
10. ¿Qué les han regalado a tus hijas? __No les han regalado nada__.

ACIERTOS 10

6.3. **Escriba preguntas y respuestas como en el ejemplo.**

1. ¿Te dijo algo Luis? __A mí no me dijo nada__.

   (¿a ustedes?) __¿Les dijo algo a ustedes?__ __A nosotros no nos dijo nada__.

   (¿a Marcela?) ¿__Le dijo algo a Marcela__? __A ella no le dijo nada__.

2. ¿Os ha preguntado algo Lola? __A nosotros no nos ha preguntado nada__.

   (¿a Tomás?) ¿__A él no le ha preguntado nada__? __Le ha preguntado algo a Tomás__.

   (¿a usted?) ¿__Le ha preguntado algo a usted__? __A mí no me ha preguntado nada__.

3. ¿Me ha comprado algo Yvonne? __A ti no te ha comprado nada__.

   (¿a nosotros?) ¿__Nos ha comprado algo a nosotros__? __A vosotros no os ha comprado nada__.

   (¿a su hermano?) ¿__Le ha comprado algo a su hermano__? __A él no le ha comprado nada__.

ACIERTOS 3/3

81

37 *Se lo he dado. Te lo he dado*
Pronombres de complemento indirecto y directo

A veces hay dos complementos en la frase, un complemento directo (CD) y un complemento indirecto (CI).

*¿Le has dado **tu teléfono a Rafa**?* → *¿**Se lo** has dado?*
       CD   CI   CI CD

● Formas y orden de los pronombres en la frase

PRONOMBRES DE CI
me (a mí)
te (a ti)
se (a usted)
se (a él, a ella; a una cosa)
nos (a nosotros, a nosotras)
os (a vosotros, a vosotras)
se (a ustedes)
se (a ellos, a ellas; a unas cosas)

+

PRONOMBRES DE CD
lo (masculino singular)
la (femenino singular)
los (masculino plural)
las (femenino plural)

– *¿Les has presentado **tu novia a tus padres**? – No, no **se la** he presentado.*
          CD   CI   CI CD

ATENCIÓN:

Se utiliza *se* (no *le, les*) para *usted, ustedes, él, ella, ellos* y *ellas.*
~~Le~~ lo he dado. → *Se lo he dado.*

● Se usa:

– *se* además de la persona a la que se refiere cuando se menciona por primera vez.

*–¿Qué has hecho con el coche? ¿**Se lo** has regalado **a Pepe**? –No, **se lo** he vendido.*

– *lo, la, los, las* además de la persona o cosa a la que se refiere cuando se dice esta en primer lugar.

Esta corbata me **la** regaló Andrea.   **Esos libros** se **los** regalé yo.

● Cuando se habla de personas se usa *a mí, a ti, a él...* además de *me, te, se...*:

– para dejar claro de quién se habla.

Se lo ha enseñado. (¿A usted, a él,
a ella, a ustedes, a ellos, a ellas?)

→ *Se lo ha enseñado a usted.*
→ *Se lo ha enseñado a él.*
→ *Se lo ha enseñado a ella.*
→ *Se lo ha enseñado a ustedes.*
→ *Se lo ha enseñado a ellos.*
→ *Se lo ha enseñado a ellas.*

– para dar énfasis.

*–¿**Te** ha dado el dinero? –**A mí** no **me** lo ha dado.*

7.1. **Complete las respuestas con *me, te, se...* y *lo, la, los, las.***

1. –¿Quién te ha regalado esos bombones? – _Me_ _los_ ha regalado Anita.
2. –¿Quién les ha prestado el dinero a tus padres? –_Se los_ _se lo_ ha prestado Juan.
3. –¿Quién os ha enviado ese paquete? –_Nos_ _lo_ ha enviado mi tía Rosa.
4. –¿Quién me envía estas flores? –_Te_ _las_ envía Raúl.
5. –¿Quién le ha regalado esa corbata, Antonio? –_Me Me la_ ha regalado mi mujer.
6. –¿Quién les ha enseñado el museo a ustedes? –_Se_ _lo_ ha enseñado un guía turístico.
   Nos

ACIERTOS 5/6

7.2. **Conteste a las preguntas.**

1. – ¿Te ha dado Pepe el regalo? –No, _no me lo ha dado_.
2. –¿Os ha prestado Pablo el dinero? –Sí, _nos lo ha prestado_.
3. –¿Les ha presentado Sara su novio a sus padres? –No, _no se ha presentado_.
4. –¿Le ha enseñado a usted su casa Marta? –Sí, _se ha enseñado a mi casa_.
5. –¿Les ha presentado Hugo sus amigos a sus padres? –Sí, _se los ha presentado_.
6. –¿Le ha vendido Jesús su coche a Antonia? –No, _no se lo ha vendido su coche_.
7. – ¿Les ha enseñado a ustedes los cuadros Ramón? –Sí, _se los le enseñado a los cuadros_.
8. –¿Me ha traído Rita las entradas? –Sí, _te los ha traído las entradas_.

ACIERTOS ...../8

7.3. **Complete con *me, te, se...* y *lo, la, los, las.***

1. Este paraguas (*a él*) _se_ _lo_ regaló Andrea.
2. Esta corbata (*a mí*) _me_ _la_ regaló mi novia.
3. Ese coche (*a ellos*) _se_ _lo_ ha vendido un amigo.
4. Esa lámpara (*a nosotros*) _nos_ _la_ ha regalado una tía de Alberto.
5. Esas flores (*a ella*) _se_ _las_ ha traído su novio.
6. Este paquete (*a usted*) _se_ _lo_ ha traído un mensajero.
7. Esos bombones (*a ellas*) _se_ _los_ ha comprado su hermano.
8. Este libro (*a ti*) _te_ _lo_ ha traído Víctor.
9. Esta carta (*a mí*) _me_ _la_ envía una amiga de Perú.
10. Estos helados (*a vosotros*) _os_ _los_ compro yo.

ACIERTOS ...../10

7.4. **Responda como en el ejemplo.**

1. –¿Te ha dado las entradas? –No, _a mí no me las ha dado_.
2. – ¿Le ha dado a usted el dinero? – No, _a mí no me lo ha dado_.
3. –¿Os ha dado las llaves? –No, _a nosotros no nos las ha dado_.
4. –¿Me ha enviado el paquete? –No, _a ti usted no se lo ha enviado_, don Antonio.
5. –¿Nos han aprobado? –No, _a nosotros no nos han aprobado_.
6. –¿La han aprobado a Teresa? –Sí, _a ella la han aprobado_.
7. –¿Y lo han aprobado a Alfonso? –No, _a él no lo han aprobado_.
8. –¿Nos han invitado a la fiesta? –No, _a nosotros no nos han invitado_.

ACIERTOS ...../8

38 *lo/la/le*
Confusión entre pronombres personales de complemento

● *Lo, la, los, las* se usan como complemento directo de un verbo para referirse a personas, animales o cosas mencionadas anteriormente.

▶ UNIDAD 35: Pronombres personales de complemento directo

lo, los → masculino
la, las → femenino

–*¿Me dejas* **el diccionario***? –No puedo.* **Lo** *necesito.*

–*¿Me dejas* **la pluma***? –No puedo.* **La** *necesito.*

–*¿Amas a* **Juan***? –Sí,* **lo** *amo.*

–*¿Quieres a* **tus padres***? –Sí,* **los** *quiero.*

PERO: Algunas personas usan *le* y *les* en lugar de *lo* y *los* para referirse a personas.

> –*¿Amas a* **Juan***? –Sí,* **le** *amo.*
> –*¿Quieres a* **tus padres***? –Sí,* **les** *quiero.*

ATENCIÓN:

–*¿Me dejas el diccionario? –No puedo.* ~~Le~~ *necesito.* → –*¿Me dejas el diccionario? –No puedo.* **Lo** *necesito.*

–*Di a Sofía que* ~~le~~ *llaman por teléfono.* → –*Di a Sofía que* **la** *llaman por teléfono.*

● *Le, les* se usan como complemento indirecto de un verbo para referirse a personas (hombres o mujeres).

▶ UNIDAD 35: Pronombres personales de complemento directo

> –*¿Qué le has regalado a* **Pedro***? –***Le** *he regalado una cartera.*
> –*¿Y a* **María***? –***Le** *he regalado unos pendientes.*
> *A Elena* **le** *duele la cabeza.*

ATENCIÓN:

> *A María* ~~la~~ *he regalado unos pendientes.* → *A María* **le** *he regalado unos pendientes.*
> *A Juan* ~~lo~~ *han regalado un disco.* → *A Juan* **le** *han regalado un disco.*

– *le, les* → *se* cuando hay dos pronombres.

> –*¿***Le** *has dado la carta a Joaquín? –Sí,* **se la** *he dado.*
> –*¿***Les** *has enseñado las notas a tus padres? –Sí,* **se las** *he enseñado.*

● *Lo* se usa como complemento directo de un verbo para referirse a una información dada anteriormente.

> –*¿Le has dicho a Juan* **que me caso***? –Sí, se* **lo** *he dicho, pero no se* **lo** *cree.*

> –*¿Sabes que* **Chávez está muy enfermo***? –Sí,* **lo** *sé.*

– A veces se usa *lo* en expresiones que indican oposición o sorpresa ante una información anterior.

> –*Felipe no es argentino. –Claro que* **lo** *es.*

8 EJERCICIOS

3.1. Rodee la forma correcta en cada caso.

1. –¿Quieres este libro? –No, no (le/**lo**) quiero. Gracias.
2. –¿Me dejas el lápiz? –No puedo. (Le/**Lo**) necesito.
3. –¿Quieres a Ana? –Sí, (**la**/le) quiero.
4. –¿Ha visto usted mis gafas? –No, no (**las**/les) he visto.
5. –¿(La/**Le**) has regalado tu chaqueta roja a Luisa? –No, no (**se**/le) (**la**/le) he regalado. (**Se**/Le) (**la**/le) he prestado.
6. –¿Han visto ustedes a mis padres? –No, no (se/**los**) hemos visto.
7. (**Le**/La) he prestado cien euros a Ivana.
8. –¿(**Les**/Los) has dejado el coche a tus hermanos? –No, no (**se**/les) (le/**lo**) he dejado.
9. –¿Has visto a mis hermanas? –Sí, (**las**/les) he visto.
10. Inés, (**la**/le) llaman por teléfono.
11. –¿Quiere ver a Andrés? –No, no quiero (verla/**verlo**).
12. (**Les**/Los) he comprado una televisión a mis padres.
13. (La/**Le**) dije a Juana que no tengo dinero.
14. Ayer (**la**/le) vi en el parque, Elisa.
15. –¿Qué (la/**le**) pasa a Elsa? –(La/**Le**) duele la cabeza.

ACIERTOS ..../15

3.2. Complete las frases con *lo, la, los, las, le, les* o *se*.

1. –¿Has visto a Juana? –Sí, __la__ he visto.
2. __le__ he regalado unos bombones a Sarita.
3. –¿Has llamado a tu padre, Héctor? –Sí, __le__ he llamado.
4. ¿Qué __le__ has dicho a la profesora?
5. –¿__Le__ has regalado tus discos a Enrique? –Sí, __Se__ __los__ he regalado.
6. –¿Has visto a Concha? –No, hoy no __la__ he visto.
7. A Pili __le__ duelen las muelas.
8. –¿Qué __les__ has comprado a tus padres? –A mi padre __le__ he comprado un libro y a mi madre __le__ he comprado un pañuelo.

ACIERTOS ..../8

3.3. Utilice los pronombres adecuados para completar estas frases.

1. –¿__Le__ has dicho a Juan que necesito el coche? –Sí, __se__ __lo__ he dicho, pero dice que él también __lo__ necesita.
2. –¿Sabes que me voy a Colombia? –No, no __lo__ sabía.
3. –¿Es verdad que Ángela tiene mucho dinero? –__Lo__ es, pero no __lo__ parece.
4. –¿Sabe papá que necesito dinero? –__Lo__ sabe, pero dice que __se__ __lo__ pidas luego.
5. No __lo__ entiendo. __Le__ he ofrecido ayuda a Teresa, pero no __la__ ha aceptado.
6. –¿De verdad que Ana es escritora? –Claro que __lo__ es, pero no __lo__ sabe nadie.
7. –Juan y Lola se han casado. –Ya sabía que __lo__ harían. Él __la__ quiere mucho.
8. –Se ha muerto Momo. –¡Cuánto __lo__ siento! Yo __lo__ quería mucho.

ACIERTOS ..../8

39 ámame, dámelo
Pronombres de complemento con el imperativo, el infinitivo y el gerundio

● Pronombres de complemento con el **imperativo afirmativo**

▶ UNIDAD 73: Imperativo afirmativo: verbos regulares

UNIDAD 78: Imperativo con pronombres de complemento

– Con pronombres de CD: imperativo afirmativo + me / te / lo...

   Áma**me**.   Ese coche ya está muy viejo. Véndel**o**.

– Con pronombres de CI: imperativo afirmativo + me / te / le...

   Roberto necesita el coche. Da**le** las llaves.
   Di**me** la verdad.

– Con pronombres de CI y CD: imperativo afirmativo + me / te / se...
   + lo / la / los / las.

   Esas gafas son de Lola. Dá**selas**.
   –¿Es tuyo este libro? –Sí, dá**melo**.

Este cuadro es muy interesante. Míra**lo**.

● Pronombres de complemento con el **infinitivo**

▶ UNIDAD 93: Infinitivo

– Con pronombres de CD: infinitivo + me / te / lo...

   Está enfadada con nosotros. No quiere ver**nos**.
   No hay leche. He olvidado comprar**la**.

– Con pronombres de CI: infinitivo + me / te / le...

   Venid aquí. Quiero decir**os** algo.
   Me gustaría preguntar**te** algo.

– Con pronombres de CI y CD: infinitivo + me /te / se...
   lo / la / los / las.

   La entrada no es nuestra, pero él quiere dár**nosla**.

¿Puedes prestar**me** un boli?

No, pero puedo prestar**te** un lápiz.

PERO: | También con algunos verbos.

   No **los** puedo ver.   **Te** quiero decir algo.   ¿**Me lo** vais a regalar?

● Pronombres de complemento con el **gerundio** ▶ UNIDAD 98: Gerundio

– Con pronombres de CD: gerundio + me / te / lo...

   –¿Qué hace con el regalo? –Está envolviéndo**lo**.

– Con pronombres de CI: gerundio + me / te / le...

   ¿Qué está diciéndo**le**?   –¿Qué haces? –Estoy escribiéndo**le** a Laura.

– Con pronombres de CI y CD: gerundio + me / te / se... + lo / la / los / las.

   –¿Por qué tiene Susana la carta de Jaime? –Está leyéndo**mela**. Yo no veo bien.

PERO: | También:

   Lo está envolviendo.   ¿Qué **te** está diciendo?   **Me lo** está leyendo.

ATENCIÓN:

ama ▸ ámame	dar ▸ dárnosla	arreglando ▸ arreglándola
dame ▸ dámelo	prestar ▸ prestármelo	preguntando ▸ preguntándote

9 EJERCICIOS

9.1. Sustituya las palabras subrayadas por pronombres y haga los cambios necesarios.

1. Ama a tus padres. _Ámalos_ .
2. Comprad el periódico. _Compradlo_ .
3. Dale su dinero a Elvira. _Dáselo_ .
4. Hazle la pregunta a Carlos. _Házsela_ .
5. Pregunta a tu madre. _Preguntaselo_ .
6. Venda la casa. _Véndala_ .
7. Pasa el agua a Ramón. _Pasaselo_ .
8. Escribe a Sheila. _Escribesela_ .

9.2. Complete las frases con los infinitivos del recuadro y los pronombres adecuados.

1. –¿Has comprado el periódico? –He olvidado _comprarlo_ .
2. Ese libro es mío, pero Carlos no quiere _devolvérmelo_ .
3. Sonia está enfadada con vosotros. No quiere _visitaros / veros_ .
4. Estos zapatos están muy viejos. Voy a _tirarlos_ .
5. Ven aquí, Gabriel. Quiero _preguntarte_ algo.
6. Ramón quiere comprarme ese cuadro, pero yo no quiero _vendérselo_ .
7. He tenido carta de Antón. Tengo que _escribirle_ .
8. No sabemos hacer el ejercicio, pero Hans quiere _ayudarnos_ .
9. Mis tías viven en este barrio. Me gustaría _verlas / visitarlas_ .

ayudar ✓
~~comprar~~
devolver ✓
escribir ✓
preguntar ✓
tirar ✓
vender ✓
ver ✓
visitar ✓

9.3. Sustituya las palabras subrayadas por pronombres y haga los cambios necesarios.

1. Está limpiando las ventanas. _Está limpiándolas_ .
2. Estoy acabando la novela. _Estoy acabándola_ .
3. Están preguntando al Sr. Oliva. _Están preguntándola_ .
4. Estamos lavando las camisas. _Estamos lavándolas_ .
5. Están haciendo la pregunta a Carla. _Están haciéndosela_ .
6. Está lavando el pelo a su hijo. _Está lavándoselo_ .
7. Está hablando a Pepa. _Está hablándola_ .
8. Está arreglando la radio. _Está arreglándola_ .

(accentos)

9.4. Ordene las palabras y ponga las tildes necesarias.

1. la sal / me / pasa _Pásame la sal_
2. la directora / nos / ver / quiere _la directora quiere vernos_
3. no tengo pan. He olvidado / lo / comprar _He olvidado comprarlo_
4. ¿me / ayudar / puedes? _¿puedes ayudarme?_
5. a Julio / se / pregunta / lo _preguntaselo a Julio_
6. ¿quién / lo / está haciendo? _¿quién está haciéndolo?_
7. me gustaría / a Sandra / lo / se / decir _Me gustaría decírselo a Sandra_
8. me / la pelota / pasa _pasame la pelota._

87

40 *me ducho, nos queremos*
Pronombres reflexivos y con valor recíproco

Me ducho
todos los días.

Ricardo *se afeita*
todas las mañanas.

Me, se son pronombres reflexivos.

● Se usan para indicar que la acción del verbo (*ducharse*, *afeitarse*) la recibe:

– la misma persona que la hace.

Me ducho.

– una parte del cuerpo o la ropa de esa persona.

Me lavo el pelo.

Nos ponemos una bata para trabajar.

● Pronombres reflexivos

(yo) me	(tú) te	(usted) se	(él, ella) se
(nosotros, –as) nos	(vosotros, –as) os	(ustedes) se	(ellos, –as) se

Compare:

Me afeito
todas las
mañanas.

Rut se viste después de desayunar.
Antón y yo nos quemamos con unas cerillas.

Afeito a unas
seis personas
todas las
mañanas.

Rut viste a los niños después de desayunar.
Ayer **quemamos unos troncos** en la chimenea.

● *Nos, os* y *se* se usan también para indicar que la acción la realizan dos o más personas de manera recíproca ("yo a ti y tú a mí").

> **Nos queremos.** (Ella me quiere a mí y yo la quiero a ella.)
> **¿Os conocéis** Marisa y tú? (¿Conoces tú a Marisa y te conoce ella a ti?)
> *Juan y su padre* **se entienden** muy bien. (Juan entiende a su padre y su padre entiende a Juan.)

▶ UNIDAD 53: Verbos con *me, te, se...*   UNIDAD 54: Contraste entre verbos con y sin *me, te, se...*

O EJERCICIOS

0.1. **Complete las frases con *me, te, se*... solo cuando sea necesario.** ································

1. Rosa _se_ cortó con un cuchillo ayer.
2. Sandra _se_ mira mucho al espejo.
3. Juan ~~se~~ cortó el pan con su navaja.
4. No _te_ mires tanto al espejo, Saúl.
5. ¿Cuándo _se_ duchan los niños?
6. Mi hermana y yo _nos_ quemamos cocinando.
7. Roberto ~~se~~ ha quemado las cartas de Aurora.
8. Julio y Pedro _se_ saludaron en la fiesta.
9. ¿Quién ~~se~~ ha tirado mis gafas a la basura?
10. ¿Por qué _se_ pone usted el sombrero?
11. Mira. (Yo) _Me_ veo en el agua.
12. ¿Qué ~~te~~ ves en el agua?
13. ¿Cuándo _te_ lavas el pelo, Sonia?
14. ¿Vosotros _os_ afeitáis todos los días?
15. Alicia _se_ rompió una pierna esquiando.

ACIERTOS ...... /15

0.2. **Vuelva a escribir las frases con *nos, os* o *se*. Atención con el verbo.** ·················

1. Felipe saludó a David y David saludó a Felipe. _Felipe y David se saludaron_ .
2. Roque no habla a Julio y Julio no habla a Roque. _Roque y Julio no se hablan_ .
3. Roque te quiere a ti y tú quieres a Roque. _Vosotros os queréis_ .
4. Sofía escribe a Lina y Lina escribe a Sofía. _Sofía y Lina se escriben_ .
5. Andrés me conoce muy bien a mí y yo conozco muy bien a Andrés. _Andrés y yo nos conocemos muy b_
6. Rodrigo ayuda a su hermana y su hermana ayuda a Rodrigo. _Rodrigo y su hermana se ayudan_
7. En Navidad, mi mujer me hace un regalo y yo le hago un regalo a ella. _Mi mujer y yo nos hacemos regalos_
8. Tus amigos te ven a ti y tú los ves a ellos los domingos. _Tus amigos y tú os veis a los domingos_

ACIERTOS ...... /8

0.3. **Complete las siguientes frases con *me, te, se*... cuando sea necesario.** ·················

1. (Yo) **Me** conozco muy bien.

2. Teresa y Antonio _se_ conocen muy bien.

3. ~~Se~~ conozco muy bien a mis hijos.

4. ¿Por qué no _se_ quieren Isabel y Leo?

5. ¿Por qué no ~~se~~ quieres a tu hermano?

6. ¿Por qué _os_ peleáis tú y Juan?

7. ¿_Os_ veis mucho Alfonso y tú?

8. Raúl y Teresa no _se_ hablan.

9. ¿_Se_ ve usted en el espejo?

10. María y Alfredo _se_ ven todos los días.

11. ¿Por qué no _te_ vistes, Rosa? Es tarde.

12. ¿~~Se~~ has vestido ya a los niños, Jaime?

ACIERTOS ...... /12

89

41 *para mí, contigo...*
Pronombres personales con preposiciones

● Preposiciones + pronombres

PREPOSICIONES		PRONOMBRES
a		mí
de		ti
para		usted
por	+	él, ella
sin		nosotros, nosotras
...		vosotros, vosotras
		ustedes
		ellos, ellas

PERO: con + mí→ conmigo
con + ti → contigo
¿Te quieres venir conmigo al cine?
Soy muy feliz contigo.

No pueden vivir sin mí.
No quiero nada de ti.
Hay una llamada para usted.
–Ya no tengo coche. –¿Qué has hecho con él?
¿Has visto a Dana? Quiero hablar con ella.
Siéntate junto a nosotras.
¿Me dejáis jugar con vosotros?
Tengo algo para ustedes.
¿Dónde están los gatos? Tengo algo de comida para ellos.

ATENCIÓN:		
entre		
excepto		
hasta (= incluso)	+	yo
incluso		tú
menos		
según		

Todos hablan idiomas **menos yo.**

Siéntate aquí, entre Ivana y yo.
Saben nadar todos menos yo.
***Según tú**, ¿quién es el culpable?*

90

.1.▷ Complete las frases utilizando pronombres.

① Para __ti__

② Para _ustedes_

③ Estoy enfadada con _tigo_.

④ Para _vosotras_

⑤ ¿Es para _nosotros_? Gracias.

⑥ Buenos días, don Salvador. Me gustaría hablar con _usted_

⑦ Está hecha por _vosotras_.

⑧ ¿Para _mí_? Gracias.

ACIERTOS ...../8

.2.▷ Complete las frases con el pronombre adecuado.

1. ¿Has visto a Adolfo? Quiero hablar con __él__ .
2. ¿Has visto a Petra? Quiero hablar con _ella_.
3. ¿Has visto al señor Carmona? Tengo algo para _él_ .
4. Antonio te está buscando. Quiere hablar con _tigo_ .
5. ¿Dónde están Pepe y Susana? Mercedes quiere hablar con _ellos_.
6. Aurora nos está buscando. No puede estar un momento sin _nosotros_.
7. Mi jefe me necesita. No sabe hacer nada sin _mí_ .

ACIERTOS ...../7

.3.▷ Complete las frases con _yo, mí, –migo_ o _tú, ti, –tigo_.

1. Estoy triste. Luisa no quiere salir __conmigo__ .
2. Lo siento, Jaime. Han aprobado todos menos _tú_ .
3. Toma, un regalo para _ti_ de parte de Ana.
4. Oye, Luis, según _tú_ , ¿quién va a ganar el domingo?
5. ¿Esto es para _mí_ ? Gracias.
6. Ven con _migo_ , por favor. Necesito ayuda.
7. ¿Está Berta con _tigo_ , María?

ACIERTOS ...../7

.4.▷ Rodee la forma correcta en cada caso.

1. Según (_ti_/_tú_), ¿quién es el mejor cantante del mundo?
2. Toma. Este disco es para (_ti_/_tú_).
3. Ven. Siéntate junto a (_mí_/_yo_).
4. Luisa se sienta entre Jorge y (_mí_/_yo_).
5. ¿Quieres venir (_conmigo_/_con yo_), Sonia?
6. Sebastián se sienta delante de (_mí_/_yo_).
7. A todos les gusta el pescado menos a (_mí_/_yo_).
8. Han leído todos el _Quijote_ menos (_mí_/_yo_).

ACIERTOS ...../8

42 *soy, eres, es...*
Presente de indicativo de *ser*

● *Ser*: presente de indicativo

¿De dónde **eres**?

Soy peruana.

	ser
(yo)	**soy**
(tú)	**eres**
(usted)	**es**
(él, ella)	**es**
(nosotros, –as)	**somos**
(vosotros, –as)	**sois**
(ustedes)	**son**
(ellos, –as)	**son**

¿Qué **es** eso?

Es un sombrero.

● Se usa *ser*:

– para identificar a personas o cosas.

> *Mira. Ese **es** Andrés.*
> *–¿Qué **es** eso? –**Es** una cámara digital.*

¿Quién **es** Alberto?

Soy yo.

– para decir la profesión, la nacionalidad o la ideología.

> ***Soy** estudiante.*　　*El hermano de Ana **es** médico.*
> *Chelo **es** peruana.*　　*Laika y yo **somos** musulmanes.*

– para indicar la relación o el parentesco.

> *Luis y María **son** amigos.*　　*Pedro y yo **somos** primos.*

– para expresar cualidades.

> *Diana **es** muy inteligente.*
> *Estos libros no **son** muy interesantes.*
> *El coche de Eduardo **es** rojo.*

¿Qué hora **es**, por favor?

Son las cinco.

– para indicar tiempo, cantidad o precio.

> *–¿Qué día **es** hoy? –**Es** martes.*
> *En mi clase **somos** veintidós.*
> *–¿Cuánto **es** esto? –**Son** sesenta euros.*

ATENCIÓN:

***Es** la una.*	***Son** las dos.*

– para decir el lugar o el momento de un acontecimiento.

> *¿Dónde **es** la fiesta?*　　*El partido **es** a las diez.*

● Se usa *ser* + *de* para indicar origen, materia o posesión.

> origen: *¿**De** dónde **son** ustedes? **Somos de** Santander.*
> materia: *Esta silla **es de** plástico.*
> posesión: *Ese coche **es de** Eduardo.*

2.1. Observe las ilustraciones y complete las frases con *soy, eres, es...*

¿De dónde **sois**?
somos mexicanos.

② ¿Quién **es** Liz?
soy yo.

③ **Somos** hermanas.

¿**Son** ustedes médicos?
No, **somos** enfermeros.

⑤ ¿De dónde **eres**?
soy de Barcelona.

⑥ **Son** 25 euros.

ACIERTOS /6

2.2. Complete las preguntas y las respuestas con *soy, eres, es...*

1. ¿De dónde **eres** (tú)?
2. ¿De dónde **son** tus padres?
3. ¿Cuántos **sois** en tu familia?
4. ¿**Eres** profesor?
5. ¿Qué hora **es**?
6. ¿Qué día **es** hoy?
7. ¿**Sois** Rosa y tú hermanos?
8. ¿A qué hora **es** la clase?
9. ¿Cuántos **sois** en clase?
10. ¿De quién **son** estos libros?

1. **Soy** de Quito.
2. **Son** de Guayaquil.
3. **Somos** cuatro.
4. No, **soy** estudiante.
5. **Son** las tres.
6. **Es** jueves.
7. No, **somos** primos.
8. **Es** a las ocho.
9. **Somos** doce.
10. **Son** de la profesora.

ACIERTOS /20

2.3. Escriba frases con *soy, eres, es...* en forma afirmativa o negativa.

1. Elsa y Tomás / chilenos   Elsa y Tomás son chilenos.
2. Usted / muy amable   Usted es muy amable.
3. Esa mesa / de cristal   Esa mesa es de cristal.
4. Mi hermano y yo / no / morenos   Mi hermano y yo no somos morenos
5. Vosotros / muy alegres   Vosotros sois muy alegres.
6. Esos pantalones / no / de lana   Esos pantalones no son de lana
7. Ese libro / de Marta   Ese libro es de Marta
8. Ustedes / no / muy altos   Ustedes no son muy altos.

ACIERTOS /8

93

43 estoy, estás, está...
Presente de indicativo de estar

Estoy en Sevilla.

¿Dónde están mis llaves?
Están encima de la televisión.

Luis **está** en la cama.
Está enfermo.

● *Estar*: presente de indicativo

	estar
(yo)	**estoy**
(tú)	**estás**
(usted)	**está**
(él, ella)	**está**
(nosotros, –as)	**estamos**
(vosotros, –as)	**estáis**
(ustedes)	**están**
(ellos, –as)	**están**

● Se usa *estar*:

– para indicar la situación física de alguien o algo.

> *Mis padres **están** en Caracas.*
> *–¿Dónde **está** Monterrey? –Está en el norte de México.*

ATENCIÓN:

> *estar* + nombre de persona → estar en casa o en un lugar habitual
>
> ***¿Está Miguel?*** (¿Está Miguel en casa?)
> *Buenos días. **¿Está la señora Vasconcelos?*** (¿Está la señora Vasconcelos en la oficina?)

– para indicar algunos estados físicos y anímicos temporales:
enfermo, resfriado, cansado, agotado, contento, triste,
aburrido, de buen/mal humor...

> ***Estamos** aburridos.*
> *–¿**Cómo estás** hoy, Mónica?*
> *–**Estoy** un poco **cansada**.*

El jefe **está de mal humor** hoy.

– para referirnos a situaciones temporales.

> *La casa **está** sucia.* (Normalmente
> está limpia.)
> *La sopa **está** caliente.*

*Las tiendas **están** abiertas.*

*Las tiendas **están** cerradas.*

▶ UNIDAD 56: Presente de *estar* + gerundio

3 EJERCICIOS

3.1. ¿Dónde están? Complete las frases con *estoy, estás, está...*

① __Estoy__ en México.

② ¿Dónde _estáis_? _estamos_ en Paraguay.

③ ¿Dónde _estás_? _Estoy_ en París.

ACIERTOS ...... /3

3.2. Complete las frases con *estoy, estás, está...* y las palabras del recuadro.

aburrida   agotado   contento   de buen humor   de mal humor   enfadado   ~~resfriado~~   triste

① Estoy resfriado

② ¿Por qué _está contenta de buen humor_?

③ 0-4! _Están tristes_.

Estamos enfadados agotados
④

⑤ _estoy aburrida_

⑥ _Por k estás_ ¿_enfadado_ Alberto?

⑦ Hoy _está de mal humor_

⑧ 2-0 ¿Por qué _están contentos_?

ACIERTOS ...... /8

3.3. Describa cada ilustración utilizando *está* o *están* y las palabras del recuadro.

~~abierta~~   apagada   cerrada   limpios   nublado   sucios

① ② ③ ④ ⑤ ⑥

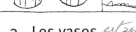

1. La ventana __está abierta__.
2. La puerta _está cerrada_.
3. Los vasos _están sucios_.
4. El cielo _está nublado_.
5. La televisión _está apagada_.
6. Los platos _están limpios_.

ACIERTOS ...... /6

3.4. Complete los diálogos con *estoy, estás, está...*

1. –¿Cómo __está__ usted, Elisa? –_Estoy_ muy bien, gracias.
2. –¿_Está_ Luisa? –Sí, pero _está_ en la cama.
3. –¿_Estás_ cansado, Virgilio? –No, no _estoy_ cansado. _Estoy_ aburrido.
4. –¿Dónde _está_ mi chaqueta nueva? –_Está_ en el armario.
5. –¿Dónde _están_ las Islas Galápagos? –_Están_ en el Pacífico.

ACIERTOS ...... /5

95

44 *soy alegre / estoy alegre*
Contraste entre *ser* y *estar*

Compare:

SER ▶ UNIDAD 42: Presente de indicativo de *ser*	ESTAR ▶ UNIDAD 43: Presente de indicativo de *estar*

● Se usa *ser* para hablar de las características o cualidades normales o permanentes de alguien o algo.

*María **es muy activa**.* (Es así normalmente.)
*Julián **es alegre**.* (Es así normalmente.)
*El hielo **es frío**.*

*Sofía **es delgada**.* (Es así siempre.)
*Ana **es muy elegante**.*

● Se usa *ser* para indicar el lugar o el momento de un acontecimiento.

*La boda **es** en la iglesia de Santa Marta, a las cinco.*

● Se usa *estar* para hablar de las características o estados anormales o temporales de alguien o algo.

*Hoy **está cansada**.* (solo hoy)
*Hoy no **está alegre**. **Está triste**.*
*Este café **está frío**.*

PERO: **Estar muerto.**
 Esta planta está muerta.

● Se usa *estar* para indicar cambios.

Estás muy delgado, Pedro.

● Se usa *estar* para enfatizar el momento.
 Estás muy elegante *con ese vestido.*

● Se usa *estar* para indicar lugar o posición de alguien o algo.

*La iglesia de Santa Marta **está** en la Plaza de Córdoba.*

● Algunos adjetivos tienen significado diferente con *ser* o *estar*:

*Este perro **es muy malo**.* (Es travieso.)

ser malo = de mal comportamiento o mala calidad
ser aburrido = soso, que no sabe divertirse
ser bueno = de buen comportamiento, de buena calidad
ser listo = astuto, inteligente
ser moreno = tener el pelo oscuro
ser rico = tener dinero

*Pepe **está malo**.* (Está enfermo.)

estar malo = estar enfermo
estar aburrido = no tener nada para divertirse
estar bueno = sabroso o recuperado de una enfermedad
estar listo = preparado
estar moreno = bronceado
estar rico = sabroso

▶ UNIDAD 56: Presente de *estar* + gerundio

4 EJERCICIOS

.1. **Rodee la forma correcta en cada caso.**

1. (*Soy*/*Estoy*) cansado.
2. Este café (*es*/*está*) muy caliente.
3. Algunas rosas (*son*/*están*) blancas.
4. Esos cristales (*son*/*están*) sucios.
5. Este árbol (*es*/*está*) muerto.
6. Ana y Sergio (*son*/*están*) casados.
7. Las margaritas (*son*/*están*) amarillas y blancas.
8. ¡Qué guapa (*eres*/*estás*) con ese sombrero, Lola!
9. Hoy no (*soy*/*estoy*) alegre.

ACIERTOS ...... / 9

.2. **Complete las frases con formas de *ser* o *estar*.**

1. Las serpientes _son_ peligrosas.
2. Este libro _es_ muy interesante.
3. La nieve _es_ blanca.
4. No os sentéis en esas sillas. _Están_ sucias.
5. Juan _está_ muy guapo con uniforme.
6. La sopa _está_ fría. Caliéntala un poco.
7. Los plátanos _son_ amarillos.
8. ¡Qué guapo _es_ Francisco! Tiene unos ojos grandísimos.
9. Flor y Pili _están_ muy guapas con el nuevo peinado.

ACIERTOS ...... / 9

.3. **Complete las frases con el presente de indicativo de *ser* o *estar*.**

1. ¿Dónde _es_ la fiesta?
2. El examen _es_ a las diez.
3. ¿Dónde _están_ mis gafas?
4. Mañana _es_ mi cumpleaños.
5. El examen _es_ en el aula 15.
6. ¿Cuándo _es_ la boda?
7. ¿Dónde _está_ la discoteca Futuro?
8. El examen _está_ encima de la mesa.
9. El concierto _está_ en el Teatro Real.
10. El Teatro Real _está_ en la Plaza de la Ópera.

ACIERTOS ...... /10

.4. **Utilice formas de *ser* o *estar* para completar las frases.**

(1) ¿ _Estás_ lista?

(2) Carlos _está_ muy moreno.

(3) Felipe _es_ muy rico.

(4) _estoy_ malo.

(5) Isabel _es_ muy morena.

(6) Esta paella _está_ muy rica.

(7) Ángel y Nieves _son_ muy buenos.

(8) _estamos_ aburridos.

ACIERTOS ...... /8

97

45 *tengo, tienes, tiene...*
Presente de indicativo de *tener*

● *Tener*: presente de indicativo

	tener
(yo)	**tengo**
(tú)	**tienes**
(usted)	**tiene**
(él, ella)	**tiene**
(nosotros, –as)	**tenemos**
(vosotros, –as)	**tenéis**
(ustedes)	**tienen**
(ellos, –as)	**tienen**

*Adela y Jorge **no tienen** hijos.*

● Se usa *tener* para:

– indicar posesión.

> *¿**Tienes** dinero?*
> ***Tengo** un ordenador nuevo.*
> *Luis **no tiene** coche.*

– pedir algo (en preguntas).

> *–¿**Tienes** un lápiz? –Sí, pero lo necesito.*

– hablar de la familia.

> *Cristina **tiene** siete hermanos.*
> *¿Cuántos hijos **tenéis**? –**No tenemos** hijos.*

– decir la edad.

> *¿Cuántos años **tienes**?*
> *Mis abuelos **tienen** noventa años.*

– describir personas, cosas o lugares.

> *Enrique **tiene** los ojos verdes.*
> *Mi casa **no tiene** jardín.*

– expresar algunos estados físicos y anímicos temporales: hambre, sed, frío, calor, miedo, sueño, fiebre, gripe...

> *Tienes mala cara.*
> *¿Tienes fiebre?*

5.1. **Complete las frases con _tengo, tienes..._ en forma afirmativa o negativa.**

	Julio	Pepa y Jorge		Margarita
edad	23	28	31	23
hermanos	—	una hermana	—	dos hermanos
hijos	—	3		—
color de ojos	marrones	verdes	negros	marrones

1. PEPA: Jorge _tiene_ treinta y un años, Julio y Margarita _tienen_ veintitrés y yo _tengo_ veintiocho.
2. JORGE: Margarita _tiene_ dos hermanos, Pepa _tiene_ una hermana y Julio y yo _no tenemos_ hermanos.
3. MARGARITA: Pepa y Jorge _tienen_ tres hijos, pero Julio y yo _no tenemos_ hijos.
4. PEPA: Yo _no tengo_ los ojos marrones. Los _tengo_ verdes.
5. JULIO: Jorge _tiene_ los ojos negros y Margarita y yo los _tenemos_ marrones.

ACIERTOS ...... / 5

5.2. **Escriba frases con _tengo, tienes..._ y las palabras del recuadro.**

| calor | fiebre | frío | gripe | hambre | miedo | ~~sed~~ | sueño |

ACIERTOS ...... / 7

5.3. **Escriba frases con _tengo, tienes..._**

1. usted, sueño — ¿_Tiene usted sueño_?
2. (tú) dinero — ¿_Tienes dinero_?
3. (nosotros) no, coche — _No tenemos coche_
4. ustedes, hijos — ¿_Tienen hijos_?
5. mis abuelos, doce nietos — _Mis abuelos tienen doce nietos_
6. usted, una casa grande — ¿_Tiene usted una casa grande_?
7. (vosotras) muchos amigos — ¿_Tenéis muchos amigos_?
8. ustedes, perro — ¿_Tienen ustedes un perro_?
9. (tú) un diccionario — ¿_Tienes un diccionario_?
10. mi casa, no, ascensor — _En mi casa, no tengo ascensor_

ACIERTOS ...... / 10

46 *Hay un vaso en la mesa*
Presente de indicativo de *haber* impersonal

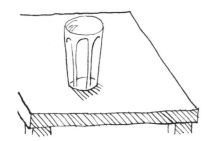

Hay un vaso en la mesa.

Hay cinco alumnos en clase.

No hay leche.

● *Hay* + nombres contables (*vaso, alumno...*)

hay	+ un, una + nombre contable singular + uno, una	**Hay un pájaro** en el balcón. –¿**Hay un hotel** por aquí? –**Hay uno** en la calle Arenal.
hay (+ unos, unas; dos, tres...; muchos, pocos...) + nombre contable plural		**Hay naranjas** en la nevera. En mi calle **hay muchos árboles**.
hay	+ dos, tres... + muchos, pocos...	¿**Hay muchos cines** en tu barrio? –**Hay tres**.
¿Cuántos, cuántas + nombre contable plural + hay?		–¿**Cuántos chicos hay** en tu clase? –**Hay** nueve.

no hay singular	(+ ningún, ninguna) + nombre contable	**No hay ningún hotel** en esta calle. En Santa Marta **no hay aeropuerto**.
no hay	(+ muchos) + nombre contable plural	En mi calle **no hay árboles**. En mi barrio **no hay muchos bares**.

● *Hay* + nombres no contables (*pan, agua...*)

(no) hay	(+ mucho, poco...) + nombre no contable + mucho, poco	**Hay agua** en el suelo. **No hay mucha mantequilla**. –¿**Hay** pan? –No **hay mucho**.
¿Cuánto, cuánta + nombre no contable + hay?		¿**Cuánta leche hay** en la nevera?

● Se usa *hay*:

– para indicar o preguntar por la existencia de algo o alguien en un lugar determinado.

> ¿**Hay una frutería** por aquí?
> –¿**Hay pan** (en casa)? –Sí, **hay dos barras**.

– para preguntar por la situación de algo o alguien cuya existencia desconocemos.

> ¿Dónde **hay un estanco**? (No conozco el barrio y no
> sé si hay un estanco.)

Perdone, ¿dónde hay un buzón?

Hay uno en esa esquina.

▶ UNIDAD 47: Contraste entre *haber* y *estar*   UNIDAD 95: Expresiones con infinitivo (2)

6 EJERCICIOS

1. ¿Qué hay en la habitación? Observe la ilustración y escriba frases con *hay* en forma afirmativa o negativa.

1. (*mesa*) Hay una mesa .
2. (*espejo*) No hay espejo.
3. (*alfombra*) hay una .
4. (*sillas*) hay tres .
5. (*lámpara*) hay una .

6. (*televisor*) no hay .
7. (*reloj*) hay un .
8. (*cuadros*) hay dos .
9. (*cojín*) No hay .
10. (*sillón*) Hay un .

ACIERTOS /10

2. Lea la información sobre Ciudad Nueva y escriba frases con *hay* en forma afirmativa o negativa.

Ciudad Nueva	
1. colegios	5
2. cines	1
3. hospitales	no
4. polideportivos	1
5. parques	2
6. estaciones de ferrocarril	no
7. estaciones de autobús	1
8. hoteles	no
9. iglesias	2
10. bibliotecas	1

1. Hay cinco colegios .
2. Hay un cine .
3. No hay hospitales .
4. Hay un polideportivo .
5. Hay dos parques .
6. No hay .
7. Hay un .
8. No hay hoteles .
9. Hay dos iglesias .
10. Hay una biblioteca .

ACIERTOS /10

3. ¿Qué hay en la nevera? Observe la ilustración y escriba frases con *hay* en forma afirmativa o negativa.

1. (*leche*) Hay leche .
2. (*agua*) No hay .
3. (*mantequilla*) Hay .
4. (*queso*) Hay .
5. (*seis huevos*) Hay .

6. (*uvas*) Hay .
7. (*naranjas*) Hay tres .
8. (*plátanos*) No hay .
9. (*zumo de naranja*) No hay .
10. (*yogures*) No hay .

ACIERTOS /10

4. Complete los diálogos con *hay* en forma afirmativa o negativa y las palabras entre paréntesis.

1. –¿Dónde (*buzón*) hay un buzón ? –(*uno*) Hay uno en la esquina.
2. En mi barrio (*no, metro*) hay un metro
3. –¿Dónde (*estanco*) hay un estanco? –(*uno*) hay uno a cien metros.
4. –¿(*muchas tiendas*) Hay muchas tiendas en tu barrio? –No, (*no, muchas*) no hay muchas
5. –¿Cuántos (*huevos*) hay en la nevera? – No hay ninguno.
6. –¿Cuánta (*leche*) hay ? –(*un litro*) hay un litro
7. –¿(*cafetería*) Hay una caf por aquí? –Sí, (*una*) hay una en la Plaza Mayor.
8. –¿Cuántos (*yogures*) hay en la nevera? –(*tres*) Hay tres .

ACIERTOS /8

101

47 Hay un cine. Está en la calle Mayor
Contraste entre *haber* y *estar*

Compare:

HAY	ESTAR
▶ UNIDAD 46: Presente de indicativo de *haber* impersonal	▶ UNIDAD 43: Presente de indicativo de *estar*

HAY

● Se usa *hay* para hablar de la **existencia** de algo o alguien no conocido (información nueva).

> *Hay un señor que quiere hablar con usted.* (No sé quién es ese señor.)
> *Hay un restaurante nuevo en el barrio.* (No conozco ese restaurante.)

● Se usa *hay* para hablar de la existencia de algo o alguien indeterminado.

> *Hay un cine en la calle Monterrey.*
> *En Madrid hay muchos museos.*

● Se usa *hay* para preguntar por la situación de algo o alguien desconocido.

> *¿Dónde hay una farmacia?*
> (No conozco ninguna farmacia en este barrio.)
> *¿Dónde hay un restaurante?*

ESTAR

● Se usa *estar* para indicar la **situación** de algo o alguien mencionado anteriormente (información conocida).

> *Está en la recepción.* (El señor del que le he hablado.)
> *Está en la calle Apodaca.*
> (El restaurante del que te he hablado.)

● Se usa *estar* para hablar de la situación de algo único o específico.

> *El cine América está en la calle Monterrey.*
> *El Museo del Prado está en Madrid.*

● Se usa *estar* para preguntar por la situación de algo conocido.

> *¿Dónde está la farmacia de tu tía?*
> (Sé que tu tía tiene una farmacia.)
> *¿Dónde está Casa Pepe?*

ATENCIÓN:

Con *hay* no se usa *el/la/los/las*, ni *mi/tu/su/*...

> Hay ~~el Museo del Táchira~~ en la Hacienda Paranillo.
> Hay un museo en la Hacienda Paranillo o El Museo del Táchira está en la Hacienda Paranillo.

> ¿Dónde ~~hay la parada~~ de autobús?
> ¿Dónde hay una parada de autobús?   o   ¿Dónde está la parada de autobús más próxima?

> –¿Dónde ~~hay mis herramientas~~?
> –¿Dónde hay herramientas?   o   ¿Dónde están mis herramientas?
> (No sé si hay herramientas.)   (Tengo herramientas, pero no sé dónde están.)

Hay + singular o plural   Singular + *está*   Plural + *están*

> **Hay un supermercado** en el pueblo.   **El supermercado está** en la plaza.
> En este pueblo **hay tres bares**.   **Los bares están** en el centro.

EJERCICIOS

.1. **Rodee la forma correcta en cada caso.** ....

  1. (*Hay*/*Está*) un paquete para ti. (*Hay*/*Está*) en tu habitación.
  2. ¿Cuántos alumnos (*hay*/*están*) en tu clase?
  3. –¿(*Hay*/*Está*) pan? –Sí, (*hay*/*está*) en la despensa.
  4. –¿(*Hay*/*Está*) algo para comer? –Sí, (*hay*/*está*) queso en la nevera.
  5. ¿Qué (*hay*/*está*) en esa caja?
  6. ¿(*Hay*/*Está*) una estación de metro por aquí?
  7. La cafetería del hospital (*hay*/*está*) en el sótano.
  8. En este edificio (*hay*/*están*) dos oficinas. (*Hay*/*Están*) en el primer piso.
  9. (*Hay*/*Está*) un ratón en mi habitación. (*Hay*/*Está*) debajo de la cama.
  10. (*Hay*/*Están*) muchos museos en Barcelona.

ACIERTOS ....../10

.2. **Seleccione las formas adecuadas y escriba frases.** ....

¿Dónde	hay	una farmacia?
		una parada de autobús?
		la parada de autobús más próxima?
	está	el Hospital Central?
		las ruinas de Tikal?
	están	un banco?
		el Banco de Galicia?
		los cines Luna?

  1. ¿Dónde hay una farmacia?
  2. _hay_
  3. _está_
  4. _está_
  5. _están_
  6. _hay_
  7. _está_
  8. _están_

ACIERTOS ....../8

.3. **Complete las frases con *hay*, *está* o *están*.** ....

  1. _Hay_ diez alumnos en mi clase.
  2. ¿Dónde _está_ la casa de tu abuelo?
  3. _Hay_ un cine nuevo en mi barrio. _Está_ en la calle de Bravo Murillo.
  4. Perdone, ¿_está_ la calle 67 por aquí?
  5. Mis compañeros _están_ en la cafetería.
  6. ¿Dónde _está_ la parada del 61?
  7. _Hay_ un departamento nuevo en la empresa. _Está_ en el piso cuarto.
  8. ¿_Hay_ leche? –Sí, _hay_ un litro. _Está_ en la nevera.
  9. ¿Dónde _hay_ una parada de taxis?
  10. En mi pueblo _hay_ dos piscinas. _Están_ en las afueras.
  11. ¿Dónde _está_ la posada La Montaña?
  12. ¿_Hay_ una papelería por aquí?
  13. _Hay_ unas cartas para usted. _Están_ en el salón.
  14. En mi calle _hay_ un hotel. _Está_ cerca de mi casa.
  15. En Bogotá _hay_ un museo del oro.
  16. ¿Dónde _están_ mis llaves?
  17. En Lima _hay_ muchos edificios antiguos. _Están_ todos en el centro.

ACIERTOS ....../17

48 trabajo, como, vivo...
Presente de indicativo: verbos regulares

Vives, *vivo*, *trabaja* y *como* son formas del presente de indicativo.

● Formación del presente de indicativo: verbos regulares

	-ar (trabajar)	**-er** (comer)	**-ir** (vivir)
(yo)	trabaj-o	com-o	viv-o
(tú)	trabaj-as	com-es	viv-es
(usted)	trabaj-a	com-e	viv-e
(él, ella)	trabaj-a	com-e	viv-e
(nosotros, nosotras)	trabaj-amos	com-emos	viv-imos
(vosotros, vosotras)	trabaj-áis	com-éis	viv-ís
(ustedes)	trabaj-an	com-en	viv-en
(ellos, -as)	trabaj-an	com-en	viv-en

ATENCIÓN:

Verbo *ver*: **ve-o**, v-es, v-e, v-e, v-emos, v-eis, v-en, v-en

● El presente de indicativo se usa para:

– pedir o dar información sobre el presente.

> *El hermano de Alicia **trabaja** en una empresa de informática.*   *Nos **alojamos** en casa de Andrés.*

– hablar de lo que hacemos habitualmente (todos los días, una vez a la semana, siempre, nunca, etc.). ▶ UNIDAD 103: Adverbios y expresiones de frecuencia

> *En mi casa **cenamos** muy temprano.*   *Cristina **lleva** siempre vaqueros.*
> *¿**Trabajas** los domingos?*   *No **bebo** vino.*
> *Normalmente **pasamos** el fin de semana en el campo.*

– hablar de verdades generales o universales.

> *La Tierra **gira** alrededor del Sol.*   *Los vegetarianos **no comen** carne.*

– describir acciones que están sucediendo en el momento de hablar.

▶ UNIDAD 56: Presente de *estar* + gerundio

▶ UNIDAD 49: Presente de indicativo: verbos irregulares (1)   UNIDAD 50: Presente de indicativo: verbos irregulares (2)
UNIDAD 51: Presente de indicativo: otros usos   UNIDAD 52: Presente para expresar períodos de tiempo

8 EJERCICIOS

8.1. **Lea la información y complete las frases con *estudiar*, *trabajar* o *vivir* en forma afirmativa o negativa.** ....

	Arturo	José y Pilar		María y Ana		Pedro
Lugar de residencia	Segovia	Lima		Cali		Buenos Aires
Lugar de trabajo	fábrica	tienda	guardería	hospital	estudiante de Historia	estudiante de Economía

1. ARTURO: __Vivo__ en Segovia y *trabajo* en una fábrica.
2. PILAR: José y yo *vivimos* en Lima. José *trabaja* en una tienda y yo *trabajo* en una guardería.
3. PEDRO: *Vivo* en Buenos Aires. *No trabajo*; *estudio* Economía.
4. MARÍA: Ana y yo *vivimos* en Cali. Yo *trabajo* en un hospital. Ana *no trabaja*; *estudia* Historia.

ACIERTOS
...... / 4

8.2. **Complete las frases.** ....

1. –¿A qué hora (*vosotros, cenar*) __cenáis__? – *Cenamos* a las nueve.
2. –¿Dónde (*tú, pasar*) *pasas* los veranos? – *Paso* los veranos en Punta del Este.
3. Las ballenas (*vivir*) *viven* en aguas frías.
4. –¿Dónde (*trabajar*) *trabaja* usted? – *Trabajo* en unos grandes almacenes.
5. Los argentinos (*hablar*) *hablan* español.
6. –¿Qué (*beber*) *beben* ustedes en las comidas? –Normalmente *bebemos* agua.
7. –¿Dónde (*vosotros, vivir*) *vivís*? – *Vivimos* en Mérida.
8. Lalo y yo (*no viajar*) *no viajamos* nunca en avión.
9. –¿Qué idiomas (*hablar*) *hablan* ustedes? – *Hablamos* español e italiano.
10. –¿Qué (*estudiar*) *estudian* tus hermanas? –Ana *estudia* Económicas y Pilar *estudia* Medicina.
11. (*Nosotros, no ver*) *vemos* mucho la tele.
12. ¿A qué hora (*abrir*) *abren* las tiendas?

ACIERTOS
...... / 12

8.3. **Complete las frases con los verbos del recuadro en forma afirmativa o negativa.** ....

beber	comer	llevar	llevar	pasar	~~ver~~

① ¿ __Ves__ algo?

② ¿Qué *comes*?

③ ¿Qué *pasa*?

④ Mira a Lucía. *Lleva* un sombrero muy bonito.

⑤ ¿Qué *bebéis*?

⑥ ¿Qué *llevan* en la cabeza?

ACIERTOS
...... / 6

105

49 *quiero, mido, sueño...*
Presente de indicativo: verbos irregulares (1)

Formación del presente de indicativo: verbos irregulares

● e → ie

	querer
(yo)	qu**ie**r-o
(tú)	qu**ie**r-es
(usted)	qu**ie**r-e
(él, ella)	qu**ie**r-e
(nosotros, –as)	quer-emos
(vosotros, –as)	quer-éis
(ustedes)	qu**ie**r-en
(ellos, –as)	qu**ie**r-en

Otros: –ar: *empezar, fregar, pensar, regar, cerrar*
　　　 –er: *entender, perder*
　　　 –ir: *mentir, preferir*

ATENCIÓN:

venir: **vengo,** v**ie**nes, v**ie**ne, v**ie**ne,
venimos, venís, v**ie**nen, v**ie**nen

● e → i

	pedir
(yo)	p**i**d-o
(tú)	p**i**d-es
(usted)	p**i**d-e
(él, ella)	p**i**d-e
(nosotros, –as)	pedim-os
(vosotros, –as)	ped-ís
(ustedes)	p**i**d-en
(ellos, –as)	p**i**d-en

Otros: *elegir, conseguir, freír, medir, reír,
repetir, seguir, sonreír*

ATENCIÓN:

decir: **digo,** dices, dice, dice, decimos,
decís, dicen, dicen

● o/u → ue

	dormir	jugar
(yo)	d**ue**rm-o	j**ue**g-o
(tú)	d**ue**rm-es	j**ue**g-as
(usted)	d**ue**rm-e	j**ue**g-a
(él, ella)	d**ue**rm-e	j**ue**g-a
(nosotros, –as)	dorm-imos	jug-amos
(vosotros, –as)	dorm-ís	jug-áis
(ustedes)	d**ue**rm-en	j**ue**g-an
(ellos, –as)	d**ue**rm-en	j**ue**g-an

Solo **duermo** 5 horas al día.

Otros: –ar: *comprobar, contar, costar, encontrar, recordar, sonar, volar*
　　　 –er: *morder, mover, volver, poder*
　　　 –ir: *morir*

ATENCIÓN:

oler: **h**uelo, **h**ueles, **h**uele, olemos, oléis, **h**uelen

● Usos del presente de indicativo

▶ UNIDAD 48: Presente de indicativo: verbos regulares　　　UNIDAD 51: Presente de indicativo: otros usos

　– Hablar del presente: ***No juego*** *muy bien al tenis.*
　– Hablar de verdades generales: *Las gallinas **no vuelan**.*
　– Hablar de lo que sucede en el momento de hablar: *¿En qué **piensas**?*

9 EJERCICIOS

9.1. Complete las frases con las formas correspondientes de los verbos entre paréntesis.

1. Antonio (*querer*) __quiere__ ser médico.
2. En verano (*yo, regar*) __riego__ las plantas todos los días.
3. La clase (*empezar*) __empieza__ a las ocho.
4. Luis y Pili (*jugar*) __juegan__ muy mal al golf. Siempre (*perder*) __pierden__.
5. Los bancos (*cerrar*) __cierran__ a las dos.
6. (*yo, pensar*) __pienso__ mucho en mis amigos.
7. Algunos alumnos (*venir*) __vienen__ mucho a la biblioteca.
8. Antonia (*no mentir*) __miente__ nunca. Siempre (*decir*) __dice__ la verdad.
9. Estoy muy nerviosa. (*no poder*) __puedo__ dormir.
10. ¿Cuánto (*medir*) __mide__ una jirafa?
11. A veces (*yo, decir*) __digo__ muchas tonterías.
12. ¿A qué velocidad (*volar*) __vuela__ un avión?

ACIERTOS .... /12

9.2. Complete las preguntas y las respuestas.

1. –¿Cuánto (*tú, medir*) __mides__? – __mido__ 1,75 metros.
2. –¿Cuántas horas (*tú, dormir*) __duermes__ al día? – __duermo__ unas ocho horas.
3. –¿(*preferir*) __prefiere__ usted carne o pescado? – __prefiero__ el pescado.
4. –¿A qué hora (*empezar*) __empieza__ ustedes a trabajar? – __empiezo__ a las nueve.
5. –¿Quién (*fregar*) __friega__ los platos en tu casa? –Los __friego__ yo.
6. –¿Qué (*tú, querer*) __quieres__ ser de mayor? – __Quiero__ ser arquitecto.
7. –¿A qué hora (*tú, volver*) __vueles__ por la noche? –Normalmente __vuelo__ sobre las diez.
8. –¿Cómo (*tú, venir*) __vienes__ a la academia? – __Vengo__ en autobús.

ACIERTOS .... /8

9.3. Observe las ilustraciones y complete las frases con los verbos del recuadro en forma afirmativa o negativa.

costar   decir   encontrar   morder   oler   poder   querer   sonar   venir

① ¿De dónde __vienes__? De la piscina.
② ¿Qué __quieren__ tomar?
③ ¿Qué __dices__? No __puedo__ oírte.
④ ¡Qué bien __huelen__ estas flores!
⑤ ¿Cuánto __cuestan__ estos zapatos?
⑥ No __encuentro__ mis gafas.
⑦ No tengas miedo. No __muerde__.
⑧ Este despertador no __suena__.

ACIERTOS .... /8

107

Formación del presente de indicativo: verbos irregulares

● Primera persona del singular (*yo*) irregular

Hago gimnasia todas las mañanas.

– dar:	**doy**	das	da	da
	damos	dais	dan	dan
– traer:	**traigo**	traes	trae	trae
	traemos	traéis	traen	traen
– hacer:	**hago**	haces	hace	hace
	hacemos	hacéis	hacen	hacen
– saber:	**sé**	sabes	sabe	sabe
	sabemos	sabéis	saben	saben
– poner:	**pongo**	pones	pone	pone
	ponemos	ponéis	ponen	ponen
– conocer:	**conozco**	conoces	conoce	conoce
	conocemos	conocéis	conocen	conocen
– conducir:	**conduzco**	conduces	conduce	conduce
	conducimos	conducís	conducen	conducen

Te **conozco**. Tú eres Berta.

Otros: *parecer, traducir*

| – salir: | **salgo** | sales | sale | sale |
| | salimos | salís | salen | salen |

● Todas las personas irregulares excepto *nosotros, –as* y *vosotros, –as*

– huir: **huyo, huyes, huye, huye,** huimos, huis, **huyen, huyen**

También: *construir, destruir*

– oír: **oigo, oyes, oye, oye,** oímos, oís, **oyen, oyen**

Tomás no **oye** nada.

● Todas las personas irregulares

	ir
(yo)	**voy**
(tú)	**vas**
(usted)	**va**
(él, ella)	**va**
(nosotros, –as)	**vamos**
(vosotros, –as)	**vais**
(ustedes)	**van**
(ellos, –as)	**van**

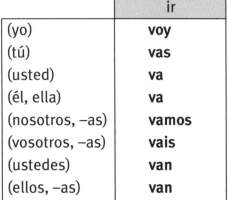

¿Adónde **vas**?   **Voy** a casa.

● Usos del presente de indicativo ▶ UNIDAD 48: Presente de indicativo: verbos regulares
UNIDAD 51: Presente de indicativo: otros usos

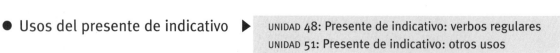

Los domingos **doy** una vuelta por el parque.   **No sé** conducir.
Las cigüeñas **hacen** nidos en las torres.   ¿Qué dices? **No oigo.**

O EJERCICIOS

0.1. **Utilice los verbos del recuadro para completar las siguientes frases.** ----------------

1. Guillermo no _____ sabe _____ nadar.
2. Soy profesor. ~~Hace~~ Doy clases de Filosofía.
3. Mi familia _____ van _____ a Punta del Este todos los veranos.
4. Julia es profesora. _____ Da _____ clases de Biología.
5. Las cigüeñas _____ ponen _____ sus nidos en lugares altos.
6. (yo) _____ Pongo _____ la radio cuando me despierto.
7. Mis padres _____ Hacen _____ un viaje todos los años.
8. Marta no _____ sabe _____ esquiar.
9. La mayoría de animales _____ huyen _____ cuando hay peligro.
10. Soy traductor. Traduzco libros del francés al español.

| dar |
| dar |
| hacer |
| huir |
| ir |
| poner |
| poner |
| ~~saber~~ |
| saber |
| traducir |

ACIERTOS ....../10

0.2. **Complete las preguntas y las respuestas con los siguientes verbos:** *conducir, conocer, dar, hacer, ir, saber* **o** *salir.* ----------------

1. –¿ Sabes conducir? –Sí, pero no conduzco muy bien.
2. –¿Cómo _vas_ a la oficina? –Normalmente _voy_ en metro.
3. –¿Qué _haces_ los fines de semana? –_Salgo_ con mis amigos.
4. –¿ _Sabe_ usted hacer empanadas? –Sí, pero no las _hago_ muy bien.
5. –¿ _sabe_ usted hablar inglés? –No, solo _sé_ hablar español.
6. –¿ _Conoce_ usted La Habana? –No, no la _conozco_.
7. –¿Adónde _va_ usted en verano? –Normalmente _voy_ a la playa.
8. –¿Qué _hacéis_ (vosotros) los domingos? –_Damos_ _hacemos_ una vuelta o _vamos_ a bailar.
9. –¿ _Vais_ (vosotros) mucho al cine? –_Vamos_ dos o tres veces al mes.
10. –¿ _Conocen_ ustedes España? –Sí, la _conocemos_ muy bien. _Vamos_ allí con frecuencia.

ACIERTOS ....../10

0.3. **Complete los bocadillos con los verbos del recuadro en forma afirmativa o negativa.** ----------------

| conocer | huir | ~~ir~~ | ir | oír | parecer | saber | traer |

1. ¿Adónde _vais_?
2. ¿Por qué _huye_?
3. ¡Socorro! _No sé_ nadar.
4. Habla más alto. _No oigo_ bien.
5. _Pareces_ una bruja.
6. Perdone, ¿adónde _va_ este autobús?
7. ¡ _Traigo_ pasteles!
8. Perdona, _no_ te _conozco_ ¿Cómo te llamas?

ACIERTOS ....../8

109

51 *Mañana voy al médico*
Presente de indicativo: otros usos

● Usos del presente de indicativo ▶ UNIDAD 48: Presente de indicativo: verbos regulares

● Otros usos del presente de indicativo

– Hablar del futuro próximo cuando algo está ya acordado o programado, con expresiones como *hoy, esta noche, mañana, la semana que viene...*

   Luis **regresa** la semana que viene.

   Mañana **voy** al médico.

   Nos **vemos** el domingo.

   El curso **termina** en diciembre.

   ¿Qué **haces** esta noche?

   La película **empieza** a las 10.

   El avión **sale** a las 4.35.

– Dar instrucciones, con *primero, luego...*

   Primero **pelas** los tomates y luego los **partes**.

– Hacer sugerencias

   –¿Por qué no le **pides** el coche a Jesús? –No me atrevo.

   –¿**Llamamos** a Nuria? –Sí, ¡venga!

– Pedir consejo u opinión

   –¿**Invito** a Julio?

   –Si tú quieres.

– Ofrecer ayuda

   –¿Le **abro** la puerta?

   –Gracias. Muy amable.

– Pedir favores

   ¿Me **prestas** cincuenta euros?

▶ UNIDAD 52: Presente para expresar períodos de tiempo

51 EJERCICIOS

.1.> Hoy es domingo. Observe la agenda de Carlos para la semana que viene y complete sus planes con los verbos del recuadro.

Agenda:
- LUNES: Consulta Dra. Prieto
- MARTES: reunión con Sr. Chávez
- MIÉRCOLES: Ópera
- JUEVES: Cenar con el director
- VIERNES: Visita fábrica en Tarragona
- SÁBADO: Tenis con Rodolfo
- DOMINGO: Salir con Laura

1. El lunes _voy al médico_.
2. El martes _tengo un reunión_
3. El miércoles _voy la opera_ _salgo_
4. El jueves _ceno con el director_
5. El viernes _visito un fábrica_
6. El sábado _juego tenis_.
7. El domingo _salgo con Laura_

cenar
~~ir~~ ✗
ir
jugar
salir
tener
visitar

ACIERTOS / 7

.2.> Complete las frases con los verbos del recuadro.

acabar   casarse   dar   empezar   hacer   ir   ~~irse~~   irse   regresar   salir   tener

1. (yo) _Me voy_ a Lisboa mañana.
2. Jorge y Elisa _se casan_ el sábado.
3. Susana _hace da_ una fiesta esta noche.
4. (nosotros) _salimos vamos_ al teatro el domingo.
5. Daniel _empieza_ hoy de vacaciones. El tren _va sale_ a las 2.
6. La Feria de Turismo _empieza acaba_ el lunes.
7. Mis padres _regresan_ esta noche.
8. La semana que viene (yo) _tengo_ dos exámenes.
9. ¿Qué (vosotros) _hacéis_ este domingo?
10. Lucía _acaba_ la carrera el año que viene.

ACIERTOS /10

.3.> Escriba las instrucciones completas utilizando las palabras del recuadro.

Para hacer gazpacho, primero _pelas_ los tomates y _cortas_ un poco de cebolla y pimiento. _pones_ todo en un recipiente y _añades_ sal, aceite, ajo y pan mojado. Lo _trituras pones_ todo y lo _pones_ a enfriar en la nevera.

añadir   cortar   ~~pelar~~   poner   poner   triturar

ACIERTOS / 6

.4.> Complete los diálogos con los verbos del recuadro.

ayudar   decir   dejar   dejar   hacer   ir   llevar   poner   ~~salir~~

1. –¿ _Salimos_ a cenar esta noche? –Buena idea.
2. –¿Me _dejas_ el coche? –Lo siento. Lo necesito.
3. –¿Qué me _llevo pongo_, la falda o los pantalones? –Ponte la falda. Es más elegante.
4. –¿Me _ayudas_ a preparar la cena? –Por supuesto. ¿Qué _hago_?
5. –¿ _Vas_ al campo el domingo? –No puedo. Tengo que estudiar.
6. –¿Le _llevo_ las bolsas? –Gracias, hijo.
7. –¿Por qué no se lo _dices_ a tus padres? –Me da vergüenza.
8. –¿Me _pones dejas_ un boli? –Sí, toma.

ACIERTOS /8

111

52 *Vivo en México desde 1998*
Presente para expresar períodos de tiempo

Elsa llegó a México en 1998.   Elsa sigue viviendo en México.

Vivo en México **desde 1998**.

● Se usa el presente de indicativo para referirse a acciones o situaciones que empezaron en el pasado y continúan en el presente.

– presente de indicativo + *desde* + fecha

Conozco a Elsa
desde 2002.

```
2002                                    ahora
x ------------------------------------- x
```

Julio conoció a Elsa.   Julio sigue viendo a Elsa.

Trabajo en un banco **desde el año pasado.**   **Vivimos** en este piso **desde enero.**
No voy al teatro **desde Navidad.**   **¿Desde cuándo conoces** a Charo?

– presente de indicativo + *desde hace* + período de tiempo

```
septiembre              3 meses              ahora: diciembre
x ---------------------------------------------------------- x
```

Keiko empezó a estudiar español.   Keiko sigue estudiando español.

Keiko **estudia** español **desde hace tres meses.**
Rosana y Alberto **viven** en Argentina **desde hace dos años.**
No veo a Pili **desde hace mucho tiempo.**

– *hace* + período de tiempo + *que* + presente de indicativo

```
lunes                          hoy
                               miércoles
            2 días
x ------------------------------------- x
```

Clara miró   Clara sigue sin mirar
el correo electrónico   el correo electrónico.
por última vez.

Hace dos días que no miro
el correo electrónico.

Hace un año que estudio español.
¿Cuánto tiempo hace que trabajas aquí?
Hace mucho tiempo que no veo a Luis.

52 EJERCICIOS

52.1. Complete los diálogos con la forma adecuada del verbo.

1. ¿Cuánto tiempo hace que (vivir) _____vive_____ usted en Caracas?
2. –¿Hablas español? –Sí, lo (hablar) _____hablo_____ desde que era pequeño.
3. –¿Hace mucho que (conocer) _____conoces_____ a Ronaldo? –Sí, lo _____conozco_____ desde 1995.
4. – ¿Cuánto tiempo hace que (vivir) _____viven_____ ustedes en Quito? –Diez meses.
5. –¿Desde cuándo (ser) _____sois_____ amigos Jorge y tú? – _____somos_____ amigos desde hace unos cinco años.
6. – Hace dos semanas que (trabajar) _____trabajo_____ en este bar. Me gusta.
7. –¿Desde cuándo no (ver) _____ves_____ a Petra? –No la _____veo_____ desde el verano pasado.
8. Lucas y Alba no (tener) _____tienen_____ vacaciones desde hace cuatro años.
9. ¿Hace mucho que (conducir) _____conduce_____ usted?
10. ¿Cuánto tiempo hace que (conocerse) _____les conoces_____ Elisa y Mario?

ACIERTOS /10

52.2. Exprese la información dada en una frase comenzando con las palabras indicadas y el presente de indicativo en forma afirmativa o negativa.

1. Lupe conoce a Jaime. Lo conoció en 2001. Lupe _conoce a Jaime desde 2001_.
2. Yasir estudia español. Empezó a estudiarlo hace seis meses. Yasir _estudia español desde hac_
3. La última vez que vimos el mar fue hace un año. Hace _un año desde hace vimos el mar_
4. Patricia dejó de venir el día de su cumpleaños. Patricia _no viene desde su cumpleaños_
5. La última vez que mis padres me escribieron fue en Navidad. Mis padres _no me escribieron desde Navidad_
6. Salgo con Rosario. Empecé a salir con ella hace un mes. Hace _un mes que salgo con Rosario_
7. La última vez que fui al cine fue hace dos semanas. Hace _2 semanas que voy al cine_
8. Vivo en Guayaquil. Llegué allí en 1999. (Yo) _vivo en Guayaquil desde 1999_
9. Estoy buscando mis gafas. Empecé a buscarlas hace una hora. Hace _una hora que estoy buscando mis gafas_
10. La última vez que mis padres comieron carne fue hace cinco años. Hace _5 años k mis Ps no comen carne_
11. Tengo móvil. Lo compré en julio. (Yo) _tengo móvil desde julio_
12. La última vez que José vio a Marisa fue en verano. José _no vio a Marisa desde verano_

ACIERTOS /12

52.3. Formule preguntas para las respuestas dadas.

1. ¿ _Cuánto tiempo hace que conoces a César_ ? Hace cinco años que conozco a César.
2. ¿ _Desde cuándo no fumas_ ? No fumo desde hace un mes.
3. ¿ _Cuánto tiempo hace que vivís en Mérida_ ? Hace dos años que vivimos en Mérida.
4. ¿ _Desde cuándo salís juntos_ ? Asún y yo salimos juntos desde que teníamos dieciséis años.
5. ¿ _Desde cuándo tu padre trabaja en esta empresa_ ? Mi padre trabaja en esta empresa desde que tenía veinte años.
6. ¿ _Cuánto tiempo hace que estudiáis español?_ ? Hace dos años que estudiamos español.
7. ¿ _Desde cuándo no vais al cine_ ? No vamos al cine desde las pasadas Navidades.
8. ¿ _Cuánto tiempo hace que no comes helado_ ? Hace muchísimo tiempo que no como un helado.

ACIERTOS /8

53 me levanto
Verbos con *me, te, se...* (1)

● Verbos regulares con *se*: presente de indicativo

▶ UNIDAD 49: Presente de indicativo: verbos irregulares (1)   UNIDAD 50: Presente de indicativo: verbos irregulares (2)

	-ar (levantarse)	**-er** (atreverse)	**-ir** (aburrirse)
(yo)	me levanto	me atrevo	me aburro
(tú)	te levantas	te atreves	te aburres
(usted)	se levanta	se atreve	se aburre
(él, ella)	se levanta	se atreve	se aburre
(nosotros, –as)	nos levantamos	nos atrevemos	nos aburrimos
(vosotros, –as)	os levantáis	os atrevéis	os aburrís
(ustedes)	se levantan	se atreven	se aburren
(ellos, –as)	se levantan	se atreven	se aburren

*Ana **se levanta** a las siete.*

*¿**Te atreves** a venir al lago?*
*En verano no **nos aburrimos** nunca.*

● Algunos verbos irregulares con *se*: presente de indicativo

– e → ie: divertirse: me div**ie**rto, te div**ie**rtes, se div**ie**rte, se div**ie**rte,
     nos divertimos, os divertís, se div**ie**rten, se div**ie**rten

   Otros: *arrepentirse, despertarse, defenderse*

– e → i: vestirse: me v**i**sto, te v**i**stes, se v**i**ste, se v**i**ste, nos vestimos, os vestís, se v**i**sten, se v**i**sten

– o → ue: acostarse: me ac**ue**sto, te ac**ue**stas, se ac**ue**sta, se ac**ue**sta,
     nos acostamos, os acostáis, se ac**ue**stan, se ac**ue**stan

   Otros: *dormirse*

– ponerse: me **pongo**, te pones, se pone, se pone,
     nos ponemos, os ponéis, se ponen, se ponen

● Algunos verbos con *se* sirven para indicar que la acción o su efecto recae:

– sobre la misma persona que la realiza.

*Luis **se lava**,*

se afeita

*y luego **se viste**.*

– sobre una parte del cuerpo o de la ropa de esa persona.

*Siempre **me lavo la cara** con agua fría.*   *Laura **se pinta las uñas**.*
*Los niños **se manchan** mucho **la ropa**.*   *Luis **se plancha** sus camisas.*

▶ UNIDAD 39: Pronombres de complemento con el imperativo, el infinitivo y el gerundio

EJERCICIOS

63.1. Observe las ilustraciones y complete las frases con los verbos del recuadro.

| acostarse | ~~despertarse~~ | ducharse | levantarse | vestirse |

1. Arturo ___se despierta___ a las ocho.
2. Merche y Ernesto ___se levantan___ a las ocho y media.
3. Jaime ___se ducha___ todas las mañanas.
4. Jaime ___se viste___ después de ducharse.
5. Merche y Ernesto ___se acuestan___ a las once y media.

ACIERTOS /5

63.2. Complete las frases con los verbos del recuadro en forma afirmativa o negativa.

| aburrirse | afeitarse | atreverse | cansarse | defenderse | divertirse |
| lavarse | ~~lavarse~~ | mancharse | pintarse | ponerse | subirse |

1. Javi ___se lava___ con un jabón especial.
2. (yo) ___me pongo___ traje para ir a trabajar.
3. Los gatos ___se suben___ a los árboles.
4. José ___se afeita___ todavía. No tiene barba.
5. Susana ___se pinta___ los ojos algunas veces.
6. Ángel y yo ___nos divertimos___ mucho en las fiestas.
7. Pepe es muy sucio. ___Se mancha___ mucho la ropa.
8. Alberto es muy tímido. ___No se atreve___ a hablar con Sarita.
9. A Iván no le gusta el cine; ___se aburre___ mucho cuando va.
10. Mi hermana y yo ___nos lavamos___ el pelo todos los días.
11. Los canguros ___se defienden___ con las patas cuando los atacan.
12. Mi abuela ___se cansa___ cuando sube escaleras.

ACIERTOS /12

63.3. Complete las preguntas y las respuestas con los verbos entre paréntesis.

1. –¿A qué hora (tú, levantarse) ___te levantas___? – ___Me levanto___ a las siete.
2. –¿(tú, ponerse) ___te pones___ pijama para dormir? –No, ___me pongo___ camisón.
3. –¿(vosotros, bañarse) ___os bañáis___ en el mar en verano? –No, pero ___bañamos___ en la piscina.
4. –¿Qué (vosotros, ponerse) ___os ponéis___ los domingos? – ___Nos ponemos___ ropa normal: vaqueros y una camisa.
5. –¿Con qué (afeitarse) ___se afeita___ usted? – ___Me afeito___ con maquinilla eléctrica.
6. –¿(usted, vestirse) ___se viste___ antes o después de desayunar? – ___Me visto___ después de desayunar.
7. –¿A qué hora (levantarse) ___se levantan___ ustedes los domingos? – ___Nos levantamos___ temprano, sobre las nueve.
8. –¿Y a qué hora (ustedes, acostarse) ___se acuestan___? – ___Me acuesto___ también temprano, sobre las diez.

ACIERTOS /8

115

54 *me lavo / lavo*
Contraste entre verbos con y sin *me, te, se...*

Compare:

VERBOS SIN *ME, TE, SE...*	VERBOS CON *ME, TE, SE...*
● La acción o el efecto del verbo lo recibe **otra persona o cosa diferente** de quien realiza la acción.	● La acción o el efecto del verbo lo recibe **la misma persona** que realiza la acción o una parte del cuerpo o ropa de esa persona.

Lavo *el pelo* a las clientas.

Gonzalo **acuesta a los niños** *a las nueve.*

Me lavo *el pelo todos los días.*

Gonzalo **se acuesta** *a las once.*

● Algunos verbos tienen significado diferente con *se*.

despedir = echar de un trabajo   *despedirse* = decir adiós, irse de un trabajo voluntariamente
dormir = descansar   *dormirse* = quedarse dormido, aburrirse
dejar = prestar   *dejarse* = olvidarse
encontrar = hallar, descubrir   *encontrarse* = reunirse, sentirse
ir = dirigirse, asistir   *irse* = marcharse
llamar = telefonear   *llamarse* = tener un nombre
parecer = tener apariencia   *parecerse* = ser similar

Te llama Jorge.

*Ana **duerme** siete horas al día.*
***Voy** a clase todos los días.*
*¿**Me dejas** este libro?*
*Emilio **parece** listo.*
*No **encontramos** las entradas.*

¡Hola! Me llamo Juana.

*Ana **se duerme** en la ópera.*
*¡Adiós! **Me voy** a clase.*
*¡Espera! **Te dejas** un libro.*
***Se parece** a su madre.*
*Ayer **nos encontramos** con Pepa en el supermercado.*
*No **me encuentro** bien.*

4.1. ▷ **Observe las ilustraciones y complete las frases con los verbos del recuadro.** ········

| bañar bañarse despertar despertarse ~~lavar~~ lavarse manchar mancharse |

① Raúl **lava** coches.

② Siempre *me mancho* la camisa.

③ María ~~se~~ *despierta* los niños a las ocho.

④ *Me baño* a los niños todas las noches.

⑤ *Me lavo* los dientes antes de acostarme.

⑥ Lucas *mancha* mucho los cuadernos.

⑦ En verano *bañamos* en el mar.

⑧ Los domingos *me despierto* tarde.

ACIERTOS /8

4.2. ▷ **Complete las frases con los verbos del recuadro.** ·····································

1. Felipe **se aburre** viendo la tele.
2. (yo) *Me lavo* las manos antes de las comidas.
3. Clara *se viste* a los niños después de desayunar y después *se viste* ella.
4. (yo) *Me acuesto* muy tarde los sábados por la noche.
5. Alicia *lava* las blusas a mano.
6. Juan *acuesta* a sus hijos a las diez de la noche.
7. Miguel *se mira* mucho en el espejo.
8. Los payasos *divierten* a los niños.

| ~~aburrirse~~ |
| acostar |
| acostarse |
| divertir |
| lavar |
| lavarse |
| mirarse |
| vestir |
| vestirse |

ACIERTOS /8

4.3. ▷ **Rodee la forma correcta en cada caso.** ·····································

1. (Llamo / **Me llamo**) Andrés.
2. Tania siempre (despide / **se despide**) con un beso.
3. ¿A quién (pareces / **te pareces**), a tu padre o a tu madre?
4. (**Vamos** / Nos vamos) al cine dos veces al mes.
5. Rita (**parece** / se parece) muy amable.
6. ¡Hasta luego! (Vamos / **Nos vamos**) al cine.
7. Anoche (encontré / **me encontré**) con Marina en la discoteca.
8. No (**encuentro** / me encuentro) mis gafas.
9. ¿Cuántas horas (**duermes** / te duermes) al día?
10. Siempre (**dejo** / me dejo) las llaves en casa.

ACIERTOS /10

55 Me gusta la ópera
Verbos con me, te, le...

● *Gustar, encantar*: presente de indicativo

(a mí)	me		
(a ti)	te	gusta	+ singular
(a usted)	le	encanta	
(a él, a ella)	le		
(a nosotros, –as)	nos		
(a vosotros, –as)	os	gustan	+ plural
(a ustedes)	les	encantan	
(a ellos, –as)	les		

A mi hijo le encantan
los pasteles.

¿Te gusta este traje?　　　　　　*¿Os gustan las naranjas?*

Nos gustan la paella y el marisco.　　*A Ricardo no le gusta nada estudiar.*

ATENCIÓN:

> *me, te... **gusta** + infinitivo(s):*
>
> **Me gusta bailar.** → *A Concha **le gusta cantar y bailar.***
> *A Luis le ~~gustan~~ nadar y jugar al tenis.* → *A Luis le **gusta nadar y jugar al tenis.***
>
> *a + nombre/nombre propio:*
>
> **A mis padres les** gusta mucho viajar. → **A Elsa** no le gusta cocinar.

● Otros verbos con la misma construcción son: *apetecer, doler, importar, interesar, quedar* (con los significados de *tener* o *sentar*), *sentar...*

> *Te sienta muy bien ese vestido.*　　*¿Me sientan bien estos pendientes?*
>
> *¿Te apetece dar un paseo?*　　　　*A Luisa le duelen las muelas.*
>
> *Esta chaqueta te queda corta.*　　*Solo nos quedan veinte euros.*
> (Es corta para ti.)　　　　　　　　(Tenemos solo veinte euros.)
>
> *¿Te duele la cabeza?*　　　　　　*Me duelen los pies.*
>
> *No me importa madrugar.*　　　　*¿Te interesan las matemáticas?*

● Se usa *a mí, a ti...* para:

– dar énfasis.

> *A nosotros nos encanta la ópera.*

– establecer un contraste.

> –*Me encanta el fútbol.* –*A mí no me gusta nada.*
> *A Pedro le gusta Luisa, pero a ella no le gusta Pedro.*

– dejar claro a quién nos referimos.

> *¿Le gusta el pescado?* → *¿Le gusta a usted el pescado?*
> → *¿Le gusta a él el pescado?*
> → *¿Le gusta a ella el pescado?*

5 EJERCICIOS

5.1. ▷ **Observe y complete los diálogos con *gustar* o *encantar* en afirmativa o negativa.**

	tortilla	queso	paella	fabada	calamares	gambas
Nati	☺	X	☺☺	X	☺	☺☺
Gerardo	X	X	☺☺	☺	X	☺☺
don Jesús	☺	☺	X	☺☺	☺	X

☺ = gustar
☺☺ = encantar
X = no gustar

1. DON JESÚS: –¿ _Te gusta_ la tortilla, Gerardo? GERARDO: –No, _____ .
2. GERARDO: A Nati _____ la tortilla.
3. NATI: –¿_____ el queso, don Jesús? DON JESÚS: –Sí, _____ .
4. DON JESÚS: A Nati y a Gerardo _____ el queso.
5. GERARDO: A Nati y a mí _____ la paella.
6. NATI: –¿_____ la fabada, don Jesús? DON JESÚS: –Sí, _____ .
7. DON JESÚS: –¿_____ los calamares, Nati? NATI: –Sí, _____ mucho.
8. GERARDO: A mí _____ los calamares.
9. DON JESÚS: –¿_____ las gambas a Nati y a ti, Gerardo? GERARDO: –Sí, _____ .
10. NATI: –¿_____ a usted las gambas, don Jesús? DON JESÚS: –No, _____ .

ACIERTOS /10

5.2. ▷ **Complete las frases con *gustar* o *encantar* en afirmativa o negativa.**

1. –¿ _Te gusta_ (☺) bailar, Sara? –Sí, _me encanta_ (☺☺). ¿Y a ti? – _A mí no me gusta_ (x).
2. –¿ _____ (☺) leer a Rubén y a ti? –A mí _____ (☺☺), pero _____
   (x) mucho.
3. A Nacho _____ (☺) Cristina, pero a Cristina _____ (x) Nacho.
4. –¿ _____ (☺) viajar, Manuel? –Sí, mucho. ¿Y a vosotras? – _____ (☺☺).
5. –¿Qué _____ (☺) a ustedes hacer en vacaciones? – _____ (☺) ir a la
   playa y descansar.
6. – _____ (☺☺) hacer deporte. ¿Y a ti, Norma? – _____ (☺) pasear y nadar.

ACIERTOS /6

5.3. ▷ **Complete las frases con los siguientes verbos: *apetecer, doler, importar, interesar, quedar, sentar*.**

1. A mi abuela _le duelen_ mucho las piernas.
2. –¿ _____ salir esta noche, Luis? –No, estoy cansado.
3. A Elena y a ti _____ muy bien el color verde.
4. –¿(*a vosotros*) _____ mucho dinero? –A mí solo _____ un peso.
5. Tengo que ir al dentista. _____ las muelas.
6. A José y a mí no _____ madrugar.
7. –¿ _____ a ustedes comer algo? –No, gracias. No tenemos hambre.
8. A Jordi y a Gonzalo _____ bien la corbata.
9. La informática es muy útil, pero a mí no _____ nada.
10. Lo siento, Gema, pero esos pantalones _____ grandes.
11. A ti _____ muy bien los sombreros, Amalia.
12. –¿ _____ a usted un gazpacho, Matías? –No, gracias. _____ el estómago.

ACIERTOS /12

119

56 *Estoy viendo las noticias*
Presente de *estar* + gerundio

¿Qué **estás haciendo**?

Estoy viendo las noticias.

¡SShh! Isabel **está tocando** el piano.

Llévate el paraguas. **Está lloviendo.**

● Presente de indicativo de *estar* + gerundio ▶ UNIDAD 98: Gerundio

(yo)	estoy	
(tú)	estás	
(usted)	está	estudiando
(él, ella)	está	
(nosotros, -as)	estamos	bebiendo
(vosotros, -as)	estáis	
(ustedes)	están	escribiendo
(ellos, -as)	están	

● Se usa *estoy, estás...* + gerundio:

– para hablar de acciones que están sucediendo en ese momento.

   –*¿Qué* **estás haciendo**? –**Estoy escuchando** un disco de salsa.

– para hablar de una situación temporal, no habitual, con expresiones de tiempo como *hoy, este mes, últimamente...*

   Luisa normalmente trabaja en España, pero **este mes está trabajando** *en Argentina.*

   Este año estamos estudiando *chino.*

   Últimamente estoy durmiendo *mucho.*

– para enfatizar acciones o situaciones que se producen con frecuencia, con expresiones de tiempo como *todo el rato, siempre, a todas horas, todo el día...*

   Antonio **está siempre pensando** *en Belén.*

   Estáis todo el día jugando *y no estudiáis.*

ATENCIÓN:

Verbos con *se*: *lavarse, vestirse...* ▶ UNIDAD 53: Verbos con *me, te, se...*

me, te, se, nos, os, se + presente de *estar* + gerundio
   Me estoy duchando.
   Se están vistiendo.

presente de *estar* + gerundio *-me, te, se, nos, os, se*
   Estoy **duchándome**.
   Están **vistiéndose**.

¿Está Alfredo?

Sí, pero **se está duchando**.

▶ UNIDAD 57: Contraste entre presente de indicativo y *estar* + gerundio

EJERCICIOS

6.1. Observe las ilustraciones y complete los textos.

bailar   correr   escribir   estudiar   hacer   jugar   leer   llorar   llover   nevar   ver

① Estoy escribiendo una carta.

② _____ a las cartas.

③ ¿_____? No, _____

④ _____ el periódico. ¿Qué _____ papá?

⑤ ¿_____ María? No, _____ la tele.

⑥ ¿Por qué _____?

⑦ ¿Con quién _____ Luisa?

⑧ _____ un maratón.

ACIERTOS /8

6.2. Complete las frases con los verbos siguientes.

acostarse   comer   discutir   dormir   escuchar
hablar   hacer   hacer   jugar   ~~pasar~~   pensar

1. –¿Dónde están tus padres? – **Están pasando** unos días en Potosí.
2. –¿Dónde están los niños? –_____ en el parque.
3. José y su hermano se quieren mucho, pero _____ siempre _____.
4. –¿Con quién _____ Teresa? –Con una vecina.
5. Esta semana _____ mucho calor.
6. ¡Qué obsesión! Laura y tú _____ siempre _____ en salir.
7. Ten cuidado, Arturo. Últimamente _____ muy poco.
8. –¿Por qué no come Cristina hoy con nosotros? –_____ en casa de una amiga.
9. –¿Dónde está Hans? –_____ un curso de español en Perú.
10. Esta semana estamos de fiesta y _____ muy tarde.
11. –¿Qué _____? –Música cubana.

ACIERTOS /11

6.3. ¿Qué está pasando en este momento? Escriba frases ciertas.

1. (estudiar español) **Estoy estudiando español**.
2. (ducharse) **No me estoy duchando**.
3. (escuchar música) _____.
4. (llover) _____.
5. (beber un zumo) _____.
6. (escribir) _____.

ACIERTOS /6

57 hago / estoy haciendo
Contraste entre presente de indicativo y *estar* + gerundio

Compare:

PRESENTE DE INDICATIVO	*ESTAR* + GERUNDIO
● Se usa el presente de indicativo para hablar de acciones habituales.	● Se usa *estar* + gerundio para hablar de acciones breves que se están desarrollando en el momento de hablar.

Estoy haciendo un rompecabezas.

ahora

Hago gimnasia todas las mañanas.

En mi casa **comemos** a las dos.
Olga **toca** la guitarra en un grupo.

● Se usa para hablar de verdades generales o universales.

En Galicia **llueve** mucho.

En Acapulco **hace** calor en verano.
Trabajo en Santiago.

ahora

Estoy haciendo un rompecabezas.

¿Qué **estáis comiendo**?
Está tocando una canción mexicana.

No salgas ahora. **Está lloviendo** mucho.

● Se usa para hablar de acciones temporales, no habituales, con expresiones como *esta semana, este mes, últimamente...*

Este verano **está haciendo** frío.
Esta semana **estoy trabajando** en Iquique.

ATENCIÓN:

No se suele usar *estar* + gerundio:

– con los verbos *ir* y *venir*.

Vamos a Viña todos los años.
Las cigüeñas **vienen** a España en primavera.

–¿Adónde **vais**? –**Vamos** a la playa.
–Es muy tarde. ¿De dónde **vienes**? –**Vengo** de una fiesta.

– con los verbos *conocer, comprender, entender, querer, necesitar, amar, preferir, odiar, parecer, tener, llevar*.

Alicia **no lleva** nunca vaqueros.
Rodrigo **tiene** dos hermanos.

¿Qué **lleva** Jesús en la cabeza?
¿**Tienes** dinero? **Necesito** 50 euros.

– con los verbos *ver* y *oír* (cuando no significan *mirar* o *escuchar*).

Félix **no oye** nada por el oído izquierdo.

–¿**Oyes** algo? –Nada. Hablan muy bajo.

PERO: **Estoy oyendo** la radio. (escuchando)

● Algunas veces se puede usar el presente de indicativo para hablar de acciones que se están realizando en el momento de hablar.

–¿Qué **haces**? –Nada. **Leo** un rato.   –¿Qué **estás haciendo**? –**Estoy leyendo** el periódico.

EJERCICIOS

7.1. Complete las frases con algunos de los siguientes verbos: *dar, estudiar, jugar, tocar, ver.* ·············

Jorge y Santi son músicos.
___Tocan___ en una orquesta.

Jorge _____ la batería y
Santi _____ la guitarra.
Ahora no _____.
_____ al ajedrez.

Daniela es profesora.
_____ clases de
Matemáticas. Ahora no
_____ clase.
_____ la tele en casa.

Cristina es estudiante.
_____ Medicina. Ahora
no _____. _____
al tenis con una amiga.

ACIERTOS
......./3

7.2. Complete las frases con el verbo en presente de indicativo o *estar* + gerundio. ···············

1. En el desierto de Atacama (*no llover*) __no llueve__ nunca.
2. Este invierno (*no hacer*) _____ mucho frío.
3. ¿Me dejas un paraguas? (*Llover*) _____ mucho.
4. –¿Está Rosa? –Sí, pero (*dormir*) _____.
5. Los vegetarianos (*no comer*) _____ carne.
6. –¿(*tú, tocar*) _____ algún instrumento? –Sí, (*tocar*) _____ el violín.
7. –¿Qué (*cantar*) _____ Carlos? –Un tango.
8. Algunos bebés (*llorar*) _____ mucho.

ACIERTOS
......./8

7.3. Rodee la forma correcta en cada caso. ···············

1. ¿Adónde (*vais*/*estáis yendo*)?
2. ¿(*Oyes*/*Estás oyendo*) algo?
3. ¿Qué (*quieres*/*estás queriendo*)?
4. No (*entiendo*/*estoy entendiendo*). ¿Puedes repetir?
5. –¿Dónde están tus padres? –(*Viajan*/*Están viajando*) por América.
6. Esta semana no (*estudio*/*estoy estudiando*) mucho.
7. Está muy oscuro. No (*veo*/*estoy viendo*) nada.

ACIERTOS
......./7

7.4. Complete las frases con el verbo en presente de indicativo o *estar* + gerundio. ···············

1. –¿Adónde (*ir*) __vas__? –(*Ir*) __Voy__ a casa.
2. ¿(*tú, conocer*) _____ a esa chica?
3. ¿Qué (*tú, tener*) _____ en la mano?
4. –¿Qué (*tú, ver*) _____? –Un concurso.
5. No (*oír*) _____ nada. Tengo que ir al médico.
6. –Mira. Lola (*llevar*) _____ un vestido de lunares. –Sí, (*parecer*) _____ una bailaora.
7. –¿Qué (*querer*) _____ ustedes? –(*Necesitar*) _____ cucharas.
8. –¿De dónde (*tú, venir*) _____? (*Tener*) _____ mala cara. –Sí, (*venir*) _____ del dentista.

ACIERTOS
......./8

58 trabajé, comí, viví...
Pretérito indefinido: verbos regulares

¿Saliste anoche?

No, me quedé en casa. Vi un poco la tele.

Cervantes **nació** en Alcalá de Henares en 1547.

Saliste, me quedé, vi y *nació* son formas del pretérito indefinido.

● Formación del pretérito indefinido: verbos regulares

	-ar (trabajar)	**-er** (comer)	**-ir** (vivir)
(yo)	trabaj-é	com-í	viv-í
(tú)	trabaj-aste	com-iste	viv-iste
(usted)	trabaj-ó	com-ió	viv-ió
(él, ella)	trabaj-ó	com-ió	viv-ió
(nosotros, –as)	trabaj-amos	com-imos	viv-imos
(vosotros, –as)	trabaj-asteis	com-isteis	viv-isteis
(ustedes)	trabaj-aron	com-ieron	viv-ieron
(ellos, –as)	trabaj-aron	com-ieron	viv-ieron

ATENCIÓN:

d-ar → d-i, d-iste, d-io, d-io, d-imos, d-isteis, d-ieron, d-ieron

verbos en *–car: sacar* → (yo) *saqué,* (tú) *sacaste,* (él, ella) *sacó...*
verbos en *–zar: empezar* → (yo) *empecé,* (tú) *empezaste,* (él, ella) *empezó...*
verbos en *–gar: llegar* → (yo) *llegué,* (tú) *llegaste,* (él, ella) *llegó...*

● Se usa el pretérito indefinido para hablar de acciones o situaciones pasadas. Nos dice qué sucedió en un momento concreto del pasado ya terminado, *anoche, ayer, el jueves (pasado), la semana pasada, hace dos meses, en 1995...*

> *Anoche no salimos. **Nos quedamos** en casa a descansar.*
> *Mis padres **vivieron** en Quito **desde 1990 hasta 2001**.*
> *La Primera Guerra Mundial **empezó** en 1914 y **acabó** en 1918.*
> *De joven, **viví** cuatro años en México.*

– Se puede usar en una secuencia de acciones, todas acabadas.

> *Cuando **acabó** la película, **encendieron** las luces.*
> *El profesor **entró** en el aula, **abrió** el libro y **empezó** a explicar.*

– Se usa mucho en narraciones y biografías.

> *Miguel Ángel Asturias **nació** en Ciudad de Guatemala en 1899. **Estudió** Derecho en su país y pronto **se interesó** por las antiguas religiones y culturas de América Central. **Publicó** su primer libro, Leyendas de Guatemala, en Madrid, en 1930. **Recibió** el Premio Nobel de Literatura en 1967.*

8 EJERCICIOS

8.1. **Complete las frases con el pretérito indefinido de los verbos entre paréntesis.**

1. Pablo y Mar (*casarse*) <u>se casaron</u> hace tres meses.
2. El domingo por la mañana (*yo, no salir*) <u>no salí</u> . (*Levantarse*) <u>Me levanté</u> tarde, (*lavarse*) <u>me lavé</u> el pelo, (*desayunar*) <u>desayuné</u> y (*escribir*) <u>escribí</u> algunas cartas.
3. El año pasado (*nosotros, ver*) <u>vimos</u> a Mercedes Sosa en directo.
4. Yolanda y Arturo (*vivir*) <u>vivieron</u> en Argentina hasta 1998. ✗
5. –¿Qué os (*pasar*) <del>pasasteis</del> ayer? –(*No sonar*) <u>No sonó</u> el despertador y (*llegar*)
   <u>llegamos</u> tarde.   pasó ✗
6. –¿Cuándo (*conocerse*) <u>os conocistei</u> Gala y tú? –(*Conocerse*) <u>os conocimos</u> en 1999, durante un viaje a Santo Domingo.
7. –¿A qué hora (*acabar*) <u>acabó</u> la fiesta anoche? –No lo sé. Yo (*acostarse*) <u>me acosté</u> a las doce.
8. ¿Con quién (*tú, salir*) <u>saliste</u> el domingo?

ACIERTOS
6 / 8

8.2. **Complete las siguientes preguntas.**

1. Ayer conocí a Donato.   ¿A quién <u>conociste</u> ayer?
2. El domingo dimos un paseo por el Malecón.   ¿Por dónde <u>disteis</u> un paseo el domingo?
3. De joven, viví seis meses en Chile.   ¿Dónde <u>viviste</u> de joven?
4. El año pasado trabajé en una academia.   ¿Dónde <u>trabajaste</u> el año pasado?
5. Anoche hablé con Alicia.   ¿Con quién <u>hablaste</u> anoche?
6. La semana pasada comimos en un mesón.   ¿Dónde <u>comisteis</u> la semana pasada?
7. El sábado pasamos el día con Araceli.   ¿Con quién <u>pasasteis</u> el día el sábado?
8. Di una fiesta hace una semana.   ¿Cuándo <u>diste</u> una fiesta? ✓

ACIERTOS
8 / 8

8.3. **Complete esta historia con el pretérito indefinido de los verbos entre paréntesis.**

Una noche me (*despertar*) <u>despertó</u> un ruido. (*Levantarse*) <u>me levanté</u> (*encender*) <u>encendí</u> la luz y (*acercarse*) <u>me acerqué</u> a la ventana. En la calle (*ver*) <u>vi</u> una figura vestida de blanco. Cuando la figura me (*ver*) <u>vio</u> , me (*llamar*) <u>llamó</u> con la mano. (*Dar*) <u>di</u> un grito y la figura (*alejarse*) <u>se alejó</u> . (*Regresar*) <u>Regresé</u> a la cama, (*apagar*) <u>apagué</u> la luz y (*acostarse*) <u>me acosté</u> . Nunca más (*volver*) <u>volví</u> a verla.

ACIERTOS
/ 13

8.4. **Utilice los verbos del recuadro para completar la biografía de Isabel Allende.**

| ~~casarse~~ | escribir | ~~nacer~~ | ~~nacer~~ | refugiarse | regresar | trasladarse | vivir |

Isabel Allende es chilena, pero <u>nació</u> en Lima, Perú, el 2 de agosto de 1942. En 1945 su madre <u>regresó</u> a Chile con Isabel y sus hermanos. En 1962 <u>se casó</u> por primera vez y al año siguiente <u>nació</u> su hija Paula. En 1975, dos años después del golpe militar en Chile, <u>se refugió</u> en Caracas, Venezuela. Aquí <u>vivió</u> trece años y <u>escribió</u> su gran éxito, *La casa de los espíritus*. En 1987 <u>se trasladó</u> a los Estados Unidos, donde reside actualmente.

ACIERTOS
/ 8

59 durmió, leyó, hizo...
Pretérito indefinido: verbos irregulares

Formación del pretérito indefinido: verbos irregulares

● Segunda persona de cortesía (*usted, ustedes*) y tercera persona (*él, ella, ellos, ellas*) irregulares.

  – Verbos en *e* + consonante(s) + *ir*
  ped-ir: ped-í, ped-iste, p**i**d-ió, p**i**d-ió, ped-imos, ped-isteis, p**i**d-ieron, p**i**d-ieron

  Otros: *mentir, preferir, seguir, sentir, divertirse*

  *La semana pasada le **pedí** dinero a Nuria.*
  *Pepi y Lolo **se divirtieron** mucho en mi fiesta.*

  – Verbos en *o* + consonante(s) + *ir*
  dorm-ir: dorm-í, dorm-iste, d**u**rm-ió, d**u**rm-ió, dorm-imos, dorm-isteis, d**u**rm-ieron, d**u**rm-ieron

  Otros: *morir*

  *Los niños **durmieron** diez horas anoche.*
  *La madre de Clara **murió** hace dos meses.*

  – Verbos en vocal + *er/ir*
  le-er: le-í, le-íste, le-**yó**, le-**yó**, le-ímos, le-ísteis, le-**yeron**, le-**yeron**

  Otros: *caer, construir, creer, destruir, huir, incluir, oír*

  *El verano pasado una tormenta **destruyó** la iglesia del pueblo.*
  *Los gatos **huyeron** cuando vieron al perro.*

● Todas las personas irregulares (terminaciones irregulares)

¿Qué **hiciste** el domingo?

Estuve en casa con unos amigos.

decir →	dij–	e
estar →	estuv–	iste
haber →	hub–	o
hacer →	hic–/hiz–	o
poder →	pud–	imos
poner →	pus–	isteis
querer →	quis–	ieron*
saber →	sup–	ieron*
tener →	tuv–	
traer →	traj–	
venir →	vin–	

* PERO: *decir* → dijeron; *traer* → trajeron

  *El año pasado **hice** varios viajes a América del Sur.*
  *El domingo **hubo** una fiesta en casa de Emilia. Pato no **quiso** venir.*
  *Los abuelos de Beatriz **tuvieron** diez hijos.*

  – verbos en *–ducir* → *–uj–*
  conducir: conduje, condujiste, condujo, condujo, condujimos, condujisteis, condujeron, condujeron

  Otros: *producir, traducir*

  *Hace unos años **traduje** un libro sobre Goya.*

  – *ir/ser*: fui, fuiste, fue, fue, fuimos, fuisteis, fueron, fueron
  *Alicia **fue** (ser) directora de un banco durante cuatro años.*
  *Antonio **fue** (ir) a Puerto Rico en 2001.*
  *La civilización maya **fue** (ser) muy pacífica.*

¿Adónde **fuisteis** el verano pasado?

A Cuba. **Fueron** unas vacaciones fantásticas.

▶ UNIDAD 58: Pretérito indefinido: verbos regulares

E J E R C I C I O S

.1.> Complete las frases con el pretérito indefinido de los verbos entre paréntesis. ·············

1. Alba (*venir*) __vino__ a España en 2001.
2. Unos amigos míos (*tener*) _tuvieron_ un accidente el fin de semana pasado.
3. –¿Por qué (*no venir*) _no vinieron_ Lucía y Paloma a la fiesta? –Porque (*no querer*) _no quisieron_
4. ¿Cuántos hijos (*tener*) _tuvo_ la abuela de Tere?
5. Esta casa la (*construir*) _construyó_ el padre de Óscar hace cincuenta años.
6. –¿Qué (*ustedes, hacer*) _____ el domingo? –Nada especial. (*Estar*) _____ en casa viendo la tele. Enrique (*no querer*) _____ salir.
7. Anoche (*nosotros, tener*) _____ que dormir en casa de Alfredo. No (*poder*) _____ entrar en la nuestra.
8. ¿Cuándo (*morir*) _____ los abuelos de Miriam?
9. Laura (*caerse*) _____ la semana pasada y (*romperse*) _____ un brazo.
10. –¿Cuándo (*saber*) _____ usted que estaba enferma? –Cuando me lo (*decir*) _____ el médico.
11. –¿Qué (*pasar*) _____ anoche? –(*Haber*) _____ un incendio en el bloque de Ángel.
12. ¿Cuándo (*usted, conducir*) _____ un coche por primera vez?

.2.> Utilice los siguientes verbos para completar estas frases sobre la historia de América Latina. ··········

construir	~~independizarse~~	llegar	morir	producirse	ser	ser	ser	traer

1. Cuba __se independizó__ en 1898.
2. Bolívar _____ en 1830.
3. Los primeros esclavos africanos _____ a América en el siglo XVI.
4. Los incas _____ Machu Picchu en el siglo XIII.
5. Los españoles _____ el tomate y la patata de América.
6. Hernán Cortés _____ gobernador de Nueva España o México.
7. La decadencia de la cultura maya _____ a mediados del siglo XV.
8. Túpac Amaru I _____ el último emperador inca.
9. Los mayas _____ grandes constructores.

.3.> Complete las conversaciones con los verbos correspondientes. ··········

alquilar	gustar	~~hacer~~	ir	ir	recorrer	ser

1. –¿Qué __hiciste__ el verano pasado? – _____ a Chile.
   –¿Con quién _____ ? –Con un grupo de amigos. _____ un coche y _____ el sur hasta Tierra del Fuego.
   –¿Os _____ ? –Sí, _____ un viaje interesantísimo.

bailar	divertirse	ir

2. –¿Qué tal el fin de semana? – _____ a un club de salsa con Armando.
   _____ como locos toda la noche.
   Armando _____ muchísimo.

60 *he trabajado*
Pretérito perfecto de indicativo (1)

Hoy **he tenido** un día agotador. **Me he levantado** temprano y **he dado** cuatro clases por la mañana. Por la tarde **he hecho** la compra...

He tenido, me he levantado, he dado y *he hecho* son formas del pretérito perfecto de indicativo.

● Formación del pretérito perfecto de indicativo: presente de indicativo de *haber* + participio del verbo correspondiente.

(yo)	he	
(tú)	has	
(usted)	ha	trabajado
(él, ella)	ha	
(nosotros, –as)	hemos	comido
(vosotros, –as)	habéis	
(ustedes)	han	vivido
(ellos, –as)	han	

ATENCIÓN:

La forma del participio no cambia nunca.
  *–Hoy **he** comid**o** paella.*
  *–Pues nosotras **hemos** comid**o** pescado.*

Haber y el participio van siempre juntos.
  ~~*He me levantado tarde.*~~
  *Me **he levantado** tarde.*

▶ UNIDAD 99: Participio

● Se usa el pretérito perfecto de indicativo para hablar de acciones o situaciones ocurridas en un período de tiempo que llega hasta el presente. Informa de lo que ha ocurrido *hoy, este año / mes, esta mañana / tarde / semana, últimamente*.

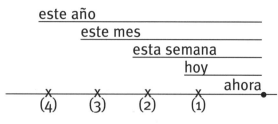

(1) ***Hoy me he levantado** tarde.*
(2) *Lara **ha salido** todas las noches **esta semana**.*
(3) ***Este mes hemos ido** al cine tres veces.*
(4) ***Este año** no **ha hecho** mucho frío.*

– Se puede usar para hablar de acciones o situaciones pasadas inmediatas, con expresiones como *hace poco, hace un momento, hace un rato*.

  *He estado con Carlos **hace un momento**.*   *Juego muy mal al golf. **He aprendido hace poco**.*

– Se suele emplear para dar noticias recientes.

  *–¿Qué **ha pasado**? –**Ha dimitido** el presidente.*

● En muchas partes de América Latina y España se utiliza el pretérito indefinido (*Comí*) en lugar del pretérito perfecto (*He comido*).

▶ UNIDAD 61: Pretérito perfecto de indicativo (2)

O EJERCICIOS

1. ¿Qué ha hecho Betty hoy? Utilice los verbos del recuadro. ....

acostarse	cenar	ducharse	enviar	hacer	ir	jugar	~~levantarse~~

1. _Se ha levantado_ a las diez.
2. _____ *footing*.
3. _____ .
4. _____ unos correos electrónicos.
5. _____ al cine con una amiga.
6. _____ a los bolos.
7. _____ con unos amigos.
8. _____ a las doce.

2. Complete las frases con el pretérito perfecto de los verbos entre paréntesis. ....

1. Este verano (*nosotros, estar*) _hemos estado_ en Perú.
2. –¿(*tú, ver*) _____ a Cristina? –Sí, la (*yo, ver*) _____ hace un momento.
3. Hoy (*nosotros, trabajar*) _____ cerca de diez horas.
4. Este año (*llover*) _____ mucho.
5. –¿Sabes usar este programa? –Regular. (*yo, empezar*) _____ a usarlo hace poco.
6. Mis padres (*estar*) _____ en la costa este invierno.
7. ¿Qué (*vosotros, hacer*) _____ este verano?
8. ¿(*tú, leer*) _____ algo interesante últimamente?
9. Hoy (*nosotras, comer*) _____ ceviche de marisco.
10. –¿Qué (*hacer*) _____ Martín este verano? –(*Quedarse*) _____ en Madrid. No tenía dinero.

3. Escriba las noticias correspondientes a los titulares dados. Utilice los verbos del recuadro. ....

acabar	bajar	chocar	dimitir	~~escaparse~~	ganar	morir	subir

1. Fuga de 50 presos. _Se han escapado cincuenta presos_ .
2. Fallece el Presidente. _____ .
3. Dimite la ministra de Hacienda. _____ .
4. Fin de la huelga del transporte. _____ .
5. Choque de dos trenes. _____ .
6. Sube la gasolina. _____ .
7. Bajan los impuestos. _____ .
8. Colo-Colo, campeón de Liga. _____ .

61 *He viajado mucho*
Pretérito perfecto de indicativo (2)

● Se usa el pretérito perfecto de indicativo para hablar de experiencias pasadas, sin decir cuándo sucedieron. Informa de lo que se ha hecho en la vida hasta el momento presente.

▶ UNIDAD 60: Pretérito perfecto de indicativo (1)

He **tenido** una vida intensa.
He **viajado** por todo el mundo.
He **trabajado** en una fábrica.
He **sido** actriz...

toda la vida →
ahora
América   Asia   fábrica   actriz

– Se suelen emplear expresiones como *alguna vez, nunca, hasta ahora, en mi vida...*

> *¿**Habéis comido alguna vez** sopa de tiburón?*
> *Los padres de Ana **no han salido nunca** de España.*
> ***En mi vida he visto** algo parecido.*
> ***Hasta ahora no hemos tenido** ningún problema serio.*

● Se usa el pretérito perfecto de indicativo para hablar de acciones pasadas con consecuencias en el presente. Informa de las causas de una situación presente.

consecuencia	causa
–Llegas tarde.	–Lo siento. No **ha sonado** el despertador.
No puedo jugar.	**Me he roto** una pierna.
Ya podemos comer.	**Ha llegado** mamá.

● Se usa el pretérito perfecto de indicativo para hablar de la realización o no de una acción hasta el momento presente, con expresiones como *ya, todavía no, por fin...*

> ***Por fin han acabado** las clases.*

No puedo jugar.
Me he roto una pierna.

– La palabra *ya* indica o pregunta si una acción se ha realizado antes de ahora.

> ***Ya he terminado** el cuadro.*
> *¿**Has acabado ya** el curso?*

– La expresión *todavía no* indica o pregunta si una acción no se ha realizado antes de ahora.

> *–¿Te ha gustado el libro que te presté? –**Todavía no lo he leído**.*

¿Ha empezado
ya la película?

Todavía no.

● En muchas partes de América Latina y España se utiliza el pretérito indefinido (*Comí*) en lugar del pretérito perfecto (*He comido*).

▶ UNIDAD 58: Pretérito indefinido: verbos regulares   UNIDAD 59: Pretérito indefinido: verbos irregulares

1 | E J E R C I C I O S

.1. **Observe las ilustraciones. ¿Qué ha hecho Ana Roldán en su vida?**

conocer	escribir	~~estar~~		Chile	hospital	libro
tener	trabajar	vivir		personajes famosos	cinco hijos	~~Uruguay~~

① Ha estado en Uruguay.

② _____.

③ _____.

④ _____.

⑤ _____.

⑥ _____.

.2. **Escriba frases con estas palabras.**

1. Reinaldo / estar / nunca / en África Reinaldo no ha estado nunca en África .
2. ¿ustedes / comer / alguna vez / tortilla? ¿_____?
3. ¿vosotros / enamorarse / alguna vez? ¿_____?
4. yo / nunca / ir / a la ópera _____.
5. nosotros / beber / nunca / tequila _____.

.3. **Forme frases uniendo los elementos de las dos columnas.**

consecuencias		causas
1. No puedo entrar en casa	a. trabajar mucho todo el día	
2. Juana no ve bien	b. perder las llaves	
3. No puedo pagar	c. olvidarse la cartera	
4. Están agotadas	d. romperse las gafas	

1. No puedo entrar en casa porque he perdido las llaves .
2. _____.
3. _____.
4. _____.

.4. **Laura y Gabriel se van de vacaciones la semana que viene. Escriba las preguntas de Gabriel sobre los preparativos y las respuestas de Laura.**

1. (*recoger los billetes*) –¿Has recogido ya los billetes? –Sí, los he recogido ya .
2. (*reservar el hotel*) –¿_____? –Sí, _____.
3. (*pedir el visado*) –¿_____? –Sí, _____.
4. (*cambiar dinero*) –¿_____? –No, _____.
5. (*recoger los cheques de viaje*) –¿_____? –No, _____.

Contraste entre pretérito perfecto y pretérito indefinido

Compare:

PRETÉRITO PERFECTO

- Se usa el pretérito perfecto para hablar de acciones realizadas en un pasado inmediato: *hace un rato, hace una hora...*

    *¡**Hemos visto** a Antonio Banderas!*
    (hace un momento)

- Se usa el pretérito perfecto para hablar de una acción realizada en un momento que consideramos como parte del presente: *hoy, esta mañana, este mes, este verano...*

    este año _____
            este verano _____
                hoy ____
                   ahora
    _____•_____

    *Hoy **he tenido** dos exámenes.*
    *–¿Qué **habéis hecho** este verano?*
    *–**Hemos ido** a la playa. **Nos hemos divertido** mucho.*

- Se usa el pretérito perfecto para hablar de experiencias pasadas, sin indicar el momento concreto de realización: *alguna vez, nunca, hasta ahora...*

                   ahora
    ——?——?——?——————————•——

    *¿**Has estado alguna vez** en Cuzco?*
    *No **he viajado nunca** en avión.*

    –No se usa el pretérito perfecto cuando se indica el momento en que sucedió la acción.

    El año pasado ~~he estado en Chile.~~ →
    ***He estado** en Chile.*

- Se usa el pretérito perfecto para decir o preguntar si una acción se ha realizado o no antes de ahora: *ya* o *todavía no.*

    *Ya **hemos visitado** La Guaira.*
    *¿**Has visitado** ya La Guaira?*
    *Todavía no **hemos visitado** La Guaira.*

PRETÉRITO INDEFINIDO

- Se usa el pretérito indefinido para hablar de acciones realizadas en un pasado no inmediato: *hace una semana, hace un mes...*

    ***Hace una semana vimos** a Antonio Banderas en el estreno de su última película.*

- Se usa el pretérito indefinido para hablar de una acción realizada en un momento ya pasado: *ayer, el mes pasado, aquel verano...*

                      ahora
    ——x————x————x—————•——
    el año   el verano   ayer
    pasado   pasado

    ***Ayer tuve** dos exámenes.*
    *–¿Qué **hicisteis** el verano pasado?*
    *–**Fuimos** a la playa. **Nos divertimos** mucho.*

- Se usa el pretérito indefinido cuando se indica el momento exacto en el que sucedió la acción.

                      ahora
    ——x————x——————————•——
    hace tres   el mes
    años   pasado

    ***Hace tres años estuvimos** en Cuzco.*
    ***El mes pasado viajé** en avión por primera vez.*

    ***El año pasado estuve** en Chile.*

    ***Visitamos** La Guaira el domingo pasado.*
    *¿Cuándo **visitasteis** La Guaira?*

- En muchas partes de América Latina y España se utiliza el pretérito indefinido (*Comí.*) en lugar del pretérito perfecto (*He comido.*).

▶ UNIDAD 58: Pretérito indefinido: verbos regulares   UNIDAD 59: Pretérito indefinido: verbos irregulares

.1.▷ **Rodee la forma correcta en cada caso.** ....

1. ((Hemos estado) / estuvimos) con Rosa hace poco.
2. Hoy no (he ido / fui) a trabajar.
3. ¿Cuándo (ha nacido / nació) tu hijo mayor?
4. (Hemos estado / Estuvimos) en México el verano de 1998.
5. (¿Han comido / Comieron) alguna vez ceviche?
6. Este invierno no (ha nevado / nevó) mucho.
7. ¿(Has visto / Viste) ya el vídeo que te presté?
8. Peter no (ha estudiado / estudió) nunca español.
9. Amalia y sus padres (han venido / vinieron) a España hace tres años.
10. Todavía no (he visto / vi) la última exposición de Barceló.
11. ¿(Has trabajado / Trabajaste) alguna vez en una película?
12. Cuando nos casamos, (hemos hecho / hicimos) un viaje por América Central.

.2.▷ **Complete las frases con la forma adecuada: pretérito perfecto o pretérito indefinido.** ....

1. ¿(ustedes, montar) __Han montado__ alguna vez en globo?
2. Mi hermana (tener) _____ un niño hace poco.
3. Rosana nos (invitar) _____ a su chalé el fin de semana pasado.
4. Este año (haber) _____ menos accidentes en las carreteras.
5. El siglo pasado (haber) _____ dos guerras mundiales.
6. –¿(tú, ver) _____ a Ana? –Sí, la (ver) _____ el domingo.
7. –¿(vosotras, estar) _____ alguna vez en América del Sur? –Sí, hace cuatro años
   (estar) _____ en Uruguay.
8. –¿(tú, sacar) _____ las entradas para el partido? –Por supuesto. Las (yo, comprar)
   _____ hace dos semanas.
9. –¿Qué (ustedes, hacer) _____ este verano? –En julio (estar) _____ en
   Cancún. Lo (pasar) _____ estupendamente.

.3.▷ **Arnaldo y Maite están pasando una semana de vacaciones en España. Complete el diálogo
escribiendo las preguntas y respuestas como en el ejemplo.** ....

1. (estar, Barcelona) __¿Habéis estado ya en Barcelona?__
   (miércoles) Sí, __estuvimos el miércoles.__
   No, __todavía no hemos estado en Barcelona.__
2. (probar, el cocido) ¿_____?
   (lunes) Sí, _____.
3. (visitar, Museo del Prado) ¿_____?
   (martes por la mañana) Sí, _____.
4. (comprar, los regalos) ¿_____?
   No, _____.
5. (ir, a Sevilla) ¿_____?
   (ayer) Sí, _____.

63 *trabajaba, comía, vivía*
Pretérito imperfecto

Cuando era joven, **trabajaba** en un laboratorio.

Los incas **cultivaban** maíz y papas.

Trabajaba y *cultivaban* son formas del pretérito imperfecto de indicativo.

● Formación del pretérito imperfecto de indicativo: verbos regulares

	-ar (trabajar)	**-er** (comer)	**-ir** (vivir)
(yo)	trabaj-aba	com-ía	viv-ía
(tú)	trabaj-abas	com-ías	viv-ías
(usted)	trabaj-aba	com-ía	viv-ía
(él, ella)	trabaj-aba	com-ía	viv-ía
(nosotros, –as)	trabaj-ábamos	com-íamos	viv-íamos
(vosotros, –as)	trabaj-abais	com-íais	viv-íais
(ustedes)	trabaj-aban	com-ían	viv-ían
(ellos, –as)	trabaj-aban	com-ían	viv-ían

● Verbos irregulares

	ver	ser	ir
(yo)	**veía**	**era**	**iba**
(tú)	**veías**	**eras**	**ibas**
(usted)	**veía**	**era**	**iba**
(él, ella)	**veía**	**era**	**iba**
(nosotros, –as)	**veíamos**	**éramos**	**íbamos**
(vosotros, –as)	**veíais**	**erais**	**ibais**
(ustedes)	**veían**	**eran**	**iban**
(ellos, –as)	**veían**	**eran**	**iban**

● Se usa el pretérito imperfecto para hablar de acciones habituales en el pasado. Informa de lo que era normal en una época del pasado o de lo que se hacía habitualmente en determinada época de la vida: *cuando era joven, en aquella época, antes...*

> Los aztecas **se alimentaban** de maíz y frijol.
> Cuando mi marido y yo **éramos** jóvenes, **íbamos** al campo todos los fines de semana.
> Cuando **vivía** en Buenos Aires, **iba** al teatro **todas las semanas**.

● Se usa también el pretérito imperfecto para describir personas, cosas o lugares en pasado.

> Yo vi al ladrón. **Era** alto, **tenía** el pelo corto y **llevaba** gafas de sol.
> Esta ciudad **era** más tranquila antes; no **había** tanta gente ni tanto tráfico.

3 EJERCICIOS

.1.▷ Complete las frases con el pretérito imperfecto de los verbos entre paréntesis. ⋯⋯⋯⋯⋯⋯⋯⋯⋯

1. Cuando (*yo, ser*) __era__ pequeño, siempre (*rezar*) __rezaba__ antes de acostarme.
2. Cuando Martín y Pablo (*ser*) _____ jóvenes, (*llevar*) _____ camisas de flores y (*escuchar*) _____ música pop.
3. Cuando nos casamos, (*vivir*) _____ en un piso alquilado y Nuria (*trabajar*) _____ en una empresa de informática.
4. Loli (*ser*) _____ muy independiente de pequeña. (*Ducharse*) _____ sola, (*hacerse*) _____ la cama, (*prepararse*) _____ el desayuno e (*ir*) _____ sola al colegio.
5. –¿A qué (*tú, dedicarse*) _____ antes de conocernos? –(*Estudiar*) _____ Derecho.
6. Cuando (*nosotros, vivir*) _____ en Ciudad de México, (*ir*) _____ a Acapulco todos los veranos.
7. –¿Qué _____ (*querer*) ser de pequeña, María? –(*Querer*) _____ ser astronauta.

ACIERTOS ⋯⋯/7

.2.▷ Complete las frases sobre las antiguas civilizaciones de América. ⋯⋯⋯⋯⋯⋯⋯⋯⋯⋯⋯⋯⋯⋯

adorar	beber	~~construir~~	criar	ser	tener	vivir

1. Los aztecas __construían__ pirámides escalonadas.
2. Los mayas _____ un calendario de dieciocho meses.
3. Los aztecas _____ en el centro y sur de México.
4. Los incas _____ al sol.
5. Los aztecas _____ chocolate.
6. Los incas _____ llamas.
7. Los caribes _____ cazadores y recolectores.

ACIERTOS ⋯⋯/7

.3.▷ Complete el texto utilizando los verbos del recuadro.

acostarse	ayudar	bailar	bañarse	cultivar	divertirse	estar	gustar	haber
jugar	llevar	ocuparse	querer	reunirse	ser	tener	trabajar.	

Cuando era pequeño pasaba los veranos en el pueblo de mis abuelos. __Era__ un pueblo muy pequeño y muy pobre. Las casas _____ de adobe y _____ unas ventanas muy pequeñas. La casa de mis abuelos _____ en las afueras del pueblo, cerca del río. _____ dos pisos y en la parte de atrás _____ un pequeño huerto con algunos frutales. Mi abuelo no _____ casi pelo; _____ siempre una boina negra. Mi abuela _____ el pelo y los ojos grises. Los dos me _____ mucho. Mi abuelo _____ en el campo; _____ trigo y uvas para hacer vino. Mi abuela le _____ y _____ de la casa. Los veranos en el pueblo _____ muy divertidos. _____ muchos amigos y _____ todas las tardes. Unas veces _____ al fútbol, otras _____ en el río. Cuando más _____ era en las fiestas. Durante tres o cuatro días _____ baile todas las noches. Los chicos no _____ mucho, pero nos _____ la música y _____ tardísimo. _____ unos veranos maravillosos.

ACIERTOS ⋯/25

135

64 *trabajé/trabajaba*
Contraste entre pretérito indefinido y pretérito imperfecto

Compare:

PRETÉRITO INDEFINIDO	PRETÉRITO IMPERFECTO

● Se usa el pretérito indefinido para hablar de acciones o situaciones pasadas, ocurridas en un momento concreto del pasado.

la semana pasada   ahora

———————×————————●———————

*La semana pasada **comí** con Luis.*

● Se usa el pretérito imperfecto para hablar de acciones habituales en el pasado.

                              ahora

*De pequeña, **comía** mucho chocolate.*

– Informa de lo que se hizo o sucedió *ayer, el domingo (pasado), la semana pasada, hace un mes...*

> *El domingo (pasado) **fuimos** al campo.*
>
> *Aquella tarde **dimos** un paseo por el centro.*

– Informa de lo que se hacía o sucedía *normalmente,* siempre, *todos los días, los domingos...*

> *Cuando era pequeño, **íbamos** siempre al campo los domingos.*
>
> ***Dábamos** un paseo todas las tardes.*

● Se usa el pretérito indefinido para hablar de una acción o situación acabada en el pasado.

el verano pasado   ahora

———————×————————●———————

*El verano pasado **estuvimos** en Managua.*

● Se usa el pretérito imperfecto para hablar de una acción o situación en desarrollo en el pasado.

estábamos en Managua

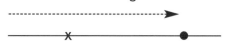

comenzó la huelga.

> ***Estábamos** en Managua cuando comenzó la huelga.*

– Generalmente sirve para referirse a hechos pasados.

> *Ayer **fuimos** a la playa...*
>
> *Los ladrones **entraron**...*
>
> *–¿**Vio** usted al culpable?*
>
> *Cervantes **fue** un gran escritor. **Nació** en Alcalá de Henares en 1547...*

– Generalmente sirve para referirse a las circunstancias que rodeaban un hecho pasado.

> *... **Hacía** mucho calor y **había** mucha gente.*
>
> *... mientras **dormíamos** la siesta.*
>
> *–Sí. **Era** alto, **tenía** los ojos verdes y **llevaba** una gorra negra.*
>
> *... Su padre **era** cirujano.*

4 EJERCICIOS

.1. Rodee la forma correcta en cada caso. ....

1. Ayer no (*fui*/iba) a trabajar. (*Estuve*/Estaba) enfermo.
2. ¿(*Fuiste*/*Ibas*) mucho a la playa cuando (*viviste*/*vivías*) en Las Palmas?
3. El domingo pasado (*estuvimos*/*estábamos*) en la sierra. No (*pudimos*/*podíamos*) esquiar porque no (*hubo*/*había*) nieve.
4. Cuando (*fui*/*era*) joven, (*fui*/*iba*) mucho al cine.
5. Carolina (*estuvo*/*estaba*) en medio del campo cuando (*empezó*/*empezaba*) a llover.
6. ¿Qué (*hicisteis*/*hacías*) el sábado pasado?
7. ¿Dónde (*estuviste*/*estabas*) cuando (*empezó*/*empezaba*) el partido?
8. Anoche (*vi*/*veía*) a Marisa. (*Llevó*/*Llevaba*) un vestido precioso.
9. ¿Qué (*hiciste*/*hacías*) en la calle cuando te (*vio*/*veía*) Lucas?

.2. Complete los diálogos con los verbos entre paréntesis. ....

1. ¿Cuándo (conocer) **conociste** a Maruja?

La (conocer) _____ cuando (vivir) _____ en Bogotá.

2. ¿Dónde (ustedes, estar) _____ cuando (yo, llamar) _____ anoche?

(Estar) _____ dormidos y (no, oír) _____ el teléfono.

3. ¿Qué (tú, hacer) _____ cuando (vivir) _____ en Ecuador? ¿Por qué (venirse) _____ a España?

(Ser) _____ maestra. (No, tener) _____ trabajo allí.

.3. Complete la historia con los verbos entre paréntesis en pretérito indefinido o pretérito imperfecto. ....

Una noche, cuando (tener) ____ **tenía** ____ once o doce años, mis padres (salir) _____ y me (dejar) _____ solo. (Estar) _____ feliz porque (sentirse) _____ adulto. Me (preparar) _____ algo para cenar, (ver) _____ la tele y sobre las doce (irse) _____ a mi habitación. De repente, (oír) _____ un ruido en el piso de abajo. (Cerrar) _____ con llave la puerta de mi habitación y (escuchar) _____. Al cabo de un rato (abrir) _____ la puerta y (bajar) _____ las escaleras con mucho miedo. (Haber) _____ algo que (moverse) _____ cerca de una ventana. De repente, una sombra negra (saltar) _____ sobre mí. (Ser) _____ un gato. (Desmayarse) _____ y cuando (regresar) _____ mis padres, me (encontrar) _____ tirado en el suelo.

65 estaba trabajando / trabajé
Estaba+gerundio y contraste con el pretérito indefinido

● Pretérito imperfecto de *estar* + gerundio del verbo

(yo)	estaba	
(tú)	estabas	
(usted)	estaba	trabajando
(él, ella)	estaba	comiendo
(nosotros, –as)	estábamos	viviendo
(vosotros, –as)	estabais	
(ustedes)	estaban	
(ellos, –as)	estaban	

Cuando entró el jefe, Bruno **estaba leyendo** el periódico.

● Se usa *estaba* + gerundio para hablar de una acción en desarrollo en un momento concreto del pasado. Informa de lo que se hacía, por ejemplo, ayer a determinada hora o cuando sucedió algo.

```
        estaba regando      ahora
          --- x ---
    ─────────┼──────────●────
           8:oo
```

–Anoche te llamé a las ocho. ¿Dónde estabas?
–Estaba en el jardín. **Estaba regando** los rosales.

– Generalmente sirve para hablar de la situación o circunstancias que rodeaban un hecho pasado.

> Cuando llegó el presidente, yo **estaba aparcando** y Mar y Luis **estaban cruzando** la calle.

Compare:

Se usa *estaba* + gerundio para hablar de una acción en desarrollo. *Estábamos comiendo...*	Se usa el pretérito indefinido para hablar de una acción breve que interrumpe la acción en desarrollo. *... cuando llegaron los amigos de Ana.*

```
       estábamos comiendo      ahora
            --- x ---
    ──────────┼──────────●────
        llegaron los amigos de Ana
```

● Se usa el pretérito indefinido para hablar de una secuencia de acciones que tuvieron lugar una después de otra.

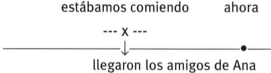

```
                         ahora
    ──────x───────────x──────●──
llegaron los amigos de Ana  comimos
```
Comimos cuando llegaron los amigos de Ana.

ATENCIÓN:

No se suele usar *estaba* + gerundio con determinados verbos: *comprender, entender, saber, querer, necesitar, amar, preferir, odiar, parecer, tener, llevar, ir, venir.* En su lugar se usa el pretérito imperfecto de indicativo.

~~*Estaba teniendo*~~ algo de fiebre cuando me llamaste. **Tenía** algo de fiebre cuando me llamaste.

▶ UNIDAD 98: Gerundio   UNIDAD 58: Pretérito indefinido: verbos regulares   UNIDAD 58: Pretérito indefinido: verbos irregulares

.1. Ayer a las 6 de la tarde hubo un accidente en un cruce de calles. La policía preguntó a varios testigos. Observe las ilustraciones y escriba sus respuestas. Utilice las expresiones del recuadro. ....

aparcar	~~comprar el periódico~~	cruzar la calle	echar una carta
esperar el autobús	hablar por teléfono	leer el periódico	mirar un escaparate

1. RICARDO: No vi nada. En ese momento _estaba comprando el periódico_ .
2. MAR: Mi novio y yo lo vimos todo. _____ .
3. SAMUEL: Mi novia y yo no vimos nada. Ella _____ y yo _____ .
4. SR. MÁRQUEZ: Mi mujer y yo no vimos nada. _____ .
5. TOMÁS: Lo vi todo. En ese momento _____ .
6. MAITE: No vimos nada. Mis padres _____ y yo _____ .

ACIERTOS ....../6

.2. Complete las frases con *estaba* + gerundio o el pretérito indefinido. ....

1. Cuando me (*ver*) _vio_ Sofía, (*hablar*) _____ con unas amigas.
2. ¿Qué (*tú, hacer*) _____ cuando (*apagarse*) _____ la luz.
3. La clase (*empezar*) _____ cuando (*nosotros, llegar*) _____ .
4. ¿(*Nevar*) _____ cuando (*usted, salir*) _____ ?
5. Pedrito (*caerse*) _____ y (*romperse*) _____ una pierna cuando (*jugar*) _____ al fútbol.
6. (*Yo, ducharse*) _____ cuando (*sonar*) _____ el teléfono.
7. Cuando (*llegar*) _____ el jefe, (*irse*) _____ Fina y Celia.

ACIERTOS ....../7

.3. Rodee la forma correcta en cada caso. ....

1. –¿Qué te (*(pasaba)* / *estaba pasando*) anoche? –(*Tenía* / *Estaba teniendo*) mucho sueño.
2. ¿Adónde (*ibas* / *estabas yendo*) ayer cuando te vio Tere?
3. –¿Dónde estaban tus hermanas la semana pasada? –(*Viajaban* / *Estaban viajando*) por Argentina.
4. Cuando nos encontramos con Nacho, (*llevaba* / *estaba llevando*) un poncho chileno muy bonito. (*Parecía* / *Estaba pareciendo*) un mapuche.
5. ¿De dónde (*venían* / *estaban viniendo*) cuando tuvieron el accidente?
6. Fui a ver a Anita porque (*necesitaba* / *estaba necesitando*) su ayuda.

ACIERTOS ....../6

66 *había trabajado*
Pretérito pluscuamperfecto

Cuando llegué al banco, ya **había cerrado**.

Ayer me encontré con Lolo y no lo reconocí. **Se había afeitado** la cabeza.

Había cerrado y *se había afeitado* son formas del pretérito pluscuamperfecto.

● Formación del pretérito pluscuamperfecto: pretérito imperfecto de *haber* + participio pasado.

▶ UNIDAD 99: Participio

(yo)	había	
(tú)	habías	
(usted)	había	trabajado
(él, ella)	había	comido
(nosotros, –as)	habíamos	vivido
(vosotros, –as)	habíais	
(ustedes)	habían	
(ellos, –as)	habían	

● Se usa el pretérito pluscuamperfecto para referirse a una acción pasada concluida antes de otra acción o situación también pasadas.

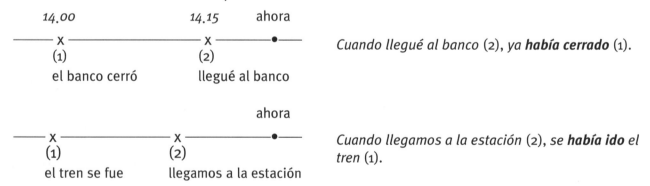

Cuando llegué al banco (2), ya **había cerrado** (1).

Cuando llegamos a la estación (2), *se **había ido** el tren* (1).

– A veces sirve para explicar los resultados o consecuencias de una acción o situación pasadas.

  *–¿Por qué suspendiste? –No **había estudiado** nada.*

– Se usa con *ya* para decir o preguntar si una acción se ha realizado antes de un momento pasado.

  *Cuando conocí a Teresa, **ya había tenido** el niño.*
  *Cuando Helga vino a España, ¿**había estudiado ya** algo de español?*

– Se usa con *todavía no / no... todavía* para indicar que una acción no se ha realizado antes de un momento pasado.

  *Cuando Mariano y Concha se conocieron, Concha **todavía no había acabado** la carrera.*
  *Cuando llamé a casa de Antonio, **no se había levantado todavía**.*

6 EJERCICIOS

..1.▷ Una las dos frases. ....

1. La reunión acabó. Llegué a la oficina. <u>Cuando llegué a la oficina, la reunión había acabado</u> .
2. El avión se fue. Llegamos al aeropuerto. _____ .
3. Cerraron las tiendas. Aurora quiso comprar comida. _____ .
4. Cené. Sonia me llamó. _____ .
5. Hubo un accidente. Nos pararon en la carretera. _____ .

..2.▷ Forme frases uniendo las acciones o situaciones de la izquierda con sus consecuencias. ....

1. Me dejé la tarjeta de crédito.   a. No pudieron entrar en casa.
2. Mis padres se dejaron las luces encendidas.   b. Aprobó todo.
3. Félix y Raquel se dejaron las llaves dentro.   c. Tuvieron que volver a casa.
4. No comiste nada.   d. No pude comprar nada.
5. Paloma se tiñó el pelo.   e. No pudimos comer en casa.
6. Mila estudió mucho.   f. Te desmayaste.
7. Víctor tuvo un pequeño accidente.   g. No pude hablar con él.
8. El profesor se fue.   h. No la reconocimos.
9. Ramón no compró comida.   i. Llegó tarde.

1. <u>No pude comprar nada porque me había dejado la tarjeta de crédito</u> .
2. _____ .
3. _____ .
4. _____ .
5. _____ .
6. _____ .
7. _____ .
8. _____ .
9. _____ .

..3.▷ ¿Cuál era la situación cuando Javier llegó a casa de sus amigos? Utilice *ya* y *todavía no*. ....

| ~~levantarse~~ | desayunar | hacer la cama | recoger la habitación | vestirse |

① Fernando   ② Lidia   ③ Miguel   ④ Rosa   ⑤ Ángel y Pilar

1. Fernando no se había levantado todavía.   4. <u>Rosa</u> _____ .
2. <u>Lidia</u> _____ .   5. <u>Ángel y Pilar</u> _____ .
3. <u>Miguel</u> _____ .

67 *trabajaré, comeré, viviré*
Futuro simple: verbos regulares

Mañana **lloverá** en el norte.

Llegaremos a Caracas a las cuatro y cuarto hora local.

Lloverá y *llegaremos* son formas del futuro simple.

● Formación del futuro simple: verbos regulares

	-ar (trabajar)	**-er** (comer)	**-ir** (vivir)
(yo)	trabajar-é	comer-é	vivir-é
(tú)	trabajar-ás	comer-ás	vivir-ás
(usted)	trabajar-á	comer-á	vivir-á
(él, ella)	trabajar-á	comer-á	vivir-á
(nosotros, –as)	trabajar-emos	comer-emos	vivir-emos
(vosotros, –as)	trabajar-éis	comer-éis	vivir-éis
(ustedes)	trabajar-án	comer-án	vivir-án
(ellos, –as)	trabajar-án	comer-án	vivir-án

● Se usa el futuro simple para hablar de acciones o situaciones futuras. Informa de lo que sucederá *mañana, dentro de (tres meses, dos días...), el año que viene*, etc.

> *El nuevo edificio **estará** acabado dentro de seis meses.*
> *Mañana **te sentirás** mejor.*

enero ········ 6 meses ········ julio
ahora

están construyendo un edificio — *estará acabado el edificio*

– Se suele usar con las siguientes expresiones:

> *luego*
> *más tarde*
> *pronto*

> –¿Has llamado a José? –No. Lo **llamaré más tarde**.
> No te preocupes. **Pronto encontrarás** trabajo.

> *el próximo (lunes)/ la próxima (semana) (el año/ la semana) que viene*

> –¿Habéis escrito a la abuela? –No. Le **escribiremos la semana que viene**.

> *en el año 3000*
> *dentro de* + período de tiempo
> *cuando* + situación futura...

> Iván **llegará dentro de unos días**.
> Te **avisaré cuando aterricemos**.

● Se usa el futuro simple para hacer predicciones.

> *El fin de semana **nevará** a partir de mil metros.*
> ***Conocerá** a una persona maravillosa y **se casarán**.*

> **Llegaremos** a Marte en el año 2050.

▶ UNIDAD 91: Condicionales (1)   UNIDAD 92: Condicionales (2)   UNIDAD 118: Oraciones temporales

.1. **Complete las frases con el futuro simple de los verbos entre paréntesis.** ....

1. Hoy no puedo ir. (*Ir*) __Iré__ mañana.
2. –Nos vamos hoy a Panamá. –¿Y cuándo (*volver*) _____?
3. Hoy no te puedo llamar. Te (*llamar*) _____ el lunes.
4. –¿Habéis acabado la traducción? –No, la (*acabar*) _____ la semana que viene.
5. –¿Han arreglado ya el ordenador? –No, lo (*arreglar*) _____ en cuanto puedan.
6. –¿Has ido al dentista? –Todavía no. (*Ir*) _____ cuando tenga tiempo.
7. –¿Puedes prestarme tu bicicleta? –Sí, claro, pero ¿cuándo me la (*devolver*) _____?
8. Estas plantas están secas. Riégalas o (*morirse*)_____.
9. –¿Crees que (*yo, aprobar*) _____? –(*Aprobar*) _____ si estudias mucho.
10. Ahora no tenemos hambre. (*Comer*) _____ más tarde.
11. –Quiero una bici. –Te (*yo, regalar*) _____ una para Reyes.
12. –Me gustaría ir a Cuba. –(*Ir*) _____ en cuanto podamos.

ACIERTOS
........./12

.2. **Complete la predicción del tiempo para el próximo fin de semana.** ....

El fin de semana (*ser*) __será__ bastante frío. El sábado (*bajar*) _____
las temperaturas en todo el país y (*nevar*) _____ en zonas altas del norte.
El domingo (*subir*) _____ un poco las temperaturas aunque (*seguir*)
_____ haciendo frío. (*Llover*) _____ en el oeste y suroeste.
En el centro (*soplar*) _____ fuertes vientos del norte.

ACIERTOS
........./7

.3. **Complete las predicciones del horóscopo.** ....

ayudar	conocer	desaparecer	gastar	mejorar	pasar	~~recibir~~
recibir	sentirse	ser	ser	verse	viajar	

1. ♈ Aries: __Recibirá__ muchas invitaciones. _____ una semana muy divertida, aunque _____ un poco cansado y _____ más dinero de lo normal.

2. ♉ Tauro: _____ envuelto en problemas, aunque sus amigos le _____. Su salud _____ excelente.

3. ♋ Cáncer: _____ a algún país lejano y _____ a alguien importante. _____ su situación económica.

4. ♏ Escorpio: _____ todos sus problemas. _____ unos días muy felices con familia y amigos y _____ una sorpresa agradable.

ACIERTOS
........./4

143

68 habré, podré...
Futuro simple: verbos irregulares

● Formación del futuro simple: verbos irregulares

haber →	habr–	–é
poder →	podr–	–ás
saber →	sabr–	–á
		–á
		–emos
		–éis
		–án
		–án

Pues yo creo que en el año 2050 **habrá** ciudades en la Luna.

poner →	pon**d**r–	–é
salir →	sal**d**r–	–ás
tener →	ten**d**r–	–á
valer →	val**d**r–	–á
venir →	ven**d**r–	–emos
		–éis
		–án
		–án

decir →	dir–	–é
hacer →	har–	–ás
querer →	querr–	–á
		–á
		–emos
		–éis
		–án
		–án

● Usos básicos del futuro simple

– Acciones o situaciones futuras: *–¿Ha venido Amelia? –No.* **Vendrá** *más tarde.*
– Predicciones: *En el futuro* **podremos** *vivir en la Luna. Mañana* **hará** *buen tiempo en todo el país.*

● También se usa el futuro simple para expresar probabilidad o suposición en el futuro.

   –¿Vas a hacer tú la cena? –¿Yo? No. La **hará** *Martina.* (Supongo que la hará Martina.)

– Se suele usar con algunas expresiones que indican diferentes grados de probabilidad.

creo que	*¿Crees que* **vendrán** *todos a la fiesta?*
estoy seguro/a de que	*Estoy segura de que os* **querréis** *mucho y seréis muy felices.*
(me) imagino que	
supongo que	*Supongo que* **habrá** *comida para todos.*
probablemente	*Probablemente* **haremos** *un*
posiblemente	*viaje a América este verano.*
seguramente	

– expresar probabilidad o suposición en el presente.

   –¿Qué hora es?
   –No sé; no tengo reloj. **Serán** *sobre las tres.* (Supongo que son las tres.)
   –Alberto parece bastante joven.
   –¿Cuántos años **tendrá**? (¿Cuántos años crees que tiene?)

¡Qué casa! ¿Cuánto **valdrá**?

▶ UNIDAD 91: Condicionales (1)   UNIDAD 67: Futuro simple: verbos regulares

8 EJERCICIOS

8.1. ▷ **Complete las frases con el futuro simple de los verbos del recuadro.** ....

decir	haber	hacer	~~hacer~~	poner	saber	salir	venir

1. –¿Has hecho la cama? –No, la __haré__ luego.
2. –¿Ha venido Sonia? –No, probablemente _____ más tarde.
3. Mañana _____ tormentas en el centro del país y _____ bastante frío en el norte.
4. –¿Le has dicho a Pepe que no podemos ir a su fiesta? –No, me da apuro. Se lo _____ mañana.
5. –¿Sabéis ya el resultado del examen? –No, pero lo _____ muy pronto.
6. –¿Ha salido ya Rocío? –No, _____ dentro de un rato.
7. –¿Has puesto el lavavajillas? –No, lo _____ esta noche después de cenar.

ACIERTOS ....../7

8.2. ▷ **Complete estas predicciones. ¿Cómo será la vida dentro de cincuenta años? Escriba frases con las palabras dadas.** ....

1. La vida/ser/muy diferente. En el futuro __la vida será muy diferente__.
2. La gente/vivir/más. _____.
3. La gente/trabajar/menos. _____.
4. Los robots/hacer/todos los trabajos físicos. _____.
5. Haber/ciudades satélite en el espacio. _____.
6. Muchas enfermedades/desaparecer. _____.
7. No/haber/guerras. _____.
8. Las casas/estar/informatizadas. _____.

ACIERTOS ....../8

8.3. ▷ **Complete las frases con los verbos entre paréntesis.** ....

1. ¿Quién crees que (ganar) __ganará__ la copa?
2. Me imagino que cuando tenga cincuenta años (yo, estar) _____ calvo y (yo, tener) _____ muchas arrugas.
3. –¿Qué vais a hacer este verano? –Seguramente (ir) _____ a Viña.
4. –¿Has invitado a Carlos y a Toñi? –Sí, pero supongo que no (venir) _____.
5. No he visto a Lucía esta semana. ¿Crees que (acordarse) _____ de la cita?
6. –¿Qué vas a estudiar, Rafa? –No lo sé. Probablemente (estudiar) _____ Medicina.
7. –¿Supongo que (venir) _____ todos el sábado? –No lo sé. Ana no está bien.

ACIERTOS ....../7

8.4. ▷ **Complete las respuestas.** ....

1. –¿Sabes dónde está Julia? –__Estará__ en casa. No sale nunca.
2. –¿Tienes tú las entradas? –¿Yo? No, las _____ Blanca. Las ha comprado ella.
3. –¿Cuántas personas crees que hay en el teatro? –_____ unas cuarenta.
4. –¿Quién es la chica que está con Jorge? –No la conozco. _____ una amiga.
5. –¿Sabes a qué hora empieza el concierto? –No. Lo _____ Amalia. Ella tiene el programa.
6. –¿Sabes cuánto valen esos ordenadores? –No _____ mucho. Están de oferta.

ACIERTOS ....../6

145

69 *voy a salir...*
Presente de *ir a* + infinitivo

- Presente de indicativo del verbo *ir* + *a* + infinitivo

(yo)	voy		
(tú)	vas		
(usted)	va		trabajar
(él, ella)	va	+ a +	comer
(nosotros, –as)	vamos		vivir
(vosotros, –as)	vais		
(ustedes)	van		
(ellos, –as)	van		

ATENCIÓN:

Verbos con *se* →	*Laura y Jaime **van a casarse** este verano.*
	*Laura y Jaime **se van a casar** este verano.*

- Se usa *voy, vas, va...* *a* + infinitivo para:

  – hablar de intenciones o planes futuros próximos. Informa de lo que se piensa hacer de manera inmediata o *esta tarde, esta noche, mañana, este verano...*

  *Tengo sueño. **Voy a acostarme**.*
  (Pienso hacerlo ahora mismo.)

  *–¿Qué **vas a hacer** esta noche?*
  (¿Cuáles son tus planes para esta noche?)

  *–**Voy a ir** al cine.*
  (Tengo intención de ir al cine.)

  ahora   esta noche
  ●————————————x————
  tengo intención   de (ir al cine)

  *–¿**Van a cenar** en casa? –No, **vamos a salir**. **Vamos a ir** a un restaurante mexicano.*
  *¿Cuándo **vas a arreglar** la televisión?*
  *Hoy **no voy a dormir** la siesta.*

  – referirse a algo que, por las circunstancias del presente, parece seguro que va a suceder.

  *Esa niña **va a caerse** de la silla.*
  *Escucha. **Va a hablar** el presidente.*

146

9 EJERCICIOS

9.1. ¿Qué van a hacer esta tarde? Observe las ilustraciones y escriba frases con las expresiones del recuadro.

bañarse	~~jugar al tenis~~	pescar	trabajar en el jardín

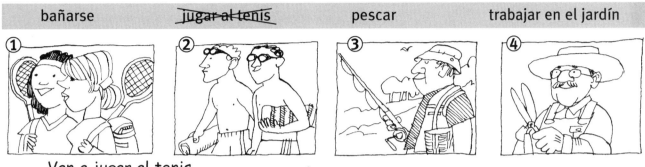

1. __Van a jugar al tenis__ .   3. _____ .

2. _____ .   4. _____ .

ACIERTOS ...... /4

9.2. ¿Qué van a hacer? Complete las frases con los verbos del recuadro.

acostarse	beber	comer	encender	estudiar	~~lavar~~	ver

1. El coche está sucio. Lo ___voy a lavar___ .
2. Tengo hambre. _____ algo.
3. Estamos cansados. _____ .
4. Tengo sed. _____ algo.
5. Mañana tenemos un examen. _____ un poco.
6. _____ la calefacción. Tengo frío.
7. Estoy aburrido. _____ una película.

ACIERTOS ...... /7

9.3. Complete los diálogos con los verbos entre paréntesis.

1. –¿Qué (hacer) ___van a hacer___ ustedes este verano? –Los niños (pasar) _____ unos días en un campamento, y Celia y yo (ir) _____ a Marbella. –¿Y dónde (alojarse) _____? –En un chalé alquilado. Lo (compartir) _____ con unos amigos.

2. –¿Cuándo (arreglar) _____ tu habitación, Marta? –Hoy no puedo. (Ir) _____ a la fiesta de Sandra. Es su cumpleaños. –¿Y qué le (regalar) _____? –No lo sé. Ahora le (comprar) _____ algo.

3. –¿Cuándo (ver) _____ a Luchi? –El domingo. (Salir) _____ con ella y con Elena. –¿Adónde (ir) _____? – (Cenar) _____ fuera.

ACIERTOS ...... /3

9.4. Observe las ilustraciones y complete las frases con los verbos del recuadro.

aterrizar	empezar	perder	~~tener~~

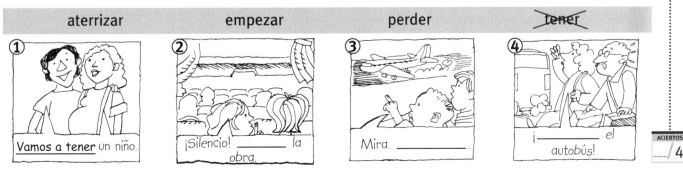

__Vamos a tener__ un niño.   ¡Silencio! _____ la obra.   Mira. _____   ¡ _____ el autobús!

ACIERTOS ...... /4

70 *haré / hago / voy a hacer*
Contraste entre las diversas formas de hablar del futuro

Compare:

FUTURO SIMPLE

● Se usa el futuro simple para referirse a algo que sucederá en un momento futuro.

> *–¿Cuándo queréis casaros?*
> *–No tenemos prisa. Ya **nos casaremo**s.*
> (en algún momento futuro)

● Se usa el futuro simple para hacer predicciones.

Tendrá un accidente pero no **será** grave.

VOY, VAS, VA... A + INFINITIVO

● Se usa *voy, vas, va... a* + infinitivo para referirse a planes o intenciones actuales para el futuro.

> ***Vamos a casarnos** este año.*
> (Son nuestros planes actuales.)

● Se usa *voy, vas, va... a* + infinitivo para referirse a algo que, por las circunstancias presentes, parece seguro que va a suceder.

¡Va a estrellarse!

FUTURO SIMPLE

● Se usa el futuro simple para referirse a algo que sucederá en un momento futuro.

> *Guille se va mañana a México, pero no sabe cuándo **volverá**.*
> *No tenemos prisa. Ya **nos casaremos**.*

● Se usa el futuro simple para referirse a algo que probablemente suceda en un momento futuro.

> *Este verano **seguramente iremos** a Marbella.*

● Se usa el futuro simple para expresar probabilidad en el presente.

> *–¿Qué hora es? –No sé. **Serán** las cinco.*

PRESENTE DE INDICATIVO

● Se usa el presente de indicativo para referirse a algo futuro ya acordado o programado o que forma parte de un horario programado.

> *Clara **vuelve** el próximo lunes.*
> *Raquel y Rodolfo **se casan** en enero.*
> *El tren **sale** a las diez esta noche.* (Es su horario de salida.)
> *Las noticias **empiezan** a las nueve.*

> *¡Me **voy** mañana a Marbella!*

● Se usa el presente de indicativo para expresar un hecho cierto en el presente.

> *–¿Qué hora es? –**Son** las cinco.*

0.1. **Rodee la forma correcta en cada caso.** ....

1. ¡Daos prisa! (*Va a salir* / *Saldrá*) el tren.
2. –¿De dónde es Paola? –No sé. (*Es/Será*) italiana.
3. ¡Cuidado! Te (*caerás* / *vas a caer*).
4. ¡Mira! (*Saldrá* / *Va a salir*) el sol.
5. Me (*voy/iré*) de vacaciones mañana.
6. ¿A qué hora (*llegará/llega*) el vuelo de La Habana?
7. ¿Dónde (*trabaja/trabajará*) Cecilia? Me gustaría saberlo.

0.2. **Complete las frases con el futuro simple o con *voy, vas, va... a* + infinitivo de los verbos entre paréntesis.** ....

1. –¿Cuándo (*tú, arreglar*) __vas a arreglar__ la habitación? –No sé. La (*yo, arreglar*) ____arreglaré____ cuando tenga tiempo.
2. ¿Qué (*ustedes, hacer*) _____ el domingo?
3. No se preocupen. (*Ser*) _____ ustedes muy felices y (*tener*) _____ muchos hijos.
4. Te (*yo, llamar*) _____ cuando llegue a Santiago.
5. Esta noche no puedo salir. Me (*llamar*) _____ Osvaldo.
6. ¿Adónde (*ustedes, ir*) _____ este verano?

0.3. **Complete las frases con el futuro simple o el presente de indicativo de los verbos del recuadro.** ....

| casarse | ~~examinar~~ | haber | poder | regresar | ser | ser | vivir | vivir |

1. Estoy un poco nervioso. Me ____examino____ mañana.
2. En el futuro _____ viajar por el espacio.
3. –¿Conoces a Lola? –Sí, _____ una amiga de mi hermana.
4. –¿Quién es el chico que está con Marta? –No sé. _____ un amigo suyo.
5. –¿Sabes dónde _____ Pedro? –Ni idea. _____ con sus padres, supongo.
6. –¿Cuándo _____ a Chile, Pato? –La semana que viene.
7. Seguramente Trini y yo _____ el año que viene.
8. –¿Hay leche? –No sé. _____ algo en la nevera.

0.4. **Complete las frases con *voy, vas, va... a* + infinitivo o el presente de indicativo de los verbos entre paréntesis.** ....

1. –¿Cuándo (*empezar*) ____empiezan____ las clases? –El lunes que viene.
2. Daos prisa; es muy tarde. (*Cerrar*) _____ los restaurantes.
3. Ignacio y yo (*trabajar*) _____ en un restaurante este verano.
4. –¿Cuándo (*ser*) _____ el examen? –El día doce.
5. ¿A qué hora (*salir*) _____ tu avión mañana?
6. –¿Qué (*tú, hacer*) _____ mañana? –No sé. No tengo planes.
7. Perdone, ¿cuándo (*acabar*) _____ el concierto?
8. –¿Cuándo (*acabar*) _____ el cuadro, Miguel? –No sé. Pronto.

Está buena, pero **estaría** mejor con menos sal.

Me **encantaría** visitar el Amazonas.

Estaría y *encantaría* son formas del condicional simple.

● Formación del condicional simple: verbos regulares

	-ar (trabajar)	**-er** (comer)	**-ir** (vivir)
(yo)	trabajar-ía	comer-ía	vivir-ía
(tú)	trabajar-ías	comer-ías	vivir-ías
(usted)	trabajar-ía	comer-ía	vivir-ía
(él, ella)	trabajar-ía	comer-ía	vivir-ía
(nosotros, -as)	trabajar-íamos	comer-íamos	vivir-íamos
(vosotros, -as)	trabajar-íais	comer-íais	vivir-íais
(ustedes)	trabajar-ían	comer-ían	vivir-ían
(ellos, -as)	trabajar-ían	comer-ían	vivir-ían

▶ UNIDAD 72: Condicional simple: verbos irregulares

● Se usa el condicional simple para expresar una posibilidad teórica.

> **Estaría** mejor con menos sal. (Pero tiene mucha sal.)
> **Trabajaría** más a gusto en casa. (Pero trabajo fuera.)

▶ UNIDAD 92: Condicionales (2)

● Se usa el condicional simple con verbos como *gustar, encantar, preferir* para expresar deseos.

▶ UNIDAD 55: Verbos con *me, te, le...*

> ¿Te **gustaría** ser escritora?
> Me **encantaría** visitar el Amazonas.

Compare:

Me **gustaría** ser actor.	Me **gusta** ser actor.
(No soy actor pero tengo ese sueño.)	(Soy actor y me gusta mi profesión.)

● Se usa el condicional simple para dar consejos.

> **Deberías** conducir con más cuidado, Raúl.
> Yo que tú **comería** menos.
> Yo no **aceptaría** la invitación.

Deberías hacer un curso de informática.

▶ UNIDAD 88: Estilo indirecto (1)   UNIDAD 89: Estilo indirecto (2)   UNIDAD 92: Condicionales (2)

.1.▷ **Complete las frases con el condicional simple de los verbos correspondientes.** ....

1. Esta tarta está buena, pero __estaría__ mejor con nata.
2. Aquí estamos bien, pero _____ mejor en la playa.
3. Soy feliz, pero _____ más feliz con un buen empleo.
4. Tocáis bien el piano, pero _____ mejor con un poco más de práctica.
5. Ustedes viven muy bien aquí, pero creo que _____ mejor en el campo.
6. Susi trabaja muy bien, pero _____ mejor con más sueldo.
7. Me siento bien, pero _____ mejor con una buena comida.
8. Tarik habla español bastante bien, pero _____ mejor con un buen profesor.

ACIERTOS ...../8

.2.▷ **Complete los deseos con los verbos entre paréntesis.** ....

1. (a nosotras, gustar) __Nos gustaría__ hablar muchos idiomas.
2. A Abdou (encantar) _____ hablar bien español.
3. (a mí, no, gustar) _____ vivir en una gran ciudad.
4. ¿(a ustedes, gustar) _____ hacer un viaje por Andalucía?
5. Me gusta este hotel, pero (yo, preferir) _____ alojarme en uno más céntrico.
6. A mis padres (encantar) _____ visitar las ruinas mayas.
7. Nos encanta comer en casa, pero hoy (preferir) _____ comer fuera.

ACIERTOS ...../7

.3.▷ **Rodee la forma correcta en cada caso.** ....

1. Me (gusta/gustaría) visitar Argentina, pero ahora no tengo vacaciones.
2. Nos (encanta/encantaría) bailar. Lo pasamos fenomenal.
3. (Prefiero/Preferiría) trabajar, pero no encuentro empleo.
4. ¿Qué os (gusta/gustaría) hacer hoy? Podemos hacer lo que queráis.
5. A Paloma le (encanta/encantaría) viajar. Ha recorrido medio mundo.
6. Los sábados me (gusta/gustaría) salir con Pepa y Pablo. Lo pasamos muy bien con ellos.
7. (Prefiero/Preferiría) vivir con gente. Cuando vivía sola era muy aburrido.
8. Me (encanta/encantaría) saber pintar bien. Es el sueño de mi vida.

ACIERTOS ...../8

.4.▷ **Complete los consejos con los verbos del recuadro.** ....

buscar	~~deber~~	deber	estudiar	hablar	ir	pedir	ser

1. __Deberíais__ madrugar más. Sois un poco perezosos.
2. _____ mejor que llamaras a Marta y se lo explicaras todo.
3. Yo que tú, _____ Bellas Artes.
4. Yo que ustedes _____ otro empleo. Esta empresa va a cerrar.
5. Perdonen, pero creo que _____ pedir disculpas a Irene por llegar tan tarde.
6. Yo que tú _____ al médico. Tienes mala cara.
7. Yo _____ con el director y le _____ un aumento.

ACIERTOS ...../7

72 *habría, podría...*
Condicional simple: verbos irregulares

● Formación del condicional simple: verbos irregulares

haber →	habr–	–ía
poder →	podr–	–ías
saber →	sabr–	–ía
		–ía
		–íamos
		–íais
		–ían
		–ían

Yo no lo **haría**; es peligroso.

poner →	pon**d**r–	–ía
salir →	sal**d**r–	–ías
tener →	ten**d**r–	–ía
valer →	val**d**r–	–ía
venir →	ven**d**r–	–íamos
		–íais
		–ían
		–ían

decir →	dir–	–ía
hacer →	har–	–ías
querer →	querr–	–ía
		–ía
		–íamos
		–íais
		–ían
		–ían

● Usos básicos del condicional simple ▶ UNIDAD 71: Condicional simple: verbos regulares

–Posibilidad teórica: *Esta casa **valdría** más arreglada.*
–Consejos: *¿Qué **haría** usted en mi lugar?*
 *Yo que ustedes **saldría** menos.*

● Se usa el condicional simple para expresar probabilidad o suposición en el pasado.

–¿Cuántos años tenías cuando viniste a Argentina?
*–No recuerdo. **Tendría** once o doce.* (Supongo que tenía esa edad.)

Compare:

*–¿Quién hizo ayer la comida? –No sé. La **haría** Rafael.* (No estoy seguro, pero supongo que la haría Rafael.)	*–¿Quién hizo ayer la comida? –La **hizo** Rafael.* (Sé que la hizo Rafael.)
–¿Cuántas personas había anoche en el concierto? *–No sé. **Habría** unas doscientas.* (No estoy seguro, pero calculo que habría esa cantidad.)	*–¿Cuántos alumnos había ayer en clase?* *–Pasé lista y había veintitrés.* (Sé que había veintitrés.)

● Se usa el condicional simple para hacer peticiones de una manera educada.

*¿Le **importaría** cerrar la ventana? Tengo frío.*

*¿**Podrías** ayudarme a mover esta caja?*

▶ UNIDAD 88: Estilo indirecto (1)   UNIDAD 89: Estilo indirecto (2)   UNIDAD 92: Condicionales (2)

2 EJERCICIOS

2.1. **Complete las frases con los verbos entre paréntesis en condicional simple.** ⋯⋯⋯⋯⋯

1. –¿Qué (hacer) ___harían___ ustedes en mi lugar? –(Hablar) ___Hablaríamos___ con el director.
2. Yo que tú (no, salir) _____ esta noche.
3. Viene mucha gente al museo, pero (venir) _____ más si no cerráramos los lunes.
4. Antón te quiere mucho, pero te (querer) _____ más si fueras más cariñosa.
5. –Yo, en tu lugar, (no, decir) _____ nada. –Entonces, ¿qué (hacer) _____ tú?
6. Yo (tener) _____ más cuidado. Puede venir el jefe en cualquier momento.
7. Haces bien la comida, pero la (hacer) _____ mejor con un poquito más de cuidado.

2.2. **Complete las respuestas con los verbos apropiados.** ⋯⋯⋯⋯⋯

1. –¿Cuántas personas había anoche en el concierto? –No estoy segura. ___Habría___ unas dos mil.
2. –¿A qué hora regresó Adela? –No sé. _____ sobre las cinco.
3. –¿Cuántas personas vinieron a la conferencia? – _____ unas cincuenta. No había muchas sillas vacías.
4. –¿Quién puso la lavadora ayer? –La _____ tú, ¿no? Yo no tengo ropa sucia.
5. –¿Quién le dijo a Isabel que Gregorio estaba en Bolivia? –No sé. Se lo _____ Joaquín.
6. –¿Quién puso el CD anoche? Se oía una música preciosa. –Lo _____ Marisa. Fue la última en acostarse.
7. –¿A qué hora salieron Javi y Lolo? –No lo sé, pero _____ a las dos o a las tres. Era tardísimo.

2.3. **Rodee la forma correcta en cada caso.** ⋯⋯⋯⋯⋯

1. –¿Quién tenía las llaves? –Las (tenía/tendría) Bárbara. Estaban en su bolso.
2. –¿Quién hizo ayer la cena? –La (hizo/haría) Sofía. Estaba buenísima.
3. –¿Cuántos años (tenías/tendrías) cuando te casaste? –Veinticinco. Y Rosario, veintiséis.
4. –¿Quién (sabía/sabría) arreglar el microondas? ¿Conoces a alguien? –No, lo siento.
5. –¿Quiénes hicieron ese castillo? –No sé, pero lo (hicieron/harían) los árabes. Estuvieron aquí muchos años.
6. Maite, ¿(podías/podrías) ayudarme a pintar mi habitación?

2.4. **Haga las siguientes peticiones de una manera educada.** ⋯⋯⋯⋯⋯

1. (a un amigo) ¿(poder) ayudarme con esta maleta? ¿Podrías ayudarme con esta maleta?
2. (a unos amigos) ¿(importar) hablar más despacio? _____
3. (al profesor) ¿(importar) repetir la explicación? _____
4. (a un amigo) ¿(importar) esperar un momento? _____
5. (a un desconocido) ¿(poder) decirme dónde hay una parada de taxis? _____
6. (a un compañero de clase) ¿(importar) dejarme el diccionario? _____
7. (a unos desconocidos) ¿(importar) vigilar mi equipaje? _____
8. (a un desconocido) ¿(poder) decirme la hora? _____

Imperativo afirmativo: verbos regulares

Abre la ventana. Hace calor.

Abrid el libro en la página diez.

Pasen ustedes, por favor.

Abre, *abrid* y *pasen* son formas del imperativo. Se usan para dar instrucciones, consejos, permiso, etc.

● Formación del imperativo: verbos regulares

-ar (trabajar)	**-er** (comer)	**-ir** (vivir)	
trabaj-a	com-e	viv-e	(tú)
trabaj-e	com-a	viv-a	(usted)
trabaj-ad	com-ed	viv-id	(vosotros, –as)
trabaj-en	com-an	viv-an	(ustedes)

ATENCIÓN:

Ver: ve, vea, ved, vean

– verbos en *–gar*: pagar	→	pa**ga**	pa**gue**	pa**gad**	pa**guen**
– verbos en *–ger*: escoger	→	esco**ge**	esco**ja**	esco**ged**	esco**jan**
– verbos en *–car*: practicar	→	practi**ca**	practi**que**	practi**cad**	practi**quen**
– verbos en *–zar*: cruzar	→	cru**za**	cru**ce**	cru**zad**	cru**cen**

● verbo (+ pronombre personal de sujeto)

Ahora **habla tú**, Ismael.   **Pasen ustedes**, por favor.

¡Apaga la televisión y *estudia*!

● Se usa el imperativo para expresar:

– órdenes e instrucciones: ***Envíe*** *esta carta, Sr. Aguayo, por favor.*
    Abra *con cuidado.*
    *¡Policía! ¡**Abran** la puerta!*

– peticiones e invitaciones: ***Abre*** *la puerta, por favor.*
    Coged *un pastel. Están muy ricos.*

– consejos, sugerencias o advertencias: ***Come*** *más. Estás muy delgado.*
    Trabaja *o tendrás problemas.*

– dar permiso: *–¿Puedo pasar? –Sí, por supuesto, **pasa**.*

3 EJERCICIOS

.1.▷ Escriba los consejos del médico. Utilice los verbos del recuadro. ....

andar	beber	comer	descansar	~~practicar~~

1. _Practique_ algún deporte.
2. _____ después de las comidas.
3. _____ mucha fruta.
4. _____ mucha agua.
5. _____ dos kilómetros al día.

.2.▷ ¿Qué diría en cada caso? ....

1. (a un amigo) Están llamando. (*Abrir*) _____ Abre _____ la puerta, por favor.
2. (a unos niños) (*Cruzar*) _____ por el paso de cebra.
3. (a unos amigos) La paella está riquísima. (*Comer*) _____ más.
4. (a un amigo) (*Hablar*) _____ más bajo. No soy sorda.
5. (a alguien de su familia) (*Bajar*) _____ la televisión. Está muy alta.
6. (a un amigo) –¿Puedo llamar por teléfono? –Sí, por supuesto. (*Llamar*) _____.
7. (a un niño) –¿Puedo comer otro pastel? –Sí, claro. (*Comer*) _____ todos los que quieras.
8. (a unos señores mayores) –¿Podemos pasar? –Sí, (*pasar*) _____ ustedes, por favor.
9. (a unos desconocidos) (*Cruzar*) _____ por aquí; es más seguro.
10. (a unos clientes) (*Pagar*) _____ en la caja, por favor.

ACIERTOS ..../10

.3.▷ Complete los siguientes anuncios. Utilice los verbos entre paréntesis. ....

1. «Mes del ahorro en *Supermás*. (*Comprar*) _Compre_ dos y (*pagar*) _____ uno.»
2. «(*Visitar*) _____ Andalucía. (*Recorrer*) _____ sus ciudades y sus pueblos. (*Descansar*) _____ en sus playas. (*Vivir*) _____ unos días mágicos.»
3. «Restaurante *Nuevo Mundo*. Algo nuevo para usted. (*Comer*) _____ en un ambiente especial y (*disfrutar*) _____ de un espectáculo inolvidable. (*Ver*) _____ las mejores actuaciones de América Latina.»
4. «¿Te gustaría hablar español? (*Estudiar*) _____ con el revolucionario método *Naturalia* y (*aprender*) _____ español en diez meses.»
5. «¿No conoce usted América Latina? (*Enviar*) _____ una etiqueta de leche *CAM* a Radio Central. (*Participar*) _____ en nuestro concurso y (*ganar*) _____ un viaje a Perú para dos personas.»

ACIERTOS ..../5

74 *No abras la ventana*
Imperativo negativo: verbos regulares

No abras la ventana, por favor.
Tengo frío.

¡**No toques** eso!
Es peligroso.

No abras y *no toques* son formas negativas del imperativo. Para las formas negativas del imperativo se usan las formas del presente de subjuntivo.

> UNIDAD 79: Presente de subjuntivo: verbos regulares   UNIDAD 80: Presente de subjuntivo: verbos irregulares (1)
> ▶ UNIDAD 81: Presente de subjuntivo: verbos irregulares (2)

● Formación del imperativo negativo

-ar (trabajar)	-er (comer)	-ir (vivir)	
no trabaj-es	no com-as	no viv-as	(tú)
no trabaj-e	no com-a	no viv-a	(usted)
no trabaj-éis	no com-áis	no viv-áis	(vosotros, –as)
no trabaj-en	no com-an	no viv-an	(ustedes)

ATENCIÓN:

Ver: no veas, no vea, no veáis, no vean

– verbos en *–gar*: pagar →	no pa**gues**	no pa**gue**	no pa**guéis**	no pa**guen**
– verbos en *–ger*: escoger →	no esco**jas**	no esco**ja**	no esco**jáis**	no esco**jan**
– verbos en *–car*: practicar →	no practi**ques**	no practi**que**	no practi**quéis**	no practi**quen**
– verbos en *–zar*: cruzar →	no cru**ces**	no cru**ce**	no cru**céis**	no cru**cen**

● Se usa el imperativo para expresar:

– órdenes e instrucciones.

> ***No habléis*** en clase.   ***No agite*** la botella antes de abrirla.

– peticiones.

> ***No abras*** la ventana. Tengo frío.

– consejos, sugerencias o advertencias.

> ***No coma*** muchas grasas. Es malo para el corazón.
>
> ***No bebáis*** agua de esa fuente. No es potable.
>
> ***No olviden*** el paraguas. Puede llover.

– negar permiso.

> –Papá, ¿puedo coger el coche? –No, **no lo cojas**. Lo necesito yo.

4 EJERCICIOS

.1. ▷ **Escriba las instrucciones del profesor de la autoescuela. Utilice los verbos del recuadro.** ⋯⋯⋯⋯

adelantar	aparcar	~~girar~~	girar	parar

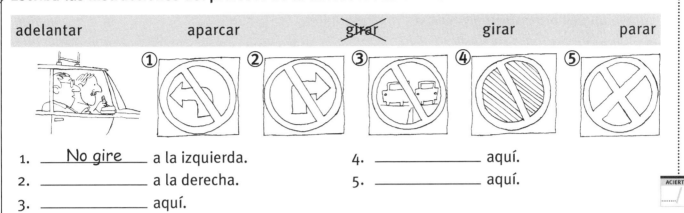

1. __No gire__ a la izquierda.
2. _____ a la derecha.
3. _____ aquí.
4. _____ aquí.
5. _____ aquí.

.2. ▷ **¿Qué diría este padre a sus hijos en esas situaciones?** ⋯⋯⋯⋯⋯⋯⋯⋯⋯⋯⋯⋯⋯⋯⋯⋯

1. (Sus hijos están viendo mucha televisión.) «__No veáis__ tanta televisión.»
2. (Su hijo deja sus cosas en el salón.) «_____ tus cosas en el salón.»
3. (Su hija está bebiendo demasiado granizado.) «_____ más granizado.»
4. (Su hijo está tocando la guitarra a las dos de la mañana.) «_____ la guitarra a estas horas.»
5. (Su hijo quiere regresar tarde.) «_____ muy tarde.»
6. (Sus hijos están discutiendo.) «_____.»
7. (Su hija está comiendo en el salón.) «_____ en el salón.»

.3. ▷ **¿Qué diría en cada caso?** ⋯⋯⋯⋯⋯⋯⋯⋯⋯⋯⋯⋯⋯⋯⋯⋯⋯⋯⋯⋯⋯⋯⋯⋯⋯⋯⋯

1. (a un amigo) (*No, tirar*) __No tires__ cosas al suelo.
2. (a unos alumnos) (*No, escribir*) _____ en las mesas.
3. (a un niño) (*No, coger*) _____ nada del suelo. Está muy sucio.
4. (a unos desconocidos) (*No, comer*) _____ aquí, por favor. Está prohibido.
5. (a unos amigos) La cena es a las nueve. (*No, llegar*) _____ tarde.
6. (a unos amigos) (*No, cortar*) _____ flores. Está prohibido.
7. (a unos desconocidos) (*No, cruzar*) _____ por aquí. Es peligroso.
8. (a un amigo) (*No, tocar*) _____ eso. Está caliente.
9. (a un niño) –¿Puedo llamar a Rafa? –No, (*No, llamar*) _____ ahora. Es tarde.
10. (a un desconocido) (*No, pisar*) _____ el césped, por favor.
11. (a un amigo) (*No, ver*) _____ esa película. Es muy aburrida.
12. (a un amigo) (*No, hablar*) _____ tan alto. Te oigo perfectamente.
13. (a unos desconocidos) (*No, gastar*) _____ mucha agua. Hay sequía.
14. (a un alumno) (*No, usar*) _____ el móvil en clase.
15. (a un desconocido) (*No, dejar*) _____ las maletas solas.

75 *Cierra la ventana*
Imperativo: verbos irregulares (1)

Formación del imperativo: algunos verbos irregulares

- e → i

pedir		
pide	no pides	(tú)
pida	no pida	(usted)
pedid	no pidáis	(vosotros, –as)
pidan	no pidan	(ustedes)

Pide lo que quieras. Yo invito.

Otros: *conseguir, corregir, elegir, freír, medir, reír, repetir, seguir, servir, sonreír.*

Sonreíd. *Os voy a hacer una foto.*   **No frías** *toda la carne. No tengo hambre.*

> **ATENCIÓN:**
> verbos en *–gir*: elegir → elige, elija, elegid, elijan; no elijas, no elija, no elijáis, no elijan
> verbos en *–guir*: seguir → sigue, siga, seguid, sigan; no sigas, no siga, no sigáis, no sigan

- e → ie

cerrar		
cierra	no cierres	(tú)
cierre	no cierre	(usted)
cerrad	no cerréis	(vosotros, –as)
cierren	no cierren	(ustedes)

encender		
enciende	no enciendas	(tú)
encienda	no encienda	(usted)
encended	no encendáis	(vosotros, –as)
enciendan	no enciendan	(ustedes)

Otros: *calentar, despertar, empezar, encender, fregar, pensar, regar, defender, entender*

Riega *las plantas todos los días.*   **No despiertes** *a Sonia. Está cansada.*

> **ATENCIÓN:**
> mentir: miente, mienta, mentid, mientan; no mientas, no mienta, no mintáis, no mientan.

- o, u → ue

soñar		mover		jugar		
sueña	no sueñes	mueve	no muevas	juega	no juegues	(tú)
sueñe	no sueñe	mueva	no mueva	juegue	no juegue	(usted)
soñad	no soñéis	moved	no mováis	jugad	no juguéis	(vosotros, –as)
sueñen	no sueñen	muevan	no muevan	jueguen	no jueguen	(ustedes)

Otros: *comprobar, contar, encontrar, recordar, volar, morder, mover*

Cuenta *hasta diez.*   **No muevan** *la mesa.*

> **ATENCIÓN:**
> dormir: duerme, duerma, dormid, duerman; no duermas, no duerma, no durmáis, no duerman

▶ UNIDAD 73: Imperativo afirmativo: verbos regulares

5 EJERCICIOS

.1.▷ Complete la nota con instrucciones a un amigo. Utilice los verbos del recuadro. ....

~~cerrar~~	cerrar	conectar	encender	lavar	regar

1. _____Cierra_____ todas las ventanas cuando salgas.
2. _____ las plantas todos los días; una vez a la semana es suficiente.
3. _____ la llave del gas cuando acabes de cocinar.
4. _____ los platos en el lavavajillas.
5. _____ la alarma cuando salgas.
6. _____ el calentador una hora antes de ducharte.

ACIERTOS ..../6

.2.▷ Complete los diálogos con los verbos del recuadro. ....

cerrar	cerrar	despertar	jugar	pedir	pedir	~~seguir~~	sonreír

① –¿La calle Toledo, por favor?
– _Siga_ todo recto.

② Tengo algo para ti. _____ los ojos.

③ ¡Niños! _____ en el salón.

④ ¡_____ un zumo por favor, Tomás!

⑤ _____, por favor.

⑥ _____ sopa. No está muy buena.

⑦ ¡Inés, _____! Son las ocho.

⑧ _____, por favor.

ACIERTOS ..../8

.3.▷ ¿Qué diría en cada caso? ....

1. (a su familia) (*Empezar*) __Empezad__ a comer. Yo llegaré un poco tarde.
2. (a un amigo) (*Elegir*) _____ un libro. Te lo regalo.
3. (a un alumno) (*Contar*) _____ hasta veinte en español.
4. (a alguien de su familia) (*Encender*) _____ la luz. Está muy oscuro.
5. (a un camarero) (*No, calentar*) _____ la leche. La quiero fría.
6. (a unos amigos) (*Sonreír*) _____. Os voy a hacer una foto.
7. (a unos niños) (*No, mentir*) _____. Decir mentiras no está bien.
8. (a unos alumnos) (*Corregir*) _____ el ejercicio.
9. (a un alumno) (*Comprobar*) _____ las respuestas.
10. (a un alumno) (*Cerrar*) _____ el libro y (*escuchar*) _____.
11. (a un amigo) (*Freír*) _____ más carne, por favor. Tengo mucha hambre.
12. (a un desconocido) (*Cruzar*) _____ esta calle y (*seguir*) _____ todo recto.

ACIERTOS ..../12

● Formación del imperativo: otros verbos irregulares

	(tú)	(usted)	(vosotros, –as)	(ustedes)	
– decir:	di no digas	diga no diga	decid no digáis	digan no digan	*Di algo. No estés callado.* *No digas tonterías.*
– hacer:	haz no hagas	haga no haga	haced no hagáis	hagan no hagan	*Haz la comida. Es tarde.* *No hagas ruido.*
– poner:	pon no pongas	ponga no ponga	poned no pongáis	pongan no pongan	
Otros: *suponer*					Enrique, Sofía, **poned** la mesa.

– salir:	sal no salgas	salga no salga	salid no salgáis	salgan no salgan	*¡Sal de aquí ahora mismo!* *No salgan. Hace mucho frío.*
– tener:	ten no tengas	tenga no tenga	tened no tengáis	tengan no tengan	*No tengáis miedo. No pasa nada.*
Otros: *mantener*					Tenga cuidado. Este cruce es peligroso.

– venir:	ven no vengas	venga no venga	venid no vengáis	vengan no vengan	*Venid aquí.* *No vengas ahora. Estoy ocupado.*
– ser:	sé no seas	sea no sea	sed no seáis	sean no sean	*Sé amable, Lola.* *No seáis impacientes.*
– ir:	ve no vayas	vaya no vaya	id no vayáis	vayan no vayan	*Susana, ve a comprar pan.* *No vayáis a casa de Martín. No está.*
– traer:	trae no traigas	traiga no traiga	traed no traigáis	traigan no traigan	*Traiga la cuenta, por favor.* *No traigáis nada para la fiesta.*

– verbos en –*ecer*, –*ocer*, –*ucir*:

conducir: conduce   condu**zc**a   conducid   condu**zc**an
    no condu**zc**as no condu**zc**a no condu**zc**áis no condu**zc**an

Otros: *conocer, introducir, obedecer*

Conduzca con cuidado, por favor.

▶ UNIDAD 73: Imperativo afirmativo: verbos regulares

6 EJERCICIOS

.1.⊳ Complete los diálogos. ....

| conducir | ~~hacer~~ | hacer | poner | salir | tener | traer | venir |

No hagan fotos.

_____ con cuidado.

_____ ruido, por favor.

_____ pan, José, por favor.

_____ a mi oficina, Sr. Ruiz, por favor.

_____ atención. Tengo algo que deciros.

_____ todos a la calle.

_____ miedo. No es peligroso.

ACIERTOS ..../8

.2.⊳ Complete las instrucciones con los verbos del recuadro en forma afirmativa o negativa. ....

Consejos para el ahorro de energía
1. ____Utilice____ el transporte público.
2. _____ despacio en ciudad.
3. En carretera _____ a más de 90 km por hora.
4. _____ el coche a punto.
5. _____ la calefacción en días soleados.
6. _____ la temperatura constante a 20°.

conducir
conducir
mantener
poner
tener
~~utilizar~~

ACIERTOS ..../6

.3.⊳ Complete las frases con los verbos entre paréntesis. ....

1. (Tener) ____Tenga____ cuidado, don Antonio. Este cruce es peligroso.
2. (No, salir) _____ ahora, niños. Está lloviendo.
3. (Decir) _____ 'Gracias' al abuelo, Pepín.
4. –¿Puedo decir algo, Arturo? –No, (no, decir) _____ nada, Ismael.
5. (Ser) _____ bueno, Julián, y (obedecer) _____ a tus papás.
6. (Tener) _____ cuidado, niños. El mar está revuelto.
7. (Hacer) _____ una copia de esta carta, Sr. Vázquez.
8. (No, ser) _____ impaciente, Jaime. Comemos dentro de diez minutos.
9. (No, poner) _____ la radio, por favor. Me duele la cabeza.
10. (Venir) _____ a mi fiesta, Sara. Lo vamos a pasar muy bien.
11. (Ser) _____ amables con Elvira, niños. Os quiere mucho.

ACIERTOS ..../11

77 *lávate*
Imperativos de verbos con *se*

¡**Lávate** ahora mismo!

Quítese la camisa, por favor.

● Imperativo: verbos regulares con *se*

-ar (lavarse)		**-er** (atreverse)		**-ir** (subirse)		
lávate	no te laves	atrévete	no te atrevas	súbete	no te subas	(tú)
lávese	no se lave	atrévase	no se atreva	súbase	no se suba	(usted)
lavaos	no os lavéis	atreveos	no os atreváis	subíos	no os subáis	(vosotros, –as)
lávense	no se laven	atrévanse	no se atrevan	súbanse	no se suban	(ustedes)

Son las ocho. **Levántate.** **No te atrevas** *a ir solo.* **No se suban** *a la estatua, por favor.*

● Algunos verbos con *se* irregulares

– e → i vestirse: vístete   vístase   vestíos   vístanse
            no te vistas   no se vista   no os vistáis   no se vistan
   Otros: *reírse*

– e → ie despertarse: despiértate   despiértese   despertaos   despiértense
              no te despiertes   no se despierte   no os despertéis   no se despierten
   Otros: *divertirse, sentarse*

– o → ue acostarse: acuéstate   acuéstese   acostaos   acuéstense
              no te acuestes   no se acueste   no os acostéis   no se acuesten
   Otros: *dormirse*

– ponerse: ponte   póngase   poneos   pónganse
              no te pongas   no se ponga   no os pongáis   no se pongan

– irse: vete   váyase   idos   váyanse
           no te vayas   no se vayan   no os vayáis   no se vayan

– caerse: cáete   cáigase   caeos   cáiganse
             no te caigas   no se caiga   no os caigáis   no se caigan

● Recuerde que los verbos reflexivos se usan para indicar que la acción del verbo la recibe la misma persona que la realiza o una parte del cuerpo o la ropa de esa persona.

Acuéstate.

Lávate las manos.

▶ UNIDAD 73: Imperativo afirmativo: verbos regulares   UNIDAD 53: Verbos con *me, te, se...*

7 EJERCICIOS

.1. Complete las frases con los verbos del recuadro en forma afirmativa o negativa.

| abrocharse | ~~ponerse~~ | reírse | sentarse |

① <u>Pónganse</u> el casco.   ② los cinturones.   ③ No tiene gracia.   ④ aquí, por favor.

ACIERTOS /4

.2. Complete las frases.

1. (*No, ponerse*) <u>No te pongas</u> la blusa roja. Te sienta mejor esta azul.
2. Niños, (*despedirse*) _____ de los primos.
3. (*No, irse*) _____, Gonzalo. Quiero verte después.
4. (*Quitarse*) _____ el abrigo, Sr. Laureano. Aquí hace calor.
5. (*Atarse*) _____ los zapatos. Te vas a caer.
6. (*Subirse*) _____ a la moto, Javi. Vamos a dar una vuelta.
7. (*Ducharse*) _____, niños. Tenéis el pelo muy sucio.
8. ¡Raúl, (*sentarse*) _____ y (*estarse*) _____ quieto!
9. Niños, (*lavarse*) _____ las manos antes de comer.

ACIERTOS /9

.3. ¿Qué diría en cada caso?

1. (a un niño) (*Peinarse*) <u>Péinate</u>. Tienes el pelo alborotado.
2. (a un amigo) (*Mirarse*)_____ al espejo. Tienes mala cara.
3. (a unos amigos) (*No, irse*)_____ a la cama todavía. Es temprano.
4. (a unos desconocidos) (*No, bañarse*) _____ aquí. Es muy peligroso.
5. (a un amigo) (*Afeitarse*) _____. Estás mejor sin barba.
6. (a un amigo) Ten cuidado. (*No caerse*) _____ de la escalera.
7. (a unos amigos) ¡(*Despertarse*) _____! Son las diez.
8. (a un niño) (*Irse*) _____ a la cama. Es muy tarde.
9. (a un desconocido) (*No, sentarse*) _____ en este banco. Está sucio.
10. (a unos alumnos) ¡(*Callarse*) _____, por favor! Os quiero decir algo.
11. (a un amigo) (*No, moverse*) _____. Voy a hacerte una foto.
12. (a un señor mayor) (*No, preocuparse*) _____. Yo le ayudo.
13. (a un amigo) (*Ponerse*) _____ las gafas. El sol es muy fuerte.
14. (a unos desconocidos) (*Callarse*) _____, por favor. No oigo la película.
15. (a un amigo) (*No, ponerse*) _____ esa corbata. Esta es más bonita.

ACIERTOS /15

163

78 *dámelo, no me lo des*
Imperativo con pronombres de complemento

● Pronombres de complemento directo (CD) con el imperativo

▶ UNIDAD 35: Pronombres personales de complemento directo

AFIRMATIVO	NEGATIVO
verbo –*me*, –*lo*, –*la*, –*nos*, –*los*, –*las*	*no* + *me, lo, la, nos, los, las* + verbo
cómpra**la**	no **la** compres
cómpre**la**	no **la** compre
compradla	no **la** compréis
cómpren**la**	no **la** compren

Mira esta lámpara. **Cómprala.** Es muy bonita.

No la compres. A mí no me gusta.

ATENCIÓN:

c**o**mpra, c**o**mpre, c**o**mpren → c**ó**mprala, c**ó**mprela, c**ó**mprenla

Llámame *mañana.*   **Mírame** *a los ojos.*   *–¿Ponemos la mesa? –No,* **no la pongáis** *todavía.*

● Pronombres de complemento indirecto (CI) con el imperativo

▶ UNIDAD 36: Pronombres personales de complemento indirecto

AFIRMATIVO	NEGATIVO
verbo –*me*, –*le*, –*nos*, –*les*	*no* + *me, le, nos, les* + verbo
présta**me**	no **me** prestes
préste**me**	no **me** preste
prestad**me**	no **me** prestéis
présten**me**	no **me** presten

Préstame tu diccionario.

No le prestes el tuyo, yo tengo dos.

ATENCIÓN:

pr**e**sta, pr**e**ste, pr**e**sten → pr**é**stame, pr**é**steme, pr**é**stenme

Deme *ese libro, por favor.*   **Enseñadles** *el mapa.*   **Dinos** *la verdad.*

● Pronombres de CI + pronombres de CD con el imperativo

▶ UNIDAD 37: Pronombres de complemento indirecto y directo

AFIRMATIVO	NEGATIVO
verbo –*me*, –*se*, –*nos*, –*se* + –*lo*, –*la*, –*los*, –*las*	*no* + *me, se, nos, se* + *lo, la, los, las*
dá**melo**	no **me lo** des
dé**melo**	no **me lo** dé
dád**melo**	no **me lo** deis
dén**melo**	no **me lo** den

ATENCIÓN:

da, dé, dad, den → dámelo, démelo, dádmelo, dénmelo

A Jorge le gusta tu dibujo. **Regálaselo.**   *Tienes las manos sucias.* **Lávatelas.**

▶ UNIDAD 73: Imperativo afirmativo: verbos regulares

8 EJERCICIOS

1. Responda como en los ejemplos.

1. –¿Hago la cena? –Sí, _____ hazla _____ ya. Tengo hambre.
   –No, _no la hagas_ todavía. Es pronto.
2. –¿Abrimos los regalos? –Sí, _____ ya.
   –No, _____ todavía. Esperad a mañana.
3. –¿Despierto a Andrés? –Sí, _____ ya. Es muy tarde.
   –No, _____ todavía. Déjale dormir.
4. –¿Frío las patatas? –Sí, _____ ya.
   –No, _____ todavía.
5. –¿Pongo el vídeo? –Sí, _____ ya.
   –No, _____ todavía. Voy al baño.

2. Complete las instrucciones de la receta utilizando los verbos y pronombres adecuados.

Para hacer tortilla de patatas (*pelar*) _pele_ unas patatas, (*cortar*) _____ córtelas _____ en láminas finas. (*Echar*) _____ sal a las patatas y (*freír*) _____ en aceite muy caliente. (*Cortar*) _____ un poco de cebolla y (*freír*) _____ con las patatas. Luego (*batir*) _____ dos huevos y (*mezclar*) _____ con las patatas. (*Poner*) _____ la masa de patata y huevo en la sartén y (*freír*) _____ un par de minutos. (*Dar*) _____ la vuelta a la tortilla y, cuando esté dorada, (*poner*) _____ en un plato limpio.

3. Complete las frases con los verbos entre paréntesis y los pronombres adecuados.

1. La luz está encendida. (*Apagar*) _Apágala_, por favor.
2. La ventana está abierta. (*Cerrar*) _____, por favor. Hace frío.
3. Estas cartas son urgentes. (*Enviar*) _____ hoy mismo si tiene tiempo, por favor.
4. No sabemos hacer este ejercicio. (*Ayudar*) _____, Jesús.
5. Tengo sed. (*Pasar*) _____ el agua, por favor.
6. –¿Le pregunto a Jorge? –No, (*no, preguntar*) _____. No sabe nada.
7. Raquel, (*hacer*) _____ una foto a Raúl y a mí. Queremos tener un recuerdo.
8. Mario, (*hacer*) _____ un favor. (*Comprar*) _____ unos sellos cuando salgas.
9. Miguel, (*no, enseñar*) _____ el regalo a nadie.
10. Los niños están pisando las flores. (*Decir*) _____ algo, Sebastián.

4. Complete las frases con los verbos entre paréntesis y los pronombres adecuados.

1. Si te sobra una entrada, (*no, regalar*) _no se la regales_ a Héctor. (*Regalar*) _Regálamela_ a mí.
2. Si quiere usted algo, (*no, pedir*) _____ a otro. (*Pedir*) _____ a mí.
3. Necesito saber la verdad. (*Decir*) _____, doctor.
4. Ese policía quiere ver tu pasaporte. (*Enseñar*) _____.
5. Esa pluma es mía. (*Dar*) _____.
6. Te he comprado una chaqueta. (*Ponerse*) _____.
7. Ese libro es de Rosa. (*No, dar*) _____ a Pedro.
8. –¿Quieres ver el regalo? –No, (*no, enseñar*) _____ todavía.

165

Presente de subjuntivo: verbos regulares

Este es tu despacho. Espero que **trabajes** a gusto.

No me gusta que **comáis** nada antes de las comidas.

¿Dónde está Pepe?

No sé. Puede que **esté** en su habitación.

Trabajes, comáis y *esté* son formas del presente de subjuntivo.

● Formación del presente de subjuntivo: verbos regulares

	-ar (trabajar)	**-er** (comer)	**-ir** (vivir)
(yo)	trabaj-e	com-a	viv-a
(tú)	trabaj-es	com-as	viv-as
(usted)	trabaj-e	com-a	viv-a
(él, ella)	trabaj-e	com-a	viv-a
(nosotros, –as)	trabaj-emos	com-amos	viv-amos
(vosotros, –as)	trabaj-éis	com-áis	viv-áis
(ustedes)	trabaj-en	com-an	viv-an
(ellos, –as)	trabaj-en	com-an	viv-an

ATENCIÓN:

dar: d-é, d-es, d-é, d-é, d-emos, d-eis, d-en, d-en
estar: est-é, est-és, est-é, est-é, est-emos, est-éis, est-én, est-én
ser: se-a, se-as, se-a, se-a, se-amos, se-áis, se-an, se-an
ver: ve-a, ve-as, ve-a, ve-a, ve-amos, ve-áis, ve-an, ve-an

● El presente de subjuntivo puede referirse al presente o al futuro.

    Presente: *Puede que Sonia **esté ahora** en casa.*
    Futuro: *Mi padre quiere que le **ayude mañana**.*

● El presente de subjuntivo se usa:

  – con algunos verbos y construcciones que expresan deseos.   ▶ UNIDAD 84: Expresión de deseos

    ¿Puedes venir, Sonia? **Quiero que** me **ayudes**.
    *Juan ha tenido un accidente. ¡**Ojalá** no **sea** grave!*

  – con algunos verbos y expresiones que expresan probabilidad.

    ▶ UNIDAD 85: Expresión de probabilidad

    ***Es probable que** el Boca Juniors **gane** la copa este año.*
    –¿Te ha llamado Adela? –No. **Quizás** me **llame** *esta noche.*

  – con algunos verbos y expresiones que expresan diversos sentimientos: sorpresa, alegría, agrado, desagrado, asombro, miedo...

    ▶ UNIDAD 86: Expresión de emociones, sentimientos y valoraciones

    ***Me gusta que seáis** educados, niños.*   ***Tengo miedo de que** me **echen** del trabajo.*

▶ UNIDAD 87: Contraste entre indicativo y subjuntivo   UNIDAD 90: Estilo indirecto (3)
UNIDAD 117: Oraciones finales   UNIDAD 118: Oraciones temporales
UNIDAD 120: Oraciones concesivas

.1.▷ **Complete las frases con los verbos entre paréntesis en presente de subjuntivo.** ⋯⋯⋯⋯⋯⋯⋯⋯⋯⋯

1. ¿Tienes un momento, Carlos? Quiero que me (*tú, ayudar*) ___ayudes___ .
2. Ha llamado el Sr. Cabrera. Quiere que (*nosotros, trabajar*) _trabajemos_ el sábado.
3. Rosa quiere que le (*yo, prestar*) _preste_ el coche el domingo.
4. No me gusta que (*tú, estar*) ___estés___ triste, Pedro.
5. Espero que me (*ustedes, escribir*) _escriban_ cuando lleguen a Santo Domingo.
6. Ha llamado Lolita. Quiere que (*nosotros, comer*) _comamos_ fuera el domingo.
7. Me gusta que la gente (*leer*) ___lea___ .
8. A Marisa no le gusta que Gregorio la (*llamar*) _llame_ todos los días.
9. ¡Ojalá (*vosotros, ser*) _seáis_ felices!
10. Espero que (*llegar*) _lleguen_ pronto tus amigos. Estoy cansada de esperar.

ACIERTOS ⋯/10

.2.▷ **Complete las respuestas con los verbos correspondientes en presente de subjuntivo.** ⋯⋯⋯⋯⋯⋯⋯

1. –¿Dónde está Belén? –No sé. Puede que ___esté___ en su despacho.
2. –¿Has visto a Juan? –No, pero quizás lo _vea_ mañana.
3. –¿Han llamado tus padres? –No. Puede que no _llamen_ hoy.
4. –¿Qué vas a estudiar, Graciela? –No sé todavía. Es probable que _estudie_ Derecho.
5. –¿Abren hoy los bancos? –No. Puede que no _abran_ hoy. Es sábado.
6. –¿Dónde están tus hermanas? –No sé. Puede que _estén_ en el jardín.
7. –¿Cuándo os casáis? –No estamos seguros. Puede que nos _casemos_ el año que viene.
8. –¿Te van a dar el trabajo que te prometieron? –No sé. Es probable que no me lo _den_ .
9. –¿Cuándo se marchan ustedes? –No sé. Puede que _marchemos_ mañana.
10. –¿Vais a ganar el torneo? –No sé. Es probable que no lo _ganemos_.

ACIERTOS ⋯/10

.3.▷ **Una las frases con *que* como en el ejemplo. Haga los cambios necesarios.** ⋯⋯⋯⋯⋯⋯⋯⋯⋯⋯⋯

1. Agustín bebe demasiada cola.
   A Sonia no le gusta. _A Sonia no le gusta que Agustín beba demasiada cola_ .
2. Jaime y Yolanda son amables.
   A Pilar le gusta. _A Pilar le gusta que J y Y sean amables_ .
3. Ernestina vive en el extranjero.
   A Lorenzo no le gusta. _A Lorenzo no le gusta que E viva en el extranjero_
4. Jacinta es cariñosa.
   A Mario le encanta. _A Mario le encanta que Jacinta sea cariñosa_
5. Lolo da muchas fiestas.
   A Tomás no le gusta. _A Tomás no le gusta que Lolo dé muchas fiestas_
6. Ves muchas películas de terror.
   A tu padre no le gusta. _A tu padre no le gusta que veas muchas películas_
7. Trabajáis mucho.
   A vuestro profesor le encanta. _que trabajéis mucho._

ACIERTOS ⋯/7

80 *quiera, juegue...*
Presente de subjuntivo: verbos irregulares (1)

● Formación del presente de subjuntivo: verbos irregulares

	e → ie/e quer-er	e → ie/i sent-ir	e → i ped-ir	o → ue/o pod-er	u → ue/u jug-ar
(yo)	quier-a	sient-a	pid-a	pued-a	juegu-e
(tú)	quier-as	sient-as	pid-as	pued-as	juegu-es
(usted)	quier-a	sient-a	pid-a	pued-a	juegu-e
(él, ella)	quier-a	sient-a	pid-a	pued-a	juegu-e
(nosotros, –as)	quer-amos	sint-amos	pid-amos	pod-amos	jugu-emos
(vosotros, –as)	quer-áis	sint-áis	pid-áis	pod-áis	jugu-éis
(ustedes)	quier-an	sient-an	pid-an	pued-an	juegu-en
(ellos, –as)	quier-an	sient-an	pid-an	pued-an	juegu-en

Otros como *querer*: –ar: *calentar, cerrar, empezar, fregar, gobernar, pensar, regar*
     –er: *defender, entender, perder*

Otros como *sentir*: *divertir, herir, preferir, mentir*

Otros como *pedir*: *conseguir, corregir, elegir, freír, impedir, medir, reír, seguir, servir, sonreír*

Otros como *poder*: –ar: *contar, costar, encontrar, recordar, sonar, soñar, volar*
     –er: *llover, morder, mover, soler, volver*

ATENCIÓN:

oler → **hue**la, **hue**las, **hue**la, **hue**la, olamos, oláis, **hue**lan, **hue**lan
dormir → **due**rma, **due**rmas, **due**rma, **due**rma, durmamos, durmáis, **due**rman, **due**rman

● El presente de subjuntivo se usa:

– con algunos verbos y construcciones que expresan deseos.

▶ UNIDAD 84: Expresión de deseos

*Espero que **podáis** venir a mi fiesta.*
*Buenas noches. ¡Que **durmáis** bien!*

– con algunos verbos y expresiones que expresan probabilidad.

▶ UNIDAD 85: Expresión de probabilidad

*–Esta noche **puede que llegue** tarde. Tengo una reunión.*
***Quizás te sientas** mejor después de comer algo.*

– con algunos verbos y expresiones que expresan diversos sentimientos.

▶ UNIDAD 86: Expresión de emociones, sentimientos y valoraciones

*No **me gusta** que Arturo **vuelva** tarde.*
*A Víctor **le asombra** que **durmamos** tanto.*

– con expresiones que sirven para valorar acciones o situaciones: *me parece bien/mal que..., es lógico que...*

▶ UNIDAD 86: Expresión de emociones, sentimientos y valoraciones

***Es lógico que** Silvia no **quiera** ir a la fiesta. No conoce a nadie.*
***Me parece bien que prefieras** comer ahora. A mí también me gusta comer temprano.*

E J E R C I C I O S

.1.> Complete las frases con los verbos entre paréntesis en presente de subjuntivo.

1. Espero que no (*tú, volver*) _____vuelvas_____ a perder las llaves.
2. No me gusta que me (*tú, mentir*) ___mientas___, Nadia.
3. Espero que Arturo no (*perder*) ___pierda___ esta partida.
4. ¡Ojalá (*ellos, divertirse*) _se diviertan_ en las vacaciones! Lo necesitan.
5. ¿Has hablado con la Sra. Pinto? Es probable que (*poder*) ___pueda___ ayudarte.
6. Espero que (*usted, entender*) ___entienda___ las instrucciones. Es muy fácil.
7. Tome este libro. Puede que le (*servir*) ___sirva___ para su viaje a Chile.
8. Me ha llamado el entrenador. Quizás (*yo, jugar*) ___juegue___ el domingo.
9. Quiero que Sonia me (*conseguir*) ___consiga___ entradas para el próximo concierto.
10. Me gusta que (*llover*) ___llueva___ en verano.
11. Me encanta que mi casa (*oler*) ___huela___ a flores.

ACIERTOS /11

.2.> Una las dos frases con *que*. Haga los cambios necesarios.

1. César quiere estudiar Bellas Artes. Me parece bien. ___Me parece bien que César quiera estudiar Bellas Artes___.
2. La película de esta noche empieza tarde. Me parece mal. _que la película empieza tarde_.
3. Hoy cierran las tiendas; es fiesta. Es lógico. _que las tiendas cierran hoy_.
4. Sócrates no puede venir mañana. Me da pena. _que Sócrates no pueda venir_.
5. No quieres madrugar el domingo. Es natural. _que no quieras madrugar_.
6. Tania friega siempre los platos. Me parece mal. _que Tania friega siempre_.
7. Mis primos no me recuerdan; me han visto poco. Es lógico. _que mis primos no me recuerdan_.
8. Félix consigue siempre lo que quiere. No es normal. _que Félix consiga..._
9. Rafa y Esther prefieren este restaurante; es buenísimo. Es lógico. _que R y E prefieran_.
10. Ustedes piensan mucho en sus amigos. Me parece bien. _que ustedes piensan_.

ACIERTOS /10

.3.> Complete las respuestas con los verbos adecuados.

1. –¿Cuándo vuelven ustedes? –Es probable que ___volvamos___ el lunes.
2. –¿Por qué queréis salir todos los días? –Es lógico que ___queramos___ salir todos los días. Estamos de vacaciones.
3. –¿De qué se ríen tus amigos? –No sé. Puede que ___se rían___ de ese cartel.
4. –¿Por qué no le pedimos el ordenador a Fran? –No me gusta que le ___pidamos___ el ordenador.
5. –¿Por qué encuentran todo extraño en este país? –Es lógico que ___encuentren___ todo extraño. Es muy diferente a su país.
6. –¿Por qué no les dejas dormir? –No me gusta que ___duerman___ tantas horas en la siesta. Luego no duermen por la noche.

ACIERTOS /6

Presente de subjuntivo: verbos irregulares (2)

● Formación del presente de subjuntivo: verbos irregulares

*Ven, quiero que **conozcas** a Teresa.*

– CONOCER: cono**zc**a, cono**zc**as, cono**zc**a, cono**zc**a,
          cono**zc**amos, cono**zc**áis, cono**zc**an, cono**zc**an

       Otros: *conducir, obedecer, parecer, reconocer,*
           traducir

– HUIR: hu**y**a, hu**y**as, hu**y**a, hu**y**a, hu**y**amos, hu**y**áis, hu**y**an, hu**y**an

       Otros: *concluir, construir, contribuir, destruir, influir*

– TRAER: tra**ig**a, tra**ig**as, tra**ig**a, tra**ig**a, tra**ig**amos, tra**ig**áis, tra**ig**an, tra**ig**an

       Otros: *caer(se)*

– DECIR: **di**ga, **di**gas, **di**ga, **di**ga, **di**gamos, **di**gáis, **di**gan, **di**gan

– HACER: **ha**ga, **ha**gas, **ha**ga, **ha**ga, **ha**gamos, **ha**gáis, **ha**gan,
        hagan

– OÍR: **oi**ga, **oi**gas, **oi**ga, **oi**ga, **oi**gamos, **oi**gáis, **oi**gan, **oi**ga

– PONER: **pon**ga, **pon**gas, **pon**ga, **pon**ga, **pon**gamos, **pon**gáis,
         pongan, **pon**gan

*Es imposible que te **oigan**. Están muy lejos.*

– SALIR: **sal**ga, **sal**gas, **sal**ga, **sal**ga, **sal**gamos, **sal**gáis, **sal**gan, **sal**gan

– TENER: **ten**ga, **ten**gas, **ten**ga, **ten**ga, **ten**gamos, **ten**gáis, **ten**gan, **ten**gan

– VENIR: **ven**ga, **ven**gas, **ven**ga, **ven**ga, **ven**gamos, **ven**gáis, **ven**gan, **ven**gan

– IR: **va**ya, **va**yas, **va**ya, **va**ya, **va**yamos, **va**yáis, **va**yan, vayan

– SABER: **se**pa, **se**pas, **se**pa, **se**pa, **se**pamos, **se**páis, **se**pan, **se**pan

– HABER: **ha**ya

● El presente de subjuntivo se usa:

– con algunos verbos y construcciones que expresan deseos.

  ▶   UNIDAD 84: Expresión de deseos

     *¡**Ojalá** no **haya** más guerras!*

– con algunos verbos y expresiones que expresan probabilidad.

  ▶   UNIDAD 85: Expresión de probabilidad

     *–¿Estás esperando a Manuel? –Sí, pero **puede que** no **venga** hoy. Tenía mucho trabajo.*

– con algunos verbos y expresiones que expresan diversos sentimientos.

  ▶   UNIDAD 86: Expresión de emociones, sentimientos y valoraciones

     ***Siento** que Alberto no **vaya** a tu concierto, pero no se encuentra bien.*
     *–Luis sabe que te vas a ir a Argentina. –Es igual. **No me importa** que lo **sepa**.*

– con algunas expresiones que sirven para valorar acciones o situaciones.

  ▶   UNIDAD 86: Expresión de emociones, sentimientos y valoraciones

     ***Es lógico que construyan** más carreteras. Cada día hay más coches.*
     ***Me parece una vergüenza que** no **sepas** freír un huevo.*

.1.▷ **Complete las frases con los verbos entre paréntesis en presente de subjuntivo.** ┄┄┄┄┄┄

1. Espero que Ana (*traer*) _____ traiga _____ algo de postre. Yo no he comprado nada.
2. Me encanta que Álvaro (*tener*) _____ tenga _____ tantos amigos.
3. –¿Dónde está Carla? –Pregúntale a Mario. Es probable que él lo (*saber*) _____ sepa _____.
4. Luis y Pili quieren que (*nosotros, ir*) _____ vayamos _____ de excursión este domingo. ¿Qué te parece?
5. Yo invito. No quiero que (*ustedes, decir*) _____ digan _____ que no lo hemos celebrado.
6. Habla un poco más alto. Puede que los de atrás no te (*oír*) _____ oigan _____.
7. ¡Ojalá (*hacer*) _____ haga _____ buen tiempo mañana! Queremos ir al campo.
8. No me gusta que (*tú, conducir*) _____ conduzcas _____ tan deprisa. Me pone nerviosa.
9. Bájate de ahí, Raúl. No quiero que (*tú, caerse*) _____ te caigas _____.
10. –¿Vais a estar en casa esta noche? –No lo sé. Puede que (*salir*) _____ salgamos _____.
11. Les voy a presentar a María. Quiero que la (*conocer*) _____ conozcáis _____.
12. Siento que no (*haber*) _____ haya _____ más helado, pero se ha acabado.

ACIERTOS ...../12

.2.▷ **Una las dos frases con *que*. Haga los cambios necesarios.** ┄┄┄┄┄┄

1. Hay pobreza en el mundo. Me parece terrible. _____ Me parece terrible que haya pobreza en el mundo _____.
2. Mi gato huye cuando ve a un perro. Es lógico. _____ que mi gato huya _____.
3. Antonia no dice nunca la verdad. Me parece mal. _____ que Antonia no diga nunca _____.
4. Luciano y Adolfo no saben usar un ordenador. Me parece increíble. _____ que L y A no sepan usar un ordenador. _____
5. Pones siempre la mesa. Me parece bien. _____ que pongas siempre la mesa _____.
6. Tenéis siempre hambre; trabajáis mucho. Es natural. _____ que tengáis siempre hambre _____.
7. Susana no hace nunca la cama. No me parece bien. _____ que Susana no haga nunca _____.
8. Destruyen los bosques. Es una vergüenza. _____ que destruyan los bosques _____.

ACIERTOS ...../8

.3.▷ **Complete los diálogos con los verbos adecuados.** ┄┄┄┄┄┄

1. –Mira esos obreros. Se van a caer. –Es imposible que _se caigan_. Tienen cinturones de seguridad.
2. –Hay mucha gente en la exposición. –Es normal que _____ haya _____ tanta gente. Es una pintora buenísima.
3. –Elsa sale con Tomás. –No me gusta que _____ salga _____ con ese chico. Es muy celoso.
4. –¡Cuidado! Te van a oír. –Es igual. No me importa que me _____ oigan _____.
5. –¿Creéis que os puede reconocer? –Sí, tengo miedo de que nos _____ reconozcan _____.
6. –Gloria es educadísima. –Sí, me llama la atención que _____ sea _____ tan educada.

ACIERTOS ...../6

171

82 *trabajara, comiera, viviera*
Pretérito imperfecto de subjuntivo: verbos regulares

¿Estás libre este domingo? Me gustaría que **comiéramos** juntos.

¡Qué bien pintas! ¡Quién **pintara** como tú!

Comiéramos y *pintara* son formas del pretérito imperfecto de subjuntivo.

● Formación del pretérito imperfecto de subjuntivo: verbos regulares

	-ar (trabajar)	-er (comer)	-ir (vivir)
(yo)	trabaj-ara, -ase[1]	com-iera, -iese	viv-iera, -iese
(tú)	trabaj-aras, -ases	com-ieras, -ieses	viv-ieras, -ieses
(usted)	trabaj-ara, -ase	com-iera, -iese	viv-iera, -iese
(él, ella)	trabaj-ara, -ase	com-iera, -iese	viv-iera, -iese
(nosotros, –as)	trabaj-áramos, -ásemos	com-iéramos, -iésemos	viv-iéramos, -iésemos
(vosotros, –as)	trabaj-arais, -aseis	com-ierais, -ieseis	viv-ierais, -ieseis
(ustedes)	trabaj-aran, -asen	com-ieran, -iesen	viv-ieran, -iesen
(ellos, –as)	trabaj-aran, -asen	com-ieran, -iesen	viv-ieran, -iesen

[1] Las formas *trabajase...*, *comiese...* y *viviese...* se usan con menor frecuencia que las formas *trabajara...*, *comiera...* y *viviera...*

● El pretérito imperfecto de subjuntivo se puede referir al pasado, al presente o al futuro.

> Pasado: *Ayer te llamé a casa. Quería que me **ayudases** a preparar el examen.*
> Presente: *¿Estás ocupada? Me gustaría que **vieras** algo.*
> Futuro: *¿Hacéis algo **el sábado**? Me gustaría que **vinierais** a casa.*

● Se usa el pretérito imperfecto de subjuntivo en exclamaciones con *¡Quién!* para expresar esperanza sobre algo de difícil cumplimiento en el futuro o de imposible cumplimiento en el presente.

> *¡**Quién viviera** cien años!* (esperanza sobre algo difícil o imposible)
> *¡**Quién conociera** el futuro!* (esperanza sobre algo imposible)

● Se usa el pretérito imperfecto de subjuntivo con verbos o expresiones en pasado o en condicional que indican lo siguiente:

– voluntad o deseo de influir sobre otros: *El jefe **prohibió** que **usáramos** los móviles.*
> *Mis padres **querían** que **estudiara** Derecho.*

– sentimientos como agrado, alegría, miedo, etc.: *No me gustó que no me **invitaran**.*

– valoración de acciones o situaciones: *Era lógico que Goyo **protestase** por la película.*
> *Sería mejor que **llamaras** a Chus. Siempre me pregunta por ti.*

– probabilidad: *Era imposible que Pedro **encontrase** empleo. No lo buscaba.*

▶ UNIDAD 84: Expresión de deseos
UNIDAD 86: Expresión de emociones, sentimientos y valoraciones
UNIDAD 90: Estilo indirecto (3)
UNIDAD 117: Oraciones finales

UNIDAD 85: Expresión de probabilidad
UNIDAD 87: Contraste entre indicativo y subjuntivo
UNIDAD 92: Condicionales (2)
UNIDAD 120: Oraciones concesivas

EJERCICIOS

¡Quién fuera tú!

1. ¿Qué diría? Escriba frases con *quién* y el pretérito imperfecto de subjuntivo del verbo adecuado.

1. Le gustaría bailar como un amigo suyo, pero lo ve difícil. ¡Quién bailara como tú!
2. Le gustaría comer como un amigo suyo, pero lo ve difícil. ¡Quién comiera como tú!
3. Le gustaría hablar italiano como unos amigos suyos, pero lo ve difícil. ¡Quién hablara como vos!
4. Le gustaría escribir como García Márquez, pero lo ve difícil. ¡Quién escribiera como GM!
5. Le gustaría jugar al ajedrez como Karpov, pero lo ve difícil. ¡Quién jugara como K!

ACIERTOS ...../5

2. Complete las frases con los verbos del recuadro en imperfecto de subjuntivo

~~ayudar~~	~~cantar~~	~~comer~~	~~comprar~~	~~enterarse~~	~~jugar~~	~~lavar~~
~~llamar~~		~~llegar~~	~~perder~~	~~recibir~~		~~vivir~~

1. Cuando era pequeño mis padres querían que _____jugara_____ al tenis.
2. ¿Vas a ponerte ahora a lavar el coche? Preferiría que lo _lavara_ en otro momento.
3. ¿Ya estáis aquí? Esperaba que _llegarais_ más tarde.
4. Gracias por el regalo, Andrés. No era necesario que _compraras_ nada.
5. Era imposible que no _se enterara_ nadie. Lo dijo en voz alta.
6. Rodrigo quería que le _ayudáramos_, pero no teníamos tiempo.
7. Me encantaría que ustedes _vivieran_ en esta casa.
8. Antonia nos despertó a las siete. Tenía miedo de que _perdiéramos_ el avión.
9. Todo el mundo esperaba que _cantara_ en la fiesta, pero tenía mal la voz.
10. –¿Por qué no vinieron a la cena? –Puede que no _recibieran_ la invitación.
11. Me encantó que me _llamarais_. Tenía muchas ganas de veros.
12. El año pasado el director nos prohibió que _comiéramos_ en clase.

ACIERTOS ...../12

3. Una las dos oraciones con *que*. Haga los cambios necesarios.

1. Mauro no aprobó el carné de conducir. Lo sentimos. Sentimos que Mauro no aprobara el carné de conducir.
2. Balbina encontró trabajo. Me alegré. que B encontrara trabajo.
3. No me llamasteis el domingo. Me extrañó. que no me llamarais.
4. Juan y Alicia se acordaron de nosotros. Nos gustó. que J y A se acordaran.
5. Mi hermana se llevó el coche. No me importó. que mi hermana se llevara.
6. No aprobaste. Lo sentí. que te no aprobaras.
7. No hablaste con Blas. Me pareció mal. que no hablaras con B.
8. No invitasteis a Sonia. No me gustó. que no invitarais a Sonia.
9. Mis hermanos no salieron anoche. Me extrañó. que mis hermanos no salieran.
10. Armando quiere trabajar con nosotros. Nos gustaría. que A trabajara.
11. Mis padres nos regalaron una alfombra. Nos encantó. que mis padres nos regalaran.
12. La empresa pagó la comida. Nos extrañó. que la empresa pagara la comida.

ACIERTOS ...../12

83 | *fuera, tuviera...*
Pretérito imperfecto de subjuntivo: verbos irregulares

● Formación del pretérito imperfecto de subjuntivo: verbos irregulares

– e → i

	pedir
(yo)	pid-iera, -iese
(tú)	pid-ieras, -ieses
(usted)	pid-iera, -iese
(él, ella)	pid-iera, -iese
(nosotros, –as)	pid-iéramos, -iésemos
(vosotros, –as)	pid-ierais, -ieseis
(ustedes)	pid-ieran, -iesen
(ellos, –as)	pid-ieran, -iesen

Otros: *elegir, sentir*

– o → u

	dormir
(yo)	durm-iera, -iese
(tú)	durm-ieras, -ieses
(usted)	durm-iera, -iese
(él, ella)	durm-iera, -iese
(nosotros, –as)	durm-iéramos, -iésemos
(vosotros, –as)	durm-ierais, -ieseis
(ustedes)	durm-ieran, -iesen
(ellos, –as)	durm-ieran, -iesen

Otros: *morir*

– Otros verbos irregulares

dar	→	d-	
estar	→	estuv-	-iera, -iese
haber	→	hub-	-ieras, -ieses
hacer	→	hic-	-iera, -iese
poder	→	pud-	-iera, -iese
poner	→	pus-	-iéramos, -iésemos
querer	→	quis-	-ierais, -ieseis
saber	→	sup-	-ieran, -iesen
tener	→	tuv-	-ieran, -iesen
venir	→	vin-	

caer	→	cay-	
leer	→	ley-	-era, -ese
oír	→	oy-	-eras, -eses
huir[1]	→	huy-	-era, -ese
traducir[2]	→	traduj-	-era, -ese
traer	→	traj-	-éramos, -ésemos
decir	→	dij-	-erais, -eseis
ir/ser	→	fu-	-eran, -esen
reír[3]	→	ri-	-eran, -esen

[1] Otros: *construir*   [2] Otros: *conducir*   [3] Otros: *sonreír*

● Usos del pretérito imperfecto de subjuntivo

▶ UNIDAD 82: Pretérito imperfecto de subjuntivo: verbos regulares

¡Quién **tuviera** treinta años menos!

– Exclamaciones con *quién*

> *¡Quién **pudiera** nadar como tú!* (esperanza difícil o imposible)
> *¡Quién **fuera** Spielberg!* (esperanza imposible)

– Con verbos o expresiones en pasado o en condicional que indican lo siguiente:

• voluntad o deseo de influir sobre otros: *Cuando era pequeña, mis padres **querían** que **fuera** pianista.*

• sentimientos como agrado, alegría, miedo...: *Me **extrañó** que no **vinieseis** a mi fiesta.*

> *A mí me **encantaría** que Salva y Marisa **fueran** a nuestra clase.*

> *Me **extrañaría** que Alfonso **estuviera** en casa. Está siempre fuera.*

• valoración de acciones o situaciones: *Era **lógico** que **estuviera** triste. Se había ido Hugo.*

• probabilidad: *Puede que Juan **supiera** que había examen, pero no dijo nada.*

174

3 EJERCICIOS

.1.▷ ¿Qué diría? Escriba frases con *quién* y el pretérito imperfecto de subjuntivo del verbo adecuado.

1. A alguien le gustaría ser más alto. <u>¡Quién fuera más alto!</u>
2. A alguien le gustaría poder vivir en Guatemala, pero lo ve difícil. <u>¡Quién pudiera vivir en G.!</u>
3. A alguien le gustaría saber hablar chino, pero lo ve difícil. <u>¡Quién supiera hablar chino!</u>
4. A alguien le gustaría tener tanta suerte como un amigo, pero lo ve difícil. <u>¡Quién tuviera tanta suerte!</u>
5. A alguien le gustaría estar ahora de vacaciones, pero no lo está. <u>¡Quién estuviera ahora de vac!</u>
6. A alguien le gustaría conducir un coche de carreras, pero lo ve difícil. <u>¡Quién condujera!</u>
7. A alguien le gustaría sonreír siempre, pero no es posible. <u>¡Quién sonriera siempre!</u>

ACIERTOS /7

.2.▷ Complete las frases con los verbos del recuadro en imperfecto de subjuntivo.

~~caerse~~ dar ~~haber~~ ~~hacer~~ ~~leer~~ ~~oír~~ ~~pedir~~ ~~poder~~ sentir ~~ser~~ tener traducir ~~traer~~

1. Era imposible que <u>se cayeran</u> las maletas. Estaban bien sujetas.
2. Sería maravilloso que <u>tuviéramos</u> mucho trabajo. Podríamos ahorrar para un piso.
3. Me llamó la atención que le <u>pidieras</u> el diccionario a Gabriel. No sois amigos.
4. ¿Por qué habéis traído pasteles? No era necesario que <u>trajerais</u> nada.
5. El profesor no quería que <u>tradujéramos</u> las frases.
6. Perdonen, pero preferiría que no <u>hiciera</u> fuego aquí.
7. Me encantaría que <u>pudierais</u> pasar unos días conmigo. Lo paso muy bien con vosotras.
8. –Josefina sintió mucho que no te <u>diera</u> el empleo. –Puede que lo <u>sintiera</u>, pero no me dijo nada.
9. Mi padre esperaba que <u>fuera</u> abogado como él, pero yo no quise.
10. Sería bueno que <u>leyerais</u> más, niños. Leer es importante.
11. –¿Por qué no vinieron cuando los llamé? –Puede que no te <u>oyeran</u>.
12. Me gustaría que <u>hubiera</u> menos violencia en el mundo.

ACIERTOS /12

.3.▷ Una las dos oraciones con *que*. Haga los cambios necesarios.

1. No vinisteis a la fiesta. Me extrañó. <u>Me extrañó que no vinierais a la fiesta</u>.
2. Nos hicieron una foto. No nos gustó. <u>que nos hicieran una foto</u>.
3. Elegiste mi clase. Me alegré de ello. _____.
4. Rafa tuvo que irse. Lo sentimos. <u>que Rafa tuviera que irse</u>.
5. Raúl no vino a mi fiesta. No me importó. <u>que Raúl no viniera</u>.
6. Gisele dijo que yo había mentido. Me molestó. <u>que G dijera</u>.
7. Te reíste de Blas. Me pareció mal. <u>que te rieras de B</u>.
8. No me hiciste caso. No me gustó. <u>que no me hicieras caso</u>.
9. Jesús y Luis durmieron ocho horas. Me extrañó. <u>que J y L durmieran</u>.
10. Tus hermanas no quisieron salir con nosotras. Me pareció lógico. _____.
11. Los niños nos dieron la bienvenida. Nos encantó. <u>que los niños nos dieran</u>.
12. Alberto hizo la cena. Nos extrañó. _____.
13. Su perro se murió joven. Lo sintió _____.
14. Construyeron un cine en su barrio. Se alegró mucho. _____.

ACIERTOS /14

84 Quiero que me ayudes
Expresión de deseos

Para expresar deseos, se pueden usar las siguientes construcciones:

● Algunos verbos o expresiones que indican deseo + infinitivo o subjuntivo.

querer		**Quiero que me ayudes**, Jorge.
desear	+ infinitivo	Hoy no **deseo ver** a nadie. Estoy triste.
tener ganas de	+ *que* + subjuntivo	**Tengo ganas de que trabajen** mis hijos.
...		

– Se usa esta construcción con los verbos y expresiones siguientes: *querer, desear, preferir, esperar, rogar, soñar con, tener ganas de, (me, te...) gustaría, (me, te...) importaría.*

– Se usa el infinitivo cuando los dos verbos (el que expresa deseo y el que expresa acción) se refieren a la misma persona. Nos podemos referir al pasado, al presente o al futuro.

> *De pequeña, Elisa **soñaba** (ella) con **ser** (ella) escritora.*
> *¿**Te gustaría** (a ti) **ganar** (tú) algo de dinero?*

– Se usa el subjuntivo cuando los dos verbos se refieren a personas diferentes. Se usa el presente de subjuntivo cuando nos referimos al presente o al futuro.

> *Matías, **prefiero** (yo) que me lo **digas** (tú) ahora.*
> ***Espero** que **haga** buen tiempo **el domingo**.*

– Se usa el pretérito imperfecto de subjuntivo cuando nos referimos al pasado o después de una forma condicional.

> *Mis padres **querían** (ellos) que **fuera** (yo) piloto.*
> *Me **gustaría** (a mí) que me **hicieras** (tú) un favor, Mario.*

● *¡Que* + presente de subjuntivo! para expresar un deseo ante una acción o situación presente o futura.

> *¡**Que tengáis** buen viaje! (Os deseo que tengáis buen viaje.)*
> *¡**Que Ángel apruebe**! (Deseo que Ángel apruebe.)*

¡Felicidades! ¡**Que cumplas** muchos más!

● *Ojalá* + subjuntivo para expresar un deseo o esperanza fuerte (para uno mismo o para otros).

– Se usa el presente de subjuntivo cuando expresa un deseo presente o futuro que se considera realizable.

> *¡**Ojalá haga** buen tiempo mañana! Estoy harto de lluvia. (Espero que haga buen tiempo y lo considero posible.)*
> *Bueno, ya has acabado la carrera. ¡**Ojalá encuentres** trabajo pronto! (Deseo que encuentres trabajo pronto y lo considero posible.)*

– Se usa el pretérito imperfecto de subjuntivo cuando la realización del deseo se considera muy difícil en el futuro o imposible en el presente.

> *¡**Ojalá me tocara** la lotería! (muy difícil)*
> *¡**Ojalá fuera** más joven! (imposible)*

4 EJERCICIOS

.1.▷ Complete las frases con los verbos entre paréntesis en infinitivo o presente de subjuntivo. ....

1. Espero (*yo, encontrar*) _encontrar_ trabajo pronto.
2. Espero que me (*tú, llamar*) ___llames___ cuando vengas a Lima.
3. ¿Quieres (*tú, comer*) _____ algo?
4. –Tengo hambre. –¿Quieres que te (*yo, preparar*) _____ algo de comer?
5. Me gustaría (*yo, conocer*) _____ a tus padres.
6. Aléjate un poco. Prefiero que no nos (*ellos, ver*) _____ juntos. ¡Es una sorpresa!
7. Te ruego que no me (*tú, esperar*) _____. Prefiero (*quedarse*) _____ en casa.
8. De pequeño, soñaba con (*yo, poder*) _____ viajar por el espacio.
9. Voy a sentarme un poco. Tengo ganas de (*yo, descansar*) _____.
10. –¿Le esperamos? –No, prefiero que (*ustedes, irse*) _____. Voy a acabar tarde.

ACIERTOS
......../10

.2.▷ Escriba frases como en el ejemplo utilizando el presente o el imperfecto de subjuntivo. ....

1. Alberto quería (*yo, trabajar con él*) _que trabajara con él_ .
2. Espero (*no llover mañana*) _____.
3. ¿Os importaría (*yo, invitar a Laura a la fiesta*) _____?
4. Felipe nos rogó (*nosotros, no dejarle solo*) _____.
5. Sebastián prefiere (*ustedes, esperar en su casa*) _____.
6. Me gustaría (*el mundo, ser más justo*) _____.
7. Tengo ganas de (*vosotros, venir*) _____.

ACIERTOS
......../7

.3.▷ ¿Qué diría en estas situaciones? Complete las frases con los verbos del recuadro. ....

| divertirse |
| encontrar |
| ~~pasar~~ |
| ser |
| tener |
| tener |

1. A un amigo que se va de vacaciones: ¡Que lo _pases_ bien!
2. A un desconocido que ha perdido la maleta: ¡Que la _____ pronto!
3. A unos amigos que se van de viaje: ¡Que _____ buen viaje!
4. A un amigo que va a hacer un examen importante: ¡Qué _____ suerte!
5. A unos recién casados: ¡Que _____ felices!
6. A un amigo que se va a una fiesta: ¡Que _____!

ACIERTOS
......../6

.4.▷ ¿Qué diría? Escriba frases con *¡ojalá!* ....

1. Estás jugando un partido de fútbol, quieres ganar y lo consideras posible. Dices:
   ¡_Ojalá ganemos_ !
2. Te gustaría que María te quisiera, pero es difícil. Dices: ¡_____!
3. Te gustaría que tus amigos y tú aprobarais y es posible. Les dices: ¡_____!
4. Te gustaría que no lloviera mañana y parece que es posible. Dices: ¡_____!
5. Te gustaría ser más alta. Dices: ¡_____!
6. Te gustaría que Julián supiera tocar el piano, pero no sabe. Le dices: ¡_____!

ACIERTOS
......../6

85 *Quizás lo haga*
Expresión de probabilidad

Para expresar probabilidad, se pueden usar las siguientes construcciones:

- Algunas expresiones que indican diferentes grados de probabilidad + subjuntivo

es posible/imposible que		*Es imposible que **ganemos**. Jugamos muy mal.*
es probable/improbable que		*Era poco probable que **encontrara** trabajo.*
posiblemente		*Posiblemente **llueva**. Hay muchas nubes.*
probablemente	**+ subjuntivo**	*Probablemente **cambie** hoy el tiempo.*
puede que		*Puede que **no salga** esta noche. Estoy cansado.*
quizás, quizá		*Llama a Ángel. Quizá **esté** en casa.*
tal vez		*Tal vez **haya** elecciones pronto.*

- Se usa el presente de subjuntivo cuando se habla del presente o del futuro.

    –¿Sabe dónde está el Sr. Pavón? No está en su oficina.
    *–No sé. Quizá **esté** en la cafetería.*

    *Es posible que **tengan** ustedes razón, pero prefiero asegurarme.*

    *No me ha llamado Martina. Posiblemente me **llame** esta noche.*

Roberto no quiere salir.

Puede que esté cansado. Trabaja mucho.

- Se usa el imperfecto de subjuntivo cuando se habla del pasado.

    *Era poco probable que **aprobara**. Había estudiado muy poco.*

    *–¿Sabes si Pedro ha hablado con Ricardo? –Puede que lo **hiciera** anoche. Regresó tarde.*

> PERO: Con *quizás, quizá, tal vez, posiblemente* y *probablemente* también se puede usar el pretérito indefinido y otros tiempos del pasado.
>
> *–Están cansados. –Quizá **se acostaron/acostaran** tarde anoche.*

- Se dice *es posible/imposible* + infinitivo cuando se habla en sentido general.

    *Es **imposible dormir** en esta casa. Hay demasiado ruido.*

    *Era **imposible engañar** a Tomás. Era muy listo.*

- *Seguramente* + indicativo o subjuntivo

  - Con *seguramente* se puede usar el presente de indicativo o el presente de subjuntivo para hablar del presente.

    *–¿Sabes dónde está Martín? –Seguramente **está/esté** en casa. No sale mucho.*

  - Se suele usar el futuro simple para hablar del futuro.

    *–¿Cuándo vas a enviarle un correo electrónico a Clara? –Seguramente lo **haré** esta noche.*

  - Para hablar del pasado se usan los diferentes tiempos de pasado del indicativo.

    *Santi no contesta el teléfono. Seguramente **ha salido**.*

    *–Martina tiene un poncho precioso. –Seguramente lo **compró** cuando estuvo en Perú.*

5.1. Complete las respuestas con el presente de subjuntivo en forma afirmativa o negativa o el infinitivo de los verbos correspondientes. ....

1. –¿Cree que va a llover esta tarde? –No sé. Puede que __llueva__ .
2. –¿Vais a ir a la fiesta de Elisa? –Tenemos mucho que estudiar. Quizás _____.
3. –¿Está Carmen Perón en su despacho? –No sé. Es posible que _____. Mira tú.
4. –¿Sabes si Alicia va a venir hoy a clase? –No sé. Puede que _____. Últimamente no viene mucho.
5. –¿Por qué no duermes bien? –Es imposible _____ aquí. Hay mucho ruido.
6. –¿Sabes si hay un tren a Aguascalientes? –Posiblemente _____ uno por la mañana.
7. –¿Sabe si Celia quiere trabajar este verano? –No sé, pero es probable que _____. Necesita dinero para el curso.
8. –¿No puede encontrar otro piso mejor? –Es imposible _____ nada mejor por este precio.

ACIERTOS ...../8

5.2. Complete los diálogos. Use el pretérito imperfecto de subjuntivo o el pretérito indefinido en la forma afirmativa o negativa de los verbos correspondientes. ....

1. –Miguel dijo la verdad. –No te creo. Es imposible que __dijera la verdad__.
2. –Fue José. Seguro. –Yo no estoy tan segura. Puede que _____.
3. –Lo hizo Sara. –¿Estás seguro? Quizás _____.
4. –Aurora no vino la semana pasada porque estaba enferma. –Sí. Es probable que _____. Es una chica muy débil.
5. –Mario dice que se olvidó. –Tal vez _____. Es muy despistado.

ACIERTOS ...../5

5.3. Complete las respuestas. ....

1. –¿Vas a ver pronto a Tomás? –Sí. Seguramente lo _____ __veré__ _____ el sábado.
2. –¿Crees que vas a aprobar? –Sí. Seguramente _____.
3. –¿Van a ir a Bariloche este invierno? –Sí. Seguramente _____ unos días.
4. –¿Crees que encontraré la cartera? –Sí. Seguramente la _____ en algún rincón.
5. –¿Sabes si Antonio tiene el teléfono de Amelia? –Sí. Seguramente lo _____.
6. –¿Crees que ese cuadro lo ha pintado Margarita? –Sí. Seguramente lo _____ ella.

ACIERTOS ...../6

5.4. Escriba cada verbo en el tiempo correspondiente. ....

1. –¡Teléfono, Lola! –Lo cojo yo. Puede que (ser) __sea__ Víctor.
2. –¿Cuándo vais a inaugurar el nuevo piso? –Quizá lo (hacer) _____ el mes que viene.
3. –Felipe me llama todos los días. –Seguramente le (gustar) _____.
4. Es imposible (encontrar) _____ habitación en ningún hotel. Están todos llenos.
5. –Luis no nos saludó anoche. –Probablemente no os (ver) _____.
6. –Me apetece comer algo. –Es imposible que (tener) _____ hambre. Hemos comido hace una hora.
7. Anoche no dormí bien. Puede que me (sentar) _____ algo mal.

ACIERTOS ...../7

86 Me gusta que venga a casa
Expresión de emociones, sentimientos y valoraciones

● Para expresar diversos sentimientos y emociones como agrado, desagrado, alegría, sorpresa, etc., se pueden usar las siguientes construcciones:

gustar alegrarse de estar harto de	+ infinitivo + que + subjuntivo	**Nos alegramos de estar** con vosotros. Me **gusta** que me **quieran**. **Estoy harto de** que no **colabores**.

– Se usan esas construcciones con los siguientes verbos y expresiones: *gustar, encantar, agradar; molestar, fastidiar, odiar, disgustar; alegrarse de; asombrar; tener miedo de; extrañar, sorprender, llamar la atención; preocupar; molestar, poner nervioso; estar harto de.*

– Se usa el infinitivo cuando los dos verbos se refieren a la misma persona.

> *Me gusta (a mí)* **ser** *(yo) puntual. Me desagrada (a mí)* **llegar** *(yo) tarde.*

– Se usa *que* + subjuntivo cuando los dos verbos se refieren a diferentes personas.

  • Se usa el presente de subjuntivo cuando nos referimos al presente o al futuro.

  > *Me alegro (yo) de que* **tengas** *(tú) un buen trabajo. Te lo mereces.*
  > *Me extraña (a mí) que no* **vaya** *Isa (ella) al concierto.*

  • Se usa el pretérito imperfecto de subjuntivo cuando nos referimos al pasado o después de una forma condicional.

  > *Me* **extrañó** *que me* **llamaran** *tan tarde.*
  > *A mis padres les* **encantaba** *que* **fuéramos** *a la finca de los abuelos.*
  > *Nos* **encantaría** *que Lidia* **estudiara** *Medicina.*

● Para valorar acciones o situaciones se pueden usar las siguientes construcciones:

ser bueno parecer bien ser/parecer lógico ser/parecer una vergüenza	+ que + subjuntivo	**Es bueno** que no **estéis** enfadados. **Me parece bien** que **salgas**. **Me parece lógico** que Ana **esté** enfadada. **Es una vergüenza** que **sean** tan maleducados.

– Se usa esta construcción con las siguientes expresiones:

  ser + bueno, malo

  parecer + bien, mal

  ser/parecer + mejor, lógico, natural, normal, maravilloso, importante, interesante

  ser/parecer + una vergüenza, una locura, una pena, una lástima

– Se usa el presente de subjuntivo cuando nos referimos al presente o al futuro.

> **Es importante** que **lleguéis** pronto.

– Se usa el pretérito imperfecto de subjuntivo cuando nos referimos al pasado o después de una forma condicional.

> *Alba pensaba que* **era mejor** *que* **llamáramos** *a casa.*
> **Sería una lástima** *que* **perdieras** *la beca.*

Me parece
una locura que
hagas eso.

– Se usa el infinitivo cuando se habla en sentido general.

> **Es importante decir** la verdad.   **Me parece una locura levantarse** a las cinco.

1. ▷ **Una las frases. Haga los cambios necesarios.**

1. Tomás baila tangos. Le encanta. _____ A Tomás le encanta bailar tangos _____.
2. Trabajo diez horas todos los días. Estoy harto. _____.
3. Rosa e Iván se van a casar. Nos alegramos. _____.
4. Rodri está siempre gastando bromas. Me molesta. _____.
5. Tus amigos te ayudan cuando lo necesitas. Te encanta. _____.
6. Mañana no voy al partido. Me fastidia. _____.
7. Rubén no tiene amigos. Me preocupa. _____.
8. Carlos es profesor de informática. Me sorprende. _____.

ACIERTOS ...... / 8

2. ▷ **Complete los diálogos.**

1. –Teresa llamó muy tarde anoche. – Me extraña que _llamara tarde_. Se suele acostar temprano.
2. –Benito dice que quiere estudiar Económicas. –Nos encantaría que _____.
3. –Andrés se portó bien ayer. –Sí, me sorprendió que _____.
4. –¿Crees que Lola estará en casa?–Me extrañaría que _____. Se fue hace dos días.
5. –Elsa cantó bien anoche. –Sí, nos sorprendió que _____.
6. –A Enrique le encantó verte ayer. –Yo también me alegré de _____.
7. –¿Llegó Juan a tiempo? –Sí, tenía miedo de que no _____, pero al final vino.

ACIERTOS ...... / 7

3. ▷ **Una las frases. Haga los cambios necesarios.**

1. Lupe prefiere ir a México. Es lógico. _____ Es lógico que Lupe prefiera ir a México _____.
2. Hay que ser amable con los demás. Es importante. _____.
3. Sofía sabe hablar cinco idiomas. Es maravilloso. _____.
4. No pudimos ver la exposición de Guayasamín. Fue una pena. _____.
5. Patricia decidió regresar a Ecuador. Es comprensible. _____.
6. Mucha gente pasa hambre. Me parece un escándalo. _____.
7. Hay que aprender idiomas. Es importante. _____.
8. Asunción no quiere estudiar. Es una lástima. _____.
9. Hay que ser educado. Es bueno. _____.
10. De pequeño no me gustaba madrugar. Es normal. _____.

ACIERTOS ...... /10

4. ▷ **Está comentando algunos aspectos de un país que está visitando. Escriba frases como en el ejemplo.**

1. No hay supermercados. Me asombra _que no haya supermercados_.
2. Los hombres hacen las labores del hogar. Me parece curioso _____.
3. Todo el transporte es público. Me parece bien _____.
4. Las mujeres son más altas que los hombres. Me llama la atención _____.
5. Los hombres solteros no pueden salir solos. Me parece mal _____.
6. Solo las niñas van a la escuela. Me parece una vergüenza _____.

ACIERTOS ...... / 6

Creo que es... / No creo que sea...
Contraste entre indicativo y subjuntivo

Compare:

INDICATIVO

● Se usa el indicativo en frases afirmativas y preguntas:

– con verbos y expresiones de opinión y pensamiento: *creer, pensar, opinar, parecer, estar seguro de, recordar.*

> Doctor, *¿cree* que *estoy* enfermo?
>
> Me parece que *va* a nevar.
>
> **Recuerdo** que el año pasado **visitamos** el desierto de Atacama.
>
> *¿No piensas* que *es* un poco tarde?

– con expresiones de verdad (*es verdad/ cierto/evidente, está claro*).

> *¿Es verdad* que Ángel *es* actor?
>
> **Estaba claro** que Julián **mentía**.

> **Es evidente** que Felipe **no quiere** ayudarnos.

● Se usa el indicativo en oraciones de relativo cuando el relativo se refiere a alguien o algo conocido o específico.

> Blanca es *la persona* que **cuida** a los niños. (Blanca es una persona conocida y se da información sobre ella.)
>
> Costa Rica es **el único país** de América que no **tiene** ejército.
>
> **Conozco** a un chico que **toca** el oboe.

> Conocía un lugar que *era* perfecto para acampar.
>
> Tenemos un nuevo editor que **sabe** árabe.

SUBJUNTIVO

● Se usa el subjuntivo en frases negativas:

– con verbos y expresiones de opinión y pensamiento: *creer, pensar, opinar, parecer, estar seguro de, recordar.*

> Pues yo **no creo** que **esté** enfermo.
>
> A mí **no me parece** que **vaya** a nevar.
>
> **No recuerdo** que el año pasado **visitáramos** el desierto de Atacama.
>
> No, **no pienso** que **sea** tan tarde.

– con expresiones de verdad (*es verdad/cierto/evidente, está claro*).

> ¡Qué va! **No es verdad** que **sea** actor.
>
> Para mí **no estaba claro** que **mintiera**.

– en frases afirmativas, negativas y preguntas con expresiones de falsedad (*es mentira/falso*).

> **Es mentira** que Felipe **no quiera** ayudarnos.

● Se usa el subjuntivo en oraciones de relativo cuando el relativo se refiere a alguien o algo no conocido o negativo.

> Necesito **una persona** que **cuide** a los niños. (No se habla de nadie conocido; se define la persona que necesitamos.)
>
> ¿Hay **algún país** que no **tenga** ejército?
>
> **No conozco** a nadie que **toque** el oboe.

– Se usa el pretérito imperfecto de subjuntivo cuando nos referimos al pasado o después de una forma condicional.

> No conocía ningún lugar que **fuera** perfecto para acampar.
>
> Necesitaríamos un editor que **supiera** árabe.

.1. **Complete los diálogos.**

1. –Yo creo que Federico tiene novia. –Pues yo no creo que la _____tenga_____.
2. –Yo creo que Graciela _es_ peruana. –Pues yo no creo que lo _____sea_____.
3. –Recuerdo que a Héctor le gustaba dibujar. –Pues yo no recuerdo que le _gustava_ ?.
4. –¿Crees que Alejandra _puede hacer_...? –No, no creo que pueda hacer este trabajo.
5. –Creo que el Sr. Garrido _está enfermo_. –Pues yo no creo que esté enfadado.
6. –Pienso que Susana _es cariñosa_. –Pues yo no pienso que sea muy cariñosa.
7. –¿Ustedes no creen que aquí _hace calor_? –No, no creemos que haga mucho calor.
8. –¡Qué suerte tiene Adela! –Pues a mí no me parece que la _tenga_.

ACIERTOS / 8

.2. **Complete las frases.**

mal genio = bad temper

1. Dicen que Alfonso es agresivo, pero no es verdad que lo _____sea_____.
2. Dicen que no hace frío, pero está claro que lo _~~haga~~ hace_.
3. Dices que hay mucha gente, pero es evidente que no _hay_ mucha.
4. Dijeron que Tomás fue el culpable, pero no estaba claro que lo _fuera_.
5. Dices que Concha tiene mal genio, pero no es cierto que lo _tenga_.
6. –¿Es cierto que mañana _regresa_ Paco? –No, regresa la semana que viene.
7. No era verdad que Julio _estudiaba_ Matemáticas. Estudiaba Física.
8. Es falso que Emilio _tiene_ veinticinco años. Tiene treinta.

ACIERTOS / 8

.3. **Complete en forma afirmativa o negativa. Utilice las expresiones del recuadro.**

~~bailar bien~~	enseñar a programar	enseñar bien	haber coches	saber ruso

1. No conozco a nadie que _____baile bien_____.
2. Estamos buscando un traductor que _~~sepa~~ sepa ruso_.
3. Me han regalado un libro que _enseña a programar_.
4. Me gustaría vivir en una ciudad donde _haya coches_.
5. ¿Conoces algún profesor de español que _enseñe bien_?

ACIERTOS / 5

.4. **Complete las frases con los verbos del recuadro en indicativo o subjuntivo.**

ayudar	hablar	hacer	ser	tener	~~tener~~

1. Quiero un libro que _____tenga_____ información sobre Cuba. Quiero ir este verano.
2. Estoy buscando el libro que _____ fotos de la selva peruana. ¿Lo habéis visto?
3. En mi empresa necesitan una secretaria que _____ portugués.
4. No conozco a nadie que _____ tan bueno como Lorenzo.
5. Hasta que no te conocí a ti no conocía a nadie que _____ paracaidismo.
6. Necesito unos cuantos amigos que me _____ a hacer la mudanza al nuevo piso.

ACIERTOS / 6

88 *Dice que vive... Dijo que vivía...*
Estilo indirecto (1)

Soy Martín. No puedo ir. Tengo un poco de fiebre.

Es Martín. **Dice que no puede venir, que tiene un poco de fiebre.**

¿Dónde está Martín?

Llamó esta mañana y **dijo que no podía venir, que tenía un poco de fiebre.**

Dice que no puede venir, que tiene un poco de fiebre y *dijo que no podía venir* son ejemplos de **estilo indirecto**.

● Se usa el estilo indirecto cuando nos referimos a lo dicho por otros o por nosotros mismos en otro momento sin repetir exactamente las mismas palabras.

– Al transmitir las palabras de otros hay que tener cuidado con algunos cambios lógicos.

"**Soy** el pintor. No **puedo ir** este mes. Dígale a su madre que **la llamaré** cuando **(yo) pueda.**"

Mamá, **es** el pintor. Dice que no **puede venir** este mes, que **te llamará** cuando **(él) pueda.**

● El verbo más común para introducir informaciones en estilo indirecto es *decir*. También se pueden usar *comentar, afirmar, añadir, explicar* o verbos como *asegurar, prometer...*

El otro día Juan me **comentó** que había suspendido porque no había podido estudiar.

Estoy muy contenta. Felipe me **ha prometido** que iremos a Cuba el verano que viene.

● Los tiempos verbales en el estilo indirecto: algunos ejemplos

– Cuando se habla del presente.

Dice que... / Ha dicho que... ... **vive** en Guadalajara.
           ... **está** estudiando mucho.

Dijo que...   ... **vivía/vive** en Guadalajara.
           ... **estaba/está** estudiando mucho.

– Cuando se habla del pasado.

Dice que... / Ha dicho que... ... no **ha podido** hacerlo.
           ... no **pudo** venir ayer porque **estaba** enferma.

Dijo que...   ... no **había podido** hacerlo.
           ... no **había podido** venir ayer porque **había estado** enferma.

– Cuando se habla del futuro.

Dice que... / Ha dicho que... ... te **espera** esta noche en su casa.
           ... lo **hará** cuando tenga tiempo.
           ... **va a hacerlo** otro día.

Dijo que...   ... te **esperaba** esta noche en su casa.
           ... lo **haría** cuando tuviera tiempo.
           ... **iba a hacerlo** otro día.

– Cuando se habla de algo hipotético.

Dice que... / Ha dicho que... / Dijo que... ... **sería** más feliz con otro trabajo.

B EJERCICIOS

1. Transmita las informaciones telefónicas. Haga los cambios necesarios.

1. "Soy el fontanero. Dígale a su padre que no puedo ir hasta la semana que viene."
   – Papá, <u>es el fontanero</u>. Dice que <u>no puede venir hasta la semana que viene</u>.

2. "Soy Sebastián. Dile a don Anselmo que no puedo ir hoy, que mi mujer va a dar a luz."
   – Don Anselmo, ha llamado Sebastián. Ha dicho que _____.

3. "Soy Chema. Dile a Guillermo que he quedado con Andrea en mi casa."
   – Guillermo, ha llamado Chema. Ha dicho que _____.

4. "Soy Luciano. Dile a Marga que me espere, que voy hacia allí."
   – ¿Con quién hablas? –Con Luciano. Dice que <u>le espere</u> *(lo esperes)*, <u>que va hacia allí</u> *(viene aquí)*.

5. "Soy el pintor. Dígale a la señora que mañana le envío el presupuesto."
   – Ha llamado el pintor, Sofía. Dice que <u>mañana te envía el presupuesto</u>.

ACIERTOS /5

2. Complete las respuestas.

1. –¿Crees que Ana me quiere? –Sí, me aseguró que <u>te quería</u>.
2. –¿Sabes si Julio va a ir a Argentina este verano? –Sí, me comentó que <u>sí iba a ir</u>.
3. –¿Sabes si tus hermanas vieron a Gloria en Murcia? –Sí, me dijeron que la <u>vieron/habían visto</u>.
4. –¿Estás seguro de que Nati ha comprado las entradas? –Sí, me aseguró que las <u>había comprado</u>.
5. –¿Estás seguro de que Pili y Luis quieren invitarnos? –Sí, me dijeron que <u>querían invitarnos</u>.
6. –¿Sabes si a Albertina le gustaría salir mañana? –Sí, me dijo que le <u>gustaría salir</u> *(gustaba)*.

ACIERTOS /6

3. La semana pasada Leo se encontró con Germán, un amigo al que no veía hacía mucho tiempo. Lea las informaciones.

> (1) Vivo en Venezuela. (2) Me casé hace dos años y tengo un hijo. (3) Trabajo en una empresa petrolera, pero voy a crear mi propia empresa. (4) Estoy haciendo un curso de administración de empresas. (5) Después del curso regresaré a Venezuela. (6) Antes de irme, me gustaría reunirme con los viejos amigos. (7) Te llamaré la semana que viene sin falta.

Ha pasado una semana. Leo le está contando a una amiga común lo que le dijo Germán. Escriba las frases con los verbos entre paréntesis.

> La semana pasada me encontré con Germán. (1) (decir) <u>Me dijo que vivía en Venezuela</u>. (2) (añadir) Y <u>añadió que se casó hace 2 años y ya tiene/tenía</u>. (3) (decir) <u>Me dijo que trabajaba</u>. (4) (explicar) <u>me explicó que estaba</u>. (5) (decir) <u>Me dijo que regresaba</u>. (6) (comentar) <u>comentó que antes de irse, le gustaría</u>. (7) (asegurar) <u>me aseguró que me llamaría (llamaba)</u> esta semana sin falta.

ACIERTOS /7

185

89 *Me preguntó dónde vivía*
Estilo indirecto (2)

Arturo, soy Fede. Quiero saber **si vas a ir a la sierra el domingo.**

Ayer estuve con Blanca. Me preguntó **cuándo íbamos a reunirnos.**

Si vas a ir a la sierra el domingo y *cuándo íbamos a reunirnos* son ejemplos de preguntas en estilo indirecto.

● Estilo indirecto: preguntas

preguntar	+ *si* + interrogativo	**Me preguntó si** *tenía novio.* **Le pregunté cómo** *se llamaba su hermano.* **Me preguntó dónde** *vivía.*

● El verbo más común para introducir preguntas en estilo indirecto es *preguntar*. También se pueden usar *querer saber, desear saber, (me, te...) gustaría saber.*

   *Sara **quiere saber si** vas a ayudarla.*   *Me **gustaría saber qué** pasó anoche.*

● Los tiempos verbales en estilo indirecto: algunos ejemplos

   – Cuando se habla del presente.

Quiere saber... / Ha preguntado...	... si **hablas** español. ... qué **estás haciendo.**
Quería saber... / Preguntó...	... si **hablabas/hablas** español. ... qué **estabas/estás haciendo.**

   – Cuando se habla del pasado.

Quiere saber... / Ha preguntado...	... si **he acabado** el cuadro. ... adónde **fuimos** el domingo. ... quién **era** la chica que estaba conmigo ayer.
Quería saber... / Preguntó...	... si **había** acabado el cuadro. ... adónde **habíamos ido** el domingo. ... quién **era** la chica que estaba conmigo el otro día.

   – Cuando se habla del futuro.

Quiere saber... / Ha preguntado...	... cuándo **será** el examen. ... si **vamos a ir** a la sierra el domingo.
Quería saber... / Preguntó...	... cuándo **sería/será** el examen. ... si **íbamos a ir** a la sierra el domingo.

   – Cuando se habla de algo hipotético.

Quiere saber... / Ha preguntado...	... si **sería** mejor quedar otro día.
Quería saber... / Preguntó...	... qué **haríamos** en caso de que hiciera mal tiempo.

9 EJERCICIOS

.1.▷ **Complete los mensajes del contestador automático. Use *quiero saber*.**

1. (Raquel a Patricia: *¿Dónde ha comprado el libro sobre Cuba?*)
   Patricia, soy Raquel. Quiero saber dónde has comprado el libro sobre Cuba .
2. (Su padre a Fermín: *¿Cuándo le va a devolver el coche?*) _____ .
3. (Ernesto a Susana: *¿Va a venir al concierto esta noche?*) _____ .
4. (Fede a Toni: *¿Dónde vive Laura?*) _____ .
5. (Ismael a su madre: *¿Puede cuidar a los niños esta noche?*) _____ .
6. (Lolo a Ana: *¿Está ocupada el sábado?*) _____ .

ACIERTOS ...... /6

.2.▷ **Complete las frases con el verbo entre paréntesis en el tiempo más adecuado.**

1. El domingo vi a Carlos y le pregunté (*"¿Tienes novia?"*) _si tenía novia_ .
2. Ayer me llamó Jesús. Quería saber (*"¿Cuándo lo vas a llamar?"*) _____ .
3. Hace unos días me llamó Ana. Quería saber (*"¿Qué hace Ramón?"*) _____ .
4. Ayer vi a Lola. Me preguntó (*"¿Qué vais a hacer este verano?"*) _____ .
5. Esta mañana llamó Alberto. Quería saber (*"¿Os gustaría salir el sábado?"*) _____ .
6. Ayer tuve carta de Ángela. Quería saber (*"¿Por qué has dejado el trabajo?"*) _____ .
7. El lunes llamé al administrador para preguntarle (*"¿Quién pagará el arreglo de la cocina?"*)
   _____ .
8. Ayer tuvimos una llamada de la policía. Querían saber (*"¿Han visto a alguien sospechoso por el barrio?"*) _____ .
9. Esta mañana me preguntó Luisa (*"¿Te llamó Ángel anoche?"*) _____ .
10. Ayer le pregunté a Adolfo (*"¿Dónde conociste a Silvia?"*) _____ .

ACIERTOS ...... /10

.3.▷ **La semana pasada Sabina tuvo una entrevista para un trabajo en una agencia de viajes. Lea las preguntas que le hicieron.**

> 1. ¿Cuántos años tiene? 2. ¿Dónde ha estudiado? 3. ¿Sabe usar un ordenador? 4. ¿Habla algún idioma extranjero? 5. ¿Por qué quiere dejar su empleo actual? 6. ¿Ha estado en América Latina? 7. ¿Estaría dispuesta a viajar? 8. ¿Cuánto espera ganar?

Hoy Sabina le está contando la entrevista a un amigo. Complete las frases.

¿Cómo fue la entrevista?

—Bien. Primero me preguntaron (1) _cuántos años tenía_ y (2) _____ . Por supuesto, querían saber (3) _____ y (4) _____ .

También me preguntaron (5) _____ .
Como están muy relacionados con América Latina me preguntaron (6) _____ .
Finalmente me preguntaron (7) _____ y (8) _____ . Salí muy contenta.
Espero que me llamen.

ACIERTOS ...... /8

187

Dile a Jaime que venga. | Dice papá que vayas. | Por favor, **no coman** en la oficina. | La jefa **nos ha pedido** que no comamos en la oficina.

Que venga, *que vayas* y *que no comamos* son ejemplos de órdenes y peticiones indirectas.

● Estilo indirecto: órdenes y peticiones

Dice que... / Me ha dicho que... *Me ha pedido que...*	+ presente de subjuntivo	*El director dice que **vayas** ahora.* *Luis me ha pedido que le **enseñe** a conducir.*
Dijo que... *Me pidió que...*	+ pretérito imperfecto de subjuntivo	*Luisa dijo que la **llamara** hoy.* *Ramsés me pidió que le **ayudara**.*

● El verbo más común para transmitir órdenes en estilo indirecto es *decir* (= *ordenar*, no *informar*). También se pueden usar *mandar, ordenar, exigir*.

   *Alicia me **ha dicho** que **deje** de trabajar tanto.*

   *El policía nos **ordenó** que no nos **moviéramos** de allí.*

● El verbo más común para transmitir peticiones en estilo indirecto es *pedir*.

   *Mi padre se va a Brasil y me **ha pedido** que lo **lleve** al aeropuerto esta noche.*

– También se pueden usar verbos como *aconsejar, advertir, rogar* y *sugerir*.

   *Esteban me **aconsejó** que no le **dijera** a nadie que lo había visto.*

   *El jefe nos **advirtió** que no **volviéramos** a llegar tarde.*

● Cuando el verbo de introducción va en presente o pretérito perfecto de indicativo, la orden o petición transmitida va en presente de subjuntivo y se puede referir al presente o al futuro.

   *Rafa **dice** que **apagues** la tele, que quiere estudiar.* (presente)

   *Rosario me **ha pedido** que la **despierte** a las ocho mañana.* (futuro)

– Cuando el verbo de introducción va en pasado, generalmente pretérito indefinido, la orden o petición transmitida va en imperfecto de subjuntivo y se puede referir al presente, al pasado o al futuro.

   *Cuando suspendí el año pasado el profesor me **sugirió** que **trabajara** más.* (pasado)

   *Voy a despertar a Juan. Me **pidió** que lo **despertara** a esta hora.* (presente)

   *Hablé con Carlos hace una semana y me **pidió** que le **volviera** a llamar este lunes.* (futuro)

ⓞ EJERCICIOS

1.▷ Ponga las ordenes y peticiones en estilo indirecto, comenzando con *dice*, *me ha dicho* o *me ha pedido*.

1. "¡Que venga Aurora!" (*La directora*) _____ La directora dice que venga Aurora _____.
2. "¿Me puedes ayudar?" (*Raquel*) _____.
3. "Escribid más claro." (*El profesor*) _____.
4. "Llámame el lunes." (*Roberto*) _____.
5. "Llévame unas bolsas a casa, por favor." (*Mi madre*) _____.
6. "¿Puedes explicarme esta lección?" (*Ramón*) _____.

2.▷ Complete las respuestas con los verbos del recuadro en el tiempo adecuado.

aparcar	dar	dejar	ir	ir	~~querer~~	traer	volver

1. –¿Adónde vas, Fede? –El director dice que _____ quiere _____ verme.
2. –¿Qué es eso? –Unos libros. Mar me ha pedido que te los _____.
3. –¿Ya no sales con Paz? –No, me dijo que no _____ a llamarla.
4. –¿Por qué corres? –Dice Marisa que nos _____ prisa, que vamos a llegar tarde.
5. –¿Por qué se enfadó Paco? –Porque me pidió que le _____ la moto y le dije que no.
6. –¿Vienes a la academia? –No, el profesor me dijo que _____ hoy más tarde.
7. –¿Por qué estás tan contenta, Pili? –Porque me han pedido que _____ a Venezuela.
8. –¿Qué te dijo ayer Raúl Torres? –Que no _____ más en su plaza de garaje.

3.▷ Complete las frases con las formas del recuadro.

1. Teresa me _____ advirtió _____ que no llegaría a tiempo.
2. Alberto me ha _____ que me case con él.
3. Por favor, Lola. Te _____ que me ayudes. Necesito ayuda.
4. Me han _____ que estudie Económicas, pero yo prefiero Derecho.
5. Rosa se indignó con Javier y le _____ que le pidiera disculpas.
6. Luis _____ que cenemos primero y vayamos luego al cine.

aconsejado
~~advirtió~~
exigió
pedido
ruego
sugiere

4.▷ Complete los diálogos con las expresiones del recuadro.

callarse	cuidar a los niños	hacer una excursión	hacer horas extras
	~~ir al médico~~	no decir nada	

1. –Tienes mala cara, Pedro. –Sí, lo sé. Me han aconsejado _____ que vaya al médico _____.
2. –¿Por qué estás enfadado? –El jefe me ha pedido _____.
3. –¿Por qué estabas en casa de Nico el sábado? –Me había pedido _____.
4. Te ruego _____. Estoy intentando estudiar.
5. –¿Qué podemos hacer el sábado? –Luis sugiere _____.
6. –¿Qué le pasó a Lucía el otro día? –No puedo decírtelo. Me rogó _____.

189

Si ganan este partido, serán campeones.

¿Crees que van a ganar?

No sé; es posible.

Si no llueve mañana, iré a la playa.

Si ganan este partido y *si no llueve mañana* son oraciones condicionales. Expresan una condición para la realización de otra acción o situación en el futuro, que puede cumplirse o no, o que puede ser verdad o no.

(condición posible ⟶ consecuencia)

Si **ganan** este partido (puede que ganen o puede que no), **serán** campeones.
Si no **llueve** mañana (puede que llueva o puede que no), **iremos** a la playa.
Si **tienes** hambre (no sé si tienes hambre o no), **come** algo.

● Oraciones condicionales: condiciones posibles de presente o futuro

Cuando se habla de una situación real y hay una verdadera posibilidad de que algo ocurra o sea verdad, se pueden usar las siguientes construcciones.

Condición	Consecuencia
Si + presente de indicativo	futuro simple, presente de indicativo o imperativo
Si **acabo** la carrera este año,	**podré** trabajar en un bufete.
Si **te gusta** esa pluma,	te la **regalo**.
Si **vienen** ustedes a Madrid,	**vengan** a visitarnos.

ATENCIÓN:

La oración condicional puede ir al final de la frase.

*Podemos irnos **si no te gusta la película**.*

● Normalmente se usa el futuro simple para indicar la consecuencia.

*Si no nos damos prisa, **llegaremos** tarde.*

– Se usa el presente de indicativo cuando la consecuencia se considera muy probable o definitiva.

*Si encuentro otro trabajo, **me cambio**.*   *Si discutís, **me voy**.*

– Se usa el imperativo cuando se expresa una orden, un ruego o una petición.

*Si llaman de la oficina, **avísame**.* (Te ruego que me avises.)
*Si no quieren trabajar, **váyanse**.* (Les ordeno que se vayan.)

● Se usa *si* (con el significado de *cuando, siempre que*) para expresar una condición general, algo que se cumple siempre. Se usa para hablar de verdades universales o hábitos.

Si + presente de indicativo	presente de indicativo
Si calientas el hielo,	*se derrite.* (Siempre que calientas hielo se derrite.)
Si hace frío,	*no voy a la piscina.* (Cuando hace frío no voy a la piscina.)

1 EJERCICIOS

.1.> **Complete las condiciones con las expresiones del recuadro en forma afirmativa o negativa.**

1. _Si no vienes a clase_ , no aprenderás.
2. _____ mañana, haremos una excursión.
3. _____, beban algo.
4. _____, nos casamos.
5. _____, llama a Dolores.
6. (yo) _____, ¿quién lo hará?
7. _____, ve al médico.

encontrar piso
encontrarse mal
estar aburrida
hacer buen tiempo
poder conducir
tener sed
~~venir a clase~~

ACIERTOS ...../7

.2.> **Complete las frases con las consecuencias del recuadro en forma afirmativa o negativa.**

casarse	dar calambre	~~descansar~~	enfadarse	morirse
preocuparse		sentirse bien	tener que andar	

1. Tranquilos. Si os cansáis, _____descansad_____.
2. Si Elisa me dice que sí, _____.
3. Tienes que cuidar las plantas. Si no las riegas, _____.
4. Si perdemos el autobús, _____.
5. No he dormido mucho y si no duermo ocho horas, _____.
6. Si no visitamos a los Echevarría cuando vayamos a México, _____.
7. Tengo mucho trabajo, Alfonso. _____ si llego tarde.
8. ¡No toques eso! Si lo tocas, te _____.

ACIERTOS ...../8

.3.> **Una condiciones y consecuencias mediante frases con si.**

condición	consecuencia
Ganar este partido (Ríos)	pasar a la final (él)
No hacer buen tiempo	quedarse en casa (ellos)
No correr (tú)	perder el autobús (tú)
Portarse bien (vosotros)	compraros un helado (yo)
No estar (Alberto)	volver más tarde (nosotros)
Comerse esa fruta (ustedes)	ponerse malos (ustedes)
Enfadarse (tú)	irse (yo)

1. _Si Ríos gana este partido, pasa a la final._
2. _____
3. _____
4. _____
5. _____
6. _____
7. _____

ACIERTOS ...../7

.4.> **Complete los diálogos con los verbos dados.**

1. –A lo mejor veo a Vera el domingo.
   –Si la __ves__, _____ le que me llame.
   –No te preocupes. Se lo _____ si la _____.

   decir   decir

   ~~ver~~   ver

2. –Bueno, chicos, si _____ que prepare café, _____ que ayudarme a recoger la mesa y fregar los platos.
   –Por supuesto. Nosotros lo hacemos siempre así. Si Elisa _____ la cena, yo _____ los platos.
   –Yo no quiero café. Si _____ café a estas horas, no _____.

   dormir   fregar

   preparar   querer

   tener   tomar

ACIERTOS ...../2

191

Si encontrara trabajo, me casaría
Condicionales (2)

Si encontrara trabajo, me casaría.

Si tuviéramos dinero, iríamos al Caribe.

Si encontrara trabajo y *si tuviéramos dinero* son oraciones condicionales.

*Si **encontrara** trabajo* expresa una condición que se considera de difícil cumplimiento.

*Si **encontrara** trabajo* (puede que encuentre trabajo, pero lo veo muy difícil), *me **casaría**.*

(condición real, improbable ⟶ consecuencia)

Si tuviéramos dinero se refiere a una situación imaginaria, no real.

*Si **tuviéramos** dinero* (no tenemos dinero, lo estamos imaginando), ***iríamos** al Caribe.*

(condición hipotética ⟶ consecuencia)

● Oraciones condicionales: condiciones improbables o imaginarias

Condición	Consecuencia
Si + pretérito imperfecto de subjuntivo	condicional simple
*Si Alicia me **dejara** el coche,*	*te **llevaría** a casa.*
*Si Alberto **fuera** más alto,*	***sería** un buen jugador de baloncesto.*

Se pueden usar estas construcciones para hablar de:

– una situación real, cuando se considera muy difícil o improbable que ocurra o sea cierta.
– una situación imaginaria, no real.

Compare:

● Situación real y posible

Si **viene** Marga, nos lo **pasaremos** bien.

(Cree que es posible que venga Marga.)

● Situación real pero improbable

Si **viniera** Marga, nos lo **pasaríamos** bien.

(Cree que es muy difícil que venga Marga.)

● Situación real y posible

Si hace **buen tiempo mañana**, podemos dar un paseo.

(Cree que es posible que mañana haga buen tiempo.)

● Situación no real, imaginaria

Si **hiciera buen tiempo**, podríamos dar un paseo.

(Sabe que no hace buen tiempo. Es una situación imaginaria.)

2 EJERCICIOS

1. Rodee la forma correcta en cada caso.

1. (*Ahorraríamos*/*Ahorraremos*) más si no (*gastáramos*/*gastaríamos*) tanto.
2. Si (*viviéramos*/*viviríamos*) más cerca, nos (*veríamos*/*viéramos*) más a menudo.
3. ¿Qué (*harías*/*hicieras*) si hoy no (*tuvieras*/*tendrías*) que ir a la oficina?
4. Si me (*ofrecieran*/*ofrecerían*) un trabajo en México, lo (*aceptara*/*aceptaría*).
5. Si (*harían*/*hicieran*) un esfuerzo, (*aprobaran*/*aprobarían*) todos.
6. Si Hans (*aprendiera*/*aprendería*) español, (*pudiera*/*podría*) trabajar en nuestra empresa.

ACIERTOS ..../6

2. Complete las frases con los verbos entre paréntesis en el tiempo adecuado.

1. Sabes que Isabel (*venir*) ___vendría___ si la llamases.
2. Ahora no tengo hambre, pero si la (*tener*) _____, comería algo.
3. Si Borja (*ver*) _____ menos la tele, aprobaría el curso sin problemas.
4. ¿Qué crees que (*hacer*) _____ Alberto si supiera la verdad?
5. Si cogieran un taxi, (*llegar*) _____ a tiempo al aeropuerto.
6. Nina sabe que, si (*ponerse*) _____ enferma, yo la cuidaría.
7. ¿Qué (*pasar*) _____ si no fuéramos? ¿Crees que Leo (*enfadarse*) _____?
8. Si yo (*estar*) _____ en tu lugar, buscaría un empleo.
9. Si (*saber*) _____ el teléfono de Ana, la llamaría.

ACIERTOS ..../9

3. Una las frases.

1. Si Alberto fuera amigo tuyo,
2. Si Irene es amiga tuya,
3. Si tomamos el tren de las 8,
4. Si fuéramos millonarias,
5. Si se va el sol,
6. Si se fuera el sol,
7. Si fuera tu padre,
8. Si es tu padre,

a. ahora estaríamos en Acapulco.
b. no te dejaría salir todas las noches.
c. pídele que te ayude.
d. dile que quiero hablar con él.
e. te ayudaría.
f. estaremos en Acapulco a la 1.
g. se helaría la nieve.
h. hace frío.

ACIERTOS ..../8

4. Complete los diálogos con los verbos entre paréntesis en el tiempo adecuado.

1. –Es posible que tenga un empleo para ti, Manuel. Necesitamos una persona.
   –Si me (*dar*) ___da___ el trabajo, Sr. Ortega, me (*hacer*) ___hará___ feliz.
   –Si yo (*tener*) _____ 20 años, (*ser*) _____ feliz, aunque no tuviera trabajo.

2. –¿Puedes prestarme algo de dinero hasta final de mes?
   – No sé. Si te lo (*presto*) _____, ¿cuándo me lo (*devolver*) _____?

3. –Sé que es muy difícil, pero si te (*tocar*) _____ la lotería, ¿qué (*hacer*) _____?
   –(*Dejar*) _____ de trabajar y (*viajar*) _____.

4. –Si (*no, decir*) _____ la verdad, (*no, poder*) _____ ayudarte.
   –No puedo decírtela. Si te la (*decir*) _____, (*enfadarse*) _____ Tomás.

ACIERTOS ..../4

Conducir es fácil.

Necesito **descansar**.

Conducir y *descansar* son formas de infinitivo. El infinitivo de un verbo es la forma que se da en los diccionarios. Expresa el significado del verbo.

vivir v. Tener vida   **comer** v. Tomar alimento

● Los infinitivos acaban en *-ar, -er,* o *-ir/ír*.

verbos en *-ar*	verbos en *-er*	verbos en *-ir/ír*
trabaj-**ar**	com-**er**	viv-**ir**
cant-**ar**	corr-**er**	re-**ír**

● El infinitivo se puede usar como un nombre singular y masculino.

El tabaco es malo. = **Fumar** es malo.   **Las compras** son aburridas. = **Comprar** es aburrido.

● El infinitivo se usa detrás de muchos verbos. A veces, los dos verbos van juntos, uno detrás de otro, y a veces van unidos por una preposición.

verbo + infinitivo   Por fin **he conseguido terminar** el proyecto.

verbo + *a/con/de/en...* + infinitivo   De pequeña, **soñaba con ser** bailarina.

– algunos verbos + infinitivo: *conseguir, dejar* (=permitir), *esperar, hacer* (=obligar), *necesitar, oír, poder, preferir, querer, saber, ver...*

   No nos **dejan usar** el móvil en clase.   **Necesitamos cambiar** dinero.

– algunos verbos + preposición + infinitivo

   a + infinitivo: *aprender, empezar, enseñar, ir, salir, venir...*

   Estoy **aprendiendo a conducir**.   ¿**Salimos a dar** una vuelta?

   de + infinitivo: *acordarse, encargarse, olvidarse, tratar...*

   Me olvidé de despertarte.   Ese chico siempre **trata de engañarnos**.

   en + infinitivo: *dudar, insistir, interesarse...*

   Si tienes algún problema, no **dudes en llamarme**.

   con + infinitivo: *amenazar, soñar...*

   Nos **ha amenazado con contarle** todo a Teresa.

¡NO TOCAR!

● El infinitivo se puede usar en lugar del imperativo para dar instrucciones y para prohibiciones, generalmente en textos escritos.

   No entrar. (No entren.)
   Instrucciones: **asar** dos pimientos y **pelar**los...

EJERCICIOS

1. Sustituya los nombres subrayados por infinitivos. Haga los cambios necesarios.

1. Las mentiras pueden ser dañinas. _Mentir puede ser dañino_ .
2. La vida es una lucha. _____ .
3. Los viajes en avión son cansados. _____ .
4. La confianza en los amigos da tranquilidad. _____ .
5. Me gusta el baile. _____ .
6. A veces son necesarios los cambios. _____ .
7. Nos encantan los juegos. _____ .

ACIERTOS ..../7

2. Una las frases como en el ejemplo. Haga los cambios necesarios.

1. He hablado con Raquel. Lo he conseguido. _He conseguido hablar con Raquel_ .
2. Regresasteis tarde. Os oímos. _____ .
3. No digo nada. Lo prefiero. _____ .
4. No salgo por la noche. Mis padres no me dejan. _____ .
5. No como carne de cerdo. No puedo. _____ .
6. Bebo mucha agua. Lo necesito. _____ .
7. No molesto. Espero. _____ .
8. Apagaste la luz. Te vi. _____ .

ACIERTOS ..../8

3. Complete las frases con los verbos del recuadro y *a, de, en, con* en caso necesario.

1. ¿Cuándo empiezas _a estudiar_ informática?
2. ¿Quieren ___tomar___ algo?
3. Julia y Arturo vienen _____ esta noche.
4. ¿Quién se encarga _____ las entradas?
5. Los padres de Arturo le hacen _____ en casa a las diez.
6. Pepe insiste _____ él la comida.
7. Cuando era pequeño, Tomás soñaba _____ bombero.
8. ¿Por qué no me enseñas _____?
9. ¿Saben _____ español?
10. Fidel va _____ en un lago casi todos los domingos.

cenar
estar
~~estudiar~~
hablar
nadar
pagar
pescar
reservar
ser
~~tomar~~

ACIERTOS ..../10

4. Complete con los verbos del recuadro en forma afirmativa o negativa.

apagar   entrar   hablar   tirar   ~~empujar~~

Empujar   con el conductor   el móvil

ACIERTOS ..../5

195

No, gracias. **He dejado de tomar** café.

Mira. El autobús **acaba de irse**.

Dejar de y *acabar de* son expresiones seguidas por un verbo en infinitivo que tienen significados especiales.

> **He dejado de tomar** café. (Ya no tomo café.)
>
> El autobús **acaba de irse**. (El autobús se ha ido hace un momento.)

● *ponerse a, echarse a, dejar de, acabar de*

– Se usan *ponerse a / echar(se) a* + infinitivo para indicar el comienzo de una acción.

> *Venga, Diana.* **Ponte a trabajar.** (Empieza a trabajar.)
>
> *Lorena* **echó a correr** *cuando vio el autobús.* (Empezó a correr.)

– *Echar(se) a* indica el comienzo repentino de una acción que se hace con ímpetu. Por eso se usa principalmente con determinados verbos: *correr, llorar, reír...*

> *Alfonso* **se echa a llorar** *por cualquier cosa.*   *Todos los pájaros* **se echaron a volar.**

> PERO: no, por ejemplo: ~~Se echaron a leer.~~ → **Se pusieron a leer.**

– Se usa *dejar de* + infinitivo para indicar la interrupción de un proceso.

> **Dejé de estudiar** *griego hace dos años.* (Ya no estudio griego.)
>
> *Cuando conocí a Alicia yo ya* **había dejado de salir** *con Cristina.* (Ya no salía con Cristina.)

– La forma negativa *no dejar de* + infinitivo significa «no olvidarse de», «procurar».

> *Si vas a México,* **no dejes de ver** *las pirámides aztecas.* (No te olvides de ver las pirámides aztecas.)

– Se usa *acabar de* + infinitivo para indicar que algo ha sucedido justo antes de ese momento. Se usa generalmente en presente o pretérito imperfecto de indicativo.

> **Acaba de llamarte** *Luis.* (Te ha llamado hace un momento.)
>
> **Acababan de entrar** *cuando empezó a llover.* (Habían entrado hacía poco.)

● *ir a*

– Se usa *ir a* + infinitivo para hablar de intenciones inmediatas en el presente o en el pasado.

> **Voy a dar** *una vuelta. ¿Viene alguien?*
>
> **Iba a cenar** *cuando llamó Pedro y me pidió que fuera a su casa.*

– Se usa para hablar de planes o intenciones futuras. ▶ UNIDAD 69: Presente de *ir a* + infinitivo

> **Íbamos a hacer** *un viaje en agosto pero me rompí una pierna y nos quedamos en casa.*
>
> *El verano que viene* **voy a viajar** *por Perú.*

– Se usa para hacer deducciones o predicciones sobre algo que está a punto de suceder o que parece que va a suceder.

> *Callaos.* **Va a empezar** *la película.*
>
> *¡Ten cuidado!* **Te vas a hacer daño.**

Mira. **Va a salir** el sol.

.1.▷ Sustituya las palabras subrayadas por expresiones con *echar(se) a* o *ponerse a*.

1. En cuanto bajó del coche, <u>empezó a correr</u>. ___En cuanto bajó del coche, se puso / echó a correr___.

2. Cuando les conté lo de Rafa, <u>empezaron a reírse</u>. _____.

3. Mi hermana <u>empezó a llorar</u> cuando se enteró de la noticia. _____.

4. Todos <u>empezaron a trabajar</u> cuando volvió la luz. _____.

5. Todo el mundo <u>empezó a correr</u> cuando se oyó la explosión. _____.

6. <u>No empieces a leer</u> el periódico ahora. _____.

ACIERTOS ...../6

.2.▷ Vuelva a escribir las frases con *dejar de / no dejar de* en el tiempo adecuado.

1. Marisa ya no come carne de vaca. ___Marisa ha dejado de comer carne de vaca___.

2. No olvides escribirnos cuando estés en Perú. _____.

3. Marta ya no sale con Emilio. _____.

4. Cuando llegamos a la playa, ya no llovía. _____.

5. No olviden llamarme cuando vengan a Sevilla. _____.

6. Ya no hace viento. _____.

7. Rocío ya no me quiere. _____.

ACIERTOS ...../7

.3.▷ Vuelva a escribir las frases con *acabar de* en el tiempo adecuado.

1. He visto a Ángel hace un momento. ___Acabo de ver a Ángel___.

2. Habíamos comido hacía un momento cuando llegaron Susi y Toni. _____.

3. He regresado de vacaciones hace un momento. _____.

4. Se habían ido hacía un momento cuando llamaste. _____.

5. El accidente ha ocurrido hace un momento. _____.

6. Cuando llegamos al hospital, hacía un momento que había nacido Irene. _____.

7. Se ha estropeado el ordenador hace un momento. _____.

8. El espectáculo ha empezado hace un momento. _____.

ACIERTOS ...../8

.4.▷ Utilice la forma adecuada de *ir a* + los infinitivos del recuadro.

abrir	alquilar	~~apagar~~	caerse	comer	esquiar	llegar	salir

1. ___Voy a apagar___ la tele. Es un rollo.

2. Encarna y Guille _____ un chalé este verano.

3. _____ algo. Tengo hambre.

4. _____ cuando se presentaron unos amigos y tuvimos que quedarnos.

5. ¡Cuidado! _____ el niño.

6. _____ la puerta cuando oí el teléfono.

7. No te preocupes. _____ todos cuando haya nieve.

8. Date prisa. _____ los invitados.

ACIERTOS ...../8

197

- *tener que, deber, haber que*

  – Se usa *tener que* + infinitivo para expresar la obligación o necesidad de hacer algo impuesto por las circunstancias.

    *Este domingo **tenemos que trabajar**.*
    (Abren las tiendas.)
    *Ayer **tuve que quedarme** en la oficina hasta las diez.* *(Había mucho trabajo.)*

*Sara **tiene que levantarse** a las cinco.*
(Sale de viaje a las seis.)

  – Se usa *deber* + infinitivo para expresar obligación cuando la persona o personas que hablan consideran algo necesario o aconsejable.

    ***Debes llamar** a Rubén. Se lo prometiste.* *(Es aconsejable que lo llames.)*

  – *No tener que* + infinitivo indica que no es necesario hacer algo.

    *Mañana **no tengo que madrugar**. Es fiesta.* *(No es necesario madrugar.)*

  – *No deber* + infinitivo indica que algo no es aconsejable.

    ***No debemos irnos** ahora. Es demasiado pronto.* *(No es aconsejable irse ahora.)*

Compare:

*No te preocupes. **No tienes que regalarme** nada.* (No es necesario.)	***No debes regalar** nada a Nati. Se puede enfadar.* (No es aconsejable.)

  – *deber de* + infinitivo expresa una suposición o deducción del hablante.

    ***Debe de ser** extranjero. Casi no habla español.* *(Supongo que es extranjero.)*
    ***No deben de ser** de aquí. No conocen a nadie.* *(Supongo que no son de aquí.)*

  – Se usa *haber que* + infinitivo para expresar obligación o necesidad de forma general, no personalizada. Se usa solo en las formas de 3.ª persona de singular: *hay, había, hubo, habrá...*

    *Para viajar a Egipto **hay que tener** un visado.*
    ***No hay que hablar** alto. Podemos molestar.*
    *Cuando yo era pequeño, **había que ser** muy respetuoso con los mayores.*

- *poder*

  – Se usa *poder* + infinitivo para expresar permiso o prohibición.

    *¿**Puedo abrir** la ventana?*
    *Aquí **no podemos aparcar**. Está prohibido.*

  – Se usa *se puede / no se puede* para indicar permiso o prohibición de forma general, no personalizada.

    *En este museo **no se pueden hacer** fotos.*

  – Se usa *no poder* para expresar una suposición o deducción sobre algo que el hablante considera imposible.

    ***No puede ser** Juan. Se fue ayer a Cali.* *(Es imposible que sea Juan.)*

Compare:

***No debe de trabajar** aquí. No lleva uniforme.* (Supongo que no trabaja aquí.)	***No puede trabajar** aquí. No ha terminado la carrera.* (Es imposible que trabaje aquí.)

5 EJERCICIOS

1. Complete las frases con las formas adecuadas de *tener que, deber, no tener que* o *no deber*.

1. ___Tengo que___ hacerme unas gafas nuevas. Con estas no veo bien.
2. _____ ir a ver a Santi. Le va a gustar veros.
3. ¡Qué bien! Hoy _____ fregar los platos. Le toca a Ramón.
4. Esta noche _____ hacer yo la cena. No está Pablo.
5. _____ hablar con la boca llena, Carlitos.
6. Cuando era pequeño, _____ andar tres kilómetros para ir al colegio.
7. ¿_____ trabajar mañana, Gerardo?
8. Ayer no _____ ir a clase. Fue fiesta.

ACIERTOS ___/8

2. Complete los espacios en blanco con la forma adecuada de *haber que*.

1. Si hay un accidente, ___hay que___ llamar a una ambulancia.
2. En el futuro _____ hablar varios idiomas.
3. Ayer _____ rescatar a dos personas de un incendio.
4. Cuando yo iba al colegio, _____ llamar de *usted* a los profesores.
5. _____ ayudar a las personas mayores.

ACIERTOS ___/5

3. Sustituya las expresiones subrayadas con la forma adecuada de *tener que* o *haber que*. Haga los cambios necesarios.

1. Es necesario que eche gasolina al coche. ___Tengo que echar gasolina al coche___ .
2. Para ir a la universidad es necesario coger el autobús 53. _____ .
3. En mi colegio era obligatorio levantarse cuando entraba el profesor. _____ .
4. No es necesario que lleves corbata en la oficina. _____ .
5. Para viajar a algunos países es obligatorio vacunarse contra la fiebre amarilla. _____ .
6. Si hay un incendio, es necesario llamar a los bomberos. _____ .

ACIERTOS ___/6

4. Complete las frases con las formas adecuadas de *poder* en afirmativa o negativa.

1. Lo siento. ___No se puede___ hacer fuego aquí. Está prohibido.
2. David, ¿nos _____ ir a casa?
3. ¿Sabes si _____ usar el móvil en la academia?
4. _____ recibir mensajes personales en los ordenadores de la empresa.
5. Os _____ llevar mi coche esta noche si queréis.

ACIERTOS ___/5

5. Sustituya las expresiones subrayadas con la forma adecuada de *deber de* o *no poder*. Haga los cambios necesarios.

1. Supongo que es muy tarde. No hay gente por la calle. ___Debe de ser muy tarde___ .
2. Es imposible que Lupe esté enferma. Acabo de verla en el cine. _____ .
3. Supongo que no está casado. Va siempre solo. _____ .
4. Supongo que Norma y Sandra están fuera. No cogen el teléfono. _____ .
5. Es imposible que tengáis hambre. Acabáis de comer. _____ .

ACIERTOS ___/5

96 *Suelo comer en casa*
Expresiones con infinitivo (3)

● *soler*

– Se usa *soler* + infinitivo para hablar de acciones habituales o frecuentes.

Solemos comer *en casa.* (Normalmente comemos en casa.)

¿Dónde **suelen pasar** *las vacaciones?* (¿Dónde pasan las vacaciones normalmente?)

No suelo trabajar *por la tarde.* (No trabajo por la tarde normalmente.)

– *Soler* se usa normalmente en presente y pretérito imperfecto de indicativo.

	Presente de indicativo	Pretérito imperfecto
(yo)	**suelo**	**solía**
(tú)	**sueles**	**solías**
(usted)	**suele**	**solía**
(él, ella)	**suele**	**solía**
(nosotros, –as)	**solemos**	**solíamos**
(vosotros, –as)	**soléis**	**solíais**
(ustedes)	**suelen**	**solían**
(ellos, –as)	**suelen**	**solían**

– En presente *soler* indica que la acción o situación a la que se refiere el verbo es habitual.

Renata **suele ir** *en metro al trabajo.* (Normalmente va en metro al trabajo; es su costumbre.)

– En pretérito imperfecto *soler* indica que la acción o situación a la que se refiere el verbo era habitual en el pasado, pero que ya no lo es.

De pequeño, **solía pasar** *las vacaciones en Buenos Aires.* (Ahora ya no paso las vacaciones en Buenos Aires.)

Cuando trabajábamos en Venezuela, **solíamos ir a pescar** *todos los fines de semana.* (Ya no trabajamos en Venezuela y no vamos a pescar los fines de semana.)

Cuando era joven, **solía hacer** mucho deporte.

● *llevar*

Se usa *llevar* + *sin* + infinitivo para referirse al período de tiempo en que no se ha hecho algo.

llevar (+ período de tiempo) + *sin* + infinitivo (+ período de tiempo)

Cuando me llamó Alfonso, **llevaba** *un mes* **sin salir.** */* **llevaba sin salir** *un mes.*

Llevamos *dos días* **sin dormir.** */* **Llevamos sin dormir** *dos días.*

llevar + *sin* + infinitivo + *desde* + fecha, momento

Llevamos sin dormir *desde el lunes.*

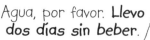

Agua, por favor. **Llevo dos días sin beber.**

● *volver a*

Se usa *volver a* + infinitivo para indicar la repetición de una acción.

He vuelto a ver *a Teresa.* (He visto a Teresa otra vez.)

No vuelvas a hacer *eso o me enfado.* (No hagas eso otra vez.)

Se ha vuelto a estropear *el coche.* (Se ha estropeado el coche de nuevo.)

6 EJERCICIOS

.1. **Sustituya las expresiones subrayadas por las formas adecuadas de *soler* + infinitivo.** ················

1. Raquel <u>normalmente va</u> a trabajar en el 115. <u>Raquel suele ir a trabajar en el 115</u>.
2. <u>Normalmente vamos</u> a la sierra los fines de semana. _____.
3. Cuando vivíamos en Chile, <u>normalmente dábamos</u> un paseo después de cenar. _____.
4. En casa de mis abuelos <u>normalmente comen</u> paella los domingos. _____.
5. Cuando era pequeña <u>me bañaba a menudo</u> en el río de mi pueblo. _____.
6. ¿A qué hora <u>te levantas normalmente</u>? _____.
7. <u>Normalmente me acuesto</u> tarde los sábados. _____.
8. En la escuela <u>normalmente hacíamos</u> gimnasia todas las mañanas. _____.
9. José y Belén <u>van normalmente</u> al teatro de vez en cuando. _____.
10. Laura y Encarna <u>viajaban normalmente</u> mucho cuando eran estudiantes. _____.

ACIERTOS /10

.2. ***Vuelva a escribir las frases con *llevar sin* en la forma adecuada.*** ················

1. La última vez que salí con Cristina fue hace un mes. <u>Llevo un mes sin salir con Cristina</u>.
2. La última vez que fuimos al cine fue en Navidad. _____.
3. Cuando me encontré con Nacho, hacía dos años que no nos veíamos. _____.
4. La última vez que Felipe trabajó fue hace tres años. _____.
5. ¿Cuándo fue la última vez que hablaste con Nora? ¿Cuánto tiempo _____?
6. Cuando encontraron a Lucky, hacía dos días que no había comido. _____.
7. La última vez que vimos a Sebastián fue en su cumpleaños. _____.
8. Cuando empezaron las clases, hacía seis meses que no tocábamos el piano. _____.
9. La última vez que fui a Argentina fue hace cuatro años. _____.

ACIERTOS /9

.3. **Sustituya lo subrayado por las formas adecuadas de *volver a* + infinitivo.** ················

1. He aprobado. No tengo que <u>examinarme otra vez</u>. <u>No tengo que volver a examinarme</u>.
2. ¡Por fin la televisión <u>funciona de nuevo</u>! _____.
3. <u>No hemos visto otra vez</u> a Lucía desde el verano. _____.
4. El año pasado <u>alquilé otra vez</u> el chalé de la playa. _____.
5. Tenemos que <u>hacer el proyecto de nuevo</u>. _____.
6. ¿Cree que el coche <u>se estropeará otra vez</u>? _____.
7. Gonzalo <u>ha suspendido otra vez</u> el examen del carné de conducir. _____
   _____.
8. ¿<u>Han tenido</u> carta de Guillermo <u>otra vez</u>? _____.
9. Ayer <u>perdimos de nuevo</u>. _____.
10. <u>He leído</u> *Cien años de soledad* <u>de nuevo</u>. _____.

ACIERTOS /10

97 Quiero ir / Quiero que vayas.
Verbos seguidos de infinitivo o de subjuntivo

Quiero hacer un viaje a Colombia el año que viene.

Quiero que hagas la cama enseguida.

● Algunos verbos van seguidos de otro verbo en infinitivo cuando los dos verbos se refieren a la misma persona. ▶ UNIDAD 93: Infinitivo

> *Preferimos (nosotros) comer (nosotros) en casa.*
> *Sara se encargó (ella) de reservar (ella) las entradas.*
> *A Esther de pequeña no le gustaba (a ella) dormir (ella) sola.*

● Cuando los dos verbos se refieren a personas diferentes, el segundo verbo va con *que* + subjuntivo.

> *Preferimos (nosotros) que lo hagas tú.*   *Espero (yo) que se levanten (ellos) temprano.*

– Se usa el presente de subjuntivo cuando se habla del presente o del futuro.

> *Me encanta (a mí) que estéis todos (vosotros) aquí.*   *Necesito (yo) que me hagas (tú) un favor.*

– Se usa el pretérito imperfecto de subjuntivo cuando se habla del pasado o después de una forma condicional.

> *Preferí (yo) que lo hicieran ellos.*
> *Me encantaría (a mí) que arreglasen (ellos) la lavadora.*

– Si el primer verbo tiene preposición, se pone la preposición delante de *que.*

> *Yo me encargo de que Roberto venga.*
> *Se ha acostumbrado a que haga yo todo.*
> *Catalina insistió en que fuéramos a verla.*

Compare:

– Infinitivo: Los dos verbos se refieren a la misma persona.	– Subjuntivo: Los dos verbos se refieren a diferentes personas.
Necesito (yo) alquilar (yo) un coche. *Nos gustaría (a nosotros) conocer Guatemala.*	*Necesito (yo) que me prestes (tú) el coche.* *Nos gustaría (a nosotros) que conocieran (ustedes) Guatemala.*

● Con algunos verbos (*dejar, permitir, prohibir*) se puede usar el infinitivo o el subjuntivo cuando se refieren a personas diferentes.

> *El director no deja comer en las aulas.*   *El director no deja que comamos en las aulas.*
> *Te prohíbo salir.*   *Te prohíbo que salgas.*

● *Acordarse de, recordar, olvidarse de* y *olvidar* van seguidos de *que* + indicativo cuando los dos verbos se refieren a personas diferentes.

Compare:

Acuérdate (tú) de comprar (tú) el pan, Tomás.	*Miguel, acuérdate (tú) de que es mi cumpleaños mañana.*
No olvides (tú) echar (tú) la llave.	*No olvidéis (vosotros) que tenemos (nosotros) una reunión a las once.*

7 EJERCICIOS

7.1. Complete las frases con los verbos entre paréntesis en infinitivo o en presente de subjuntivo.

1. Espero que Enrique me (*devolver*) __devuelva__ la cámara pronto.
2. No quiero (*gastar*) _____ demasiado dinero en el coche.
3. Prefiero que (*hacer*) _____ calor en verano.
4. Mi médico siempre me aconseja que (*comer*) _____ más.
5. ¿Necesitas que te (*echar*) _____ una mano?
6. Elsa prefiere (*tener*) _____ los sábados libres.
7. Siempre intentáis que (*conducir*) _____ yo.
8. ¿Qué queréis que (*llevar*) _____ yo a la fiesta?
9. No necesitan que nadie las (*ayudar*) _____.
10. ¿Me dejas (*usar*) _____ tu móvil?

ACIERTOS ..../10

7.2. ¿Qué le gustaría que el Ayuntamiento hiciera en su ciudad? Complete las frases.

1. Me gustaría que (*plantar árboles*) __plantara más árboles__.
2. Me gustaría que (*hacer parques*) _____.
3. Me gustaría que (*poner autobuses*) _____.
4. Me gustaría que (*limpiar las calles*) _____.
5. Me gustaría que (*bajar los impuestos*) _____.

ACIERTOS ..../5

7.3. Complete las frases con los verbos del recuadro en infinitivo, presente o pretérito imperfecto de subjuntivo.

| ~~acompañar~~ | ayudar | hablar | hacer | ir | jugar | nadar |

1. Ángeles no quiso que yo la __acompañara__ al médico.
2. Si no os importa, preferiría que _____ en otra parte.
3. ¿A quién le gustaría _____ un viaje por la Baja California?
4. Mónica me ha pedido que la _____ a pintar su piso.
5. Antes me avergonzaba de _____ mal español.
6. Mis amigos insistieron en que (*yo*) _____ a un concurso de televisión.
7. Mi padre me enseñó a _____ cuando tenía ocho años.

ACIERTOS ..../7

7.4. Escriba frases con las palabras dadas.

1. Me gustaría / Antonio / ser / amable. __Me gustaría que Antonio fuera más amable__.
2. Luisa no quiso / salir / el domingo. _____.
3. Mario se ha acostumbrado / a / Lupe / hacer la comida. _____.
4. Recordad / mis padres / llegar / esta noche. _____.
5. La profesora no deja / usar / el diccionario / en clase. _____.
6. Ayer me olvidé / de / llamar / a Carolina. _____.
7. El director prohibió / llamar a móviles / desde la oficina. _____.
8. No te olvides / de / nosotros / ir al teatro / mañana. _____.

ACIERTOS ..../8

98 *trabajando, comiendo, viviendo*
Gerundio

*Beto se levanta **cantando**.*

Cantando es una forma de gerundio. El gerundio se refiere a la realización de la acción indicada por el verbo.

*Mira, unas fotos de mis hijos **tocando** el piano.* (en el acto de tocar el piano)

● Formación del gerundio

– verbos regulares

verbos acabados en *-ar*	trabaj-ar → trabaj-**ando**	
verbos acabados en *-er/-ir*	com-er → com-**iendo**	viv-ir → viv-**iendo**

– verbos irregulares

e → *i*: d**e**cir → d**i**ciendo   Otros: *pedir, repetir, seguir, sentir, venir, vestir(se)...*
o → *u*: d**o**rmir → d**u**rmiendo   Otros: *morir(se), poder...*

PERO:	vocal + *-er/-ir*	le-er → le-**yendo**	o-ír → o-**yendo**	ir → **yendo**
		re-ír → r-**iendo**	fre-ír → fr-**iendo**	

● Se usa el gerundio:

– para hablar de una acción que sucede al mismo tiempo que otra.

*No me gusta **escuchar música leyendo**.* (escuchar música **mientras** leo)

– para indicar cómo se hace algo.

*Carlos siempre habla **gritando**.*   *Se hizo rico **vendiendo** enciclopedias.*

● El gerundio se suele referir a la misma persona, animal o cosa que el verbo principal.

*Me acosté (yo) **temblando** (yo) de frío.*

– Con los verbos siguientes se puede referir a una persona, animal o cosa diferente: *ver, pintar, dibujar, fotografiar* o *hacer una foto, imaginar, sorprender, recordar, conocer.*

*Ayer **vi** (yo) a Ángela **jugando** (ella) con sus hijas.*   ***Vi** una avioneta **volando**.*

● *Hay/había...* + persona, animal o cosa + gerundio

***Hay un perro ladrando** en la calle.*   ***Había dos chicos esperando** a Ana.*

● Se usa el gerundio en algunas expresiones:

– *seguir* + gerundio indica la continuación de una acción.

***Sigo buscando** trabajo.* (Empecé hace tiempo y todavía estoy buscando trabajo.)
*Le dije que se callara, pero **siguió hablando**.* (Había empezado hacía un rato y todavía estaba hablando.)

– con *llevar* indica la duración de una acción hasta el presente o hasta un momento en el pasado:

llevar + gerundio + período de tiempo   *Sofía **llevaba** cuatro meses **viviendo** en México cuando conoció a Mario.*

        + *desde* + fecha/momento   ***Llevo esperando** desde las cuatro.*

▶ UNIDAD 56: Presente de *estar* + gerundio

8 EJERCICIOS

8.1 ▷ Vuelva a escribir las frases con el gerundio como en el ejemplo.

1. Se marchó mientras se reía. _Se marchó riendo_____.
2. Me gusta trabajar mientras escucho música. _____.
3. Carmen desayuna mientras lee el periódico. _____.
4. Me afeito mientras escucho las noticias. _____.
5. Esther salió y cerró la puerta. _____.
6. Pedro llegó y dio abrazos a todos. _____.

ACIERTOS ..../ 6

8.2 ▷ Sustituya las palabras subrayadas por un gerundio.

1. Contestó con una sonrisa. _Contestó sonriendo_____.
2. Bajaron las escaleras a todo correr. _____.
3. Con los viajes se conoce a mucha gente. _____.
4. Nuestro profesor es feliz con el trabajo. _____.
5. Con la lectura se conocen muchos mundos. _____.

ACIERTOS ..../ 5

8.3 ▷ Vuelva a escribir las frases usando el gerundio.

1. La policía sorprendió a los ladrones cuando hacían un agujero. _La policía sorprendió a los ladrones haciendo un agujero_.
2. Esta mañana he visto a Emilio cuando salía de su casa. _____.
3. Amalia conoció a su marido cuando viajaban por Cuba. _____.
4. No me puedo imaginar a Daniel cuando da clases de ruso. _____.
5. Me gusta fotografiar a la gente mientras camina por la ciudad. _____.
6. Ayer había aquí un hombre que vendía dulces. _____.
7. Recuerdo a Ana cuando daba sus primeros pasos. _____.
8. En el parque hay dos chicos que tocan la guitarra. _____.

ACIERTOS ..../ 8

8.4 ▷ Complete las frases con la forma adecuada de *seguir* o *llevar* y el gerundio de los verbos del recuadro.

tomar	esperar	leer	salir	~~trabajar~~	vivir	vivir

1. –¿Dónde trabajas ahora, Carlos? – _Sigo trabajando_____ en la academia de idiomas.
2. ¿Cuánto tiempo _____ juntos Arturo y tú cuando os casasteis?
3. –¿Dónde viven tus padres ahora? – _____ en Monterrey. _____ allí casi diez años.
4. Me duelen los ojos. _____ desde las ocho.
5. El médico le aconsejó que no tomara azúcar, pero él _____.
6. Me estoy preocupando. _____ a Marta casi una hora.

ACIERTOS ..../ 6

205

99 *trabajado, comido, vivido*
Participio

*La clase ha **terminado**.*

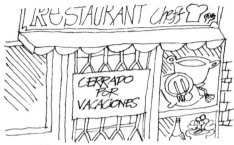

*El restaurante está **cerrado**.*

Terminado y *cerrado* son formas del participio.

- Formación del participio

  – *verbos regulares*

verbos acabados en -*ar*	trabaj-ar → trabaj-**ado**	
verbos acabados en -*er*/-*ir*	com-er → com-**ido**	viv-ir → viv-**ido**

  – *verbos irregulares*

abrir → **abierto**	poner, componer → **puesto, compuesto**
cubrir, descubrir → **cubierto, descubierto**	romper → **roto**
escribir → **escrito**	ver → **visto**
volver, devolver → **vuelto, devuelto**	morir → **muerto**
decir → **dicho**	hacer → **hecho**

- El participio se usa con *haber* para formar los tiempos compuestos. La forma del participio no cambia nunca. ▶ UNIDAD 60: Pretérito perfecto de indicativo (1) UNIDAD 66: Pretérito pluscuamperfecto

    *Mis padres **han vuelto** hace un rato.   Sonia no **había comido** cuando la llamé.*

  – En los verbos con *se* los pronombres se colocan delante de *haber*.

    *Lidia no **se ha atrevido** a bañarse.   ¿**Os habéis lavado**?*

- También se puede usar como adjetivo. En este caso tiene la misma forma (masculino, femenino, singular o plural) que la persona, animal o cosa a la que se refiere.

    ***Óscar** parece **cansado**.   Muchas **personas** estaban **heridas**.*

- Se usa el participio en algunas construcciones especiales:

  – *estar* + participio indica el resultado de una acción.

    *Ya **está arreglada** la lavadora.*

  – *seguir* + participio indica que una situación anterior es cierta en el momento al que nos referimos.

    *La puerta del salón **sigue rota**. (Se rompió hace tiempo y todavía está rota.)*
    *Esta mañana había dormido bien, pero **seguía cansado**. (Estaba cansado anteriormente y cuando me levanté aún estaba cansado.)*

  – *llevar* + participio indica la duración de una situación desde el comienzo hasta el momento al que nos referimos.

	+ período de tiempo	*Rita y Jaime **llevan casados quince años**. / Rita y Jaime **llevan quince años casados**.*
llevar + participio		
	+ *desde* + fecha/momento	*Cuando cambiaron el cristal, **llevaba roto** desde el verano.*

9 EJERCICIOS

.1. **Complete las frases con la forma correcta de los participios de los verbos del recuadro.**

1. ¿Qué te ha ___dicho___ Diana de mí?
2. ¿Está Juana _____?
3. Se ha _____ la gasolina.
4. ¿Dónde has _____ la nueva lámpara?
5. A mí me encanta el cordero _____.
6. Vargas Llosa ha _____ muchas novelas.
7. Mira. La peluquería ya está _____. Podemos entrar.
8. Hay que cortar las ramas _____.
9. Paco siempre ha _____ mucha suerte.
10. Los barrenderos han recogido las hojas _____.
11. ¿Has _____ ya a la nueva directora?
12. Mis amigos todavía no han _____ de las vacaciones.

| abrir |
| acabar |
| asar |
| caer |
| casar |
| conocer |
| ~~decir~~ |
| escribir |
| morir |
| poner |
| tener |
| volver |

ACIERTOS /12

.2. **Complete el texto con los participios de los verbos del recuadro.**

| alojar | asar | comprar | dedicar | desayunar | gustar | ir |
| levantarse | pedir | tener | ~~venir~~ | ver |

Madrid, 12 de agosto

¡Hola Maribel!
Estoy en Madrid. He ___venido___ con mi familia a pasar unos días. Es una ciudad tranquila en agosto. Estamos _____ en el hotel Asturias, junto a la Puerta del Sol. Hoy _____ hemos _____ pronto, hemos _____ en el mismo hotel y hemos _____ al Museo del Prado. Hemos _____ las salas _____ a Goya. Hemos _____ tiempo para visitar el Museo Thyssen, que también nos ha _____ mucho. Ahora mismo te estoy escribiendo desde un restaurante. Mi hermano y yo hemos _____ pollo _____ para cenar. Hace mucho calor. Te he _____ un regalo que espero que te guste. Besos y hasta pronto.

ACIERTOS /12

3. **Vuelva a escribir las frases con expresiones con estar, seguir o llevar en el tiempo adecuado y el participio de los verbos correspondientes.**

1. Se ha estropeado el ordenador. _El ordenador está estropeado_ .
2. La biblioteca cerró hace tiempo y aún estaba cerrada cuando fui ayer. _____
3. Esta academia abrió en 2002 y aún está abierta. _____
4. El tren paró hace un rato y aún está parado. _____
5. Se había roto el móvil. _____
6. La impresora se había averiado hacía una semana. _____
7. Esta comida se hizo hace dos días. _____
8. Hace poco detuvieron al sospechoso y aún está detenido. _____

ACIERTOS /8

100 aquí, allí, abajo...
Adverbios de lugar

Yo vivo **aquí** y Margarita vive **enfrente**.

Aquí y *enfrente* son adverbios de lugar. Dan información sobre las circunstancias de lugar. Responden a las preguntas *¿dónde?*, *¿adónde?*

> Cuelga el cuadro (¿dónde?) **ahí**.
> Lleve este paquete (¿adónde?) **arriba**.

● *aquí, ahí, allí*

aquí → cerca de mí	ahí → cerca de usted	allí → lejos de mí y de usted
Póngalo aquí, por favor.	**Póngalo ahí**, por favor.	**Póngalo allí**, por favor.

● *arriba, abajo...*

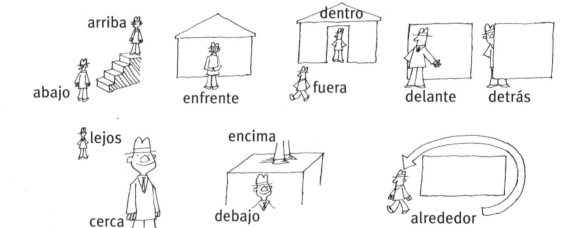

–¿Vives **cerca**? –No, vivo muy **lejos**.   –¿Qué hay **arriba**? –Una sala de juegos.

● *Aquí, arriba...* suelen ir al final de la frase.

> Este barrio tiene muchos parques **alrededor**.   Hay algo **aquí**.

PERO: también pueden ir al principio de la frase para dar énfasis.

> **Aquí** hay un zapato. ¿Dónde está el otro?

ATENCIÓN:

Cuando *aquí, arriba...* van al principio de la frase, el sujeto va detrás del verbo.

> ~~Arriba las habitaciones están~~. → **Arriba** están **las habitaciones**.

● Es común usar *aquí, ahí* y *allí* con *arriba, abajo...*

> Ponlo **allí dentro**.   Juan, ven **aquí arriba**.

EJERCICIOS

.1. **Complete con *aquí*, *ahí* o *allí*.**

① Ven **aquí**, Bruno.

② _____ hay agua.

③ _____ hay algo.

④ ¿Qué hay _____?

⑤ ¿Ves a Ana? Sí, está _____ arriba.

⑥ ¿Dónde pongo los platos? Ponlos _____ dentro.

⑦ Mira, _____ hay sombra.

⑧ Siéntate _____, a mi lado.

ACIERTOS ...... / 8

.2. **Complete las frases con las palabras del recuadro.**

| abajo | alrededor | debajo | delante | dentro | encima | enfrente | ~~fuera~~ |

① Váyanse a jugar **fuera**.

② Prefiero dormir _____.

③ Deje el paquete aquí _____.

④ ¿Dónde está tu clase? Allí _____.

⑤ Hay muchas montañas _____.

⑥ ¿Quién se sienta _____?

⑦ Aquí _____ no nos mojamos.

⑧ ¿Dónde está Diana? Está _____.

ACIERTOS ...... / 8

.3. **Ordene las palabras y complete las frases.**

1. mis padres / abajo / viven — Abajo **viven mis padres** .
2. cerca / Elena / vive — Elena _____ .
3. la mesa / fuera / sacad — Sacad _____ .
4. aquí / Benito / trabaja — Aquí _____ .
5. lejos / mi oficina / está — Mi oficina _____ .
6. abajo / yo / duermo — Yo _____ .
7. allí / la cafetería / está — Allí _____ .

ACIERTOS ...... / 7

101 *hoy, ayer, entonces, luego...*
Adverbios de tiempo (1)

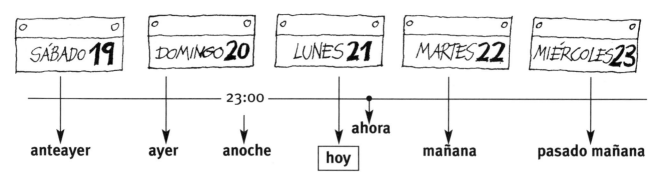

| anteayer | ayer | anoche | hoy | mañana | pasado mañana |

Anteayer, ayer, anoche... son adverbios de tiempo. Dan información sobre cuándo sucede algo. Responden a la pregunta *¿cuándo?*

> –*¿Has visto a Rosa? –Sí. (¿cuándo?)* **Ayer** *estuve con ella.*
> –*¿Cuándo me vas a devolver el libro que te dejé? –***Mañana** *te lo devuelvo.*
> –*¿Me ayudas? –***Ahora** *no puedo. Estoy ocupada.*

● *entonces, luego, después*

– *entonces* (=en ese momento) se refiere al momento del que se está hablando.

> *Le pregunté por Paula y* **entonces** *(en ese momento) me contó todo.*

– *luego* (=después de, más tarde) y *después* (=más tarde) se refieren a un momento posterior al que se está hablando.

> *Ahora tengo clase. Nos vemos* **luego**. *(después de la clase)*
> *Me voy.* **Después** *te llamo.* (Te llamo más tarde.)
> *Primero hablé con Carmen y* **después** *con Olivia.* (Hablé con Olivia más tarde.)

● *pronto, temprano, tarde*

pronto	= en poco tiempo, poco tiempo después	*Hemos corrido y hemos llegado* **pronto**. *Lo sabréis* **pronto**.
	= antes de lo necesario o de lo normal	*Es* **pronto**. *La clase no empieza hasta las ocho.*
temprano	= a primeras horas del día o de la noche	*Abel se levanta* **temprano**, *a las seis.*
	= antes de lo necesario o de lo normal	*Hoy quiero comer* **temprano**. *He quedado con Gonzalo a las tres.*
tarde	= a últimas horas del día o de la noche	*Ayer cenamos muy* **tarde**, *a las doce.*
	= después de lo necesario o de lo normal	*Habéis llegado* **tarde**. *El concierto ya ha empezado.*

Compare:

–*¿Se ha ido María? –Sí, pero vuelve* **pronto**.
(poco tiempo después)

–*Mamá, nos vamos. –Volved* **temprano**.
(a primera hora de la noche)

● *Ahora, hoy...* pueden ir al principio o al final de la frase, o en el medio detrás del verbo.

> **Anoche** *no pude dormir. / No pude dormir* **anoche**.
> **Ayer** *estuve con Antón. / Estuve* **ayer** *con Antón. / Estuve con Antón* **ayer**.

ATENCIÓN:

> Cuando *ahora, hoy...* van al principio de la frase, el sujeto suele ir detrás del verbo.
> ~~Ayer Pablo llegó.~~ → **Ayer** *llegó* **Pablo**.

1 EJERCICIOS

1. **Hoy es sábado 10. Sustituya las expresiones subrayadas por las palabras del recuadro.**

anoche	anteayer	ayer	hoy	mañana	~~pasado mañana~~

1. El lunes 12 voy al médico. Pasado mañana voy al médico .
2. El sábado 10 he quedado con Eloísa. .
3. El jueves 8 estuve en León. .
4. El domingo 11 vamos a hacer una merienda en el campo. .
5. El viernes 9 por la noche salimos a cenar con unos amigos. .
6. El viernes 9 recibí una postal de Miguel. .

ACIERTOS /6

2. **Ordene las palabras y complete las frases.**

1. *pasado mañana / Emma / se marcha* Pasado mañana se marcha Emma .
2. *mañana / el jefe / en la oficina / no estará* El jefe .
3. *ayer / Olga / me llamó* Ayer .
4. *pasado mañana / mis padres / llegan* Pasado mañana .
5. *ahora / Concha / no está* Ahora .
6. *y / entonces / el espectáculo / sonaron unas trompetas / empezó* Sonaron unas trompetas
.

ACIERTOS /6

3. **Rodee la forma adecuada.**

1. No te preocupes. Estoy segura de que nos veremos (*temprano/*pronto*)).
2. Mañana nos tenemos que levantar (*temprano/tarde*). El avión sale a las siete.
3. Primero iremos a Mendoza y (*entonces/después*) a Bariloche.
4. Llamamos al timbre y (*entonces/después*) salió el marido de Tere.
5. Estoy acabando un trabajo, pero si quieres nos vemos (*entonces/luego*).
6. Habéis llegado (*tarde/temprano*). La película ya ha empezado.
7. Daos prisa. Los invitados van a llegar (*temprano/pronto*).

ACIERTOS /7

4. **Sustituya las palabras subrayadas por alguna de las palabras siguientes:**
después, entonces, luego, pronto, temprano y tarde.

1. Tienen que hacer el proyecto en poco tiempo . → pronto .
2. Mañana nos tenemos que levantar a primera hora del día . → .
3. Estaba hablando con Josefina y en ese momento llegó Roberto. → .
4. Ahora tengo trabajo. Te llamaré después del trabajo . → .
5. Era una hora avanzada de la noche , pero llamamos a una ambulancia y vino ____ en muy poco tiempo . → .
6. Hoy quiero cenar y acostarme antes de lo normal . Estoy cansado. → .
7. Ahora no tenemos hambre. Comeremos más tarde . → .
8. Apagaron las luces y en ese momento se oyó una voz. → .

ACIERTOS /8

Adverbios de tiempo (2)

● *todavía, aún, ya no*

¡Es increíble! Son las doce y **todavía** está durmiendo.

– *Todavía* y *aún* indican que una acción que comenzó en el pasado sigue siendo cierta en el presente.

Todavía trabajo en el estudio de Mónica.
¿**Aún** estás aquí? Creía que te habías ido.

– *Ya no* indica que algo anterior no es cierto en el presente.

Antes íbamos mucho a esquiar, pero **ya no** vamos casi nada.
Ya no trabajo en la academia. Ahora trabajo en la universidad.

Compare:

No salgas. **Todavía** llueve.

Puedes salir ahora. **Ya no** llueve.

● *ya, todavía no, aún no*

– *Ya* indica que la acción o situación a la que se refiere se ha realizado anteriormente. Puede ir delante o detrás del verbo.

Ya he terminado. Podemos marcharnos.   Cuando llegué a casa de Damián, se había ido **ya**.

En interrogativas pregunta si la acción o situación se ha realizado anteriormente.

–¿Has hablado **ya** con Pedro? –Sí, hablé ayer.

– *Todavía* y *aún* con verbo negativo indican que la acción o la situación a la que se refieren no se ha realizado anteriormente. Pueden ir delante o detrás del verbo.

Aún no he acabado. Esperadme un momento.   Mar **no** ha encontrado trabajo **todavía**.
¿**Todavía no** te has vestido? Vamos a llegar tarde.

Compare:

Todavía no han comido.

Ya han comido.

● *Ya* con significado de futuro

– Se usa *ya* + futuro simple para referirse al futuro de manera inconcreta.

No te preocupes. **Ya** se **arreglará** todo. (en un momento futuro)

– Se usa *ya* + presente de indicativo con el significado de *ahora, a partir de ahora.*

¡**Ya** (ahora) me acuerdo! Tú eres Armando.
Ya no llueve. **Ya** (ahora, a partir de ahora) podemos salir.

E J E R C I C I O S

1. ▷ **Complete las frases con *todavía, aún* o *ya no*.** ···

   1. No puedes irte. ____Todavía/Aún____ te necesito.

   2. –¿Está Berta? –No, _____ vive aquí.

   3. –¿Sigues jugando al tenis? –Sí, _____ juego de vez en cuando.

   4. –¿Vas a la oficina? –No, _____ estoy de vacaciones.

   5. Puedes irte. _____ te necesito.

   6. –¿Me dejas la bici, Manuel? –Lo siento, _____ tengo bici. Se me rompió.

   7. –¿Sigue estudiando griego? –Sí, _____ lo estudio. Me encanta.

ACIERTOS ...../7

2. ▷ **Lea las respuestas y escriba las preguntas.** ···

   1. –¿ ____Se conocen ya ustedes____ ?   –Sí, ya nos conocemos.

   2. –¿_____?   –Sí, ya lo sé.

   3. –¿_____?   –No, aún no ha llegado Paloma.

   4. –¿_____?   –No, todavía no hemos empezado las clases.

   5. –¿_____?   –No, la comida no está lista todavía.

ACIERTOS ...../5

3. ▷ **Complete las frases con *ya, todavía no / aún no*.** ···

   1. Estoy esperando a Lidia desde las seis, pero ____todavía no/aún no____ ha llegado.

   2. Venid. _____ han abierto las puertas.

   3. –¿Qué quieres estudiar? –_____ lo sé.

   4. –¿Sabes que Lorenzo se marcha a Chile? –Sí, _____ lo sé.

   5. –¿Has leído _____ el fichero que te mandé? –No, _____ lo he abierto.

   6. ¿_____ has pagado el alquiler? Se va a enfadar el casero.

   7. –¿Ha vuelto _____ Pilar de México? –No, _____ ha vuelto.

   8. _____ sé dónde está Viña. Me lo ha dicho Tomás.

ACIERTOS ...../8

4. ▷ **Vuelva a escribir las frases con *ya*. Haga los cambios necesarios.** ·····················

   1. Puedes llamar a partir de ahora. ____Puedes llamar ya____.

   2. Dentro de unos días te llamaremos. _____.

   3. No creo que venga ahora. _____.

   4. Te diré algo más adelante. _____.

   5. ¡Ahora lo entiendo! _____.

   6. Hablaremos otro día. _____.

   7. A partir de ahora podemos comprar las entradas. _____.

   8. Os contestaré más adelante. _____.

   9. Ahora hay que irse. _____.

   10. Hará buen tiempo más adelante. _____.

   11. Encontrarán trabajo en el futuro. _____.

ACIERTOS ...../11

103 *siempre, de vez en cuando, a veces...*
Adverbios y expresiones de frecuencia

En el desierto de Atacama no llueve **nunca**.

Javier hace footing **todos los días**.

Nunca y *todos los días* son expresiones de frecuencia. Expresan la frecuencia con que sucede o se hace algo. Responden a la pregunta *¿con qué frecuencia?*

> En mi casa comemos pescado (¿con qué frecuencia?) **de vez en cuando**.

● Adverbios y expresiones de frecuencia

siempre					
	normalmente casi siempre	a menudo frecuentemente	a veces de vez en cuando		
				casi nunca	nunca
100%	80%	60%	30%	5%	0%

– *Siempre, a veces...* pueden ir delante o detrás del verbo, al final de la frase o solos.

> Luis **siempre estudia** por la noche.   Trabajo **a veces** por la tarde.
> Silvia me envía un correo electrónico **de vez en cuando**.

– *Normalmente* puede ir al principio de la frase.

> **Normalmente**, los sábados salgo con mis amigos.

– *Casi nunca, nunca* ▶ Unidad 108: Adverbios de negación

> *nunca/casi nunca* + verbo en afirmativa   **Nunca voy** a la ópera.
> verbo en negativa + *nunca/casi nunca*   **No voy nunca** a la ópera.

● Expresión de frecuencia con otras construcciones:

todos los días / meses / años...	Me levanto temprano **todos los días**.
todas las noches / semanas / tardes...	**Todas las noches** antes de acostarme leo un rato.
(todos) los lunes / martes...	Voy a clase de guitarra (**todos**) **los martes**.
una vez	Nos reunimos **una vez al mes**.
dos / tres... veces · al día / mes / año... · a la semana	Limpiamos la casa **dos veces a la semana**.
un día / dos días	Como en casa de mis padres **un día a la semana**.

– *Todos los días, una vez al año...* pueden ir al final o al principio de la frase, o solos.

> **Una vez a la semana** nos reunimos todos los amigos.
> Nos reunimos todos los amigos **una vez a la semana**.

– Se suele usar *mucho* en preguntas para preguntar por la frecuencia con que se hace algo.

> –¿Viaja **mucho** a México? –Dos o tres veces al año.

3 EJERCICIOS

1. Complete con las expresiones del recuadro. En algunos casos se puede usar más de una. ....

a menudo	~~casi nunca~~	casi nunca	de vez en cuando	de vez en cuando
frecuentemente	mucho	mucho	normalmente	nunca

1. _Casi nunca_ salgo con Teresa. Ahora vivimos muy lejos.
2. _____, suelo cenar en casa.
3. Me levanto _____ a las siete. Me gusta madrugar.
4. Vamos _____ al cine, dos o tres veces al mes.
5. _____ me acuesto antes de las doce. No puedo dormirme antes.
6. Mis padres hacen un viaje _____, una o dos veces al año.
7. –¿Ves _____ a Lola? –_____. La última vez fue hace dos meses.
8. Viajo _____ a Argentina. Tengo muchos parientes y me gusta verlos.

ACIERTOS ..../8

2. Vuelva a escribir las frases añadiendo la expresión entre paréntesis en el lugar indicado. Haga los cambios necesarios. ....

1. Voy ↑ al cine. (*nunca*)   ____No voy nunca al cine____.
2. ↑ Salgo por la noche. (*nunca*)   _____.
3. Fernando ↑ viaja en coche. (*casi nunca*)   _____.
4. Vemos ↑ la tele. (*casi nunca*)   _____.
5. Diana me llama ↑. (*nunca*)   _____.

ACIERTOS ..../5

3. Coloque las expresiones del recuadro por orden, de mayor a menor frecuencia. ....

todos los días
una vez a la semana
un día al mes
los lunes
cada dos días
dos veces al año
cada quince días

⊕ 1. ____todos los días____
2. _____
3. _____ / _____
4. _____
5. _____
⊖ 6. _____

ACIERTOS ..../6

4. Vuelva a escribir las frases con las expresiones de frecuencia correspondientes. ....

1. [enero *, febrero *...] (*salimos a cenar con amigos*) ____Salimos a cenar con amigos una vez al mes____.
2. [martes, martes, martes...] (*tenemos clases de español*) _____.
3. [L M Ⓧ J V S D] (*voy al gimnasio*) _____.
4. [2001, 2002, 2003...] (*pasamos unos días en Cancún*) _____.
5. [marzo **, abril **...] (*Elena tiene que ir al médico*) _____.
6. [L***, M***...] (*Martín se lava los dientes*) _____.
7. [S D, S D, S D...] (*hacemos algún viaje*) _____.

ACIERTOS ..../7

104 muy, mucho, bastante...
Adverbios de cantidad

Nuria trabaja **mucho.**

Julia y su hermano son **bastante** diferentes.

Es **demasiado** tarde.
El avión ya ha despegado.

Mucho, bastante y *demasiado* son adverbios de cantidad. Indican diferentes grados de intensidad en relación a las palabras a las que se refieren.

⊕——•——————•——————•——————•——————•—⊖
　　muy　　bastante　　algo　　poco　　nada
　　mucho　　　　　　un poco

demasiado → más de lo necesario o más de lo que se considera correcto.

● *muy, bastante...* con adjetivos y adverbios

muy		Fidel cocina **muy bien.**
bastante		Julia y su hermano son **bastante diferentes**.
algo	+ adjetivo	Es **algo tarde**.
un poco		Este ejercicio es **un poco difícil**.
poco	+ adverbio	Susana es **poco cariñosa**.
demasiado		Este hotel es **demasiado caro**.
nada		Gema no es **nada egoísta**.

ATENCIÓN:

Algo y *un poco* tienen sentido positivo. *Poco* tiene sentido negativo.

　　Soy **algo / un poco tímida**. (Soy tímida.)　　Soy **poco tímida**. (No soy tímida.)

Algo y *un poco* no se suelen usar con adjetivos que expresan cualidades positivas.

　　Adela es algo simpática.
　　Felipe es un poco trabajador.

● *mucho, bastante...* con verbos

	mucho	Beatriz **trabaja mucho**.
	bastante	Ernesto **piensa bastante**.
verbo +	algo	Nati **estudia algo,** pero poco.
	poco	Este tren **corre poco**.
	demasiado	Felipe **duerme demasiado**.
	nada	Juan **no come nada**.

▶ Unidad 105: Contraste entre formas de expresar grados de cualidad o cantidad
　Unidad 107: Comparación de adverbios

4 EJERCICIOS

1. **Rodee la forma correcta en cada caso.** ....

1. Me encanta esta novela. Es extraordinaria. Es ((*muy*)/*poco*) buena.
2. No se puede oír nada. La música está (*algo/bastante*) alta.
3. Roberto no es (*poco/nada*) alegre. Nunca quiere salir.
4. Este libro no es (*bastante/nada*) caro. Solo cuesta cinco euros.
5. Rubén es (*demasiado/poco*) sincero. A veces, es mejor no decir toda la verdad.
6. Silvia se lleva (*muy/demasiado*) bien con su hermana. Se ayudan mucho.
7. Es (*algo/poco*) tarde. Deberíamos irnos.
8. Tomás es (*poco / un poco*) cariñoso. Nunca da un beso a nadie.
9. Ricardo está (*poco / un poco*) débil. Debería hacer algo de ejercicio.
10. Ayer estuve con Elisa y la encontré (*bastante/poco*) nerviosa. No paraba de hablar.

ACIERTOS ..../10

2. **Observe las ilustraciones y complete las frases con *bastante, demasiado, muy* o *un poco*.** ....

  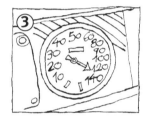 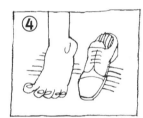

1. El traje le queda <u>demasiado</u> grande.
2. Catalina dibuja _____ bien.
3. Ernesto va _____ rápido.
4. Los zapatos son _____ pequeños.
5. El libro es _____ caro.

ACIERTOS ..../5

3. **Complete con *algo, bastante, demasiado, mucho, nada* o *poco*.** ....

1. Ernesto estudia ___<u>mucho</u>___: seis horas al día.
2. Este coche corre _____. No pasa de los ochenta kilómetros a la hora.
3. Víctor sale _____. No está nunca en casa y no estudia _____.
4. Rosa y yo nos vemos _____, casi todas las semanas.
5. Tengo que tomarme algo. Me duele _____ la cabeza.
6. A Verónica no le gusta _____ el frío.
7. Nacho les ayuda _____ a sus padres, pero no _____.
8. Mi padre hace _____ deporte. Va todos los días al gimnasio.
9. Ahora trabajo _____. Tengo que buscar más trabajo.
10. María no estudia _____. Va a suspender todos los exámenes.

ACIERTOS ..../10

217

Contraste entre formas de expresar grados de cualidad o cantidad

● *muy, mucho, mucha, muchos, muchas...*

muy		*Luisa es muy inteligente.*
bastante	+ adjetivo/adverbio	*Alberto cocina bastante bien.*
poco		*Jorge es poco estudioso.*
demasiado		*Habéis llegado demasiado tarde.*

	mucho	*Clara trabaja mucho.*
	bastante	*Consuelo sale bastante.*
verbo +	*poco*	*Ignacio come poco.*
	demasiado	*Rodri habla demasiado.*

mucho, –a, –os, –as		*Clara trabaja muchas horas.*
bastante, –es		*Tiene bastantes amigos.*
poco, –a, –os, –as	+ nombre	*Ignacio come poca carne.*
demasiado, –a, –os, –as		*Bebes demasiada leche.*

Compare:

  *Juan es **muy trabajador**.* *Juan **trabaja mucho**.* *Juan trabaja **muchas horas**.*

● *–ísimo*

  *Alonso conduce **rapidísimo**.* (muy rápido)
  *Lorena es **altísima**.* (muy alta)

 – Formación de adjetivos y adverbios en *–ísimo*

adjetivo (– vocal final) + *–ísimo, –a, –os, –as*		
listo – o + –ísimo, –a, –os, –as →	*listísimo, –a, –os, –as*	*Estas chicas son **listísimas**.*
difícil + –ísimo, –a, –os, –as →	*dificilísimo, –a, –os, –as*	*El examen fue **dificilísimo**.*
mucho – o + –ísimo, –a, –os, –as →	*muchísimo, –a, –os, –as*	*Dunia tiene **muchísimos** amigos.*
adverbio – vocal final + *ísimo*		
tarde – e + –ísimo→	*tardísimo*	*Es **tardísimo**.*
mucho – o + –ísimo →	*muchísimo*	*Sebastián trabaja **muchísimo**.*
adverbio (– *a*) + *–ísima + mente*		
lent – a + –ísima + mente →	*lentísimamente*	*Samuel conduce **lentísimamente**.*
fácil + –ísima + mente →	*facilísimamente*	*Esta ventana se abre **facilísimamente**.*

ATENCIÓN:

feliz → felicísimo	*blanco → blanquísimo*	*amigo → amiguísimo*
antiguo → antiquísimo	*amable → amabilísimo*	*joven → jovencísimo*

▶   Unidad 22: Indefinidos (3)   Unidad 104: Adverbios de cantidad

5 EJERCICIOS

1. ▷ **Vuelva a escribir las frases añadiendo *muy* o *mucho*.**

1. Esta novela es buena.   Esta novela es muy buena .
2. Esther duerme.   _____ .
3. Mi casa está lejos.   _____ .
4. Raúl prepara bien la carne.   _____ .
5. Me parezco a mi madre.   _____ .
6. Hacer ejercicio es sano.   _____ .
7. Juan llega siempre tarde.   _____ .
8. Eva gasta poco.   _____ .

2. ▷ **Complete las frases con la palabra entre paréntesis en la forma correcta.**

1. Ernesto tiene (*mucho*) muchos hermanos.
2. Felisa vive (*bastante*) _____ lejos.
3. Hoy hay (*bastante*) _____ estrellas en el cielo.
4. No me gusta Eduardo. Es (*demasiado*) _____ orgulloso.
5. Queda (*poco*) _____ leche. Hay que comprar.
6. Has comprado (*demasiado*) _____ fruta.
7. Gerardo habla (*demasiado*) _____. Siempre mete la pata.
8. Esteban sale (*poco*) _____. Estudia (*mucho*) _____.
9. He visto esta película (*mucho*) _____ veces.
10. Hemos llegado (*demasiado*) _____ temprano. Aún no han abierto.
11. Últimamente leo (*poco*) _____. No tengo (*mucho*) _____ tiempo.
12. No veo a Ruth. Hay (*demasiado*) _____ gente.

3. ▷ **Sustituya las expresiones subrayadas por otras con *–ísimo*.**

1. Alfonso es un chico muy aburrido. Alfonso es un chico aburridísimo .
2. Olga es una chica muy interesante. _____ .
3. Roberto camina muy lentamente. _____ .
4. Daniel me golpeó muy fuerte. _____ .
5. Héctor es muy amigo mío. _____ .
6. Este edificio es muy antiguo. _____ .
7. Estoy leyendo una novela muy buena. _____ .
8. Los hermanos de Lola son muy educados. _____ .
9. Miriam explica muy claramente. _____ .
10. Durante la semana tengo muy poco tiempo libre. _____ .
11. Paula y Gloria son muy amables. _____ .
12. Los padres de Aurora son muy jóvenes. _____ .

106 bien, fácilmente...
Adverbios de modo

*Gema conduce **prudentemente**.*

*Serafín toca el piano muy **bien**.*

Prudentemente y *bien* son adverbios de modo. Expresan cómo sucede algo o cómo alguien hace algo. Responden a la pregunta *¿cómo?*

> *Hans habla español (¿cómo?) **perfectamente**.*

● Formación de los adverbios de modo

adjetivo femenino singular + –mente → adverbio		
Adjetivo	Femenino singular	Adverbio
maravilloso	*maravillosa* →	*maravillo**samente***
fácil	*fácil* →	*fácil**mente***
prudente	*prudente* →	*prudente**mente***

PERO: *bueno → bien*   *malo → mal*   *deprisa*   *despacio*

– Algunos adverbios tienen la misma forma que el adjetivo y otros tienen varias formas.

adjetivo	adverbio
alto (volumen)	alto
bajo (volumen)	bajo
rápido	rápido, rápidamente
lento	lento, lentamente
claro	claro, claramente
fuerte	fuerte, fuertemente

– La forma del adjetivo se usa con determinados verbos.

hablar, cantar + alto, bajo, claro	*Habla **alto**, por favor.*
explicar + claro	*Mis profesores explican **claro**.*
andar, ir, correr, conducir, trabajar + rápido, lento	*Julia conduce muy **rápido**.*
golpear, empujar, tirar + fuerte	*¡Venga, empuja **fuerte**!*

PERO: *Se veía **claramente** la torre de la iglesia.*

● *así* = de este modo

> *Hazlo **así**; es más fácil.*

● Los adverbios de modo suelen ir detrás de los verbos.

> *Alba **vive alegremente**.*   *No **vayas deprisa**.*

– En frases con dos o más adverbios acabados en *–mente*, solo el último lleva la terminación:

> *Lo hizo ~~rápidamente y eficazmente~~.* → *Lo hizo rápida y eficazmente.*

6 EJERCICIOS

1. **Observe las ilustraciones y complete las frases con los adverbios del recuadro.**

1. Lorena conduce muy _deprisa_.
2. Diana escucha _____.
3. Rubén canta muy _____.
4. Elisa habla muy _____.
5. Gerardo escribe muy _____.

alto   atentamente   ~~deprisa~~   despacio   mal

ACIERTOS ..../5

2. **Sustituya las palabras subrayadas por adverbios de modo.**

1. Hazlo con tranquilidad, Norma. _Hazlo tranquilamente, Norma_.
2. Álvaro juega con inteligencia. _____.
3. Agustín actúa de una forma irresponsable. _____.
4. Ven con rapidez, Adela. _____.
5. Fran me llama de manera continua. _____.
6. Escribe de este modo, Luisa. _____.
7. Susana canta de forma maravillosa. _____.
8. Tatiana conduce con lentitud y con cuidado. _____.
9. Me golpeó con fuerza. _____.
10. Emilia nada de una forma extraordinaria. _____.
11. Arielina trabaja con tranquilidad pero con seriedad. _____.
12. Mis hijos aprueban con facilidad. _____.
13. Se ganan la vida con honradez. _____.
14. La profesora de Matemáticas explica con claridad. _____.
15. Se bajó del árbol con habilidad. _____.

ACIERTOS ..../15

3. **Complete las frases con las palabras del recuadro. Haga los cambios necesarios.**

amable   amablemente   bien   ~~buen~~   egoístamente   exquisita   gravemente   perfectamente

1. Javier es un _buen_ estudiante.
2. María es una cocinera _____.
3. Manuel resultó herido _____ en el accidente.
4. A veces Alejandro se porta _____ con sus amigos.
5. Los hermanos de Adela son muy _____.
6. Esas flores huelen muy _____.
7. Un señor me cedió el asiento _____.
8. Noelia conoce Cuba _____.

ACIERTOS ..../8

107 más rápido, mejor, peor...
Comparación de adverbios

No te oigo. Habla **más alto**, por favor.

No hay duda. Camila es la que **mejor** canta.

Más alto y *mejor* son formas comparativas de los adverbios. Se usan para indicar diferentes grados de intensidad o hacer comparaciones entre dos personas, animales o cosas o entre un grupo.

> *No te entiendo. Habla **más claro**, por favor.   Susana dibuja **mejor que** yo.*

● Adverbios: formación del comparativo

(+) Superioridad	*más* + adverbio (+ *que*)	*Habla **más alto**, por favor.* *El agua avanza **más rápido que** el fuego.*
(–) Inferioridad	*menos* + adverbio (+ *que*)	*Hoy hemos llegado **menos tarde que** ayer.*
(=) Igualdad	*tan* + adverbio (+ *como*)	*Este tren corre **tan rápido como** el AVE.*
Formas irregulares		
(+) *bien* →	*mejor* (+ *que*)	*Hans habla español **mejor que** yo.*
(+) *mal* →	*peor* (+ *que*)	*Comes **peor que** antes.*
(+) *mucho* →	*más* (+ *que*)	*José Luis está trabajando **más que** nunca.*
(=) *mucho* →	*tanto* (+ *como*)	*Hablas mucho en clase. No hables **tanto**.*
(+) *poco* →	*menos* (+ *que*)	*Esteban corre **menos que** yo.*

– *que/como* + pronombres personales sujeto (*yo, tú...*)

> *Ustedes hablan más que ~~mí~~.* → *Ustedes hablan más **que yo**.*

– La forma comparativa de inferioridad no se usa mucho. En su lugar, se prefiere la forma negativa del comparativo de igualdad.

> *Félix ~~suele llegar menos tarde que yo~~.* → *Félix **no** suele llegar **tan tarde** como yo.*

● Adverbios: formación del superlativo

(+) Superioridad	*el, la, los, las* + *que* + *más* + adverbio (+ *de*) *¿Quién ha sido **el que** ha llegado **más tarde**?*	
(–) Inferioridad	*el, la, los, las* + *que* + *menos* + adverbio (+ *de*) *Anita es **la que** se porta **menos mal**.*	
Formas irregulares		
bien → *mejor*	*Laura es **la que mejor** canta.*	
mal → *peor*	*Nacho es **el que peor** baila del grupo.*	
mucho → *más*	*Gabriel es **el que más** estudia de toda la clase.*	
poco → *menos*	*Manuel y Alfonso son **los que menos** corren del equipo.*	

ATENCIÓN:

más tarde, mejor, peor, más, menos... + verbo	*Rodolfo es el que **menos estudia**.*
verbo + *más tarde, mejor, peor, más, menos...*	*¿Quién ha sido el que **ha llegado más tarde**?*

E J E R C I C I O S

1. Complete las frases con la forma comparativa de superioridad o igualdad de los adverbios del recuadro.

1. No hables tan alto, por favor. Habla _más bajo_ .
2. Vas muy rápido. No vayas _tan rápido_ .
3. No vayas tan rápido. Ve _____ .
4. No trabajen tanto. Trabajen _____ .
5. Gritáis mucho. No gritéis _____ .
6. Os levantáis demasiado temprano. No os levantéis _____ .
7. –No puedo abrir la puerta. –Empuja _____ .
8. Este ejercicio está muy mal. Tienes que hacerlo _____ .
9. No seas alocada. Tienes que hacer las cosas _____ .

~~bajo~~   bien

despacio

fuerte

mucho

poco   ~~rápido~~

temprano

tranquilamente

ACIERTOS ...../9

2. Escriba las comparaciones según lo indicado entre paréntesis.

1. Sofía vive cerca del cine. (+ *nosotros*) _Sofía vive más cerca del cine que nosotros_ .
2. Hoy hemos llegado tarde. (– *de costumbre*) _____ .
3. Susana corre mucho. (= *Eloísa*) _____ .
4. Julián cocina bien. (+ *Vicente*) _____ .
5. Arnaldo gasta mucho. (+ *Jesús*) _____ .
6. Jorge se levanta temprano. (= *yo*) _____ .
7. Sara y Eva conducen bien. (= *ustedes*) _____ .
8. Hablo poco. (+ *mi padre*) _____ .

ACIERTOS ...../8

3. Vuelva a escribir la frase con el comparativo de igualdad.

1. Héctor corre menos rápido que tú. _Héctor no corre tan rápido como tú_ .
2. Lucas habla menos que yo. _____ .
3. Sonia se acuesta menos tarde que nosotros. _____ .
4. Silvia explica menos claro que Laura. _____ .
5. Camino menos lentamente que David. _____ .
6. Ernesto juega menos inteligentemente que Carlos. _____ .

ACIERTOS ...../6

4. Complete la frase con los verbos y el superlativo de los adverbios entre paréntesis.

1. ¿Quién es (*estudia, + poco*) _el que estudia menos / el que menos estudia_ de la clase?
2. ¿Quién es (*habla, + mucho*) _____ de tus amigas?
3. ¿Quién es (*vive, + lejos*) _____ de tus amigos?
4. ¿Cuál de tus hermanos es (*levanta, + temprano*) _____ ?
5. Beti y Victoria son (*bailan, + mal*) _____ del grupo.
6. Serafín y Adrián son (*corren, + mucho*) _____ del equipo.
7. ¿Quién es (*trabaja, + poco*) _____ en tu oficina?

ACIERTOS ...../7

108 no, nunca, jamás...
Adverbios de negación

No, gracias.
No tomo café.

Josefina **nunca** tiene tiempo para nada.

Jamás he montado a caballo.

No, nunca y *jamás* son adverbios de negación. Se usan para negar una acción o situación.

● *no*

No es el adverbio de negación más común. Se puede usar solo o con un verbo.

–*¿Vas a venir mañana?* –**No, no puedo**. *Lo siento.*   –*¿Estás cansado?* –**No**.

Colocación:

– *No* (+ pronombre de complemento) + verbo

No tengo hambre.   Todavía **no he leído** el periódico.
A Felipe **no le gustaría** verte así.   Preferiría **no hacerlo**.

– *No* (+ pronombre de complemento) + verbo + elemento negativo

Ayer **no hice nada**.
¿Has visto mis gafas? **No las encuentro por ninguna parte**.

– Cuando el elemento negativo va delante del verbo, no se usa *no*.

Nadie me **quiere**.   **Nada es** imposible.
En ninguna parte hay tranquilidad en esta ciudad.

– Cuando el sujeto es negativo, hay dos posibilidades.

Sujeto negativo + verbo   **Nadie quiere** hacerlo.
No + verbo + sujeto negativo   **No quiere** hacerlo **nadie**.

● *nunca, jamás* ▶ UNIDAD 103: Adverbios y expresiones de frecuencia

Nunca, jamás pueden ir solos en la frase o con *no*.

– *Nunca/jamás* (+ pronombre de complemento) + verbo

Jamás como carne.   **Nunca se levantan** antes de las nueve.

– *No* (+ pronombre de complemento) + verbo + *nunca/jamás*

–**No he visitado nunca/jamás** el Museo de América.

● *tampoco* ▶ UNIDAD 109: Expresión de coincidencia o no coincidencia

– *Tampoco* se usa detrás de otra negación.

–*Alberto no quiere ir a la playa.* –*Y* **tampoco** *quiere ir a la piscina.*

– Puede ir solo en la frase o con *no*.

–*No ha venido Carlos.* –*Y* **no** *ha venido Lidia* **tampoco**. */ Y* **tampoco** *ha venido Lidia.*

8 EJERCICIOS

1. ▷ Haga negativas con *no* las frases siguientes.

1. Adela quiere ayudarnos.   <u>Adela no quiere ayudarnos</u> .
2. A Sara le gustaría vivir en Santiago.   _____ .
3. Me ha llamado Andrea.   _____ .
4. Me he duchado después del partido.   _____ .
5. Nos gusta la música rock.   _____ .
6. Preferiría trabajar.   _____ .
7. Hemos leído *Martín Fierro*.   _____ .
8. Roberto se acuesta tarde.   _____ .

2. ▷ Complete las respuestas con las palabras entre paréntesis. Use *no* solo en caso necesario.

1. –¿Conoces a alguien en la fiesta. –No, (*conozco, a nadie*) <u>no conozco a nadie</u> .
2. –¿Tienen coche tus amigos? –No, (*tiene, ninguno de mis amigos*) _____ coche.
3. –¿Quién había en casa de Lucía? –(*había, nadie*) _____ .
4. –¿Qué te han dicho del examen? –(*me han dicho, nada*) _____ .
5. –¿Dónde está Alberto? –(*sabe, nadie*) _____ dónde está.
6. –¿Qué le pasa a Carmina? –(*está a gusto, en ningún sitio*) _____ .
7. –¿Qué quieres? –(*quiero, nada*) _____ .
8. –¿Cuál te gusta? –(*me gusta, ninguno*) _____ .
9. –¿Os ha visto alguien? –No, (*nos ha visto, nadie*) _____ .
10. –¿No quiere ayudarte Eva? –No, (*quiere hacerlo, de ninguna manera*) _____ .

3. ▷ Escriba las frases colocando *nunca* o *jamás* en el lugar indicado. Haga los cambios necesarios.

1. Voy ↑ al fútbol. (*nunca*)   <u>No voy nunca al fútbol</u> .
2. ↑ Salimos los lunes. (*jamás*)   _____ .
3. He visto ↑ un jaguar. (*jamás*)   _____ .
4. ↑ Desayuno antes de ducharme. (*nunca*)   _____ .
5. He estado ↑ en Potosí. (*nunca*)   _____ .
6. Sofía nos espera ↑. (*jamás*)   _____ .
7. De pequeño, ↑ comía pimientos. (*jamás*)   _____ .
8. ↑ Te olvidaré. (*jamás*)   _____ .

4. ▷ Una las dos frases con *tampoco*.

1. Fermín no nos llama. Fermín no nos escribe. <u>Fermín no nos llama y tampoco</u> <u>nos escribe</u> .
2. Teresa no ha venido. Teresa no ha llamado. _____ .
3. Olga no trabaja. Olga no estudia. _____ .
4. A Armando no le gusta viajar en avión. A Armando no le gusta conducir. _____ _____ .
5. Beatriz no fue a trabajar ayer. Beatriz no ha ido a trabajar hoy. _____ .

yo sí, yo no, yo también, yo tampoco
Expresión de coincidiencia o no coincidencia

● *también* y *tampoco*

– *También* y *tampoco* se usan para expresar coincidencia con la situación u opinión de otros, con las siguientes construcciones.

Yo, tú, usted, él, ella... *A mí, a ti, a usted, a él, a ella...* *(A +) nombre (Elena, José, mi hermana...)*	+ *también, tampoco*

– Se usa *también* a continuación de una frase afirmativa.

> –*Juegas muy bien.* –**Tú también.**
> –*A Pablo le duele la cabeza.* –**A mí también.**

– Se usa *tampoco* a continuación de una frase negativa.

> –*No hablo ruso.* –**Yo tampoco.**
> –*A Marcos no le gusta viajar.* –**A Luisa tampoco.**

● *sí* y *no*

– *Sí* y *no* se pueden usar para expresar diferencias con la situación u opinión de otros, con las siguientes construcciones.

Yo, tú, usted, él, ella... *A mí, a ti, a usted, a él, a ella...* *(A +) nombre (Elena, José, mi hermana...)*	+ *sí, no*

– Se usa *no* en respuesta a una frase afirmativa.

> –*Tengo calor.* –**Yo no.**
> –*A Sergio le encanta viajar.* –*Pues* **a Gema no.**

– Se usa *sí* en respuesta a una frase negativa.

> –*No estoy cansada.* –**Nosotros sí.**
> –*A Esteban no le gusta el deporte.* –*Pues* **a Alba sí.** *Mucho.*

● *Yo sí/no, a mí sí/no, yo también/tampoco, a mí también/tampoco* se usan también en respuestas cortas a preguntas dirigidas a varias personas.

> –*¿Os ha gustado la película?* –**A mí sí.** –**A mí no.**
> –*¿Queréis jugar a las cartas?* –**Yo sí.** –**Yo también.** –**Yo no.**

EJERCICIOS

1. **Exprese coincidencia. Complete las respuestas con *también* o *tampoco*.**

1. –Julia está contenta. –Yo __también__.
2. –No nos gusta el fútbol. –A nosotras __tampoco__.
3. –A Ramón no le gusta viajar en avión. –A su mujer _____.
4. –No sé conducir. –Yo _____. Tengo que aprender.
5. –Eres una persona encantadora. –Tú _____, Marisa.
6. –Estamos resfriadas. –Nosotras _____. Es que hace mucho frío.
7. –Erika habla español muy bien. –Ulrich _____.
8. –No tenemos entradas. –Laura y Sonia _____.
9. –A Miguel le gustaría visitar el Amazonas. –A mí _____. Debe de ser precioso.

ACIERTOS ...../9

2. **Exprese falta de coincidencia. Complete las frases con *sí* o *no*.**

1. –Tengo sueño. –Yo __no__. Anoche dormí bien.
2. –Luis no sabe jugar al tenis. –Pues Ramón _____. Es bastante bueno.
3. –No me gusta el frío. –A nosotros _____. Es muy sano.
4. –Mañana no trabajo. –Yo _____. Trabajo todos los días.
5. –A Arturo le encanta estudiar. –Pues a Leo _____. Es un poco vago.
6. –No sé tocar ningún instrumento. –Yo _____. Sé tocar la guitarra.
7. –No conozco España. –Nosotros _____. Estuvimos allí hace tres años.
8. –Me encanta madrugar. –Pues a mí _____.

ACIERTOS ...../8

3. **Complete los diálogos expresando coincidencia o falta de coincidencia de acuerdo con la siguiente clave: = coincidencia, – diferencia.**

1. –Me encanta el chile con carne. –(*yo*, –) __A mí no__. Es muy picante.
2. –Adrián conoce muy bien Guatemala. –(*Charo*, =) _____.
3. –Anoche no vi el partido. –(*yo*, =) _____. Me acosté pronto.
4. –Yo, de pequeña, era muy tímida. –(*mi hermana*, =) _____.
5. –No conozco a ese chico. –(*nosotras*, =) _____.
6. –No comes mucho. –(*tú*, =) _____. Tienes que comer más.
7. –A Rosendo le encanta el rock. –(*Diana*, –) _____. Prefiere música más suave.
8. –Este año no tengo vacaciones. –(*yo*, –) _____, pero en septiembre.

ACIERTOS ...../8

4. **Complete las respuestas de acuerdo con la siguiente clave: (√) respuesta afirmativa, (x) respuesta negativa.**

1. –¿Sabéis jugar a la canasta? –(√) Yo __sí__. –(x) Yo __no__.
2. –¿Tenéis coche? –(x) Yo _____. –(x) Yo _____.
3. –¿Están cansados? –(√) Rosa _____. –(√) David _____.
4. –¿Trabajáis mucho? –(x) Yo _____. –(√) Yo _____.
5. –¿Os ha gustado el concierto? –(x) A mí _____. –(x) A mí _____. –(√) A mí _____.
6. –¿Os gusta el dulce de leche? –(x) A mí _____ pero (√) a Héctor _____.

ACIERTOS ...../6

110 *a las cinco, por la mañana...*
Preposiciones (1)

Algunas preposiciones se usan para indicar relaciones temporales.

● *a* + horas

> Te espero *a las cinco.*
> La fiesta acabó *a medianoche.*
> He quedado con Amalia *a mediodía.*

● *por* + partes del día

> Ahora estoy trabajando *por las tardes.*

*Margarita se suele levantar **a las seis.***

> PERO: *por la / de* noche, *de* día, *de* madrugada, a las siete *de* la mañana.

● *en* + meses, estaciones y años

> Elisa y Armando se casan *en enero.*   Mi cumpleaños es *en verano.*
> Colón llegó a América *en 1492.*

> PERO: *de* + meses y años en fechas: *Colón llegó a América el 12 de octubre de 1492.*

– *en* + momento

> *En este momento* no puedo atenderte.   Nuria va a llegar *en cualquier momento.*

● *hasta* indica el momento final de una acción o situación.

> Estaré en casa *hasta las ocho.*
> Teresa vivió en Cuba *hasta 1987.*

```
●------ hasta -----> x
ahora        las ocho
```

● *desde* indica el momento inicial de una acción o situación.

> Amanda no me llama *desde Navidad.*
> No me siento bien *desde ayer.*

```
x------ desde ----->●
Navidad        ahora
```

– *de... a* y *desde... hasta* indican el momento inicial y el final de una acción o situación.

> Lucía vivió en Panamá *de 1999 a 2001.*   Trabajo sólo *de lunes a jueves.*
> Natalia tiene clases *desde las cinco hasta las siete.*

– Con *de... a*, las horas no necesitan artículo.

> Este dentista tiene consulta los viernes *de cinco a siete.*

● *durante, antes de, después de*

***antes del** partido*   ***durante** el partido*   ***después del** partido*

> Estuvieron hablando *durante toda la película.*   Dimos una vuelta *después de la cena.*

durante + período de tiempo:

> Estuvimos afónicos *durante dos días.*

● *dentro de* + período de tiempo para referirse a un plazo de tiempo futuro.

> Te llamo *dentro de dos días.*
> Vuelvo *dentro de cinco minutos.*

```
●------ dentro de dos días ----->
ahora
martes                    jueves
```

228

EJERCICIOS

1. Una las columnas con las preposiciones adecuadas.

1. Despiértame
2. Los domingos solo trabajo
3. Mi cumpleaños es el 31
4. Natalia nació
5. Podemos quedar
6. Lo siento. No puedo salir
7. Ana no puede estudiar
8. A veces vamos a esquiar
9. Llegaron a las dos

| a |
| de |
| en |
| por |

a. octubre.
b. la noche. Se duerme.
c. la mañana.
d. invierno.
e. este momento.
f. la tarde, cuando estábamos comiendo.
g. las siete.
h. el año 1987.
i. mediodía para tomar algo.

ACIERTOS ...../9

2. Complete las frases con *a, hasta, de, desde* o *dentro de*.

1. Manuel vivió en Venezuela __de/desde__ 1993 __a/hasta__ 1998.
2. Trabajé en una empresa mexicana _____ el año pasado.
3. Patricia vive en Madrid _____ 2001.
4. Los bancos abren _____ ocho _____ dos.
5. Quiero ir a Bolivia _____ dos meses.
6. Anoche no me pude dormir _____ las tres.
7. Tengo mucho trabajo. No estoy libre _____ el jueves.
8. Olga lleva enferma _____ el lunes.
9. –¿Cuándo regresa Sebastián? –_____ unos días.

ACIERTOS ...../9

3. Complete las frases con *de, desde, a, hasta, dentro de, durante* y las expresiones entre paréntesis.

1. Darío estuvo con nosotros (*el principio, el fin del verano*) __Darío estuvo con nosotros__
   __desde el principio hasta el fin del verano__.
2. Emilia vivió en Honduras (*1999–2002*) _____.
3. Eva y Mario se casan (*tres meses*) _____.
4. Trabajo en esta oficina (*el mes pasado*) _____.
5. Voy a un gimnasio (*siete, nueve*) _____.
6. Me voy. Ya no nos vemos (*la semana que viene*) _____.
7. Gracias por todo. He estado muy a gusto (*estos días*) _____.

ACIERTOS ...../7

4. Complete las frases con *antes de, durante* o *después de* y las expresiones del recuadro.

1. Gabriel estuvo hablando __durante toda la clase__.
2. Estábamos agotados _____.
3. Mónica estaba muy nerviosa _____.
4. Me quedé muy relajada _____.
5. Hay que tener los móviles apagados _____.
6. Tengo que acabar este trabajo _____.

caminata por la sierra
el viernes
la entrevista
la ducha
los conciertos
~~toda la clase~~

ACIERTOS ...../6

111 a Tijuana, desde la playa...
Preposiciones (2)

Las preposiciones también pueden indicar relaciones de movimiento o dirección y de lugar.

● *a* indica destino y distancia.

> –*¿Adónde vas?* –*Voy **a la academia**.*   *El pueblo está **a seis kilómetros**.*

*a + el → al: Voy **al** mercado. Necesitamos fruta.*

● *hacia* indica dirección (=en dirección a).

> *Esta autopista va **hacia el sur**.*

● *hasta* indica el punto final de un trayecto.

> *Corrimos **hasta la parada del autobús**.*   x --------- hasta ------→
> *Hicimos una marcha y llegamos **hasta Aranjuez**.*

● *de, desde* indican el lugar de origen o el lugar inicial de un trayecto o de un movimiento.

> *Han venido **de/desde la playa** en bicicleta.*
> –*¿De dónde vienes?* –***De casa** de Eva. Está mejor.*   ------ de/desde ---→ x

*de + el → del: Regreso **del instituto** a las tres.*

– No se usa *desde* cuando lo importante es el
lugar de origen y no el trayecto.

> ~~*Venimos desde el cine.*~~ → *Venimos **del cine**. Hemos visto una película fabulosa.*

– Se usa *desde* con verbos que no expresan movimiento para indicar un punto de referencia
para el alcance de una acción.

> *Se ve el mar **desde la terraza**.*

● *de/desde... a/hasta* indican el punto inicial y el punto final de un trayecto.

> *Hay mucho camino **de/desde** la iglesia **a/hasta** el restaurante.*

● *en* indica situación en sentido general.

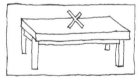   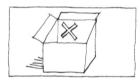   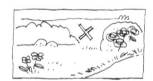   

en *la mesa*   **en** *la caja*   **en** *el jardín*   **en** *Ecuador*

*Tengo sellos **en el cajón**.*   *Teresa vive **en el quinto piso**.*

PERO: | *a* indica situación con respecto a otro punto, que puede no mencionarse.

a la entrada (del museo)

a la derecha
(de la Gran Vía)

*Se sentaron **a la puerta de la casa**.*

● *sobre* indica situación por encima de algo o alguien.

> *Hay muchos papeles **sobre el televisor**.*
> *A veces pasan aviones **sobre la ciudad**.*

● *entre* indica un lugar intermedio.

> *La farmacia está **entre el supermercado y el banco**.*

1 EJERCICIOS

1. **Rodee la preposición correcta en cada caso.** ....

1. Vengo (*hasta*/*de*) casa de Juana.
2. Ven (*a*/*hasta*) casa esta noche.
3. ¿Van a ir (*a*/*de*) Calpe este verano?
4. (*De*/*Desde*) aquí se ve muy bien la obra.
5. No mires (*a*/*hacia*) abajo. Te puedes marear.
6. (*Al*/*Del*) instituto (*a*/*hacia*) mi casa hay más de diez kilómetros.
7. ¡Ánimo! Tienes que llegar (*a*/*hacia*) la meta.
8. –¿(*A*/*Hasta*) dónde hay que llegar? –(*Hasta*/*Hacia*) el árbol que está en la esquina.

2. **Complete con *a, hacia, hasta, de, desde*. En algunos casos hay dos posibilidades correctas.** ....

1. ¿Nos puede llevar __a__ la estación?
2. ¿Vosotras podéis nadar _____ la orilla?
3. Este autobús no llega _____ el centro.
4. Para ver esa estrella hay que mirar _____ el Este.
5. _____ Santiago _____ Lima hay una buena carretera.
6. El Ebro fluye _____ el Este.
7. _____ aquí _____ casa de Lola hay solo dos kilómetros.
8. ¿Cuántos kilómetros hay _____ Valencia?
9. –¿_____ dónde vienes? –_____ una conferencia sobre los mayas.
10. _____ aquí arriba no se oye nada.
11. ¿Cómo se va _____ el estadio?

3. **Observe las ilustraciones y complete las frases con *de, a, sobre, en* o *entre*.** ....

① ② ③ ④
⑤ ⑥ ⑦ ⑧

1. Hay una foto __sobre__ el piano.
2. Bibiana está _____ su madre y su padre.
3. Asunción está _____ Paraguay .
4. Hay un quiosco de flores _____ la puerta de los almacenes.
5. Tuerce por la primera _____ la izquierda.
6. Hay unas nubes _____ el pueblo.
7. Costa Rica está _____ Nicaragua y Panamá.
8. Solo hay dos alumnos _____ el aula.

¿Dónde están los documentos?

Encima de la mesa.

Las llaves están **dentro del** cajón

Encima de y *dentro de* son preposiciones compuestas. Se usan para indicar la situación de una persona, animal o cosa en relación a otra persona, animal o cosa.

Los documentos están **encima de la mesa.**

- **encima de, debajo de**
    No dejéis nada **encima de las sillas**.
    Enrique guarda sus juguetes **debajo de la cama**.

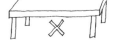

encima de la mesa   **debajo de** la mesa

- **dentro de, fuera de**
    El abrigo está **dentro del armario**.
    Te has dejado la leche **fuera de la nevera**.

dentro de la caja   **fuera de** la caja

- **cerca de, lejos de**
    Rosa vive **cerca del centro**.
    El estadio está **lejos de aquí**.

cerca de la parada   **lejos de** la parada

- **frente a/enfrente de**
    Aurelio vive **enfrente de un parque**.

frente al cine   **frente al** café
enfrente del cine   **enfrente del** café

- **junto a/al lado de**
    Hay una papelería **junto a la academia**.

junto a la librería   **junto a** la farmacia
al lado de la librería   **al lado de** la farmacia

- **alrededor de**
    Hay muchas tiendas **alrededor de la plaza**.

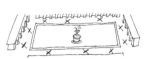

alrededor de la plaza

- **delante de, detrás de**
    No me dejas ver. Estás siempre
    delante del televisor.

detrás de Salvador   **delante de** Victoria

- preposiciones + pronombres personales. ▶ UNIDAD 34: Pronombres personales de sujeto

    preposición + *mí, ti, usted, él, ella, nosotros, –as, vosotros, –as, ustedes, ellos, –as*
        ¿Quién está **detrás de mí**?

1. **Ordene las palabras para formar frases. Haga los cambios necesarios.** ....

    1. un bar / hay / el cine / frente a _Hay un bar frente al cine_____.

    2. el suelo / los cables / debajo de / van _____.

    3. una estación de metro / mi casa / hay / cerca de _____.

    4. se sienta / junto a / Alfonso / mí _____.

    5. el televisor / no pongas / encima de / nada _____.

    6. te espero / el hotel / frente a _____.

2. **Observe las ilustraciones y complete las frases. Haga los cambios necesarios.** ....

alrededor de	debajo de	delante de	dentro de	detrás de
encima de	fuera de	frente a	~~junto a~~	lejos de

    1. Hay un banco (*cine*) _junto al cine_____.

    2. Hay muchos árboles (*museo*) _____.

    3. Las zapatillas están (*cama*) _____.

    4. Hay un parque (*colegio*) _____.

    5. La estación está (*hospital*) _____.

    6. Saturno está (*Tierra*) _____.

    7. Hay una mosca (*botella*) _____.

    8. Se han dejado la leche (*nevera*) _____.

    9. He dejado el coche (*tienda*) _____.

    10. Tengo una foto (*mesa*) _____.

3. **Complete las frases con las preposiciones del recuadro.** ....

    1. No podemos ir andando a la playa. Está _lejos de_ aquí.

    2. La cola es muy larga. Hay casi cien personas _____ nosotros.

    3. Eduardo no se sienta nunca _____ Cristina.

    4. No hace falta ir en coche. El cine está _____ mi casa.

    5. Las tijeras están _____ uno de esos cajones.

    6. Trae mala suerte pasar por _____ una escalera.

    7. Por favor, no pongáis los pies _____ la mesa.

    8. Hay una parada de autobús justo _____ mi casa.

    9. Ponte _____ mí. Yo he llegado primero.

    10. En las fiestas colocan puestos _____ la plaza.

    11. Deja el paraguas _____ la casa.

alrededor de
cerca de
debajo de
delante de
dentro de
detrás de
encima de
enfrente de
fuera de
junto a
~~lejos de~~

113 a Pedro, de Elvira, en autobús...
Preposiciones (4)

● Se usa **a**:

– delante del complemento indirecto.

*Le he regalado mi portátil **a Pedro**.*   *Tienes que dar la comida **a los gatos**.*

– delante del complemento directo cuando se refiere a personas, a animales o cosas personificados, o con verbos que suelen ir con complemento directo de persona.

*Anoche vimos **a Elena** en el concierto.*   *Tengo que lavar **a Fifí**. Está sucísimo.*
*Algunas personas quieren mucho **a sus perros**.*

| Pero: | No se usa *a* delante del complemento directo cuando se refiere a animales o cosas no personificados, cuando se refiere a alguien indeterminado o detrás del verbo *haber*. |

*¿Has visto **las vacas** que hay en el establo?*   *Necesito **un médico**.*
*Hoy **hay poca gente** en el concierto.*

– para indicar finalidad, con verbos de movimiento. ▶ UNIDAD **117**: Oraciones finales

*El fontanero ha venido **a arreglar** el baño.*

– para indicar el modo, la manera o el instrumento con el que se hace algo.

*Hoy hemos comido calamares **a la romana**.*   *Estas sandalias están hechas **a mano**.*

● Se usa **de**:

– para indicar posesión.

*Este es el despacho **de Elvira**.*

– para indicar origen.

*Esos señores son **de Costa Rica**.*

– para indicar materia y tema o contenido.

*Me encantan las tartas **de chocolate**.*
*Necesito una gramática **de español**.*

Este jarrón es **de porcelana**.

– para indicar finalidad.

*Necesito gafas de **sol**.* (gafas para protegerme del sol)

– para indicar características.

*La chica **de la falda amarilla** es argentina.*   *Fernando tiene una **niña de diez años**.*

● Se usa **en**:

– con medios de transporte.

*El viaje al Machu Picchu se hace **en tren** y **en autobús**.*

| Pero: | *a pie, a caballo*: *Voy a trabajar **a pie**. Vivo muy cerca de la oficina.* |

– para indicar el modo o la manera de hacer algo, o con idiomas.

*Me gusta trabajar **en silencio**.*   *No me hables **en ruso**. No te entiendo.*

● Se usa **sobre**:

– para indicar aproximación.

*El cartero suele llegar **sobre las diez**.* (aproximadamente)

– para indicar tema o asunto.

*Mañana hay una conferencia **sobre la globalización**.*
*Estoy escribiendo un libro **sobre Miguel Ángel Asturias**.*

3 EJERCICIOS

1. Inserte *a* donde sea necesario. ....

1. No he oído los niños todavía. ___No he oído a los niños todavía___ .
2. Todavía no he oído esa canción. ___Todavía no he oído esa canción___ .
3. ¿A qué hora has llamado Enrique? _____ .
4. Begoña está regalando sus gatitos. _____ .
5. ¿Has visto alguien de nuestro grupo? _____ .
6. Tengo que saludar Bárbara. _____ .
7. ¿Hay alguien en el aula? _____ .
8. En mi oficina necesitan una secretaria. _____ .

ACIERTOS ....../8

2. Observe las ilustraciones y complete los nombres con las palabras del recuadro y la preposición adecuada. ....

| baño | fútbol | oro | ~~sol~~ |

① ② ③ ④

gafas ___de sol___   reloj _____   cuarto _____   campo _____

ACIERTOS ....../4

3. Complete las frases con las preposiciones *a, de, en* o *sobre*. ....

1. ¿Sabes escribir ___a___ máquina?
2. Estrella va a clases _____ alemán.
3. Arístides es _____ Santo Domingo.
4. Mi abuelo siempre se hacía los trajes _____ medida.
5. Me encanta la tortilla _____ patatas.
6. Algunas ciudades tienen muchos problemas _____ tráfico.
7. No me siento _____ gusto con estos zapatos.
8. Estoy leyendo un libro _____ los pueblos caribes.
9. Creo que Antonio y Marta se han casado _____ secreto.

ACIERTOS ....../9

4. Complete las frases con las preposiciones *a, de, en* o *sobre* y las palabras del recuadro. ....

1. Mañana tengo una entrevista ___de trabajo___ .
2. Me encanta pasear _____ por el campo.
3. Copiad los ejercicios _____ .
4. Lorena siempre viene a la universidad _____ .
5. John, ¿cuándo has empezado las clases _____ ?
6. ¿Quién es la chica _____ ?
7. Dijeron que vendrían _____ .
8. He recibido una revista escrita _____ .

| caballo |
| español |
| lápiz |
| las diez |
| metro |
| pelo largo |
| portugués |
| ~~trabajo~~ |

ACIERTOS ....../8

235

114 *para ti, por amor...*
Preposiciones (5)

● Se usa *para*:

– para indicar destino o finalidad.

> *Mañana salimos **para Londres**.*
> *Toma, un regalo **para ti**.*
> *He comprado unos altavoces **para el ordenado**r.*

– *para* + infinitivo = finalidad. ▶ UNIDAD 117: Oraciones finales

> *¿Tiene un cuchillo **para pelar** patatas?*

– para indicar el término de un plazo de tiempo.

> *He comprado unos pollos **para el domingo**.*
> *Necesitamos un apartamento **para este verano**.*

– Se usa *para* + nombre/pronombre personal de complemento para expresar una opinión.

> ***Para Julio**, su hermana es perfecta.*   ***Para mí**, eso no tiene importancia.*

Estas flores son **para usted**.

● Se usa *por*:

– para indicar la causa o el motivo de una acción.

> *Se suspendió el partido **por la lluvia**.*
> *Lo he hecho **por amor**.*

Gracias **por el reloj**.

– para indicar el medio con el que se hace algo.

> *Llámame **por teléfono** esta noche.*   *Envíale la factura **por fax**.*

– para indicar lugar aproximado o tránsito.

> *Tiene que haber un banco **por aquí**.*   *Fuimos a Sevilla **por la autopista**.*

– para indicar precio.

> *Hemos comprado un apartamento **por cien mil euros**.*

● Se usa *con*:

– para indicar compañía o acompañamiento.

> *José sale **con Tina** los fines de semana.*   *¿Has probado el chile **con carne**?*

– para indicar instrumento.

> *Pagó las entradas **con la tarjeta de crédito**.*

● Se usa *sin*:

– para indicar falta de algo o alguien.

> *Me he acostumbrado a beber cerveza **sin alcohol**.*

● Se usa *contra*:

– para indicar oposición.

> *Este domingo juega el Real Madrid **contra el River Plate**.*
> *Ayer fuimos a un manifestación **contra el paro**.*

● Se usa *según* + pronombre personal sujeto/nombre:

– para indicar punto de vista.

> ***Según tú**, ¿quién tiene razón?*

4 EJERCICIOS

1. **Rodee la preposición correcta en cada caso.** ....

1. Te felicito (*para*/*por*) tu trabajo.
2. Hay que comprar comida (*para*/*por*) el domingo.
3. Me he comprado una blusa preciosa (*para*/*por*) treinta euros.
4. ¿(*Para*/*Por*) quién es esto?
5. Me han regañado (*para*/*por*) culpa tuya.
6. No pudimos salir (*para*/*por*) el frío.
7. No tengo las instrucciones (*para*/*por*) instalar el ordenador.

2. **Una las frases con las preposiciones adecuadas.** ....

1. Quiero un café
2. No os podéis ir
3. ¿Te gustan las patatas
4. No puedes cortar esa tela
5. No veo ese cartel
6. Mañana hay una manifestación
7. No podemos pintar el techo
8. Es pesado conducir

| con |
| contra |
| sin |

a. la pena de muerte.
b. escalera.
c. tijeras.
d. carne?
e. lluvia.
f. leche.
g. permiso.
h. gafas.

3. **Complete las frases con *por, para, sin, con, contra* o *según*.** ....

1. Alfonso y Anselmo viven todavía __con__ sus padres.
2. No podrás encender el gas _____ cerillas.
3. Hay pocos remedios _____ el dolor de muelas.
4. Me encantaría inventar una máquina _____ tender la ropa.
5. ¿Es esto delito, _____ la ley?
6. Carlota no se fue a México _____ sus padres.
7. Fernando invitó a Josefina _____ mi voluntad.
8. _____ vosotros, ¿quién va a ganar el partido?

4. **Complete las frases con las preposiciones y los nombres del recuadro.** ....

1. He recibido los documentos _por correo_.
2. Es difícil hacer esa traducción _____.
3. Necesitamos cortinas _____.
4. Hay que atravesar el río _____.
5. Me he dado un golpe _____.
6. Mándame el paquete _____.
7. Martina hace muchos gestos _____.
8. Hace frío. No salgas _____.
9. Están buscando una vacuna _____.

con	contra
para	por
sin	

abrigo	avión
~~correo~~	
diccionario	
	el puente
el sida	
la habitación	
los ojos	
	un martillo

115 *Pienso en ti*
Verbos con preposiciones

¿Me ayudas a recoger?

Pienso en ti todos los días.

Ayudas y *pienso* necesitan las preposiciones *a* y *en* para unirse a la palabra siguiente.

Algunos verbos necesitan una preposición para unirse a otros verbos, a un nombre o a un pronombre.

- ● verbos + preposiciones

  – Algunos pueden ir seguidos de un infinitivo, un nombre o un pronombre.

verbo + preposición + infinitivo →	*¿Me **ayudas a limpiar** la casa?*
verbo + preposición + nombre →	*Estamos **ayudando al padre** de Andrea.*
verbo + preposición + pronombre →	*¿Quién me **ayuda a mí**?*

  – Otros van seguidos solo de infinitivo.

      *Tengo que **acabar de pasar** esto a máquina esta noche.*

  – Algunos pronombres tienen formas especiales cuando van detrás de una preposición.

      ▶   UNIDAD 41: Pronombres personales con preposiciones

      *Se parece a **ti**.*   *No me puedo comparar **contigo**.*

- ● verbos + *a*

a + infinitivo/nombre/pronombre	acostumbrarse, aficionarse, ayudar, dedicarse
a + infinitivo	aprender, atreverse, comenzar, decidirse, enseñar, esperar, negarse, volver, ir, venir
a + nombre/pronombre	oler, parecerse

      *Nos hemos **acostumbrado a las comidas** de Toni.*   *Tenéis que **venir a ver** nuestro piso.*
      *Tu hijo mayor **se parece a ti**.*

- ● verbos + *de*

de + infinitivo/nombre/pronombre	acordarse, arrepentirse, cansarse, reírse
de + infinitivo/nombre	alegrarse
de + infinitivo	dejar, tratar
de + nombre/pronombre	desconfiar, disfrutar, divorciarse, enamorarse
de + nombre	morir

      *¿Te **acuerdas de Constantino**?*   *Javier siempre **trata de ser** amable.*
      *¿**Desconfías de nosotros**?*   *Dionisio **murió de un ataque** al corazón.*

- ● verbos + *con*

con + infinitivo/nombre/pronombre	conformarse, contar, contentarse, soñar
con + nombre/pronombre	casarse, compararse, enfadarse

      *Me **contento con ser feliz**.*   *Iván se va a **casar con una boliviana**.*

- ● verbos + *en*

en + infinitivo/nombre/pronombre	confiar
en + nombre/pronombre	creer, fijarse, transformarse
en + infinitivo	molestarse, quedar, tardar

      Confío en no equivocarme mucho.   *¿Te **has fijado en ese hombre**?*

5 E J E R C I C I O S

1. ▷ **Una las dos columnas con las preposiciones adecuadas.** ....

1. Valentín se dedica		a. risa.
2. Sara no cree	**a**	b. su madre.
3. Siempre hemos soñado		c. encenderse.
4. Arturo se parece	**con**	d. la existencia de extraterrestres.
5. Alba se ha enamorado	**de**	e. llevar estas cajas?
6. ¿Puedes ayudarme		f . su profesor.
7. Con Pablo te mueres	**en**	g. exportar fruta.
8. Esta televisión tarda mucho		h. visitar la isla de Pascua.

ACIERTOS
......../8

2. ▷ **Complete las frases con *a, de, en* o *con*.** ....

1. ¿Confías __en__ nosotros?
2. Lina se ha divorciado _____ su marido.
3. ¿Te atreves _____ tirarte desde aquí?
4. Esther se ha enfadado _____ Amelia.
5. ¿Cuándo van a comenzar _____ pintar la casa?
6. Tengo que aprender _____ conducir.
7. ¿Crees _____ las supersticiones?
8. Me alegro mucho _____ verte.
9. Bruno y Adela no se deciden _____ casarse.

ACIERTOS
......../9

3. ▷ **Complete las frases con *a, de, en, con* y las expresiones del recuadro.** ....

1. Esta noche vienen unos amigos __a cenar__.
2. Aquí huele _____.
3. Yo me conformo _____.
4. No te molestes _____.
5. Ya me he acostumbrado _____.
6. Hay que disfrutar _____.
7. Carlos cuenta siempre _____.
8. ¿Quién te enseña _____?
9. Lucio se arrepiente _____.

acompañarme a casa
~~cenar~~
ganar para vivir
hacer yoga
la ayuda de mis amigos
la vida
levantarme temprano
perfume
su pasado

ACIERTOS
......../9

4. ▷ **Sustituya las palabras entre paréntesis por la forma adecuada del pronombre. Haga los cambios necesarios.** ....

1. Ayer me acordé de (*tú*) __ti__ en el concierto.
2. Confío en (*mi hermano*) _____.
3. No se quiere casar con (*yo*) _____.
4. No me gusta que se rían de (*mis amigos y yo*) _____.
5. Mis padres no desconfían de (*yo*) _____.
6. ¿Por qué se ha enfadado Tere con (*tú*) _____?

ACIERTOS
......../6

116 y, o, pero...
Conjunciones

Tengo dos hijas **y** un hijo.

No me gusta la carne, **pero** me encanta el pescado.

Y y *pero* son conjunciones. Sirven para unir y relacionar frases o partes de frases.

> *Trabajo en un banco. Estudio Económicas.* → *Trabajo en un banco **y** estudio Económicas.*
> *Tengo **dos hermanas**. Tengo **un hermano**.* → *Tengo dos hermanas **y** un hermano.*

- **Y, ni** unen elementos o ideas semejantes.

  – *y* une elementos o ideas afirmativas.

  > *Me gusta la carne. Me gusta el pescado.* → *Me gustan la carne **y** el pescado.*
  > *Gloria es mexicana. Rosario es mexicana.* → *Gloria **y** Rosario son mexicanas.*

  – *y* → *e* cuando la palabra siguiente empieza por *i–/hi–*.

  > *Sara **e Isabel** son madre **e hija**.*

  – Cuando hay más de dos elementos, se coloca *y/e* delante del último.

  > *Fernando, Paco **y** María son españoles.*

  – *ni* une elementos o ideas negativas.

  > *No me gusta el té. No me gusta el café.* → *No me gusta el té **ni** el café.*
  > *Alberto no habla inglés. Alberto no habla francés.* → *Alberto no habla inglés **ni** francés.*

  – Cuando los elementos unidos van antes del verbo, se usa *ni... ni*.

  > *Diana no habla inglés. Tere no habla inglés.* ***Ni** Diana **ni** Tere hablan inglés.*

  – Cuando hay más de dos elementos, se coloca *ni* delante de cada uno de ellos.

  > ***Ni** Ana, **ni** Laura **ni** Agustín quieren ver esta película.*

- **O** une elementos alternativos o indica aproximación.

  > *¿Quieres fruta **o** un dulce?*   *Había nueve **o** diez personas en la sala.*

  – *o* → *u* cuando la palabra siguiente empieza por *o–/ho–*.

  > *No sé si siento amor **u odio**.*
  > *Había siete **u ocho** platos sobre la mesa.*

- **Pero, sino** unen elementos o ideas contrarias. Algunas veces van separados de la frase anterior por una pausa o una coma (,).

  > *Enrique es **inteligente**. Enrique es **perezoso**.* → *Enrique es inteligente, **pero** perezoso.*
  > *Enrique **no estudia** mucho. Enrique **aprueba**.* → *Enrique no estudia mucho, **pero** aprueba.*

  – Se usa *sino* detrás de una negación para corregir o aclarar algo anterior.

  > *Adriana no es argentina, **sino** peruana.*

  – Cuando une frases, se usa *sino que*.

  > *No solo no vino, **sino que** tampoco llamó.*

240

6 EJERCICIOS

1. Complete las frases con *o/u* o *y/e*. ....

1. ¿Es usted peruano __o__ boliviano?
2. ¿Tienes lápiz _____ papel?
3. No recuerdo si dijo septiembre _____ octubre.
4. Mis meses preferidos son julio _____ agosto.
5. No recuerdo si me dieron diez _____ once.
6. Solo conozco dos países europeos, Francia _____ Italia.
7. –¿Son tuyos _____ de Carlos? –Son míos _____ de Carlos.
8. Gabriel _____ Ignacio trabajan en la misma empresa.

2. Una las frases con *y/e*, *ni* o *ni... ni*. Haga los cambios necesarios. ....

1. Keiko habla inglés. Keiko habla español. __Keiko habla inglés y español__ .
2. No hablo inglés. No hablo alemán. _____ .
3. No me gusta la fruta. No me gustan las verduras. _____ .
4. A Juan le gusta bailar. A Diana le gusta bailar. _____ .
5. A Juan no le gusta el fútbol. A Diana no le gusta el fútbol. _____ .
6. Héctor estudia idiomas. Héctor estudia informática. _____ .
7. Luisa trabaja en la universidad. Luisa trabaja en una academia. _____ .
8. Luis no tiene coche. Luis no sabe conducir. _____ .
9. Mi hermano no quiere salir. Mi hermana no quiere salir. _____ .

3. Una las frases sobre un grupo de amigos con *y/e*, *ni*, *ni... ni* o *pero*. ....

1. Raquel es española. Irene es española. __Raquel e Irene son españolas__ .
2. Raquel juega al baloncesto. No es muy alta. _____ .
3. Pedro no es muy guapo. Pedro es muy simpático. _____ .
4. A Pedro le gusta Raquel. A Raquel no le gusta Pedro. _____ .
5. Raquel no trabaja. Pedro no trabaja. Irene no trabaja. _____ .
6. A Raquel le gusta la música clásica. A Irene le gusta la música clásica. A Pedro le gusta la música clásica. _____ .

4. Complete las frases con *pero*, *sino* o *sino que*. ....

1. Hugo no vive en La Paz, __sino__ en Cochabamba.
2. Está casado, _____ no conozco a su mujer.
3. Trabaja en un taller, _____ no gana mucho.
4. No solo no trabaja, _____ tampoco estudia.
5. Juana no es mexicana, _____ guatemalteca.
6. Nació en Quezaltenango, _____ vive en San Cristóbal de las Casas.
7. No solo trabaja, _____ además va a clases por la noche.
8. Quiere poner un negocio, _____ no tiene dinero.

117 *para, para que*
Oraciones finales

Necesito tiempo **para estudiar**.

He traído una foto de mi hijo
para que lo conozcáis.

Para estudiar y *para que lo conozcáis* son oraciones finales. Indican por qué se hace algo, con qué objetivo o finalidad.

> *Tengo que verte. Quiero contarte algo.* → *Tengo que verte **para contarte algo**.*
> *Se vistió deprisa. No quería llegar tarde.* → *Se vistió deprisa **para no llegar tarde**.*

● Oraciones finales

para + infinitivo	*Anoche me llamó Juan **para quedar** el domingo.*
para que + subjuntivo	*Me gustaría ver a Dolores **para que me cuente** la fiesta.*

● Normalmente, se usa *para* + infinitivo cuando el sujeto es el mismo en las dos oraciones.

> *Llamé (yo) a Antonio **para invitarle** (yo) a la fiesta.*
> *Sonia, Hans y yo nos reunimos (nosotros) todos los viernes **para practicar** (nosotros) español.*
> *Fito ha cerrado (él) la puerta **para no molestar** (él) a sus padres.*

● Normalmente, se usa *para que* + subjuntivo cuando el sujeto es diferente en las dos oraciones.

> *Juan ha escondido (él) el chocolate **para que no lo veas** (tú).*
> *He traído (yo) un CD nuevo **para que lo escuchéis** (vosotros).*
> *Elvira ha cerrado (ella) la puerta **para que no les molesten** (ellos) los niños.*

– Se usa el presente de subjuntivo cuando nos referimos al presente o al futuro.

▶ UNIDAD 79: Presente de subjuntivo: verbos regulares

> *Estoy esperando a Lupe **para que me explique** este problema.*
> *Vamos a ir a León este verano **para que Martita conozca** a sus tíos.*

– Se usa el imperfecto de subjuntivo cuando nos referimos al pasado.

▶ UNIDAD 82: Pretérito imperfecto de subjuntivo: verbos regulares

> *Ayer quedé con Jesús **para que me enseñara** las fotos de las vacaciones.*
> *El domingo fuimos al Museo de la Ciencia **para que lo conocieran** los niños.*

ATENCIÓN:

Con verbos de movimiento como *ir, venir, salir,* etc., se suele usar *a* en lugar de *para*.

> *–¿Dónde está Lola? –Ha salido un momento **a comprar** leche.*
> *Uschi viene a casa todos los lunes **a que le ayude** con el español.*

▶ UNIDAD 114: Preposiciones (5)

EJERCICIOS

1. Forme frases uniendo los elementos de las dos columnas. ....

1. Tengo que ver a María para
2. Tengo que ver a Carlos para que
3. Habla bajo para que
4. Habla bajo para
5. Llama a casa de Elisa para
6. Llama a Jesús para que
7. Pablo trabajó mucho para
8. Rosana trabajó mucho para que
9. No aparques aquí para
10. No aparques aquí para que

a. no obstaculizar la salida.
b. comprarse la furgoneta.
c. hablar con su madre.
d. no nos oigan.
e. darle un recado.
f. no despertar a los niños.
g. venga a las siete.
h. no te multen.
i. sus hijos pudieran estudiar.
j. me explique algo.

ACIERTOS ..../10

2. Vuelva a escribir las frases como en los ejemplos. ....

1. Lleva un paraguas o te mojarás. _Lleva un paraguas para no mojarte_ .
2. Préstales el libro o no podrán estudiar. _Préstales el libro para que puedan estudiar_ .
3. Pon la radio o no oirás las noticias. _____ .
4. Daos prisa o llegaréis tarde. _____ .
5. Baja la televisión o no se dormirá el niño. _____ .
6. Venid a casa o se enfadará mi hermano. _____ .
7. Tengo que ahorrar o no me compraré la moto. _____ .

ACIERTOS ..../7

3. Rodee la forma correcta en cada caso. ....

1. Tienes que venir a casa para que te (*conozcan*/conocieran) mis padres.
2. Tuve que llamar a Raquel para que me (*abra/abriera*) la puerta.
3. Cierra la ventana para que no nos (*vean/vieran*) los vecinos.
4. Abre la ventana para que (*entre/entrara*) el aire.
5. Llama a Víctor para que (*vaya/fuera*) preparando la cena.
6. Llamé a Sara para que (*vaya/fuera*) a recoger las entradas.
7. Me escondí detrás de un árbol para que no me (*vea/viera*) nadie.

ACIERTOS ..../7

4. Complete las oraciones finales con los verbos entre paréntesis. ....

1. Hice las camas (*tú, descansar*) _para que descansaras_ .
2. Vinieron a Madrid (*ellos, ver*) _____ la final del campeonato.
3. Luis quiere dar una fiesta (*nosotros, conocer*) _____ a su novia.
4. En verano vamos a pasar por Quito (*nosotros, ver*) _____ a tu prima.
5. Saldremos de noche (*los niños, no, pasar*) _____ calor.
6. Ayer salimos (*nosotros, tomar*) _____ un poco el aire.
7. Voy a comprar unos huevos (*Manu, hacer*) _____ un flan.
8. Llamé a Ricardo (*él, recoger*) _____ a Marga en la estación.

ACIERTOS ..../8

118 *cuando, antes de que, siempre que...*
Oraciones temporales

Cuando era joven,
hacía mucho deporte.

Tengo que recoger la cocina
antes de que lleguen todos.

Cuando era joven y *antes de que lleguen todos* son oraciones temporales. Dan información sobre el momento de realización de una acción o situación. Responden a las preguntas *¿cuándo?*, *¿desde cuándo?*, *¿hasta cuándo?*

> *Daniel se puso bien (¿cuándo?) **en cuanto tomó la medicina**.*

● Oraciones temporales

antes de/(de) que *después de/(de) que* *cuando* *desde que* *hasta que* *en cuanto (que)* *siempre que* *mientras*	+ indicativo + infinitivo + subjuntivo	*Quiero irme **antes de que** llegue Andrés.* *Podemos ir al cine **después de** cenar.* ***Cuando** veas a Silvia, dale recuerdos.* *La conozco **desde que** era pequeña.* *Se quedaron **hasta que** acabó la fiesta.* *Mis hijas meriendan **en cuanto** llegan a casa.* *Javi se enfada **siempre que** llego tarde.* *No pienso salir **mientras** esté enfermo.*

● Se usa el indicativo (presente, pretérito imperfecto o pretérito indefinido) cuando se habla de algo pasado o presente.

> ***Cuando era** joven, comía mucho.*   *Insistió **hasta que** su padre le **perdonó**.*
> *Me fui **en cuanto empezó** a llover.*   *Suelo escuchar música **mientras leo**.*

● Se emplea el presente de subjuntivo cuando se habla de algo futuro.

> *Tengo que recoger la casa **antes de que lleguen** todos.*

ahora
```
————•————————x————
recoger    llegada de todos
```

> ***Cuando cobre** mi primer sueldo, te invitaré a cenar.*

ATENCIÓN:

Con *mientras* (=al tiempo que) se usa el indicativo.
> *Voy a ducharme **mientras haces** la cena.*

Con *mientras* (=durante todo el tiempo que) se usa el subjuntivo.
> *No pienso salir **mientras esté** enfermo.*

Con *antes de que* no se emplea nunca el indicativo.
> *Normalmente me despierto **antes de que suene** el despertador.*

Generalmente, con *antes de*, *hasta* y *después de* se usa el infinitivo cuando el sujeto es el mismo en las dos oraciones. Se usa *que* + subjuntivo cuando los sujetos son distintos.
> *Te llamaré (yo) **antes de salir** (yo).*   *Te llamaré (yo) **antes de que salgan** (ellos).*

8 EJERCICIOS

1. Complete las frases con las expresiones temporales del recuadro.

1. Luis, espera aquí __hasta que__ llegue Charo.
2. _____ llegue a casa, me ducho.
3. Por favor, no bebas _____ conduzcas.
4. Podemos ir a la bolera _____ cenar.
5. _____ veo a Marta me da recuerdos para ti.
6. Hans estudia español _____ tenía catorce años.
7. _____ acostarte, apaga la tele, por favor.
8. Si estás cansada, siéntate un rato _____ preparo la cena.

> antes de   cuando
> desde que
> después de
> en cuanto
> ~~hasta que~~
> mientras   siempre que

ACIERTOS / 8

2. Rodee la forma correcta en cada caso.

1. Cuando (vendo/**venda**) el coche, me compraré una moto.
2. Cuando (serás/seas) mayor, podrás salir de noche.
3. Ramón no quiere jubilarse hasta que no (tiene/tenga) sesenta y cinco años.
4. Llámame en cuanto (terminas/termines) el examen.
5. Cuando (vienen/vengan) tus amigos, lo pasamos muy bien.
6. Sonia no piensa irse hasta que no le (das/des) el dinero.
7. Cuando (veo/vea) a Orestes, me pongo nerviosa.

ACIERTOS / 7

3. Complete las frases con el verbo entre paréntesis en la forma adecuada.

1. Te compraré la bici cuando (tú, aprender) __aprendas__ a montar.
2. Antes de (tú, hablar) _____, piensa en lo que vas a decir.
3. Suelo desayunar después de (yo, ducharse) _____.
4. No queremos casarnos hasta que (yo, acabar) _____ la carrera.
5. Mándame un correo electrónico en cuanto (tú, saber) _____ algo.
6. Me gusta cantar mientras (yo, afeitarse) _____.
7. Cuando (nosotros, ser) _____ jóvenes, hacíamos muchas excursiones.
8. Siempre que (yo, ir) _____ a la playa, llueve.
9. Estoy trabajando, desde que (yo, levantarse) _____ hasta que (yo, acostarse) _____.

ACIERTOS / 9

4. Una las dos frases con la expresión temporal dada. Haga los cambios necesarios.

1. Cenaremos. Iremos a dar un paseo. Después de __cenar, iremos a dar un paseo__.
2. A veces me duele la cabeza. Me tomo una aspirina. Siempre que _____.
3. Seré abogado. Trabajaré en esta empresa. Cuando _____.
4. Adela vendrá. Le daré la noticia. En cuanto _____.
5. Empezó a llover. Nos fuimos a casa. _____ cuando _____.
6. Me quedaré aquí. La fiesta acabará. _____ hasta que _____.
7. Llegaréis a casa. Llamadme. _____ en cuanto _____.
8. Tendrás 18 años. No podrás votar hasta entonces. Hasta que _____.

ACIERTOS / 8

119 *porque, como, puesto que...*
Oraciones causales

Hoy no salimos **porque hace mucho frío.**

***Como es alta,** a Marta se le da bien el baloncesto.*

Porque hace mucho frío y *como es alta* son oraciones causales. Indican la causa de una acción o situación. Responden a la pregunta *¿por qué?*

(causa)
Hoy no salimos. Hace mucho frío. → *Hoy no salimos **porque hace mucho frío**.*

(causa)
A Marta se le da bien el baloncesto. Es alta. → ***Como es alta**, a Marta se le da bien el baloncesto.*

● Formas de expresar causa

porque ya que puesto que como	+ indicativo	*Nos quedamos en casa **porque** estábamos cansados.* ***Ya que** te levantas, enciende el televisor.* ***Puesto que** me lo pides tú, lo haré.* ***Como** tenían hambre, se compraron unos bocadillos.*
por	+ infinitivo	*Le regañaron **por** llegar tarde.*
por a causa de	+ nombre	*Los aeropuertos están cerrados **por** la niebla.* *Han suspendido el partido **a causa de** la lluvia.*

debido a [handwritten annotation]

> **ATENCIÓN:**
>
> *Como* va siempre al principio de la frase.
>
> ~~No quedan entradas como la película es buena.~~ → *Como la película es buena,*
> *no quedan entradas.*

– *Porque* suele ir en el medio de la frase.

> *Lo hice **porque** me lo había pedido Aurora.*

– *Ya que, puesto que* pueden ir al principio o en el medio de la frase.

> ***Ya que** estás aquí, ¿por qué no me ayudas? / ¿Por qué no me ayudas, **ya que** estás aquí?*

– *Es que* se usa para dar una causa como explicación o pretexto en respuesta a una pregunta o ruego.

> –*¿Por qué no viniste ayer?*
> –***Es que** tuve mucho trabajo.*

¿Por qué no me llevas a dar una vuelta en la moto?

Es que no tienes casco.

246

9 EJERCICIOS

1. ▷ **Ordene las palabras de forma correcta.**

1. el accidente / llegaron tarde / por __Llegaron tarde por el accidente__ .
2. porque / no se oye nada / hay mucho ruido _____ .
3. ya que / cómprame el periódico / sales _____ .
4. cogimos el coche / como / estaba lloviendo _____ .
5. Inés está resfriada / se ha quedado en casa / como _____ .
6. por / terminar la carrera / le hicieron un regalo _____ .
7. estaba lloviendo / Menchu no salió / porque _____ .
8. ustedes me lo piden / puesto que / tocaré otra pieza _____ .

2. ▷ **Complete los espacios en blanco con las expresiones del recuadro.**

1. Félix está cansado __porque__ trabaja mucho.
2. Se han inundado las calles _____ la lluvia.
3. A Arturo lo despidieron _____ llegar siempre tarde.
4. _____ no habla mucho, la gente cree que Rafa es tímido.
5. Me quedaré a cenar, _____ insisten.
6. Perdió la voz _____ gritar.
7. Ramiro no sacó al perro _____ se quedó dormido.
8. _____ estaba navegando en Internet, me olvidé de cenar.

| a causa de |
| como |
| como   por |
| por |
| ~~porque~~ |
| porque |
| ya que |

3. ▷ **Una las frases con las expresiones entre paréntesis. Haga los cambios necesarios.**

1. Nadie quería ir al cine. Me fui sola. (*como*) __Como nadie quería ir al cine, me fui sola__ .
2. Estáis aquí. Quedaos a cenar. (*ya que*) _____ .
3. Fui el primero en entregar el trabajo. Me felicitó el profesor. (*por*) _____ .
4. Mañana es domingo. No tengo que ir a la oficina. (*como*) _____ .
5. No querían despertar a los niños. Apagaron la televisión. (*porque*) _____ .
6. Los aeropuertos están cerrados. Hay nieve. (*a causa de*) _____ .
7. Rosa es muy generosa. Tiene muchos amigos. (*porque*) _____ .
8. Lee sin luz. Le duele la cabeza. (*por*) _____ .

4. ▷ **Escriba las respuestas con *es que* y una frase del recuadro.**

| está enfadada | ~~estoy cansado~~ | tenía el móvil descargado |
| tengo que estudiar | | no tengo mucha hambre |

1. –¿Damos una vuelta? – __Es que estoy cansado__ .
2. –Come más pollo. – _____ .
3. –¿Por qué no vamos al cine esta noche? – _____ .
4. –¿Por qué no me llamaste anoche? – _____ .
5. –¿Por qué no ha venido Anita? – _____ .

Oraciones concesivas

Aunque llueva mañana,
yo voy a la playa.

¡Qué suerte tiene Ronaldo! **A pesar de que no estudia,** aprueba.

Aunque llueva mañana y *a pesar de que no estudia* son oraciones concesivas. Dan información sobre algún obstáculo u objeción, real o posible, a una acción determinada, que no impide su realización.

> **Aunque llueva mañana,** *yo voy a la playa.* (Puede que llueva mañana o puede que no, pero de todos modos pienso ir a la playa.)
> **A pesar de que no estudia,** *aprueba.* (No estudia pero aprueba.)

● Oraciones concesivas

aunque		**Aunque** *Clara es muy simpática, no tiene muchos amigos.*
a pesar de que	+ indicativo + subjuntivo	**A pesar de** *que trabajes mucho, no te subirán el sueldo.*
por más que *por mucho que*		**Por más que** *busca, no encuentra trabajo.* **Por mucho que** *corran, no me alcanzarán.*

● Se usa un verbo en indicativo cuando la acción o la situación expresada se considera cierta; el obstáculo o la objeción son reales. Se refiere a un hecho presente o pasado.

> *¡Pobre Ronaldo! Por más que* **estudia,** *no aprueba.* (Sé o considero cierto que estudia.)
> *Aunque* **trabajó** *mucho, nunca se hizo rico.* (Sé o considero cierto que trabajó mucho.)
> *Aunque Alicia no me* **quiere,** *yo la quiero a ella.* (Sé o considero cierto que Alicia no me quiere.)

● Se usa un verbo en subjuntivo cuando la acción o la situación expresada se considera posible, pero no necesariamente cierta; el obstáculo o la objeción son hipotéticos.

– Se usa el presente de subjuntivo para referirse a una hipótesis presente o futura.

> *Aunque* **corras** *mucho, no me ganarás.* (Es posible que corras mucho, pero no lo sé o no lo considero seguro.)
> *Aunque Alicia no me* **quiera,** *yo la quiero a ella.* (Es posible que Alicia no me quiera, pero no lo sé o no lo considero cierto.)

– Se usa el pretérito imperfecto de subjuntivo para referirse a una hipótesis pasada.

> *No sé si comiste mucho o poco, pero, aunque* **comieras** *poco, te sentó mal.*

● Se usa un verbo en subjuntivo para referirse a una acción o situación considerada cierta en respuesta a una objeción.

> *–No me gusta la sopa.*
> *–Aunque no te* **guste** *la sopa, tienes que comértela.*

● Se puede usar *a pesar de* + infinitivo cuando el sujeto de las dos oraciones es el mismo.

> *A pesar de* **estar** *agotados (nosotros), tuvimos (nosotros) que levantarnos temprano.*

● EJERCICIOS

1. ▷ **Una las opciones de las dos columnas de manera correcta.** ....

1. Tengo que trabajar
2. Elena tiene que trabajar
3. Tenemos que comer patatas
4. Tendréis que comer la sopa
5. No me podré comprar esa casa
6. No me puedo comprar un coche
7. Algo te sentó mal
8. Esta comida te puede sentar mal

a. aunque no os apetezca mucho.
b. por mucho que ahorre.
c. aunque comieras poco.
d. a pesar de no tener muchas ganas.
e. a pesar de que no tiene muchas ganas.
f. aunque comas poco.
g. aunque no nos apetece mucho.
h. por mucho que ahorro.

ACIERTOS .... /8

2. ▷ **Complete las frases con los verbos entre paréntesis en la forma adecuada.** ....

1. Aunque me (*llamar*) _llame_ Roberto, no le contestaré.
2. A pesar de (*trabajar*) _____ mucho, ganamos poco.
3. Por mucho que (*correr*) _____, llegaréis tarde.
4. Aunque hoy (*levantarse*) _____ tarde, tengo sueño.
5. A pesar de (*jugar*) _____ bien, perdieron el partido.
6. Tengo frío a pesar de que (*hacer*) _____ sol.
7. Aunque normalmente (*ir*) _____ andando, hoy prefiero ir en autobús.
8. Por más que (*gritar*) _____, no les van a oír.
9. Aunque (*hacer*) _____ muy buen tiempo, no pudimos bañarnos.
10. A pesar de que (*llover*) _____ intensamente, tuvimos que jugar el partido.

ACIERTOS .... /10

3. ▷ **Escriba frases con las ideas dadas.** ....

1. Estuvimos en Escocia en julio. Hizo muy mal tiempo, pero lo pasamos muy bien.
   Aunque _hizo muy mal tiempo, nos lo pasamos muy bien_.
2. No sé si Mariana come mucho, pero no creo que engorde.
   A pesar de que _____.
3. No sé si Arturo va a esperar mucho a Amelia, pero no creo que venga.
   Por mucho que _____.
4. Normalmente duermo mucho, pero estoy siempre cansado.
   A pesar de _____.
5. No sé si anoche era muy tarde. Me molestó que me despertaran.
   Aunque no _____.
6. No sé si Silvio madrugó mucho ayer. Llegó tarde al trabajo.
   Por mucho que _____.

ACIERTOS .... /6

4. ▷ **Complete utilizando frases con *aunque*.** ....

1. –No quiero ir al cole. –_Aunque no quieras_, irás.
2. –No salgas. Está lloviendo. –_____, tengo que salir.
3. –No queremos hacer este ejercicio. –_____, debéis hacerlo. Es útil.
4. –No les gusta el pescado. –_____, tendrán que comerlo.
5. –Dice que no sale, que hace frío. –_____, tiene que salir.

ACIERTOS .... /5

Luis hace mucho ejercicio, por eso está en forma.

Había **tanta gente que no pudimos** entrar en el museo.

Por eso está en forma y (*tanta gente*) *que no pudimos entrar en el museo* son oraciones consecutivas. Indican la consecuencia o el resultado de otra acción o situación.

> *Luis hace mucho ejercicio. Está en forma.* →   *Luis hace mucho ejercicio, **por eso está***
> (causa   consecuencia)   **en forma.**
> *Había mucha gente. No pudimos entrar en el museo.* →   *Había tanta gente **que no pudimos entrar***
> (causa   consecuencia)   ***en el museo.***

● Formas de expresar consecuencia o resultados

por eso		*La semana pasada estuve muy ocupado, **por eso no te llamé.***
así que		*No vi a nadie conocido en el club, **así que me volví a casa.***
por (lo) tanto	+ indicativo	*Empecé a trabajar en junio, **por tanto no he tenido vacaciones este año.***
de modo que		*No había plazas en el vuelo, **de modo que tuvimos que ir en tren.***
de manera que		*Hay mucha gente, **de manera que será mejor que te des prisa.***

tanto *tanto, –a, –os, –as* (+ nombre)		*Corre **tanto que gana todas las carreras.*** *Maite tiene **tantos amigos que nunca está en casa.***
tan poco *tan poco, –a, –os, –as*	(+ nombre) + *que* + indicativo	*Come **tan poco que va a enfermar.*** *El río tenía **tan poca agua que no pudimos bañarnos.***
tan + adjetivo *tan* + adverbio		*Lourdes es **tan culta que entiende de todo.*** *Me siento **tan mal que me voy a acostar.***

● *Tanto, –a, –os, –as* y *tan poco, –a, –os, –as* tienen que ir en la misma forma (masculino, femenino, singular o plural) que el nombre al que se refieren.

> *Hay **tanta gente** en la fiesta que prefiero irme.*
> *Había tan **pocos espectadores** que suspendieron la función.*

1 EJERCICIOS

1. ▷ **Una las dos frases con las expresiones entre paréntesis. Preste atención al orden.** ....

1. No podremos quedar con Pedro. Esta noche hay partido. (*así que*) _Esta noche_
   hay partido, así que no podremos quedar con Pedro .
2. Nos acostamos. Era muy tarde. (*de manera que*) _____.
3. Me levanté tarde. No sonó el despertador. (*por eso*) _____.
4. Estábamos aburridos. Nos fuimos a dar una vuelta. (*así que*) _____.
5. No te puedo decir nada. Aún no ha llamado Teresa. (*por tanto*) _____.
6. No me funcionaba el móvil. No pude llamarte. (*por eso*) _____.
7. Será mejor cenar fuera. No hay mucha comida en casa. (*así que*) _____.

ACIERTOS ..../7

2. ▷ **Rodee la forma correcta en cada caso.** ....

1. Hizo un día ((tan)/tanto) bueno que comimos en el jardín.
2. Estaba (*tan/tanto*) cansado que me acosté temprano.
3. Estudia (*tanto / tan poco*) que no puede aprobar.
4. Hablas español (*tan/tanto*) bien que pareces española.
5. Tengo (*tanta/tanto*) sed que me bebería toda la botella de agua.
6. La sopa estaba (*tan/tanto*) salada que no se podía tomar.
7. Teníamos (*tanto / tan poco*) tiempo que no pudimos preparar las maletas.
8. Ruperto estudia (*tan/tanto*) que va a enfermar.
9. Había (*tanta/tanto*) gente que no pudimos ver nada.
10. Somos (*tantos / tan pocos*) en clase que practicamos muchísimo.

ACIERTOS ..../10

3. ▷ **Complete las frases con las palabras del recuadro.** ....

1. Había _tanto_ tráfico que tuvimos que coger el metro.
2. Lucas habla _____ que aburre a todo el mundo.
3. Han llegado _____ turistas que no hay camas en los hoteles.
4. Había _____ niebla que tuvimos que parar en la autopista.
5. Estábamos _____ cansados que nos acostamos sin cenar.
6. Tenían _____ clientes en mi empresa que tuvieron que cerrar.
7. Hay _____ luz en esta habitación que no deberíais leer.

> tan
> tan poca
> tan pocos
> tanta
> ~~tanto~~
> tanto
> tantos

ACIERTOS ..../7

4. ▷ **Una las oraciones con *tan, tanto, –a, –os, –as; tan poco, –a, –os, –as... que*. Haga los cambios necesarios.** ....

1. No se oye nada. Hay mucho ruido. _Hay tanto ruido que no se oye nada_ .
2. La obra es muy buena. No quedan entradas. _____.
3. No salimos. Hacía demasiado frío. _____.
4. Había pocas sillas. No me pude sentar. _____.
5. Le gustan mucho los gatos. Tiene seis. _____.
6. Parece enfadado. Habla poco. _____.

ACIERTOS ..../6

122 *Aquí se trabaja mucho*
Oraciones impersonales

Las oraciones impersonales son aquellas que no se refieren a una persona concreta.

Aquí se trabaja mucho.　　　　　　　　*Es importante saber idiomas.*

Construcciones impersonales

● Con *se*

se + verbo en 3.ª persona singular　　　　*Aquí **se vive** muy bien.*　　*Antes **se trabajaba** mucho en el campo.*

– Con verbos como *acostarse*, *divertirse*, que ya llevan *se*, no se usa esta construcción. Se usa *la gente* o *uno*.

~~*Aquí se acuesta muy tarde.*~~ →　　　　*Aquí **la gente se acuesta** muy tarde.*
　　　　　　　　　　　　　　　　　　　　　*Aquí **se acuesta uno** muy tarde.*

se + verbo en 3.ª persona singular + infinitivo　　*En España **se suele cenar** muy tarde.*

– Se usa esta construcción con determinados verbos, entre otros: *soler, poder, deber, necesitar.*

*Desde mi casa **se puede ver** el mar.*　　　　*No **se debe hablar** con la boca llena.*

se dice que + verbo en indicativo　　　　***Se dice** que Arlindo **está** enfermo.*　***se espera** + que* + verbo en subjuntivo　　***Se espera** que **ganen** sin problemas.*

– Se trata de una introducción impersonal a una información sobre alguien o algo concreto.

Se sospecha *(no se indica quién lo sospecha) que el ladrón estaba escondido allí.*

– Se usa un verbo en indicativo con *se ve, se dice, se piensa, se supone, se sospecha,* y un verbo en subjuntivo con *se espera.*

Se supone *que el Presidente lo **sabe**.*　　　***Se esperaba*** *que **llegasen** todos juntos.*

● 3.ª persona singular de *ser* + adjetivo + infinitivo

– Se usa esta construcción para valorar situaciones generales.

Era inútil explicár*selo. No lo entendían.*　　***Sería injusto castigar** a todos.*

– Se usa esta construcción con, entre otros, los siguientes adjetivos: *bueno, malo, mejor, peor, fácil, difícil, útil, inútil, justo, injusto, importante, imposible, necesario.*

● 3.ª persona singular de determinados verbos

haber	*Hoy **hay** niebla.*	▶ UNIDAD 46: Presente de indicativo
	*Ayer **había** mucha gente.*	de *haber* impersonal
haber + que + infinitivo	***Hay que preparar** la comida.* ▶	UNIDAD 95: Expresiones con infinitivo (2)
hacer + frío/calor/viento	*Ayer **hizo mucho frío**.*	
hacer + expresiones temporales	***Hace dos semanas** que no veo a Pili.*	▶ UNIDAD 52: Presente para expresar períodos de tiempo
ser + referencias temporales	***Es tarde***. *Vámonos a casa.*	

– verbos que indican fenómenos naturales

*En verano **amanece** pronto.*

llueve　　　　**nieva**　　　　**amanece**　　　　**anochece**

2 EJERCICIOS

1. Complete las frases con los verbos del recuadro y *se* o *uno*.

1. En un pueblo pequeño <u>se vive</u> mejer. _____ más tranquilo, _____ más tiempo libre, _____ más con la gente y _____ menos dinero.

necesitar	
relacionarse	tener
vivir	~~vivir~~

divertirse	
sentirse	tener
vivir	vivir

2. En una gran ciudad _____ más libertad y _____ más, aunque a veces _____ solo. Antes _____ mejor en las ciudades, pero ahora _____ bien en todas partes.

ACIERTOS
......../2

2. Vuelva a escribir las frases comenzando con alguna de las expresiones del recuadro.

se dice	se espera	se necesita	se puede	se sospechaba	se suele	se supone	~~se veía~~

1. Estaba claro que Olga estaba contenta. <u>Se veía que Olga estaba contenta</u>.
2. En Chile es costumbre bailar la cueca en las fiestas populares. _____.
3. Alguien dice que Norma no se encuentra bien. _____.
4. Es posible hablar por teléfono desde aquí. _____.
5. Alguien sospechaba que Andrés había causado la discusión. _____.
6. La gente supone que Nacho es muy inteligente. _____.
7. Para jugar bien al baloncesto no es necesario ser alto. _____.
8. Algunas personas esperan que el Presidente hable mañana. _____.

ACIERTOS
......../8

3. Una las dos oraciones como en el ejemplo. Haga los cambios necesarios.

1. La gente se equivoca. Es fácil. <u>Es fácil equivocarse</u>.
2. No hay que equivocarse. Es importante. <u>Es importante no equivocarse</u>.
3. Hay que ser abiertos. Es mejor. _____.
4. Hay que saber cocinar. Es útil. _____.
5. Hay que hacer ejercicio. Es bueno. _____.
6. No hay que ser egoísta. Es malo. _____.
7. No se puede estudiar con tanto ruido. Es difícil. _____.
8. No se puede salir con este tiempo. Es imposible. _____.

ACIERTOS
......../8

4. Complete las frases con los siguientes verbos en la forma adecuada: *amanecer, anochecer, haber, hacer, nevar, ser.*

1. <u>Hizo</u> bastante frío durante la noche.
2. _____ que acostarse temprano. Mañana salimos a las siete.
3. Ya _____ dos meses que no voy a la piscina.
4. –¿A qué hora _____ en esta parte de México? –Pronto. A las cinco de la tarde.
5. Abre la ventana. _____ calor.
6. ¿Cuánto tiempo _____ que no nos veíamos?
7. Hoy _____ en la sierra. Las cumbres están blancas.
8. _____ temprano. Aún no _____ luz. En invierno _____ muy tarde.

ACIERTOS
......../8

Otras cuestiones

- Reglas de acentuación (1)
- Reglas de acentuación (2)
- Uso de mayúsculas
- Conjugación verbal con *vos*

El hermano de Ángel es médico.

Las sílabas **ma** en *hermano*, **Án** en *Ángel* y **mé** en *médico* llevan el acento; se pronuncian con más fuerza que el resto de la palabra.

Algunas palabras indican la sílaba fuerte con una tilde (´): **árbol, café, hábil, médico**

● Acentuación de palabras de más de una sílaba

 – La mayoría de palabras acabadas en consonante, excepto **n** o **s**: acento en la última sílaba.

  español, hotel, salud, usted, amar, beber, reloj

 – La mayoría de palabras acabadas en vocal, **n** o **s**: acento en la penúltima sílaba.

  casa, libro, restaurante, amas, aman, bebo, bebe

 – En las palabras que no siguen las reglas anteriores, se indica el acento con una tilde.

  policía, café, ratón, inglés, fútbol, árbol, azúcar, lápiz, bolígrafo, médico, sábado

ATENCIÓN:

inglés → inglesa	*autobús → autobuses*	*ratón → ratones*
examen → exámenes	*joven → jóvenes*	*jersey → jerséis*

 – Las palabras de una sílaba no llevan tilde: *pan, tren, luz, sol, sal, dos*

● A veces, se usa la tilde para distinguir palabras de igual forma y diferente significado.

él (pronombre personal)	*Hans y Uta son alemanes. **Él** es de Hamburgo.*
el (artículo)	***El** coche de Andrés está mal aparcado.*
sí (afirmación)	***Sí**, quiero.*
si (condicional)	***Si** quieres, cómpratelo.*
mí (pronombre personal)	*¿Es para **mí**?*
mi (posesivo)	*Es **mi** padre.*
tú (pronombre personal)	*Y **tú**, ¿dónde vives?*
tu (posesivo)	*¿Quién es **tu** profesor?*
dé (verbo *dar*)	*Dile que te **dé** las llaves.*
de (preposición)	*Es el padre **de** mi novia.*
sé (verbo *saber*)	***Sé** hablar español.*
se (pronombre personal)	***Se** levanta muy temprano.*
té (nombre)	*No me gusta el **té**.*
te (pronombre personal)	*¿**Te** gusta el café?*

Para distinguir los interrogativos y exclamativos de los relativos.

*¿**Dónde** vives?*	*Esta es la casa **donde** nací.*
*¿**Qué** quieres?*	*Ese es el coche **que** quiero.*

EJERCICIOS

1. Subraye la sílaba fuerte.

1. ba**lón**	6. Perú	11. octubre	16. querer	21. hospital
2. cabeza	7. Guatemala	12. lloro	17. capitán	22. España
3. Sánchez	8. enero	13. lloró	18. balones	23. argentino
4. Madrid	9. cama	14. cárcel	19. Chile	24. portugués
5. Ecuador	10. mexicano	15. azul	20. comes	25. viven

ACIERTOS ..../25

2. Escriba la tilde en caso necesario.

1. me**lón**	6. **ca**sa	11. ale**man**	16. **ut**il	21. vi**vis**
2. fran**ces**	7. **Pe**pe	12. me**lo**nes	17. **ar**boles	22. co**mi**
3. ale**ma**na	8. Gon**za**lez	13. **la**piz	18. Bo**go**ta	23. **vi**vo
4. marro**qui**	9. Pana**ma**	14. **la**pices	19. **pa**jaro	24. A**me**rica
5. ama**ri**llo	10. **A**frica	15. ac**triz**	20. Bra**sil**	25. es**tas**

ACIERTOS ..../25

3. Rodee la forma correcta.

1. No (se/sé) nadar.
2. Esta carta es para (mi/mí).
3. ¿(Tu/Tú) vienes?
4. ¿(Que/Qué) quieres?
5. (Si/Sí), tienes razón.
6. Es el sombrero (de/dé) Ana.
7. Lo siento, no (te/té) quiero.
8. ¿Es ese Pepe? Sí, es (el/él).
9. ¿Quién es (tu/tú) profesora?
10. Alberto (se/sé) acuesta siempre muy tarde.

ACIERTOS ..../10

4. Añada la tilde donde sea necesario.

1. ¿Se acuerda de mí?
2. Felipe se ducha por las mañanas.
3. ¿A que hora te levantas?
4. A mi no me gusta el te.
5. Es el coche de mi padre.
6. ¿Te gusta el zumo de piña?
7. Prefiero que me de comida.
8. Si te gusta mi reloj, te lo regalo.
9. No se tocar el piano.
10. Es la chica que vive con Marisa.

ACIERTOS ..../10

Acentuación de grupos de vocales

● Los grupos formados por **i/u** y **e/a/o** forman normalmente una sola sílaba.

| a-**gua** | ai-re | **aus**-tra-**lia**-no | can-**ción** | **cien**-to | **cruel** | **die**-ci-**nue**-ve |
| em-**pie**-za | ju-**lio** | jus-ti-**cia** | | **nues**-tro | **pei**-ne | lim-**piáis** |

ATENCIÓN:

| **y** final = **i** | Para-**guay** | **buey** |

– Siguen las reglas generales de acentuación: ▶ UNIDAD 123: Reglas de acentuación (1)

  • Palabras acabadas en consonante, excepto **n** o **s**: acento en la última sílaba.

     reme**diad**

  • Palabras acabadas en vocal, **n** o **s**: acento en la penúltima sílaba.

     em**pie**za **cien**to **nues**tro **ju**lio

  • En las palabras que no siguen las reglas generales, se indica el acento con una tilde sobre **e/a/o**:

     huésped can**ción** dieci**séis** a**diós** farma**céu**tico lim**piáis**

  PERO: las terminaciones –ay, –ey, –oy, –uy nunca llevan tilde.

     es**toy** Para**guay** Uru**guay**

– Las palabras de una sola sílaba no llevan tilde:

   dio **vio** **fui** **rey** **seis** **soy**

● Los grupos formados por **i** y **u** forman una sola sílaba y siguen las reglas generales de acentuación.

     cir-**cui**-to **rui**-do **viu**-do

– Cuando llevan tilde, se coloca sobre la segunda vocal.

     cuí-da-los vein-**tiún**

● Los grupos formados por **a**, **e**, y **o** forman dos sílabas y siguen las reglas generales de acentuación.

     a-**é**-re-o a-**ho**-ra a-**ma**-os le-**ón** **lí**-ne-a mo-**ve**-os o-**a**-sis re-ha-**cer**

● En algunas palabras, los grupos formados por **i**, **u** acentuadas y **e**, **a**, **o** forman dos sílabas.

     Ma-**rí**-a a-**brí**-ais dor-**mí**-os huí-a

– Siguen las reglas generales de acentuación.

     re-**ís** con-ti-nu-**a**-mos

  PERO: llevan siempre tilde cuando el acento va en **i** o **u**.

     o-**ír** **dí**-a ha-**bí**-a **bú**-ho **rí**-o Ra-**úl** ma-**íz** son-**rí**-o

con-ti-nu-**ar**		re-**ír**		prohi-**bir**	
con-ti-**nú**-o	con-ti-nu-**a**-mos	**rí**-o	re-**í**-mos	pro-**hí**-bo	prohi-**bi**-mos
con-ti-**nú**-as	con-ti-nu-**áis**	**rí**-es	re-**ís**	pro-**hí**-bes	prohi-**bís**
con-ti-**nú**-a	con-ti-**nú**-an	**rí**-e	**rí**-en	pro-**hí**-be	pro-**hí**-ben

EJERCICIOS

1. Divida en sílabas las palabras de más de dos sílabas. ....

1. camión _ca-mión_	6. viuda _____	11. hay _____	16. dieciocho _____
2. cien _____	7. océano _____	12. vídeo _____	17. Ruiz _____
3. diez _____	8. hoy _____	13. Ignacio _____	18. hablabais _____
4. cuerno _____	9. egipcio _____	14. sentaos _____	19. cambiáis _____
5. ciudad _____	10. junio _____	15. diciembre _____	20. cuídate _____

ACIERTOS ..../20

■ **Ahora subraye la sílaba fuerte en las palabras de más de dos sílabas.**

1. ca<u>mión</u>	6. viuda	11. hay	16. dieciocho
2. cien	7. océano	12. vídeo	17. Ruiz
3. diez	8. hoy	13. Ignacio	18. hablabais
4. cuerno	9. egipcio	14. sentaos	19. cambiáis
5. ciudad	10. junio	15. diciembre	20. cuídate

ACIERTOS ..../20

2. Escriba la tilde sobre la sílaba fuerte donde sea necesario. ....

1. est**á**is	3. habita**cion**	5. Co**lom**bia	7. Ja**mai**ca	9. **rui**nas
2. **cui**date	4. Eu**ro**pa	6. acos**ta**os	8. baca**la**o	10. levan**ta**os

ACIERTOS ..../10

3. Escriba la tilde en los casos en que sea necesario. ....

1. **tí**–a	6. ha–**ci**–a	11. **fri**–o	16. en–vi–**a**–mos
2. o–i–do	7. a–**hi**	12. en–**vi**–an	17. **mi**–o
3. ra–**iz**	8. **he**–ro–e	13. a–cen–**tu**–o	18. ves–**ti**–os
4. re–lo–je–**ri**–a	9. ve–**hi**–cu–lo	14. a–cen–tu–**ar**	19. reu–**nir**
5. **o**–le–o	10. su–**bi**–os	15. ba–**ul**	20. son–re–**ir**

ACIERTOS ..../20

4. Escriba la tilde donde sea necesario. ....

1. **oi**go, **o**yes, **o**ye, **oi**mos, **o**is, **o**yen
2. rei, re**is**te, **ri**o, re**i**mos, re**is**teis, **rie**ron
3. act**uo**, act**uas**, act**ua**, act**ua**mos, act**uais**, act**uan**
4. reu**no**, reu**nes**, reu**ne**, reu**ni**mos, reu**nis**, reu**nen**

ACIERTOS ..../4

A, S, C, M → mayúsculas

a, c, d → minúsculas

● Se escriben con mayúscula inicial:

– la primera palabra de un texto y la palabra que va detrás de un punto (.).

> *"En un lugar de La Mancha,..."*
> *–He visto a Jaime. Me ha dado recuerdos para ti. –¿Dónde lo has visto?*

– la primera palabra detrás de los dos puntos (:) en los comienzos de las cartas.

> Querida Luisa:
> Espero que...

> Muy Sres. míos:
> Como les indiqué...

– los nombres propios de personas, lugares o instituciones.

> *Arturo Sánchez   Museo del Prado   Bolivia   Ministerio de Educación*

Si el nombre propio lleva artículo, este también va con mayúscula inicial.

> *Mi hermana vive en La Paz.   El Escorial   Las Palmas*

– los títulos de dignidad y las abreviaturas de tratamiento.

> *el Rey   el Papa   el Jefe de Gobierno   Sra. Allende   Dr. Blanco*

PERO: se utiliza minúscula cuando van con nombre o cuando no se refieren a una persona concreta o cuando el tratamiento se escribe completo.

> *la reina Isabel II   Los reyes son personas privilegiadas.   la señora Allende*

– la primera palabra de los títulos de libros, películas, cuadros, periódicos o revistas.

> *La vida es sueño   Cien años de soledad*

– los nombres de acontecimientos históricos.

> *Segunda Guerra Mundial*

– en la mayoría de palabras formadas por iniciales (siglas).

> *ONU   Organización de las Naciones Unidas*
> *OEA   Organización de Estados Americanos*
> *RAE   Real Academia Española*
> *UE   Unión Europea*
> *UVI   Unidad de Vigilancia Intensiva*
> *ONG   Organización No Gubernamental*

ATENCIÓN:

En palabras que empiezan con *ch* o *ll*, solo va en mayúscula la primera letra:

> *Chile   Ernesto Llamas*

Los nombres de los días de la semana y de los meses van en minúscula.

> *Nos vemos el domingo.   Mi cumpleaños es en enero.*

Las mayúsculas llevan tilde en los casos necesarios.

> *Ayer estuve con Ángel.*

EJERCICIOS

1. Vuelva a escribir las frases utilizando mayúsculas donde sea necesario. ....

1. mi padre nació en holanda. <u>Mi padre nació en Holanda</u>.
2. ayer fue dos de enero. fue el cumpleaños de manuel. _____.
3. hay una exposición sobre los incas en el museo de américa. la ha inaugurado el rey juan carlos. _____.
4. el martes estuve en la fundación san carlos con el señor arroyo. _____.
5. *la ciudad de las columnas* es un libro de alejo carpentier sobre la habana. _____.
6. ¿quién pintó *la maja desnuda*? _____.
7. muchas ong colaboran con la onu en países del tercer mundo. _____.
8. ¡qué impresionantes son las cataratas de iguazú! _____.

ACIERTOS ....../8

2. Corrija los errores en el uso de mayúsculas y minúsculas. ....

1. Gerardo nació El 23 de Enero. <u>Gerardo nació el 23 de enero</u>.
2. Queremos ir a CHina en Diciembre. _____.
3. ¿has leído *El Siglo de las Luces*? _____.
4. don Julio LLopis vivió muchos años en la Paz. _____.
5. ¿Cuándo fue la Guerra de la independencia? _____.
6. La Reina Sofía es Griega. _____.

ACIERTOS ....../6

3. Copie el texto, corrigiendo los errores en el uso de mayúsculas. ....

querida Hermana:

LLevo una semana en Buenos aires. Estoy alojado en el hotel sur, en la avenida riva-davia, muy cerca del Centro.

Me gusta mucho la Ciudad. Ayer visité la casa rosada, donde vive el presidente del País. Esta noche voy a ir a escuchar Tangos al famoso Barrio de la boca. El Domingo próximo salgo para CHile.

¿cuándo llegas Tú?

besos

Querida hermana:

_____
_____
_____
_____
_____
_____
_____
_____
_____
_____
_____

ACIERTOS ....../19

4. Una los nombres de las organizaciones con sus siglas. ....

1. Instituto Nacional del Libro Español
2. Fondo Monetario Internacional
3. Objeto volador no identificado
4. Comité Olímpico Internacional
5. Síndrome de Inmunodeficiencia Adquirida

a. COI
b. INLE
c. SIDA
d. FMI
e. OVNI

ACIERTOS ....../5

En algunas zonas de América Latina como Argentina, Paraguay y Uruguay se usa *vos* en lugar de *tú* y esto supone algunos cambios en la conjugación. Debe tenerse en cuenta además que el plural de *vos* es *ustedes* y no *vosotros*.

● **Presente de indicativo: verbos regulares**

(tú) trabaj-as → (vos) trabaj-ás
(tú) com-es   → (vos) com-és
(tú) viv-es   → (vos) viv-ís

● **Presente de indicativo: verbos irregulares**

(tú) cierr-as → (vos) cerr-ás	(tú) pon-es → (vos) pon-és
(tú) quier-es → (vos) quer-és	(tú) conoc-es → (vos) conoc-és
(tú) sient-es → (vos) sent-ís	(tú) sal-es → (vos) sal-ís
(tú) pid-es → (vos) ped-ís	(tú) vien-es → (vos) ven-ís
	(tú) dic-es → (vos) dec-ís
(tú) sueñ-as → (vos) soñ-ás	
(tú) pued-es → (vos) pod-és	(tú) huy-es → (vos) hu-ís
(tú) duerm-es → (vos) dorm-ís	(tú) oy-es → (vos) o-ís
(tú) d-as → (vos) d-as	(tú) eres → (vos) sos
(tú) tra-es → (vos) tra-és	(tú) tien-es → (vos) ten-és
(tú) hac-es → (vos) hac-és	
(tú) sab-es → (vos) sab-és	
(tú) v-es → (vos) v-es	

● **Imperativo: verbos regulares**

trabaj-a (tú) → trabaj-á (vos)
com-e (tú)   → com-é (vos)
viv-e (tú)   → viv-í (vos)

● **Imperativo: verbos con se**

levántate (tú) → levantate (vos)
atrévete (tú) → atrevete (vos)
súbete (tú)   → subite (vos)

● **Imperativo: verbos irregulares**

cierr-a (tú) → cerr-á (vos)	sueñ-a (tú) → soñ-á (vos)
quier-e (tú) → quer-é (vos)	pued-e (tú) → pod-é (vos)
sient-e (tú) → sent-í (vos)	duerm-e (tú) → dorm-í (vos)
pid-e (tú) → ped-í (vos)	jueg-a (tú) → jug-á (vos)
tra-e (tú) → tra-é (vos)	ten (tú) → ten-é (vos)
haz (tú) → hac-é (vos)	sab-e (tú) → sab-é (vos)
pon (tú) → pon-é (vos)	ve (tú) → -[1]
sal (tú) → sal-í (vos)	sé (tú) → sé (vos)
di (tú) → dec-í (vos)	ve (tú) → ve (vos)
ven (tú) → ven-í (vos)	obedec-e (tú) → obedec-é (vos)

[1] La forma correspondiente del verbo suele sustituirse por *andá*.

Índice analítico

Los números que aparecen remiten a las unidades de la Gramática.

Soluciones a los ejercicios

Soluciones a los ejercicios

Unidad 1: Masculino, femenino (1). 1.1. 1. *F; la periodista.* 2. *M; el cocinero.* 3. *M; el rey.* 4. *F; la estudiante.* 5. *F; la modelo.* 6. *M; el taxista.* 7. *F; la piloto.* 8. *M; el cantante.* 9. *F; la pianista.* 10. *F; la paciente.* 1.2. 1. *señora.* 2. *jefe/jefa.* 3. *mujer.* 4. *pintora.* 5. *actriz.* 6. *turista.* 7. *escritora.* 8. *bailarina.* 9. *reina.* 10. *joven.* 11. *mujer.* 12. *niña.* 13. *dependienta.* 14. *amiga.* 15. *médico/médica.* 1.3. 1. *padre.* 2. *madre.* 3. *hermana.* 4. *hija.* 5. *hijo.* 6. *abuelo.* 7. *abuela.* 8. *tía.* 9. *tío.* 10. *hermano.*

Unidad 2: Masculino, femenino (2). 2.1. EL: *cine; cuaderno; cumpleaños; día; hotel; idioma; lápiz; libro; minuto; museo; planeta; problema; teatro; teléfono; vaso; viernes.* LA: *atención; cama; casa; ciudad; expresión; foto; habitación; lámpara; leche; luz; mano; noche; página; radio; universidad; ventana.* 2.2. *la gata; el caballo; la gallina; el perro; la leona; el toro.* 2.3. 1. *el árbol.* 2. *el tren.* 3. *el diccionario.* 4. *la mariposa.* 5. *el gorila.* 6. *la llave.* 7. *el hospital.* 8. *el tenedor.* 9. *el pez.* 10. *la nariz.*

Unidad 3: Singular, plural. 3.1. 1. *mujeres.* 2. *peces.* 3. *autobuses.* 4. *actrices.* 5. *habitaciones.* 6. *mamás.* 7. *pantalones.* 8. *hoteles.* 9. *universidades.* 10. *televisiones.* 11. *niños.* 12. *hermanas.* 13. *leones.* 14. *días.* 15. *clases.* 16. *fotos.* 17. *bananas.* 18. *jueves.* 3.2. 1. *1 mesa; 2 botellas; 1 lámpara; 3 tijeras; 1 gafas; 2 postales; 4 libros; 3 lápices; 4 sillas; 2 vasos.* 3.3. 1. *tres hijos.* 2. *abuelos.* 3. *amigos.* 4. *hermanos.* 5. *padres.* 6. *reyes.* 7. *alumnos.* 8. *profesores.* 9. *tíos.* 10. *bailarines.*

Unidad 4: El artículo indeterminado. 4.1. 1. *una.* 2. *unas.* 3. *unos.* 4. *un/unos.* 5. *unos.* 6. *un.* 7. *una.* 8. *unos.* 9. *una.* 10. *unas.* 11. *una.* 12. *un.* 13. *una.* 14. *unos.* 15. *un.* 4.2. 1. *un deporte.* 2. *una ciudad.* 3. *un país.* 4. *una flor.* 5. *una fruta.* // 1. *un futbolista.* 2. *una escritora.* 3. *una pintora.* 4. *un director de cine.* 5. *un científico.* 4.3. 1. *un coche.* 2. *unos niños.* 3. *un hacha.* 4. *unos libros.* 5. *una casa.* 6. *un gato.* 7. *unas vacas.* 8. *unas chicas.* 9. *una televisión.* 10. *unos árboles.* 11. *unas gafas.* 12. *un caballo.* 4.4. 1. *Un.* 2. *un.* 3. *una.* 4. *Un.* 5. *unos.* 6. *una.* 7. *un.* 8. *una.* 9. *unas.* 10. *unos.*

Unidad 5: Ausencia de artículo. 5.1. 1. *Eva es abogada.* 2. *José Luis es estudiante.* 3. *Mar es actriz.* 4. *Félix es fotógrafo.* 5. *Roberto es médico.* 6. *Adrián es cocinero.* 7. *Eloísa es camarera.* 8. *Leonor es profesora.* 5.2. 1. *un cantante; mexicano.* 2. *una médica; argentina.* 3. *abogado; un abogado.* 4. *musulmán.* 5. *protestantes.* 6. *un actor.* 7. *un escritor; peruano.* 8. *estudiantes; socialistas.* 9. *bailarina.* 10. *un escritor.* 5.3. 1. *Ø; Ø.* 2. *Ø; unas.* 3. *un.* 4. *Ø; una.* 5. *Ø.* 6. *Ø.* 7. *Ø.* 8. *Ø; Ø.* 9. *Ø.* 10. *Ø; un.* 11. *Ø; Ø.* 12. *Ø.*

Unidad 6: El artículo determinado. 6.1. 1. *la.* 2. *el.* 3. *las.* 4. *el.* 5. *la.* 6. *el.* 7. *los.* 8. *el.* 9. *las.* 10. *los.* 11. *las.* 12. *el.* 13. *el.* 14. *la.* 15. *los.* 6.2. 1. *El padre.* 2. *La madre.* 3. *El tío.* 4. *La tía.* 5. *Los hermanos.* 6. *La hermana.* 7. *El marido.* 8. *Las hijas.* 6.3. 1. *el jardín.* 2. *la ventana.* 3. *el agua.* 4. *el diccionario.* 5. *la luz.* 6. *las tijeras.* 6.4. 1. *Las.* 2. *la.* 3. *al.* 4. *la; del.* 5. *al.* 6. *El.* 7. *Los.* 8. *las.* 9. *del.* 10. *del.*

Unidad 7: Contraste entre el artículo determinado y el indeterminado. 7.1. 1. *una; una; Los; La; un; una; El; la; un; el; una; El; la; la; del; Un; una; la; La; la; los.* 2. *un; un; una; un; El; un; la; un; las; del; unos; Los; las.* 3. *un; un; El; el; el.* 7.2. 1. *una.* 2. *una; El; un.* 3. *La.* 4. *un.* 5. *un; el.* 6. *una.* 7. *el.* 8. *un.* 9. *La.* 10. *El; una.* 11. *un.* 12. *la.* 13. *el.* 14. *La.* 15. *La; la.* 7.3. 1. *unos.* 2. *el.* 3. *Una.* 4. *La.* 5. *los.* 6. *las.* 7. *unos.* 8. *unas.* 9. *unos.* 10. *el.*

Unidad 8: El artículo determinado con nombres propios. 8.1. 1. *Ø.* 2. *Ø; Ø.* 3. *La.* 4. *la.* 5. *Ø.* 6. *Ø; Ø.* 8.2. 1. *El Hotel Central; la plaza de España.* 2. *El Museo Botero; la calle Mayor.* 3. *El Banco Nacional; el paseo del parque.* 4. *El Teatro Lorca; la avenida de América.* 5. *El Cine América; la plaza Real.* 6. *El Hospital Universitario; el paseo del Parque.* 8.3. 1. *La Habana; Cuba.* 2. *(La) India; Asia.* 3. *Las islas Galápagos; Ecuador.* 4. *El Salvador; Guatemala; Honduras.* 5. *Los Ángeles; California.* 6. *El lago Titicaca; Perú; Bolivia.* 7. *El Amazonas; América del Sur.* 8. *Jamaica; el mar Caribe.* 9. *Puerto Rico; las islas Antillas.* 10. *Francia; Europa.* 11. *La Pampa; Argentina.* 12. *los Pirineos; España; Francia.* 8.4. 1. *el.* 2. *Ø; la.* 3. *La; el.* 4. *La.* 5. *El; Ø.* 6. *Ø; Ø.* 7. *La.* 8. *El; la.*

Unidad 9: El artículo determinado con expresiones de tiempo y de cantidad. 9.1. 1. *las tres y veinte.* 2. *la una y veinticinco.* 3. *las cuatro menos diez.* 4. *las dos.* 5. *las ocho y media.* 6. *las doce y cinco.* 7. *la una menos cuarto.* 8. *las once y cuarto.* 9.2. 1. *el.* 2. *El/Los.* 3. *la.* 4. *el; Ø.* 5. *el; las.* 6. *Ø; Ø; Ø.* 7. *las.* 8. *la; la.* 9. *el; Ø.* 10. *los.* 11. *Ø.* 12. *el.* 9.3. 1. *ocho horas al día.* 2. *dos días a la semana.* 3. *una vez al año.* 4. *dos veces al mes.* 5. *una noche a la semana.* 6. *una hora al día.* 9.4. 1. *Dos euros el kilo.* 2. *Cuatro pesos el litro.* 3. *Dos euros la docena .* 4. *Un peso los 100 gramos.*

Unidad 10: Otros usos del artículo determinado. 10.1. 1. *la guitarra.* 2. *el violín.* 3. *al ajedrez.* 4. *el piano.* 5. *al fútbol.* 6. *al tenis.* 7. *la trompeta.* 8. *las cartas.* 10.2. 1. *los.* 2. *Ø.* 3. *El.* 4. *la.* 5. *las.* 6. *Ø.* 7. *Ø.* 8. *del.*

NOTA: En los casos en que la respuesta va en segunda persona (*tú/usted; vosotros/ustedes*), se recogen aquí los casos correspondientes a *tú* y *vosotros* en lugar de ambas opciones.

▶ Unidad 34: Pronombres personales de sujeto

Soluciones a los ejercicios

9. *La.* 10. *el.* 11. *una.* 12. *una.* 13. *la.* 14. *la.* 15. *el.* 10.3. 1. *la universidad.* 2. *la cárcel.* 3. *al hospital.* 4. *casa.* 5. *correos.* 6. *del colegio.* 7. *al cine.* 8. *el médico.*

Unidad 11: Omisión del nombre. 11.1. 1. *los negros; los blancos.* 2. *Uno pequeño.* 3. *el negro; el marrón.* 4. *Los rojos; Los blancos.* 5. *La alta.* 6. *Uno entretenido.* 7. *las verdes; las rojas.* 8. *una limpia.* 9. *una buena.* 10. *uno portátil.* 11.2. 1. *Las de la derecha.* 2. *El del pelo corto.* 3. *la de la izquierda.* 4. *Las de chocolate.* 5. *La de la falda larga.* 6. *Los de arriba.* 7. *el de Sandra Arenas.* 8. *El del bigote.* 11.3. 1. *lo mejor.* 2. *las caras; las baratas.* 3. *lo amargo.* 4. *Lo barato.* 5. *las morenas.* 6. *Lo importante.* 7. *Lo malo.* 8. *los largos; los cortos.* 9. *El pequeño.* 10. *Lo pequeño.*

Unidad 12: Demostrativos. 12.1. 1. *Estas llaves.* 2. *Esa revista.* 3. *Aquella maleta.* 4. *Ese bolso.* 5. *Estas gafas.* 6. *Este paraguas.* 7. *Aquellos árboles.* 8. *Esas llaves.* 12.2. 1. *este restaurante.* 2. *ese/aquel chico.* 3. *Esta.* 4. *Aquel/Ese.* 5. *Este vaso.* 6. *estas gafas.* 7. *Aquella/Esa.* 8. *este autobús.* 12.3. 1. *Este.* 2. *Ese.* 3. *esta; Esta.* 4. *Ese.* 5. *Aquellos.* 6. *Este.* 7. *aquella.* 8. *Esta.* 12.4. 1. *esto.* 2. *eso/aquello.* 3. *eso.* 4. *esto.*

Unidad 13: Adjetivos calificativos. 13.1. 1. *pequeño.* 2. *verdes; rubia; corto; rizado; simpática; alegre; charlatana.* 3. *inteligentes.* 4. *blancas.* 5. *encantadora.* 6. *felices; enfadados.* 7. *roja; grises.* 8. *alto; fuerte; moreno; negros; guapo; antipático.* 9. *marrón; amarilla.* 10. *simpáticos; trabajadores; amables.* 11. *jóvenes.* 13.2. 1. *rubias.* 2. *gordo.* 3. *enferma.* 4. *tristes.* 5. *alegre.* 6. *cansadas.* 7. *fuerte.* 8. *campeones.* 13.3. 1. *ojos azules.* 2. *flor roja.* 3. *idioma fácil.* 4. *buen profesor.* 5. *comida preferida.* 6. *edificios antiguos.* 7. *ropa nueva.* 8. *color preferido.*

Unidad 14: Adjetivos de nacionalidad. 14.1. 1. *brasileña; brasileños; brasileñas.* 2. *costarricense; costarricenses; costarricenses.* 3. *escocesa; escoceses; escocesas.* 4. *iraní; iranís/iraníes; iranís/iraníes.* 5. *japonesa; japoneses; japonesas.* 6. *nicaragüense; nicaragüenses; nicaragüenses.* 7. *venezolana; venezolanos; venezolanas.* 8. *vietnamita; vietnamitas; vietnamitas.* 14.2. 1. *peruana.* 2. *chinas.* 3. *egipcios.* 4. *francesa.* 5. *italianas.* 6. *mexicanos.* 7. *india.* 8. *rusos.* 14.3. 1. *moneda japonesa.* 2. *moneda marroquí.* 3. *escritor colombiano.* 4. *ciudad francesa.* 5. *actriz estadounidense.* 6. *capital vietnamita.* 7. *ciudades canadienses.* 8. *capital portuguesa.*

Unidad 15: Forma comparativa de los adjetivos (1). 15.1. 1. *más guapo.* 2. *menos caprichoso.* 3. *más antigua.* 4. *mejor.* 5. *menos poblado.* 6. *menos peligroso.* 7. *peor.* 8. *mayor.* 15.2. 1. *más alto que su hermano.* 2. *más pequeño que Argentina.* 3. *menos poblado que Ecuador.* 4. *menor que Clara.* 5. *más caras que los plátanos.* 6. *más largo que el Paraná.* 7. *más cara que esta radio.* 8. *menos potentes que los Misima.* 9. *menos rápido que el león.* 15.3. 1. *Soy más fuerte que tú.* 2. *más alto que vosotras.* 3. *mayores que nosotros.* 4. *menos rápido que yo.* 15.4. 1. *menos antiguo.* 2. *más barata.* 3. *más pequeños.* 4. *más cómoda.* 5. *mejor.* 6. *menos dulces.* 7. *más entretenido.* 8. *más larga.*

Unidad 16: Forma comparativa de los adjetivos (2). 16.1. 1. *no es tan joven como Alonso.* 2. *son igual de altas.* 3. *son igual de inteligentes.* 4. *no están/son tan caras como las naranjas.* 5. *son igual de rápidos.* 6. *no es tan alegre como Esther.* 7. *no es tan alto como Álvaro.* 16.2. 1. *tan fácil como / igual de fácil que.* 2. *tan rápido como.* 3. *tan alto como.* 4. *igual de fuertes.* 5. *tan bueno como / igual de bueno que.* 6. *tan entretenido como / igual de entretenido que.* 7. *tan peligroso como.* 8. *igual de malos.* 16.3. 1. *no es tan guapo como yo.* 2. *no es tan alto como su padre.* 3. *no es tan cómoda como el sillón.* 4. *no es tan simpático como vosotras.* 5. *No soy tan fuerte como tú.* 6. *no es tan bueno como Rinaldo.* 16.4. 1. *igual de listo / tan listo como él.* 2. *tan elegantes.* 3. *tan simpática.* 4. *igual de amables / tan amables como los peruanos.* 5. *tan cómoda.* 6. *tan amables.* 7. *igual de viejo / tan viejo como el tuyo.* 8. *igual de guapas / tan guapas como ella.*

Unidad 17: Superlativo. 17.1. 1. *la ciudad más bonita.* 2. *el país menos poblado.* 3. *la ciudad menos contaminada.* 4. *el río más largo.* 5. *la capital más alta.* 6. *el país más grande.* 7. *la isla más pequeña.* 8. *la catedral más antigua.* 17.2. 1. *el más simpático.* 2. *la menos simpática.* 3. *los más trabajadores.* 4. *el menos trabajador.* 5. *la más elegante.* 6. *el menos elegante.* 7. *los más atractivos.* 8. *el menos atractivo.* 17.3. 1. *la bebida más sana; la más refrescante.* 2. *el reloj más caro.* 3. *los más pequeños; los más potentes.* 4. *la más cómoda; la más elegante.* 5. *las mejores.* 6. *los más económicos.* 7. *los más sanos.* 8. *la mejor.* 17.4. 1. *la chica más alegre que.* 2. *el mejor del.* 3. *las más impresionantes que.* 4. *el más feliz de.* 5. *el país más interesante que.* 6. *la mayor de.*

Unidad 18: Posesivos (1). 18.1. 1. *tus.* 2. *Mis.* 3. *su.* 4. *Nuestra.* 5. *vuestros.* 6. *Mi.* 7. *tu.* 8. *sus.* 9. *Nuestros.* 10. *vuestra.* 18.2. 1. *tu.* 2. *nuestro.* 3. *sus.* 4. *su.* 5. *mi; mis.* 6. *vuestros.* 7. *tu.* 8. *tus.* 18.3. 1. *el.* 2. *los.* 3. *su.* 4. *los.* 5. *Mis.* 6. *la.* 7. *Su.* 8. *la.* 9. *las.* 10. *el.*

Soluciones a los ejercicios

Unidad 19: Posesivos (2). 19.1. 1. *mías.* 2. *mío.* 3. *suyo.* 4. *nuestros.* 5. *vuestros.* 6. *suyas.* 7. *tuyo/suyo.* 8. *suya.* 19.2. 1. *Las mías.* 2. *el nuestro.* 3. *El suyo.* 4. *el tuyo.* 5. *el nuestro / el vuestro.* 6. *el tuyo; El mío.* 7. *los tuyos; Los míos.* 8. *los suyos.* 9. *La mía.* 10. *Los nuestros / Los míos.* 19.3. 1. *Un amigo mío.* 2. *Una amiga mía.* 3. *un primo vuestro.* 4. *amigo suyo.* 5. *prima nuestra.* 6. *tía tuya.* 7. *amigo nuestro.* 8. *unos familiares suyos.*

Unidad 20: Indefinidos (1). 20.1. 1. *Todas las cajas.* 2. *Algunas cajas.* 3. *Algunos platos.* 4. *Un vaso.* 5. *Todos los coches.* 6. *Una manzana.* 7. *Ninguna pera.* 8. *Algunos vasos.* 20.2. 1. *unos.* 2. *algunos.* 3. *algún.* 4. *Toda.* 5. *Todas.* 6. *Algunas.* 7. *Ningún.* 20.3. 1. *uno de.* 2. *Alguno de.* 3. *ninguna de.* 4. *alguno de.* 5. *una de.* 6. *Ninguno de.* 20.4. 1. *algunos; todos.* 2. *todos.* 3. *ninguno.* 4. *ninguna.* 5. *Algunas.*

Unidad 21: Indefinidos (2). 21.1. 1. *Una.* 2. *otra.* 3. *un.* 4. *Otra.* 5. *otros.* 6. *una.* 7. *otras.* 8. *otra.* 21.2. 1. *cualquier.* 2. *cualquiera de.* 3. *cualquier.* 4. *cualquiera de.* 5. *cualquiera.* 21.3. 1. *una.* 2. *otro.* 3. *otros.* 4. *unas.* 5. *uno de.* 6. *otras.* 7. *una de.* 8. *unos.* 21.4. 1. *otros.* 2. *Cualquiera.* 3. *Cualquiera.* 4. *otro.* 5. *otros.*

Unidad 22: Indefinidos (3). 22.1. 1. *Sonia tiene muchos libros.* 2. *Alberto tiene pocos amigos.* 3. *Ayer dormimos muchas horas.* 4. *Bebo mucha agua al día.* 5. *Hemos comprado mucho aceite.* 6. *Quedan pocas patatas.* 7. *Luisa toma poco azúcar en el café.* 22.2. 1. *Trabaja demasiadas horas.* 2. *No duerme suficientes horas.* 3. *No bebe suficiente agua.* 4. *Como demasiados plátanos.* 5. *Bebe suficiente agua.* 6. *Come demasiada carne.* 7. *No tenemos suficientes patatas.* 22.3. 1. *Muchos coches.* 2. *Poca agua.* 3. *Bastante comida.* 4. *Bastante gente.* 5. *Poca gente.* 6. *Muchos árboles.* 7. *Mucha gente.* 8. *Pocos árboles.* 22.4. 1. *mucha.* 2. *suficientes.* 3. *suficiente.* 4. *mucha.* 5. *Pocas.* 6. *demasiados.*

Unidad 23: Indefinidos (4). 23.1. 1. *No hay nada.* 2. *Hay alguien.* 3. *Hay alguien.* 4. *No hay nadie.* 5. *Hay algo.* 6. *No hay nadie.* 7. *No hay nada.* 8. *Hay algo.* 23.2. 1. *alguien.* 2. *algo.* 3. *Algo.* 4. *nada.* 5. *alguien.* 6. *Nadie.* 7. *alguien.* 8. *algo.* 9. *nada.* 10. *nadie.* 23.3. 1. *nada de; algo de.* 2. *algo.* 3. *nada; algo de.* 4. *algo.* 5. *algo de; algo de.* 6. *nada de.*

Unidad 24: Comparación con nombres. 24.1. 1. *más.* 2. *menos.* 3. *más.* 4. *tantos.* 5. *tanto.* 6. *menos.* 7. *tanta.* 8. *más.* 9. *más.* 24.2. 1. *menos dinero que Roberto.* 2. *tanta leche como Eloy.* 3. *más calor que ayer.* 4. *tantos habitantes como Mendoza.* 5. *más años que yo.* 6. *tantos estudiantes como ayer.* 7. *tanto frío como ayer.* 8. *más hambre que yo.* 9. *tantas corbatas como tú.* 10. *menos postales que vosotros.* 24.3. 1. *más.* 2. *tantos como tú.* 3. *menos.* 4. *tantos.* 5. *más.* 6. *menos.* 7. *más.* 8. *tanto como tú.*

Unidad 25: Números cardinales (1). 25.1. 1. *Veintiún euros.* 2. *Diez de enero.* 3. *Treinta y un días.* 4. *Cuarenta y nueve kilos.* 5. *Quince de diciembre.* 6. *Ochenta y ocho centímetros.* 7. *Treinta y un aulas.* 8. *Veintiocho de febrero.* 9. *Veinticinco años.* 10. *Sesenta y una semanas.* 11. *Uno de mayo.* 12. *Cuarenta y cinco kilómetros.* 13. *Treinta y cuatro metros.* 14. *Cincuenta y tres años.* 15. *Noventa y dos kilos.* 16. *Veintiuna alumnas.* 17. *Cinco de agosto.* 18. *Once alumnos.* 19. *Setenta y seis años.* 20. *Cincuenta y una libras.* 25.2. 1. *las tres y veinte.* 2. *la una y cuarto.* 3. *las nueve y media.* 4. *las seis menos cuarto.* 5. *las once menos veinticinco.* 6. *las ocho quince / las ocho y cuarto.* 7. *las nueve cincuenta / las diez menos diez.* 8. *las veintiuna veinte.* 9. *las doce y treinta y siete.* 10. *las dieciocho cincuenta y dos.* 25.3. 1. *nueve tres, cinco cuarenta y siete, ochenta y nueve, cero dos.* 2. *nueve dos, cuatro setenta y ocho, noventa, dieciséis.* 3. *cinco doce, cero dos, noventa y seis.* 4. *nueve uno, cuatro sesenta y cuatro, treinta y tres, cincuenta y ocho.* 5. *nueve seis, tres cincuenta y dos, sesenta y tres, sesenta y uno.* 6. *cero uno, ocho veintitrés, setenta y uno, noventa y dos.* 7. *cincuenta y cinco, cuarenta y tres, doce, noventa y ocho.* 8. *seis cincuenta, veintidós, treinta y cuatro, cincuenta y nueve.*

Unidad 26: Números cardinales (2). 26.1. 1. *ciento ochenta y tres.* 2. *mil setenta.* 3. *tres mil quinientos sesenta y uno.* 4. *ciento quince coma diez / ciento quince con diez.* 5. *un millón doscientos treinta y un mil setecientos cincuenta y ocho.* 6. *tres millones cincuenta mil novecientos cuarenta y siete.* 7. *cuatrocientos quince coma veinticinco / cuatrocientos quince con veinticinco.* 8. *veintidós millones ochocientos noventa y un mil seiscientos cuatro.* 26.2. 1. *Doscientos cinco dólares.* 2. *Trescientos un euros.* 3. *Dos mil seiscientos doce yenes.* 4. *Ochenta y tres mil ciento noventa y cinco euros.* 5. *Quinientos sesenta y ocho reales.* 6. *Mil cuatrocientas veintiuna coronas danesas.* 7. *Ochocientas treinta y tres liras turcas.* 8. *Cuatrocientos setenta y un mil novecientos cincuenta pesos mexicanos.* 26.3. 1. *dos millones.* 2. *dos mil ochenta y cinco.* 3. *trescientas.* 4. *ciento dieciocho.* 5. *mil doscientos setenta y cuatro.* 6. *ciento ocho.* 7. *quinientos.* 8. *trescientos diez.* 26.4. 1. *Veintiuno de enero de mil ochocientos doce.* 2. *Dos de mayo de dos mil uno.* 3. *Veinticinco de octubre de mil novecientos cincuenta y cuatro.* 4. *Treinta y uno de diciembre de dos mil ocho.* 5. *Diez de julio de mil seiscientos trece.*

Soluciones a los ejercicios

Unidad 27: Números ordinales. 27.1. 1. *segundo*. 2. *once*. 3. *décima*. 4. *tercer*. 5. *doce*. 6. *primer*. 7. *catorce*.
8. *cuarta*. 9. *séptimo*. 10. *noveno*. 27.2. 1. *Juan Carlos primero*. 2. *Isabel primera*. 3. *Juan veintitrés*. 4. *Alfonso doce*. 5. *Luis quince*. 6. *Iván cuarto*. 7. *Margarita segunda*. 8. *Pío once*. 9. *Juana tercera*. 10. *Juan Pablo segundo*. 27.3. 1. *segundo*. 2. *primer*. 3. *quince; once*. 4. *primero*. 5. *tercero*. 6. *primeras*. 7. *quince*.
8. *octavo*. 9. *segunda*. 10. *tercera*. 11. *dieciocho*. 12. *cuartas*.

Unidad 28: Relativos (1). 28.1. 1. *quien*. 2. *que*. 3. *que*. 4. *que*. 5. *el que*. 6. *que*. 7. *que*. 8. *el que*. 9. *que*.
10. *la que*. 28.2. 1. *un ventilador que funciona con pilas*. 2. *es un mamífero que vive en los Andes*. 3. *las ostras que comimos ayer*. 4. *el libro que estoy leyendo*. 5. *que sale con Paco es piloto / con la que sale Paco es piloto*. 6. *los cuadros de los que te había hablado*. 7. *a unas chicas con las que vivía Ana*. 28.3. 1. *Un chico que conocí en el parque*. 2. *Una persona que no bebe alcohol*. 3. *Un cuadro que he pintado yo*. 4. *Unos obreros que están arreglando la calle*. 5. *Un chico con el que trabajo*. 6. *Una persona que no cree en Dios*.
7. *Una persona que cuida niños*. 8. *Una pluma con la que escribía Quevedo*. 28.4. 1. *La que*. 2. *Lo que*.
3. *El que*. 4. *la que*. 5. *lo que*. 6. *Las que*. 7. *Los que*.

Unidad 29: Relativos (2). 29.1. 1. *Esa es la tienda cuyo dueño es mi tío*. 2. *Mi madre tiene una amiga cuya hija está en mi clase*. 3. *Conozco a un chico cuya madre es capitán del ejército*. 4. *Lorenzo conoce a un profesor cuyos hijos hablan cuatro idiomas*. 5. *Tengo un primo cuya mujer dirige una multinacional*. 6. *Tengo una abuela en cuyo pueblo paso las vacaciones*. 7. *El verano pasado ayudamos a una familia cuyo coche se había averiado*. 8. *Tengo unas amigas cuyos padres veranean en Asturias*. 9. *Me encontré con un chico con cuya hermana viajé a Guatemala*. 10. *Me he encontrado con una señora para cuyas hijas estoy haciendo un mueble*. 29.2. 1. *Es el hombre cuya mujer da clases en la universidad*. 2. *Son las chicas cuyo piso está enfrente del nuestro*. 3. *Son la familia cuyos perros ladran por las noches*. 4. *Es el chico en cuya casa hicimos una fiesta*. 5. *Es la señora cuyas hijas bailan muy bien*. 6. *Son los señores cuya gata nos visita todas las tardes*. 29.3. 1. *donde*. 2. *donde*. 3. *cuando*. 4. *donde*. 5. *donde*. 6. *adonde*. 7. *cuando*. 8. *donde*.
9. *donde*. 10. *adonde*. 11. *donde*. 12. *cuando*.

Unidad 30: Interrogativos (1). 30.1. 1. *¿Qué tiene Julián en la mano?* 2. *¿Con quién está bailando Eloísa?*
3. *¿Para quién es ese anillo?* 4. *¿Qué pasó anoche?* 5. *¿De quién es esa bolsa?* 6. *¿Qué te han regalado tus padres?* 7. *¿Con qué has abierto la puerta?* 8. *¿Quién está escribiendo una novela?* 9. *¿Qué quiere María?*
10. *¿Quién quiere a María?* 11. *¿De qué es la sopa?* 30.2. 1. *Quién*. 2. *quién*. 3. *Qué*. 4. *quién*. 5. *Qué*.
6. *Quiénes*. 7. *Qué*. 8. *qué*. 9. *quién*. 10. *Qué*. 11. *Qué*. 30.3. 1. *Con quién*. 2. *De qué*. 3. *Con qué*. 4. *Qué*.
5. *De quién*. 6. *Con quién*. 7. *Quiénes*. 8. *Qué*. 9. *A quién*. 10. *Para quién*. 11. *Qué*.

Unidad 31: Interrogativos (2). 31.1. 1. *Cuál de*. 2. *Cuál*. 3. *Cuál de*. 4. *Cuáles de*. 5. *Cuál de*. 6. *Cuál de*.
7. *Cuál*. 8. *Cuáles*. 31.2. 1. *Cuál de*. 2. *Cuál*. 3. *Cuáles*. 4. *Qué*. 5. *Qué*. 6. *Cuál*. 7. *Cuál de*. 8. *qué*. 9. *qué*.
10. *Cuáles*. 11. *qué*. 12. *Qué*. 31.3. 1. *Cuál*. 2. *Qué*. 3. *qué*. 4. *Cuál*. 5. *Quién*. 6. *Qué*. 7. *qué*. 8. *cuál de*.
9. *Quiénes*. 10. *qué*. 11. *Cuál*. 12. *Qué*.

Unidad 32: Interrogativos (3). 32.1. 1. *¿Hasta cuándo vais a estar en Santander?* 2. *¿Cómo fue Javier a Brasil?*
3. *¿Por qué lloran los niños?* 4. *¿Dónde trabaja Sebastián?* 5. *¿Para qué sirve este botón?* 6. *¿De dónde es Peter?*
7. *¿Para cuántos es la comida?* 8. *¿Cómo están los enfermos?* 32.2. 1. *Cuándo*. 2. *Adónde*. 3. *Cómo*. 4. *Cuántos*.
5. *Cuándo*. 6. *Dónde*. 7. *Para qué*. 8. *Por qué*. 9. *Desde cuándo*. 10. *De dónde*. 32.3. 1. *Dónde*. 2. *Por qué*. 3. *Por qué*. 4. *Cuándo*. 5. *Cuándo*. 6. *Dónde*. 7. *Cómo*. 32.4. 1. *Cuántos*. 2. *Cuánto*. 3. *Cuántas*. 4. *Cuánto*. 5. *Cuánta*.

Unidad 33: Exclamativos. 33.1. 1. *¡Qué coche más/tan largo!* 2. *¡Qué camisa más/tan cara!* 3. *¡Qué pendientes más/tan bonitos!* 4. *¡Qué chico más/tan alto!* 5. *¡Qué relojes más/tan baratos!* 33.2. 1. *Cuánto*.
2. *Qué*. 3. *Cuántas*. 4. *Cómo/Cuánto*. 5. *Qué; Cuánto*. 6. *Cómo/Cuánto*. 7. *Cuántos*. 8. *Cómo*. 9. *Qué*. 10. *Qué*.
33.3. 1. *¡Qué mala suerte tiene Jorge!* 2. *¡Qué calor hace hoy! / ¡Cuánto calor hace hoy!* 3. *¡Qué bien habla Lotta español!* 4. *¡Qué cansadas estamos!* 5. *¡Qué mal conduce Alfonso!* 6. *¡Qué listas son Sara y Eva!* 7. *¡Qué deprisa come Rodri!* 8. *¡Qué guapo es Lucio!* 9. *¡Cuánto duerme Rosario!* 10. *¡Cuánto gasta Alberto!* 11. *¡Cuánta gente hay en la playa!* 12. *¡Qué suerte tengo!*

Unidad 34: Pronombres personales de sujeto. 34.1. 1. *Ellas*. 2. *Nosotros*. 3. *Usted*. 4. *Yo*. 5. *Vosotros*.
6. *Nosotras*. 7. *Tú*. 8. *Ustedes*. 9. *Él*. 10. *Ellos*. 34.2. 1. *América Latina*. 2. *España*. 3. *América Latina y España*.
4. *América Latina*. 34.3. 1. *yo; Ella; yo*. 2. *Ella; él*. 3. *Ø*. 4. *yo; Ella; yo*. 5. *Ø; Él; ella*. 34.4. 1. *tú; Ø*. 2. *Ø; Ø; tú; Ø*. 3. *ustedes; Ø*. 4. *Ø*. 5. *(yo); vosotros/vosotras*. 6. *Ø*. 7. *(yo)*.

Unidad 35: Pronombres personales de complemento directo. 35.1. 1. *lo*. 2. *las*. 3. *los*. 4. *lo*. 5. *la*. 6. *los*. 7. *la*.
8. *las*. 35.2. 1. *te*. 2. *los*. 3. *os*. 4. *la*. 5. *las*. 6. *os*. 7. *lo*. 8. *te*. 35.3. 1. *lo amo*. 2. *no la quiero*. 3. *no lo he*

comprado. 4. *os quiero.* 5. *no las he visto.* 6. *te recuerdo.* 7. *los veo.* 8. *no me quiere.* 9. *no los conozco.* 10. *me conocen.* 35.4. 1. *me; a mí.* 2. *nos; a nosotros.* 3. *la; a ella.* 4. *las; a ellas.* 5. *los; a ustedes.* 6. *los; a ellos.*

Unidad 36: Pronombres personales de complemento indirecto. 36.1. 1. *te; Me.* 2. *Nos.* 3. *Le.* 4. *le.* 5. *Les.* 6. *os.* 7. *Le.* 36.2. 1. *No me han dicho nada.* 2. *No me ha dicho nada.* 3. *No nos ha dado nada.* 4. *No le han preguntado nada.* 5. *No te ha dicho nada.* 6. *No os/nos han preguntado nada.* 7. *No me ha vendido nada.* 8. *No nos han dado nada.* 9. *No le han preguntado nada.* 10. *No les han regalado nada.* 36.3. 1. *A mí no me dijo nada; ¿Les dijo algo a ustedes? A nosotros no nos dijo nada; ¿Le dijo algo a Marcela? A Marcela/ella no le dijo nada.* 2. *A nosotros no nos ha preguntado nada; ¿Le ha preguntado algo a Tomás? A Tomás/él no le ha preguntado nada; ¿Le ha preguntado algo a usted? A mí no me ha preguntado nada.* 3. *A ti no te ha comprado nada; ¿Nos ha comprado algo a nosotros? A vosotros no os ha comprado nada / A nosotros no nos ha comprado nada; ¿Le ha comprado algo a su hermano? A su hermano / A él no le ha comprado nada.*

Unidad 37: Pronombres de complemento indirecto y directo. 37.1. 1. *Me los.* 2. *Se lo.* 3. *Nos lo.* 4. *Te las.* 5. *Me la.* 6. *Nos lo.* 37.2. 1. *no me lo ha dado.* 2. *nos lo ha prestado.* 3. *no se lo ha presentado.* 4. *me la ha enseñado.* 5. *se los ha presentado.* 6. *no se lo ha vendido.* 7. *nos los ha enseñado.* 8. *te las ha traído.* 37.3. 1. *se lo.* 2. *me la.* 3. *se lo.* 4. *nos la.* 5. *se las.* 6. *se lo.* 7. *se los.* 8. *te lo.* 9. *me la.* 10. *os los.* 37.4. 1. *a mí no me las ha dado.* 2. *a mí no me lo ha dado.* 3. *a nosotros no nos las ha dado.* 4. *a usted no se lo ha enviado.* 5. *a nosotros/vosotros no nos/os han aprobado.* 6. *a ella la han aprobado.* 7. *a él no lo han aprobado.* 8. *a nosotros/vosotros no nos/os han invitado.*

Unidad 38: Confusión entre pronombres personales de complemento. 38.1. 1. *lo.* 2. *Lo.* 3. *la.* 4. *las.* 5. *Le; se; la; Se; la.* 6. *los.* 7. *Le.* 8. *Les; se; lo.* 9. *las.* 10. *la.* 11. *verlo.* 12. *Les.* 13. *Le.* 14. *la.* 15. *le; Le.* 38.2. 1. *la.* 2. *Le;* 3. *lo/le.* 4. *le.* 5. *Le, se; los.* 6. *la.* 7. *le.* 8. *les; le; le.* 38.3. 1. *Le; se; lo; lo.* 2. *lo.* 3. *Lo; lo.* 4. *Lo; se; lo.* 5. *lo; Le; la.* 6. *lo; lo.* 7. *lo; la.* 8. *lo; lo/le.*

Unidad 39: Pronombres de complemento con el imperativo, el infinitivo y el gerundio. 39.1. 1. *Ámalos.* 2. *Compradlo.* 3. *Dáselo.* 4. *Házsela.* 5. *Pregúntale.* 6. *Véndala.* 7. *Pásasela.* 8. *Escríbele.* 39.2. 1. *comprarlo.* 2. *devolvérmelo.* 3. *veros.* 4. *tirarlos.* 5. *preguntarte.* 6. *vendérselo.* 7. *escribirle.* 8. *ayudarnos.* 9. *visitarlas.* 39.3. 1. *Está limpiándolas.* 2. *Estoy acabándola.* 3. *Están preguntándole.* 4. *Estamos lavándolas.* 5. *Están haciéndosela.* 6. *Está lavándoselo.* 7. *Está hablándole.* 8. *Está arreglándola.* 39.4. 1. *Pásame la sal.* 2. *La directora quiere vernos. / La directora nos quiere ver.* 3. *He olvidado comprarlo.* 4. *¿Puedes ayudarme? / ¿Me puedes ayudar?* 5. *Pregúntaselo a Julio.* 6. *¿Quién está haciéndolo? / ¿Quién lo está haciendo?* 7. *Me gustaría decírselo a Sandra.* 8. *Pásame la pelota.*

Unidad 40: Pronombres reflexivos y con valor recíproco. 40.1. 1. *se.* 2. *se.* 3. *Ø.* 4. *te.* 5. *se.* 6. *nos.* 7. *Ø.* 8. *se.* 9. *Ø.* 10. *se.* 11. *Me.* 12. *Ø.* 13. *te.* 14. *os.* 15. *se.* 40.2. 1. *Felipe y David se saludaron.* 2. *Roque y Julio no se hablan.* 3. *Roque y tú os queréis.* 4. *Sofía y Lina se escriben.* 5. *Andrés y yo nos conocemos muy bien.* 6. *Rodrigo y su hermana se ayudan.* 7. *En Navidad, mi mujer y yo nos hacemos un regalo.* 8. *Tus amigos y tú os veis los domingos.* 40.3. 1. *Me.* 2. *se.* 3. *Ø.* 4. *se.* 5. *Ø.* 6. *os.* 7. *Os.* 8. *se.* 9. *Se.* 10. *se.* 11. *te.* 12. *Ø.*

Unidad 41: Pronombres personales con preposiciones. 41.1. 1. *ti.* 2. *ustedes.* 3. *contigo.* 4. *vosotras.* 5. *nosotros.* 6. *usted.* 7. *nosotras.* 8. *mí.* 41.2. 1. *él.* 2. *ella.* 3. *él.* 4. *-tigo.* 5. *ellos.* 6. *nosotros/nosotras.* 7. *mí.* 41.3. 1. *conmigo.* 2. *tú.* 3. *ti.* 4. *tú.* 5. *mí.* 6. *-migo.* 7. *-tigo.* 41.4. 1. *tú.* 2. *ti.* 3. *mí.* 4. *yo.* 5. *conmigo.* 6. *mí.* 7. *mí.* 8. *yo.*

Unidad 42: Presente de indicativo de *ser*. 42.1. 1. *sois; Somos.* 2. *es; Soy.* 3. *Somos.* 4. *Son; somos.* 5. *eres; Soy.* 6. *Son.* 42.2. 1. *eres; Soy.* 2. *son; Son.* 3. *sois; Somos.* 4. *Eres; soy.* 5. *es; Son.* 6. *es; Es.* 7. *Sois; somos.* 8. *es; Es.* 9. *sois; Somos.* 10. *son; Son.* 42.3. 1. *Elsa y Tomás son chilenos.* 2. *Usted es muy amable.* 3. *Esa mesa es de cristal.* 4. *Mi hermano y yo no somos morenos.* 5. *Vosotros sois muy alegres.* 6. *Esos pantalones no son de lana.* 7. *Ese libro es de Marta.* 8. *Ustedes no son muy altos.*

Unidad 43: Presente de indicativo de *estar*. 43.1. 1. *Estoy.* 2. *estáis; Estamos.* 3. *estás; Estoy.* 43.2. 1. *Estoy resfriado.* 2. *está de buen humor.* 3. *Están tristes.* 4. *Estamos agotados.* 5. *Estoy aburrida.* 6. *Estás enfadado.* 7. *está de mal humor.* 8. *están contentos.* 43.3. 1. *está abierta.* 2. *está cerrada.* 3. *están sucios.* 4. *está nublado.* 5. *está apagada.* 6. *están limpios.* 43.4. 1. *está; Estoy.* 2. *Está; está.* 3. *Estás; estoy; Estoy.* 4. *está; Está.* 5. *están; Están.*

Unidad 44: Contraste entre *ser* y *estar*. 44.1. 1. *Estoy.* 2. *está.* 3. *son.* 4. *están.* 5. *está.* 6. *están.* 7. *son.* 8. *estás.* 9. *estoy.* 44.2. 1. *son.* 2. *es.* 3. *es.* 4. *Están.* 5. *está.* 6. *está.* 7. *son.* 8. *es.* 9. *están.* 44.3. 1. *es.* 2. *es.* 3. *están.* 4. *es.* 5. *es.* 6. *es.* 7. *está.* 8. *está.* 9. *es.* 10. *está.* 44.4. 1. *Estás.* 2. *está.* 3. *es.* 4. *Estoy.* 5. *es.* 6. *está.* 7. *son.* 8. *Estamos.*

Soluciones a los ejercicios

Unidad 45: Presente de indicativo de *tener*. 45.1. 1. *tiene; tienen; tengo.* 2. *tiene; tiene; no tenemos.*
3. *tienen; no tenemos.* 4. *no tengo; tengo.* 5. *tiene; tenemos.* 45.2. 1. *Tengo sed.* 2. *Tenemos hambre.*
3. *Tengo calor.* 4. *Tengo miedo.* 5. *¿Tienes sueño?; tengo gripe.* 6. *Tienes fiebre.* 7. *¿Tenéis frío?* 45.3.
1. *¿Tiene usted sueño?* 2. *¿Tienes dinero?* 3. *No tenemos coche.* 4. *¿Tienen ustedes hijos?* 5. *Mis abuelos
tienen doce nietos.* 6. *¿Tiene usted una casa grande?* 7. *¿Tenéis muchos amigos?* 8. *¿Tienen ustedes perro?*
9. *¿Tienes un diccionario?* 10. *Mi casa no tiene ascensor.*

Unidad 46: Presente de indicativo de *haber* impersonal. 46.1. 1. *Hay una mesa.* 2. *No hay espejo.* 3. *Hay una
alfombra.* 4 *Hay tres sillas.* 5. *Hay una lámpara.* 6. *No hay televisor.* 7. *Hay un reloj.* 8. *Hay dos cuadros.*
9. *No hay ningún cojín. / No hay cojines.* 10. *Hay un sillón.* 46.2. 1. *Hay cinco colegios.* 2. *Hay un cine.*
3. *No hay ningún hospital. / No hay hospitales.* 4. *Hay un polideportivo.* 5. *Hay dos parques.* 6. *No hay
ninguna estación de ferrocarril. / No hay estaciones de ferrocarril.* 7. *Hay una estación de autobús.* 8. *No hay
ningún hotel. / No hay hoteles.* 9. *Hay dos iglesias.* 10. *Hay una biblioteca.* 46.3. 1. *Hay leche.* 2. *No hay
agua.* 3. *Hay mantequilla.* 4. *Hay queso.* 5. *Hay seis huevos.* 6. *Hay uvas.* 7. *Hay naranjas.* 8. *No hay
plátanos.* 9. *No hay zumo de naranja.* 10. *No hay yogures.* 46.4. 1. *hay un buzón; Hay uno.* 2. *no hay metro.*
3. *hay un estanco; Hay uno.* 4. *Hay muchas tiendas; no hay muchas.* 5. *huevos hay; No hay.* 6. *leche hay;
Hay un litro.* 7. *Hay una cafetería; hay una.* 8. *yogures hay; Hay tres.*

Unidad 47: Contraste entre *haber* y *estar*. 47.1. 1. *Hay; Está.* 2. *hay.* 3. *Hay; está.* 4. *Hay; hay.* 5. *hay.* 6. *Hay.*
7. *está.* 8. *hay; Están.* 9. *Hay; Está.* 10. *Hay.* 47.2. 1. *¿Dónde hay una farmacia?* 2. *¿Dónde hay una parada de
autobús?* 3. *¿Dónde está la parada de autobús más próxima?* 4. *¿Dónde está el Hospital Central?* 5. *¿Dónde
están las ruinas de Tikal?* 6. *¿Dónde hay un banco?* 7. *¿Dónde está el Banco de Galicia?* 8. *¿Dónde están los
cines Luna?* 47.3. 1. *Hay.* 2. *está.* 3. *Hay; Está.* 4. *está.* 5. *están.* 6. *está.* 7. *Hay; Está.* 8. *Hay; hay; Está.* 9. *hay.*
10. *hay; Están.* 11. *está.* 12. *Hay.* 13. *Hay; Están.* 14. *hay; Está.* 15. *hay.* 16. *están.* 17. *hay; Están.*

Unidad 48: Presente de indicativo: verbos regulares. 48.1. 1. *Vivo; trabajo.* 2. *vivimos; trabaja; trabajo.*
3. *Vivo; No trabajo; estudio.* 4. *vivimos; trabajo; no trabaja; estudia.* 48.2. 1. *cenáis; Cenamos.* 2. *pasas;
Paso.* 3. *viven.* 4. *trabaja; Trabajo.* 5. *hablan.* 6. *beben; bebemos.* 7. *vivís; Vivimos.* 8. *no viajamos.*
9. *hablan; Hablamos.* 10. *estudian; estudia; estudia.* 11. *No vemos.* 12. *abren.* 48.3. 1. *Ves.* 2. *comes.*
3. *pasa.* 4. *Lleva.* 5. *bebéis.* 6. *llevan.*

Unidad 49: Presente de indicativo: verbos irregulares (1). 49.1. 1. *quiere.* 2. *riego.* 3. *empieza.* 4. *juegan;
pierden.* 5. *cierran.* 6. *Pienso.* 7. *vienen.* 8. *no miente; dice.* 9. *No puedo.* 10. *mide.* 11. *digo.* 12. *vuela.*
49.2. 1. *mides; Mido.* 2. *duermes; Duermo.* 3. *Prefiere; Prefiero.* 4. *empiezan; Empezamos.* 5. *friega; friego.*
6. *quieres; Quiero.* 7. *vuelves; vuelvo.* 8. *vienes; Vengo.* 49.3. 1. *vienes.* 2. *quieren.* 3. *dices; No puedo.*
4. *huelen.* 5. *cuestan.* 6. *No encuentro.* 7. *No muerde.* 8. *no suena.*

Unidad 50: Presente de indicativo: verbos irregulares (2). 50.1. 1. *sabe.* 2. *Doy.* 3. *va.* 4. *Da.* 5. *ponen.*
6. *Pongo.* 7. *hacen.* 8. *sabe.* 9. *huyen.* 10. *Traduzco.* 50.2. 1. *Sabes; conduzco.* 2. *vas; voy.* 3. *haces; Salgo.*
4. *Sabe; hago.* 5. *Sabe; sé.* 6. *Conoce; conozco.* 7. *va; voy.* 8. *hacéis; Damos; vamos.* 9. *Vais; Vamos.*
10. *Conocen; conocemos; Vamos.* 50.3. 1. *vais.* 2. *huye.* 3. *No sé.* 4. *No oigo.* 5. *Parezco.* 6. *va.* 7. *Traigo.*
8. *no; conozco.*

Unidad 51: Presente de indicativo: otros usos. 51.1. 1. *voy al médico.* 2. *tengo una reunión.* 3. *voy a la
ópera.* 4. *ceno con el director.* 5. *visito una fábrica en Tarragona.* 6. *juego al tenis con Rodolfo.* 7. *salgo con
Laura.* 51.2. 1. *Me voy.* 2. *se casan.* 3. *da.* 4. *Vamos.* 5. *se va; sale.* 6. *empieza.* 7. *regresan.* 8. *tengo.*
9. *hacéis.* 10. *acaba.* 51.3. 1. *pelas.* 2. *cortas.* 3. *Pones.* 4. *añades.* 5. *trituras.* 6. *pones.* 51.4. 1. *Salimos.*
2. *dejas.* 3. *pongo.* 4. *ayudas; hago.* 5. *Vamos.* 6. *llevo.* 7. *dices.* 8. *dejas.*

Unidad 52: Presente para expresar períodos de tiempo. 52.1. 1. *vive.* 2. *hablo.* 3. *conoces; conozco.* 4. *viven.*
5. *sois; Somos.* 6. *trabajo.* 7. *ves; veo.* 8. *tienen.* 9. *conduce.* 10. *se conocen.* 52.2. 1. *conoce a Jaime desde
2001.* 2. *estudia español desde hace seis meses.* 3. *un año que no vemos el mar.* 4. *no viene desde el día de
su cumpleaños.* 5. *no me escriben desde Navidad.* 6. *un mes que salgo con Rosario.* 7. *dos semanas que no
voy al cine.* 8. *Vivo en Guayaquil desde 1999.* 9. *una hora que estoy buscando mis gafas.* 10. *cinco años que
mis padres no comen carne.* 11. *Tengo móvil desde julio.* 12. *José no ve a Marisa desde el verano.*
52.3. 1. *¿Cuánto tiempo hace que conoces a César?* 2. *¿Desde cuándo no fumas?* 3. *¿Cuánto tiempo hace
que vivís en Mérida?* 4. *¿Desde cuándo salís juntos?* 5. *¿Desde cuándo trabaja tu padre en esta empresa?*
6. *¿Cuánto tiempo hace que estudiáis español?* 7. *¿Desde cuándo no vais al cine?* 8. *¿Cuánto tiempo hace
que no comes un helado?*

Unidad 53: Verbos con *me, te, se*... 53.1. 1. *se despierta.* 2. *se levantan.* 3. *se ducha.* 4. *se viste.* 5. *se
acuestan.* 53.2. 1. *se lava.* 2. *Me pongo.* 3. *se suben.* 4. *no se afeita.* 5. *se pinta.* 6. *nos divertimos.* 7. *Se*

Soluciones a los ejercicios

mancha. 8. *No se atreve.* 9. *se aburre.* 10. *nos lavamos.* 11. *se defienden.* 12. *se cansa.* [53.3.] 1. *te levantas;*
Me levanto. 2. *Te pones; me pongo.* 3. *Os bañáis; nos bañamos.* 4. *os ponéis; Nos ponemos.* 5. *se afeita;*
Me afeito. 6. *Se viste usted; Me visto.* 7. *se levantan; Nos levantamos.* 8. *se acuestan ustedes; Nos*
acostamos.

Unidad 54: Contraste entre verbos con y sin *me, te, se...* [54.1.] 1. *lava.* 2. *me mancho.* 3. *despierta.* 4. *Baño.*
5. *Me lavo.* 6. *mancha.* 7. *nos bañamos.* 8. *me despierto.* [54.2.] 1. *se aburre.* 2. *Me lavo.* 3. *viste; se viste.*
4. *Me acuesto.* 5. *lava.* 6. *acuesta.* 7. *se mira.* 8. *divierten.* [54.3.] 1. *Me llamo.* 2. *se despide.* 3. *te pareces.*
4. *Vamos.* 5. *parece.* 6. *Nos vamos.* 7. *me encontré.* 8. *encuentro.* 9. *duermes.* 10. *me dejo.*

Unidad 55: Verbos con *me, te, le...* [55.1.] 1. *Te gusta; no me gusta.* 2. *le gusta.* 3. *Le gusta; me gusta.*
4. *no les gusta.* 5. *nos encanta.* 6. *Le gusta; me encanta.* 7. *Te gustan; me gustan.* 8. *no me gustan.*
9. *Os gustan; nos encantan.* 10. *Le gustan; no me gustan.* [55.2.] 1. *Te gusta; me encanta; A mí no me gusta.*
2. *Os gusta; me encanta; a Rubén no le gusta mucho.* 3. *le gusta; a Cristina no le gusta.* 4. *Te gusta;*
A nosotras nos encanta. 5. *les gusta; Nos gusta.* 6. *Me encanta; Me gusta.* [55.3.] 1. *le duelen.* 2. *Te apetece.*
3. *os sienta.* 4. *Os queda; me queda.* 5. *Me duelen.* 6. *nos importa.* 7. *Les apetece.* 8. *les sienta.*
9. *me interesa.* 10. *te quedan.* 11. *te sientan.* 12. *Le apetece; Me duele.*

Unidad 56: Presente de *estar* + gerundio. [56.1.] 1. *Estoy escribiendo una carta.* 2. *Estamos jugando.* 3. *¿Está*
lloviendo?; está nevando. 4. *está haciendo; Está leyendo.* 5. *Está estudiando; está viendo.* 6. *están llorando.*
7. *está bailando.* 8. *Estamos corriendo.* [56.2.] 1. *Están pasando.* 2. *Están jugando.* 3. *están; discutiendo.*
4. *está hablando.* 5. *está haciendo.* 6. *estáis; pensando.* 7. *estás durmiendo.* 8. *Está comiendo.* 9. *Está*
haciendo. 10. *nos estamos acostando.* 11. *estás escuchando.* [56.3.] 1. *Estoy estudiando español.* 2. *No me*
estoy duchando. 3. *(No) Estoy escuchando música.* 4. *(No) Está lloviendo.* 5. *(No) Estoy bebiendo un zumo.*
6. *(No) Estoy escribiendo.*

Unidad 57: Contraste entre presente de indicativo y *estar* + gerundio. [57.1.] 1. *Tocan; toca; toca; están*
tocando; Están jugando. 2. *Da; está dando; Está viendo.* 3. *Estudia; está estudiando; Está jugando.*
[57.2.] 1. *no llueve.* 2. *no está haciendo.* 3. *Está lloviendo.* 4. *está durmiendo.* 5. *no comen.* 6. *Tocas; toco.*
7. *está cantando.* 8. *lloran.* [57.3.] 1. *vais.* 2. *Oyes.* 3. *quieres.* 4. *entiendo.* 5. *Están viajando.* 6. *estoy estudiando.*
7. *veo.* [57.4.] 1. *vas; Voy.* 2. *Conoces.* 3. *tienes.* 4. *estás viendo.* 5. *oigo.* 6. *lleva; parece.* 7. *quieren; Necesitamos.*
8. *venís; Tenéis; venimos.*

Unidad 58: Pretérito indefinido: verbos regulares. [58.1.] 1. *se casaron.* 2. *no salí; Me levanté; me lavé;*
desayuné; escribí. 3. *vimos.* 4. *vivieron.* 5. *pasó; No sonó; llegamos.* 6. *os conocisteis; Nos conocimos.*
7. *acabó; me acosté.* 8. *saliste.* [58.2.] 1. *conociste.* 2. *disteis.* 3. *viviste.* 4. *trabajaste.* 5. *hablaste.* 6. *comisteis.*
7. *pasasteis.* 8. *diste.* [58.3.] 1. *despertó; Me levanté; encendí; me acerqué; vi; vio; llamó; Di; se alejó; Regresé;*
apagué; me acosté; volví. [58.4.] 1. *nació; regresó; se casó; nació; se refugió; vivió; escribió; se trasladó.*

Unidad 59: Pretérito indefinido: verbos irregulares. [59.1.] 1. *vino.* 2. *tuvieron.* 3. *no vinieron; no quisieron.*
4. *tuvo.* 5. *construyó.* 6. *hicieron; Estuvimos; no quiso.* 7. *tuvimos; pudimos.* 8. *murieron.* 9. *se cayó; se*
rompió. 10. *supo; dijo.* 11. *pasó; Hubo.* 12. *condujo.* [59.2.] 1. *se independizó.* 2. *murió.* 3. *llegaron.* 4.
construyeron. 5. *trajeron.* 6. *fue.* 7. *se produjo.* 8. *fue.* 9. *fueron.* [59.3.] 1. *hiciste; Fui; fuiste; Alquilamos;*
recorrimos; gustó; fue. 2. *Fui; Bailamos; se divirtió.*

Unidad 60: Pretérito perfecto de indicativo (1). [60.1.] 1. *Se ha levantado.* 2. *Ha hecho.* 3. *Se ha duchado.*
4. *Ha enviado.* 5. *Ha ido.* 6. *Ha jugado.* 7. *Ha cenado.* 8. *Se ha acostado.* [60.2.] 1. *hemos estado.* 2. *Has visto;*
he visto. 3. *hemos trabajado.* 4. *ha llovido.* 5. *He empezado.* 6. *han estado.* 7. *habéis hecho.* 8. *Has leído.*
9. *hemos comido.* 10. *ha hecho; Se ha quedado.* [60.3.] 1. *Se han escapado cincuenta presos.* 2. *Ha muerto el*
Presidente. 3. *Ha dimitido la Ministra de Hacienda.* 4. *Ha acabado la huelga del transporte.* 5. *Han chocado*
dos trenes. 6. *Ha subido la gasolina.* 7. *Han bajado los impuestos.* 8. *El Colo-Colo ha ganado la Liga.*

Unidad 61: Pretérito perfecto de indicativo (2). [61.1.] 1. *Ha estado en Uruguay.* 2. *Ha escrito un libro.*
3. *Ha conocido a personajes famosos.* 4. *Ha vivido en Chile.* 5. *Ha trabajado en un hospital.* 6. *Ha tenido*
cinco hijos. [61.2.] 1. *Reinaldo no ha estado nunca en África.* 2. *¿Han comido ustedes alguna vez tortilla?*
3. *¿Os habéis enamorado alguna vez?* 4. *No he ido nunca a la ópera.* 5. *No hemos bebido nunca tequila.*
[61.3.] 1. *No puedo entrar en casa porque he perdido las llaves.* 2. *Juana no ve bien porque se ha roto las*
gafas. 3. *No puedo pagar porque me he olvidado la cartera.* 4. *Están agotadas porque han trabajado mucho*
todo el día. [61.4.] 1. *¿Has recogido ya los billetes?; los he recogido ya.* 2. *¿Has reservado ya el hotel?;*
lo he reservado ya. 3. *¿Has pedido ya el visado?; lo he pedido ya.* 4. *¿Has cambiado ya el dinero?;*
no lo he cambiado todavía. 5. *¿Has recogido ya los cheques de viaje?; no los he recogido todavía.*

Soluciones a los ejercicios

Unidad 62: Contraste entre pretérito perfecto y pretérito indefinido. 62.1. 1. *Hemos estado.* 2. *he ido.*
3. *nació.* 4. *Estuvimos.* 5. *Han comido.* 6. *ha nevado.* 7. *Has visto.* 8. *ha estudiado.* 9. *vinieron.* 10. *he visto.*
11. *Has trabajado.* 12. *hicimos.* 62.2. 1. *Han montado.* 2. *ha tenido.* 3. *invitó.* 4. *ha habido.* 5. *hubo.*
6. *Has visto; vi.* 7. *Habéis estado; estuvimos.* 8. *Has sacado; compré.* 9. *han hecho; estuvimos; pasamos.*
62.3. 1. *¿Habéis estado ya en Barcelona?; estuvimos el miércoles; todavía no hemos estado en Barcelona.*
2. *¿Habéis probado ya el cocido?; lo probamos el lunes.* 3. *¿Habéis visitado ya el Museo del Prado?; lo
visitamos el martes por la mañana.* 4. *¿Habéis comprado ya los regalos?; todavía no los hemos comprado.*
5. *¿Habéis ido ya a Sevilla?; fuimos ayer.*

Unidad 63: Pretérito imperfecto. 63.1. 1. *era; rezaba.* 2. *eran; llevaban; escuchaban.* 3. *vivíamos; trabajaba.*
4. *era; Se duchaba; se hacía; se preparaba; iba.* 5. *te dedicabas; Estudiaba.* 6. *vivíamos; íbamos.* 7. *querías;
Quería.* 63.2. 1. *construían.* 2. *tenían.* 3. *vivían.* 4. *adoraban.* 5. *bebían.* 6. *criaban.* 7. *eran.* 63.3. *Era; eran;
tenían; estaba; Tenía; había; tenía; llevaba; tenía; querían; trabajaba; cultivaba; ayudaba; se ocupaba; eran;
Tenía; nos reuníamos; jugábamos; nos bañábamos; nos divertíamos; había; bailábamos; gustaba; nos
acostábamos; Eran.*

Unidad 64: Contraste entre pretérito indefinido y pretérito imperfecto. 64.1. 1. *fui; Estaba.* 2. *Ibas; vivías.*
3. *estuvimos; pudimos; había.* 4. *era; iba.* 5. *estaba; empezó.* 6. *hicisteis.* 7. *estabas; empezó.* 8. *vi; Llevaba.*
9. *hacías; vio.* 64.2. 1. *conociste; conocí; vivía.* 2. *estaban ustedes; llamé; Estábamos; no oímos.* 3. *hacías;
vivías; te viniste; Era; No tenía.* 64.3. 1. *tenía; salieron; dejaron; Estaba; me sentía; preparé; vi; me fui; oí;
Cerré; escuché; abrí; bajé; Había; se movía; saltó; Era; Me desmayé; regresaron; encontraron.*

Unidad 65: *Estaba* + gerundio y contraste con el pretérito indefinido. 65.1. 1. *estaba comprando el periódico.*
2. *Estábamos esperando el autobús.* 3. *estaba hablando por teléfono; estaba leyendo el periódico.*
4. *Estábamos mirando un escaparate.* 5. *estaba cruzando la calle.* 6. *estaban aparcando; estaba echando
una carta.* 65.2. 1. *vio; estaba hablando.* 2. *estabas haciendo; se apagó.* 3. *empezó; llegamos.* 4. *Estaba
nevando; (usted) salió.* 5. *se cayó; se rompió; estaba jugando.* 6. *Estaba duchándome; sonó.* 7. *llegó; se
fueron.* 65.3. 1. *pasaba; Tenía.* 2. *ibas.* 3. *Estaban viajando.* 4. *llevaba; Parecía.* 5. *venían.* 6. *necesitaba.*

Unidad 66: Pretérito pluscuamperfecto. 66.1. 1. *Cuando llegué a la oficina, la reunión había acabado.*
2. *Cuando llegamos al aeropuerto, el avión se había ido.* 3. *Cuando Aurora quiso comprar comida, las
tiendas habían cerrado.* 4. *Cuando Sonia me llamó, ya había cenado.* 5. *Cuando nos pararon en la carretera,
había habido un accidente.* 66.2. 1. *No pude comprar nada porque me había dejado la tarjeta de crédito.*
2. *Mis padres tuvieron que volver a casa porque se habían dejado las luces encendidas.* 3. *Félix y Raquel no
pudieron entrar en casa porque se habían dejado las llaves dentro.* 4. *Te desmayaste porque no habías
comido nada.* 5. *No reconocimos a Paloma porque se había teñido el pelo.* 6. *Mila aprobó todo porque había
estudiado mucho.* 7. *Víctor llegó tarde porque había tenido un pequeño accidente.* 8. *No pude hablar con el
profesor porque se había ido.* 9. *No pudimos comer en casa porque Ramón no había comprado comida.*
66.3. 1. *Fernando no se había levantado todavía.* 2. *Lidia no había recogido la habitación todavía.* 3. *Miguel
ya había hecho la cama.* 4. *Rosa no se había vestido todavía.* 5. *Ángel y Pilar ya habían desayunado.*

Unidad 67: Futuro simple: verbos regulares. 67.1. 1. *Iré.* 2. *volveréis.* 3. *llamaré.* 4. *acabaremos.*
5. *arreglarán.* 6. *Iré.* 7. *devolverás.* 8. *se morirán.* 9. *aprobaré; Aprobarás.* 10. *Comeremos.* 11. *regalaré.*
12. *Iremos.* 67.2. 1. *será; bajarán; nevará; subirán; seguirá; Lloverá; soplarán.* 67.3. 1. *Recibirá; Será; se
sentirá; gastará.* 2. *Se verá; ayudarán; será.* 3. *Viajará; conocerá; Mejorará.* 4. *Desaparecerán; Pasará;
recibirá.*

Unidad 68: Futuro simple: verbos irregulares. 68.1. 1. *haré.* 2. *vendrá* 3. *habrá; hará.* 4. *diré.* 5. *sabremos.*
6. *saldrá.* 7. *pondré.* 68.2. 1. *la vida será muy diferente.* 2. *La gente vivirá más.* 3. *La gente trabajará menos.*
4. *Los robots harán todos los trabajos físicos.* 5. *Habrá ciudades satélite en el espacio.* 6. *Muchas
enfermedades desaparecerán.* 7. *No habrá guerras.* 8. *Las casas estarán informatizadas.* 68.3. 1. *ganará.*
2. *estaré; tendré.* 3. *iremos.* 4. *vendrán.* 5. *se acordará.* 6. *estudiaré.* 7. *vendréis.* 68.4. 1. *Estará.* 2. *tendrá.*
3. *Habrá.* 4. *Será.* 5. *sabrá.* 6. *valdrán.*

Unidad 69: *Presente de ir a* + infinitivo. 69.1. 1. *Van a jugar al tenis.* 2. *Van a bañarse.* 3. *Va a pescar.* 4. *Va a
trabajar en el jardín.* 69.2. 1. *voy a lavar.* 2. *Voy a comer.* 3. *Vamos a acostarnos.* 4. *Voy a beber.* 5. *Vamos a
estudiar.* 6. *Voy a encender.* 7. *Voy a ver.* 69.3. 1. *van a hacer; van a pasar; vamos a ir; vais a alojaros; vamos
a compartir.* 2. *vas a arreglar; Voy a ir; vas a regalar; voy a comprar.* 3. *vas a ver; Voy a salir; vais a ir; Vamos
a cenar.* 69.4. 1. *Vamos a tener un niño.* 2. *Va a empezar.* 3. *Va a aterrizar un avión.* 4. *Vamos a perder.*

Soluciones a los ejercicios

Unidad 70: Contraste entre las diversas formas de hablar del futuro. 70.1. 1. *Va a salir.* 2. *Será.* 3. *vas a caer.* 4. *Va a salir.* 5. *voy.* 6. *llega.* 7. *trabajará.* 70.2. 1. *vas a arreglar; arreglaré.* 2. *van a hacer.* 3. *Serán; tendrán.* 4. *llamaré.* 5. *va a llamar.* 6. *van a ir.* 70.3. 1. *examino.* 2. *podremos.* 3. *es.* 4. *Será.* 5. *vive; Vivirá.* 6. *regresas.* 7. *nos casaremos.* 8. *Habrá.* 70.4. 1. *empiezan.* 2. *Van a cerrar.* 3. *vamos a trabajar.* 4. *es.* 5. *sale.* 6. *vas a hacer.* 7. *acaba.* 8. *vas a acabar.*

Unidad 71: Condicional simple: verbos regulares. 71.1. 1. *estaría.* 2. *estaríamos.* 3. *sería.* 4. *tocaríais.* 5. *vivirían.* 6. *trabajaría.* 7. *me sentiría.* 8. *hablaría.* 71.2. 1. *Nos gustaría.* 2. *le encantaría.* 3. *No me gustaría.* 4. *Les gustaría.* 5. *preferiría.* 6. *les encantaría.* 7. *preferiríamos.* 71.3. 1. *gustaría.* 2. *encanta.* 3. *Preferiría.* 4. *gustaría.* 5. *encanta.* 6. *gusta.* 7. *Prefiero.* 8. *encantaría.* 71.4. 1. *Deberíais.* 2. *Sería.* 3. *estudiaría.* 4. *buscaría.* 5. *deberían.* 6. *iría.* 7. *hablaría; pediría.*

Unidad 72: Condicional simple: verbos irregulares. 72.1. 1. *harían; Hablaríamos.* 2. *no saldría.* 3. *vendría.* 4. *querría.* 5. *no diría; harías.* 6. *tendría.* 7. *harías.* 72.2. 1. *Habría.* 2. *Regresaría.* 3. *Vendrían.* 4. *pondrías.* 5. *diría.* 6. *pondría.* 7. *saldrían.* 72.3. 1. *tenía.* 2. *hizo.* 3. *tenías.* 4. *sabría.* 5. *harían.* 6. *podrías.* 72.4. 1. *¿Podrías ayudarme con esta maleta?* 2. *¿Os importaría hablar más despacio?* 3. *¿Le importaría repetir la explicación?* 4. *¿Te importaría esperar un momento?* 5. *¿Podría decirme dónde hay una parada de taxis?* 6. *¿Te importaría dejarme el diccionario?* 7. *¿Les importaría vigilar mi equipaje?* 8. *¿Podría decirme la hora?*

Unidad 73: Imperativo afirmativo: verbos regulares (1). 73.1. 1. *Practique.* 2. *Descanse.* 3. *Coma.* 4. *Beba.* 5. *Ande.* 73.2. 1. *Abre.* 2. *Cruzad.* 3. *Comed.* 4. *Habla.* 5. *Baja.* 6. *Llama.* 7. *Come.* 8. *pasen.* 9. *Crucen.* 10. *Paguen* 73.3. 1. *Compre; pague.* 2. *Visite; Recorra; Descanse; Viva.* 3. *Coma; disfrute; Vea.* 4. *Estudia; aprende.* 5. *Envíe; Participe; gane.*

Unidad 74: Imperativo negativo: verbos regulares (2). 74.1. 1. *No gire.* 2. *No gire.* 3. *No adelante.* 4. *No aparque.* 5. *No pare.* 74.2. 1. *No veáis.* 2. *No dejes.* 3. *No bebas.* 4. *No toques.* 5. *No regreses.* 6. *No discutáis.* 7. *No comas.* 74.3. 1. *No tires.* 2. *No escribáis. / No escriban.* 3. *No cojas.* 4. *No coman.* 5. *No lleguéis.* 6. *No cortéis.* 7. *No crucen.* 8. *No toques.* 9. *No llames.* 10. *No pise.* 11. *No veas.* 12. *No hables.* 13. *No gasten.* 14. *No uses. / No use.* 15. *No deje.*

Unidad 75: Imperativos irregulares (1). 75.1. 1. *Cierra.* 2. *No riegues.* 3. *Cierra.* 4. *Lava / No laves.* 5. *Conecta.* 6. *Enciende.* 75.2. 1. *Siga.* 2. *Cierra.* 3. *No juguéis.* 4. *Pídeme.* 5. *Sonrían.* 6. *No pidáis.* 7. *despierta.* 8. *No cierre.* 75.3. 1. *Empezad.* 2. *Elige.* 3. *Cuente/Cuenta.* 4. *Enciende.* 5. *No caliente.* 6. *Sonreíd.* 7. *No mintáis.* 8. *Corrijan/Corregid.* 9. *Compruebe/Comprueba.* 10. *Cierre/Cierra; escuche/escucha.* 11. *Fríe.* 12. *Cruce; siga.*

Unidad 76: Imperativos irregulares (2). 76.1. 1. *No hagan.* 2. *Conduce.* 3. *No hagan.* 4. *Trae.* 5. *Venga.* 6. *Poned.* 7. *Salgan.* 8. *No tengas.* 76.2. 1. *Utilice.* 2. *Conduzca.* 3. *No conduzca.* 4. *Tenga.* 5. *No ponga.* 6. *Mantenga.* 76.3. 1. *Tenga.* 2. *No salgáis.* 3. *Di.* 4. *no digas.* 5. *Sé; obedece.* 6. *Tened.* 7. *Haga.* 8. *No seas.* 9. *No pongas.* 10. *Ven.* 11. *Sed.*

Unidad 77: Imperativo de verbos con se. 77.1. 1. *Pónganse.* 2. *Abróchense.* 3. *No te rías.* 4. *Siéntese.* 77.2. 1. *No te pongas.* 2. *despedíos.* 3. *No te vayas.* 4. *Quítese.* 5. *Átate.* 6. *Súbete.* 7. *Duchaos.* 8. *siéntate; estate.* 9. *lavaos.* 77.3. 1. *Péinate.* 2. *Mírate.* 3. *No os vayáis.* 4. *No se bañen.* 5. *Aféitate.* 6. *No te caigas.* 7. *Despertaos.* 8. *Vete.* 9. *No se siente.* 10. *Callaos/Cállense.* 11. *No te muevas.* 12. *No se preocupe.* 13. *Ponte.* 14. *Cállense.* 15. *No te pongas.*

Unidad 78: Imperativo con pronombres de complemento. 78.1. 1. *hazla; no la hagas.* 2. *abridlos; no los abráis.* 3. *despiértalo; no lo despiertes.* 4. *fríelas; no las frías.* 5. *ponlo; no lo pongas.* 78.2. *pele; córtelas; Eche; fríalas; Corte; fríala; bata; mézclelos; Ponga; fríala; Dé; póngala.* 78.3. 1. *Apágala.* 2. *Ciérrala.* 3. *Envíalas.* 4. *Ayúdanos.* 5. *Pásame.* 6. *no le preguntes.* 7. *haznos.* 8. *hazme; Cómprame.* 9. *no le enseñes.* 10. *Diles.* 78.4. 1. *no se la regales; Regálamela.* 2. *no se lo pida; Pídemelo.* 3. *Dígamela.* 4. *Enséñaselo.* 5. *Dámela.* 6. *Póntela.* 7. *No se lo des.* 8. *no me lo enseñes.*

Unidad 79: Presente de subjuntivo: verbos regulares. 79.1. 1. *ayudes.* 2. *trabajemos.* 3. *preste.* 4. *estés.* 5. *escriban.* 6. *comamos.* 7. *lea.* 8. *llame.* 9. *seáis.* 10. *lleguen.* 79.2. 1. *esté.* 2. *vea.* 3. *llamen.* 4. *estudie.* 5. *abran.* 6. *estén.* 7. *nos casemos.* 8. *den.* 9. *nos marchemos.* 10. *ganemos.* 79.3. 1. *A Sonia no le gusta que Agustín beba demasiada cola.* 2. *A Pilar le gusta que Jaime y Yolanda sean amables.* 3. *A Lorenzo no le gusta que Ernestina viva en el extranjero.* 4. *A Mario le encanta que Jacinta sea cariñosa.* 5. *A Tomás no le gusta que Lolo dé muchas/tantas fiestas.* 6. *A tu padre no le gusta que veas muchas/tantas películas de terror.* 7. *A vuestro profesor le encanta que trabajéis mucho/tanto.*

Unidad 80: Presente de subjuntivo: verbos irregulares (1). 80.1. 1. *vuelvas.* 2. *mientas.* 3. *pierda.* 4. *se diviertan.* 5. *pueda.* 6. *entienda.* 7. *sirva.* 8. *juegue.* 9. *consiga.* 10. *llueva.* 11. *huela* 80.2. 1. *Me parece bien*

que César quiera estudiar Bellas Artes. 2. Me parece mal que la película de esta noche empiece tarde. 3. Es lógico que hoy cierren las tiendas; es fiesta. 4. Me da pena que Sócrates no pueda venir mañana. 5. Es natural que no quieras madrugar el domingo. 6. Me parece mal que Tania friegue siempre los platos. 7. Es lógico que mis primos no me recuerden; me han visto poco. 8. No es normal que Félix consiga siempre lo que quiere.
9. Es lógico que Rafa y Esther prefieran este restaurante; es buenísimo. 10. Me parece bien que ustedes piensen mucho en sus amigos. 80.3. 1. volvamos. 2. queramos. 3. se rían. 4. pidáis. 5. encuentren. 6. duerman.

Unidad 81: Presente de subjuntivo: verbos irregulares (2). 81.1. 1. traiga. 2. tenga. 3. sepa. 4. vayamos. 5. digan. 6. oigan. 7. haga. 8. conduzcas. 9. te caigas. 10. salgamos. 11. conozcan. 12. haya. 81.2. 1. Me parece terrible que haya pobreza en el mundo. 2. Es lógico que mi gato huya cuando ve un perro. 3. Me parece mal que Antonia no diga nunca la verdad. 4. Me parece increíble que Luciano y Adolfo no sepan usar un ordenador. 5. Me parece bien que pongas siempre la mesa. 6. Es natural que tengáis siempre hambre; trabajáis mucho. 7. No me parece bien que Susana no haga nunca la cama. 8. Es una vergüenza que destruyan los bosques. 81.3. 1. se caigan. 2. haya. 3. salga. 4. oigan. 5. reconozcan. 6. sea.

Unidad 82: Pretérito imperfecto de subjuntivo: verbos regulares. 82.1. 1. ¡Quién bailara/bailase como tú! 2. ¡Quién comiera/comiese como tú! 3. ¡Quién hablara/hablase italiano como vosotros! 4. ¡Quién escribiera/escribiese como García Márquez! 5. ¡Quién jugara/jugase al ajedrez como Karpov! 82.2. 1. jugara/jugase. 2. lavaras/lavases. 3. llegarais/llegaseis. 4. compraras/comprases. 5. se enterara/enterase. 6. ayudáramos/ayudásemos. 7. vivieran/viviesen. 8. perdiéramos/perdiésemos. 9. cantara/cantase. 10. recibieran/recibiesen. 11. llamarais/llamaseis. 12. comiéramos/comiésemos. 82.3. 1. Sentimos que Mauro no aprobara/aprobase el carné de conducir. 2. Me alegré de que Balbina encontrara/encontrase trabajo. 3. Me extrañó que no me llamarais/llamaseis el domingo. 4. Nos gustó que Juan y Alicia se acordaran/acordasen de nosotros. 5. No me importó que mi hermana se llevara/llevase el coche. 6. Sentí que no aprobaras/aprobases. 7. Me pareció mal que no hablaras/hablases con Blas. 8. No me gustó que no invitarais/invitaseis a Sonia. 9. Me extrañó que mis hermanos no salieran/saliesen anoche. 10. Nos gustaría que Armando trabajara/trabajase con nosotros. 11. Nos encantó que mis padres nos regalaran/regalasen una alfombra. 12. Nos extrañó que la empresa pagara/pagase la comida.

Unidad 83: Pretérito imperfecto de subjuntivo: verbos irregulares. 83.1. 1. ¡Quién fuera/fuese más alto! 2. ¡Quién pudiera/pudiese vivir en Guatemala! 3. ¡Quién supiera/supiese hablar chino! 4. ¡Quién tuviera/tuviese tanta suerte como tú! 5. ¡Quién estuviera/estuviese ahora de vacaciones! 6. ¡Quién condujera/condujese un coche de carreras! 7. ¡Quién sonriera/sonriese siempre! 83.2. 1. se cayeran/cayesen. 2. tuviéramos/tuviésemos. 3. pidieras/pidieses. 4. trajerais/trajeseis. 5. tradujéramos/tradujésemos. 6. hicieran/hiciesen. 7. pudierais/pudieseis. 8. dieran/diesen; sintiera/sintiese. 9. fuera/fuese. 10. leyerais/leyeseis. 11. oyeran/oyesen. 12. hubiera/hubiese. 83.3. 1. Me extrañó que no vinierais/vinieseis a la fiesta. 2. No nos gustó que nos hicieran/hiciesen una foto. 3. Me alegré de que eligieras/eligieses mi clase. 4. Sentimos que Rafa tuviera/tuviese que irse. 5. No me importó que Raúl no viniera/viniese a mi fiesta. 6. Me molestó que Gisele dijera/dijese que yo había mentido. 7. Me pareció mal que te rieras/rieses de Blas. 8. No me gustó que no me hicieras/hicieses caso. 9. Me extrañó que Jesús y Luis durmieran/durmiesen ocho horas. 10. Me pareció lógico que tus hermanas no quisieran/quisiesen salir con nosotras. 11. Nos encantó que los niños nos dieran/diesen la bienvenida. 12. Nos extrañó que Alberto hiciera/hiciese la cena. 13. Sintió mucho que su perro muriera/muriese tan joven. 14. Se alegró mucho de que construyeran/construyesen un cine en su barrio.

Unidad 84: Expresión de deseos. 84.1. 1. encontrar. 2. llames. 3. comer. 4. prepare. 5. conocer. 6. vean. 7. esperes; quedarme. 8. poder. 9. descansar. 10. se vayan. 84.2. 1. Alberto quería que trabajara con él. 2. Espero que no llueva mañana. 3. ¿Os importaría que invitara a Laura a la fiesta? 4. Felipe nos rogó que no le dejáramos solo. 5. Sebastián prefiere que le esperen en su casa. 6. Me gustaría que el mundo fuera más justo. 7. Tengo ganas de que vengáis. 84.3. 1. pases. 2. encuentre. 3. tengáis. 4. tengas. 5. seáis. 6. te diviertas. 84.4. 1. ¡Ojalá ganemos! 2. ¡Ojalá me quisiera María! 3. ¡Ojalá aprobemos! 4. ¡Ojalá no llueva mañana! 5. ¡Ojalá fuera más alta! 6. ¡Ojalá supieras tocar el piano!

Unidad 85: Expresión de probabilidad. 85.1. 1. llueva. 2. no vayamos. 3. esté. 4. no venga. 5. dormir. 6. haya. 7. quiera. 8. encontrar. 85.2. 1. dijera la verdad. 2. no fuera él. 3. no lo hizo/hiciera ella. 4. estuviera enferma. 5. se olvidara. 85.3. 1. veré. 2. aprobaré. 3. iremos. 4. encontrarás. 5. tenga/tiene. 6. pintó/ha pintado. 85.4. 1. sea. 2. hagamos. 3. gustas/gustes. 4. encontrar. 5. vio/viera. 6. tengas. 7. sentara.

Soluciones a los ejercicios

Unidad 86: Expresión de emociones, sentimientos y valoraciones. 86.1. 1. *A Tomás le encanta bailar tangos. 2. Estoy harto de trabajar diez horas todos los días. 3. Nos alegramos de que Rosa e Iván se vayan a casar . 4. Me molesta que Rodri esté siempre gastando bromas. 5. Te encanta que tus amigos te ayuden cuando lo necesitas. 6. Me fastidia no ir mañana al partido. 7. Me preocupa que Rubén no tenga amigos. 8. Me sorprende que Carlos sea profesor de matemáticas.* 86.2. 1. *llamara tarde. 2. estudiara Económicas. 3. se portara bien. 4. estuviera en casa. 5. cantara bien. 6. verlo. 7. llegara.* 86.3. 1. *Es lógico que Lupe prefiera ir a México. 2. Es importante ser amable con los demás. 3. Es maravilloso que Sofía sepa hablar cinco idiomas. 4. Fue una pena que no pudiéramos ver la exposición de Guayasamín. 5. Es comprensible que Patricia decidiera regresar a Ecuador. 6 Me parece un escándalo que mucha gente pase hambre. 7. Es importante aprender idiomas. 8. Es una lástima que Asunción no quiera estudiar. 9. Es bueno ser educado. 10. Es normal que de pequeño no me gustara madrugar.* 86.4. 1. *que no haya supermercados. 2. que los hombres hagan las labores del hogar. 3. que todo el transporte sea público. 4. que las mujeres sean más altas que los hombres. 5. que los hombres solteros no puedan salir solos. 6. que solo las niñas vayan a la escuela.*

Unidad 87: Contraste entre indicativo y subjuntivo. 87.1. 1. *tenga. 2. es; sea. 3. gustara. 4. puede hacer este trabajo. 5. está enfadado. 6. es muy cariñosa. 7. hace mucho calor. 8. tenga.* 87.2. 1. *sea. 2. hace. 3. hay. 4. fuera. 5. tenga. 6. regresa. 7. estudiara. 8. tenga.* 87.3. 1. *baile bien. 2. sepa ruso. 3. enseña a programar. 4. no hubiera coches. 5. enseñe bien.* 87.4. 1. *tenga. 2. tiene. 3. hable. 4. sea. 5. hiciera. 6. ayuden.*

Unidad 88: Estilo indirecto (1). 88.1. 1. *es el fontanero; no puede venir hasta la semana que viene. 2. no puede venir hoy porque su mujer va a dar a luz. 3. ha quedado con Andrea en su casa. 4. lo esperes, que viene hacia aquí. 5. mañana te envía el presupuesto.* 88.2. 1. *te quería. 2. iba a ir. 3. habían visto. 4. había comprado. 5. querían invitarnos. 6. gustaría salir mañana.* 88.3. 1. *Me dijo que vivía en Venezuela. 2. añadió que se había casado hacía dos años y que tenía un hijo. 3. Me dijo que trabajaba en una empresa petrolera, pero que iba a crear su propia empresa. 4. Me explicó que estaba haciendo un curso de administración de empresas. 5. Me dijo que cuando terminara el curso regresaría a Venezuela. 6. Me comentó que antes de irse le gustaría reunirse con los viejos amigos. 7. Me aseguró que me llamaría esta semana sin falta.*

Unidad 89: Estilo indirecto (2). 89.1. 1. *Patricia, soy Raquel. Quiero saber dónde has comprado el libro sobre Cuba. 2. Fermín, soy papá. Quiero saber cuándo me vas a devolver el coche. 3. Susana, soy Ernesto. Quiero sabe si vas a venir al concierto esta noche. 4. Toni, soy Fede. Quiero saber dónde vive Laura. 5. Mamá, soy Ismael. Quiero saber si puedes cuidar a los niños esta noche. 6. Ana, soy Lolo. Quiero saber si estás ocupada el sábado.* 89.2. 1. *si tenía novia. 2. cuándo lo ibas a llamar. 3. qué hacía Ramón. 4. qué íbamos a hacer este verano. 5. si nos gustaría salir el sábado. 6. por qué había dejado el trabajo. 7. quién pagaría/pagará el arreglo de la cocina. 8. si habíamos visto a alguien sospechoso por el barrio. 9. si Ángel me había llamado anoche. 10. dónde había conocido a Silvia.* 89.3. 1. *cuántos años tenía. 2. dónde había estudiado. 3. si sabía usar un ordenador. 4. si hablaba algún idioma extranjero. 5. por qué quería dejar mi empleo actual. 6. si había estado en América Latina / allí. 7. si estaría dispuesta a viajar. 8. cuánto esperaba ganar.*

Unidad 90: Estilo indirecto (3). 90.1. 1. *La directora dice que venga Aurora. 2. Raquel me ha pedido que la ayude. 3. El profesor nos ha dicho que escribamos más claro. 4. Roberto me ha dicho / dice que le llamemos el lunes. 5. Mi madre me ha pedido que le lleve unas bolsas a casa. 6. Ramón me ha pedido que le explique la lección.* 90.2. 1. *quiere. 2. traiga. 3. volviera. 4. demos. 5. dejara. 6. fuera. 7. vaya. 8. aparcara.* 90.3. 1. *advirtió. 2. pedido. 3. ruego. 4. aconsejado. 5. exigió. 6. sugiere.* 90.4. 1. *que vaya al médico. 2. que haga horas extras. 3. que cuidara a los niños. 4. que te calles. 5. que hagamos una excursión. 6. que no dijera nada.*

Unidad 91: Condicionales (1). 91.1. 1. *Si no vienes a clase. 2. Si hace buen tiempo. 3. Si tienen sed. 4. Si encontramos piso. 5. Si te aburres. 6. Si no puedo conducir. 7. Si te encuentras mal.* 91.2. 1. *descansad. 2. nos casamos. 3. se morirán. 4. tendremos que andar. 5. no me siento bien. 6. se enfadarán. 7. No te preocupes. 8. dará calambre.* 91.3. 1. *Si Ríos gana este partido, pasa a la final. 2. Si no hace buen tiempo, se quedarán en casa. 3. Si no corres, perderás el autobús. 4. Si os portáis bien, os compro/compraré un helado. 5. Si no está Alberto, volveremos más tarde. 6. Si se comen esa fruta, se pondrán malos. 7. Si te enfadas, me voy.* 91.4. 1. *ves; di; diré; veo. 2. queréis; tendréis/tenéis; prepara; friego; tomo; duermo.*

Unidad 92: Condicionales (2). 92.1. 1. *Ahorraríamos; gastáramos. 2. viviéramos; veríamos. 3. harías; tuvieras. 4. ofrecieran; aceptaría. 5. hicieran; aprobarían. 6. aprendiera; podría.* 92.2. 1. *vendría. 2. tuviera.*

3. *viera.* 4. *haría.* 5. *llegarían.* 6. *se pusiera.* 7. *pasaría; se enfadaría.* 8. *estuviera.* 9. *supiera.* 92.3. 1. *Si Alberto fuera amigo tuyo, te ayudaría.* 2. *Si Irene es amiga tuya, pídele que te ayude.* 3. *Si tomamos el tren de las 8, estaremos en Acapulco a la 1.* 4. *Si fuéramos millonarias, ahora estaríamos en Acapulco 1.* 5. *Si se va el sol, hace frío.* 6. *Si se fuera el sol, se helaría la nieve.* 7. *Si fuera tu padre, no te dejaría salir todas las noches.* 8. *Si es tu padre, dile que quiero hablar con él.* 92.4. 1. *da; hará; tuviera; sería.* 2. *prestara; devolverías.* 3. *tocara; harías; Dejaría; viajaría.* 4. *no dices; no podré; dijera; se enfadaría.*

Unidad 93: Infinitivo. 93.1. 1. *Mentir puede ser dañino.* 2. *Vivir es una lucha.* 3. *Viajar en avión es cansado.* 4. *Confiar en los amigos da tranquilidad.* 5. *Me gusta bailar.* 6. *A veces es necesario cambiar.* 7. *Nos encanta jugar.* 93.2. 1. *He conseguido hablar con Raquel.* 2. *Os oímos regresar tarde.* 3. *Prefiero no decir nada.* 4. *Mis padres no me dejan salir por la noche.* 5. *No puedo comer carne de cerdo.* 6. *Necesito beber mucha agua.* 7. *Espero no molestar.* 8. *Te vi apagar la luz.* 93.3. 1. *a estudiar.* 2. *tomar.* 3. *a cenar.* 4. *de reservar.* 5. *estar.* 6. *en pagar.* 7. *con ser.* 8. *a nadar.* 9. *hablar.* 10. *a pescar.* 93.4. 1. *Empujar.* 2. *Tirar.* 3. *No hablar.* 4. *No entrar.* 5. *Apagar.*

Unidad 94: Expresiones con infinitivo (1). 94.1. 1. *En cuanto bajó del coche se puso/echó a correr.* 2. *Cuando les conté lo de Rafa se pusieron/echaron a reír.* 3. *Mi hermana se puso/echó a llorar cuando se enteró de la noticia.* 4. *Todos se pusieron a trabajar cuando volvió la luz.* 5. *Todo el mundo se puso a correr/echó a correr cuando se oyó la explosión.* 6. *No te pongas a leer el periódico ahora.* 94.2. 1. *Marisa ha dejado de comer carne de vaca.* 2. *No dejes de escribirnos cuando estés en Perú.* 3. *Marta ha dejado de salir con Emilio.* 4. *Cuando llegamos a la playa, había dejado de llover.* 5. *No dejen de llamarme cuando vengan a Sevilla.* 6. *Ha dejado de hacer viento.* 7. *Rocío ha dejado de quererme.* 94.3. 1. *Acabo de ver a Ángel.* 2. *Acabábamos de comer cuando llegaron Susi y Toni.* 3. *Acabo de regresar de vacaciones.* 4. *Acababan de irse / Se acababan de ir cuando llamaste.* 5. *El accidente acaba de ocurrir.* 6. *Cuando llegamos al hospital, acababa de nacer Irene.* 7. *Acaba de estropearse el ordenador. / Se acaba de estropear el ordenador.* 8. *El espectáculo acaba de empezar.* 94.4. 1. *Voy a apagar.* 2. *van a alquilar.* 3. *Voy a comer.* 4. *Íbamos a salir.* 5. *Se va a caer.* 6. *Iba a abrir.* 7. *Iremos a esquiar.* 8. *Van a llegar.*

Unidad 95: Expresiones con infinitivo (2). 95.1. 1. *Tengo que.* 2. *Debéis.* 3. *no tengo.* 4. *tengo que.* 5. *No debes.* 6. *tenía que.* 7. *Tienes que.* 8. *tuve que.* 95.2. 1. *hay que.* 2. *habrá que.* 3. *hubo que.* 4. *había que.* 5. *Hay que.* 95.3. 1. *Tengo que echar gasolina al coche.* 2. *Para ir a la universidad hay que coger el autobús 53.* 3. *En mi colegio teníamos que levantarnos / había que levantarse cuando entraba el profesor.* 4. *No tienes que llevar corbata en la oficina.* 5. *Para viajar a algunos países hay que vacunarse contra la fiebre amarilla.* 6. *Si hay un incendio, hay que llamar a los bomberos.* 95.4. 1. *No se puede.* 2. *podemos.* 3. *se puede.* 4. *No se pueden.* 5. *podéis.* 95.5. 1. *Debe de ser muy tarde.* 2. *No puede estar enferma.* 3. *No debe de estar casado.* 4. *Deben de estar fuera.* 5. *No podéis tener hambre.*

Unidad 96: Expresiones con infinitivo (3). 96.1. 1. *Raquel suele ir a trabajar en el 115.* 2. *Solemos ir a la sierra los fines de semana.* 3. *Cuando vivíamos en Chile, solíamos dar un paseo después de cenar.* 4. *En casa de mis abuelos suelen comer paella los domingos.* 5. *Cuando era pequeña solía bañarme en el río de mi pueblo.* 6. *¿A qué hora sueles levantarte / te sueles levantar?* 7. *Suelo acostarme tarde los sábados.* 8. *En la escuela solíamos hacer gimnasia todas las mañanas.* 9. *José y Belén suelen ir al teatro de vez en cuando.* 10. *Laura y Encarna solían viajar mucho cuando eran estudiantes.* 96.2. 1. *Llevo un mes sin salir con Cristina.* 2. *Llevamos sin ir al cine desde Navidad.* 3. *Cuando me encontré con Nacho, llevaba dos años sin verlo.* 4. *Felipe lleva tres años sin trabajar.* 5. *llevas sin hablar con Nora.* 6. *Cuando encontraron a Lucky llevaba dos días sin comer.* 7. *Llevamos sin ver a Sebastián desde su cumpleaños.* 8. *Cuando empezaron las clases, llevábamos seis meses sin tocar el piano.* 9. *Llevo cuatro años sin ir a Argentina.* 96.3. 1. *No tengo que volver a examinarme.* 2. *¡Por fin la televisión vuelve a funcionar!* 3. *No hemos vuelto a ver a Lucía desde el verano.* 4. *El año pasado volví a alquilar el chalé de la playa.* 5. *Tenemos que volver a hacer el proyecto.* 6. *¿Cree que el coche se volverá a estropear?* 7. *Gonzalo ha vuelto a suspender el examen del carné de conducir.* 8. *¿Han vuelto a tener carta de Guillermo?* 9. *Ayer volvimos a perder.* 10. *He vuelto a leer* Cien años de soledad.

Unidad 97: Verbos seguidos de infinitivo o de subjuntivo. 97.1. 1. *devuelva.* 2. *gastar.* 3. *haga.* 4. *coma.* 5. *eche.* 6. *tener.* 7. *conduzca.* 8. *lleve.* 9. *ayude.* 10. *usar.* 97.2. 1. *plantara más árboles.* 2. *hiciera más parques.* 3. *pusiera más autobuses.* 4. *limpiara las calles.* 5. *bajara los impuestos.* 97.3. 1. *acompañara.* 2. *jugarais.* 3. *hacer.* 4. *ayude.* 5. *hablar.* 6. *fuera.* 7. *nadar.* 97.4. 1. *Me gustaría que Antonio fuera más amable.* 2. *Luisa no quiso salir el domingo.* 3. *Mario se ha acostumbrado a que Lupe haga la comida.*

4. *Recordad que mis padres llegan / llegan mis padres esta noche.* 5. *La profesora no deja usar / que usemos el diccionario en clase.* 6. *Ayer me olvidé de llamar a Carolina.* 7. *El director prohibió que llamáramos / llamar a móviles desde la oficina.* 8. *No te olvides de que vamos al teatro mañana.*

Unidad 98: Gerundio. 98.1. 1. *Se marchó riendo.* 2. *Me gusta trabajar escuchando música.* 3. *Carmen desayuna leyendo el periódico.* 4. *Me afeito escuchando las noticias.* 5. *Esther salió cerrando la puerta.* 6. *Pedro llegó dando abrazos a todos.* 98.2. 1. *Contestó sonriendo.* 2. *Bajaron las escaleras corriendo.* 3. *Viajando se conoce a mucha gente.* 4. *Nuestro profesor es feliz trabajando.* 5. *Leyendo se conocen muchos mundos.* 98.3. 1. *La policía sorprendió a los ladrones haciendo un agujero.* 2. *Esta mañana he visto a Emilio saliendo de su casa.* 3. *Amalia conoció a su marido viajando por Cuba.* 4. *No me puedo imaginar a Daniel dando clases de ruso.* 5. *Me gusta fotografiar a la gente caminando por la ciudad.* 6. *Ayer había aquí un hombre vendiendo dulces.* 7. *Recuerdo a Ana dando sus primeros pasos.* 8. *En el parque hay dos chicos tocando la guitarra.* 98.4. 1. *Sigo trabajando.* 2. *llevabais saliendo.* 3. *Siguen viviendo; Llevan viviendo.* 4. *Llevo leyendo.* 5. *sigue/siguió tomándola.* 6. *Llevo esperando.*

Unidad 99: Participio. 99.1. 1. *dicho.* 2. *casada.* 3. *acabado.* 4. *puesto.* 5. *asado.* 6. *escrito.* 7. *abierta.* 8. *muertas.* 9. *tenido.* 10. *caídas.* 11. *conocido.* 12. *vuelto.* 99.2. *venido; alojados; nos; levantado; desayunado; ido; visto; dedicadas; tenido; gustado; pedido; asado; comprado.* 99.3. 1. *El ordenador está estropeado.* 2. *La biblioteca sigue cerrada.* 3. *Esta academia lleva abierta desde el 2002.* 4. *El tren sigue parado.* 5. *El móvil estaba roto.* 6. *La impresora llevaba una semana averiada.* 7. *Esta comida lleva dos días hecha.* 8. *El sospechoso sigue detenido.*

Unidad 100: Adverbios de lugar. 100.1. 1. *aquí.* 2. *Aquí.* 3. *Allí.* 4. *ahí.* 5. *allí.* 6. *ahí.* 7. *allí.* 8. *aquí.* 100.2. 1. *fuera.* 2. *abajo.* 3. *encima.* 4. *enfrente.* 5. *alrededor.* 6. *delante.* 7. *debajo.* 8. *dentro.* 100.3. 1. *viven mis padres.* 2. *vive cerca.* 3. *la mesa fuera.* 4. *trabaja Benito.* 5. *está lejos.* 6. *duermo abajo.* 7. *está la cafetería.*

Unidad 101: Adverbios de tiempo (1). 101.1. 1. *Pasado mañana voy al médico.* 2. *Hoy he quedado con Eloísa.* 3. *Anteayer estuve en León.* 4. *Mañana vamos a hacer una merienda en el campo.* 5. *Anoche salimos a cenar con unos amigos.* 6. *Ayer recibí una postal de Miguel.* 101.2. 1. *se marcha Emma.* 2. *no estará en la oficina mañana / no estará mañana en la oficina.* 3. *me llamó Olga.* 4. *llegan mis padres.* 5. *no está Concha.* 6. *empezó el espectáculo.* 101.3. 1. *pronto.* 2. *temprano.* 3. *después.* 4. *entonces.* 5. *luego.* 6. *tarde.* 7. *pronto.* 101.4. 1. *pronto.* 2. *temprano.* 3. *entonces.* 4. *luego.* 5. *tarde, pronto.* 6. *temprano.* 7. *después.* 8. *entonces.*

Unidad 102: Adverbios de tiempo (2). 102.1. 1. *Todavía/Aún.* 2. *ya no.* 3. *todavía/aún.* 4. *todavía/aún.* 5. *Ya no.* 6. *ya no.* 7. *todavía/aún.* 102.2. 1. *¿Se conocen ya ustedes?* 2. *¿Lo sabes ya? / ¿Ya lo sabes?* 3. *¿Ha llegado ya Paloma?* 4. *¿Han empezado ya las clases?* 5. *¿Está lista ya la comida? / ¿Está ya lista la comida?* 102.3. 1. *todavía no / aún no.* 2. *Ya.* 3. *Todavía no / Aún no.* 4. *ya.* 5. *ya; todavía no / aún no.* 6. *Todavía no / Aún no.* 7. *ya; todavía no / aún no.* 8. *Ya.* 102.4. 1. *Puedes llamar ya.* 2. *Ya te llamaremos.* 3. *Ya no creo que venga. / No creo que venga ya.* 4. *Ya te diré algo.* 5. *¡Ya lo entiendo!* 6. *Ya hablaremos.* 7. *Ya podemos comprar las entradas.* 8. *Ya os contestaré.* 9. *Hay que irse ya. / Ya hay que irse.* 10. *Ya hará buen tiempo.* 11. *Ya encontrarán trabajo.*

Unidad 103: Adverbios y expresiones de frecuencia. 103.1. 1. *Casi nunca.* 2. *Normalmente.* 3. *siempre.* 4. *mucho / a menudo.* 5. *Nunca.* 6. *de vez en cuando.* 7. *mucho; casi nunca.* 8. *mucho / a menudo / frecuentemente.* 103.2. 1. *No voy nunca al cine.* 2. *Nunca salgo por la noche.* 3. *Fernando casi nunca viaja en coche.* 4. *No vemos casi nunca la tele.* 5. *Diana no me llama nunca.* 103.3. 1. *todos los días.* 2. *cada dos días.* 3. *una vez a la semana / los lunes.* 4. *cada quince días.* 5. *un día al mes.* 6. *una vez al año.* 103.4. 1. *Salimos a cenar con amigos una vez al mes.* 2. *Tenemos clases de español todos los martes.* 3. *Voy al gimnasio una vez a la semana.* 4. *Pasamos unos días en Cancún todos los años.* 5. *Elena tiene que ir al médico dos veces al mes.* 6. *Martín se lava los dientes tres veces al día.* 7. *Todos los fines de semana hacemos algún viaje.*

Unidad 104: Adverbios de cantidad. 104.1. 1. *muy.* 2. *bastante.* 3. *nada.* 4. *nada.* 5. *demasiado.* 6. *muy.* 7. *algo.* 8. *poco.* 9. *un poco.* 10. *bastante.* 104.2. 1. *demasiado.* 2. *muy/bastante.* 3. *muy/bastante.* 4. *muy.* 5. *demasiado.* 104.3. 1. *mucho.* 2. *poco.* 3. *demasiado; nada.* 4. *bastante.* 5. *mucho.* 6. *nada.* 7. *algo; demasiado.* 8. *mucho/bastante.* 9. *poco.* 10. *nada.*

Unidad 105: Contraste entre formas de expresar grados de cualidad o cantidad. 105.1. 1. *Esta novela es muy buena.* 2. *Esther duerme mucho.* 3. *Mi casa está muy lejos.* 4. *Juan prepara muy bien la carne.* 5. *Me parezco mucho a mi madre.* 6. *Hacer ejercicio es muy sano.* 7. *Raúl llega siempre muy tarde.* 8. *Eva gasta muy poco.* 105.2. 1. *muchos.* 2. *bastante.* 3. *bastantes.* 4. *demasiado.* 5. *poca.* 6. *demasiada.* 7. *demasiado.* 8. *poco;*

Soluciones a los ejercicios

mucho. 9. *muchas*. 10. *demasiado*. 11. *poco; mucho*. 12. *demasiada*. 105.3. 1. *Alfonso es un chico aburridísimo.*
2. *Olga es una chica interesantísima.* 3. *Roberto camina lentísimamente.* 4. *Daniel me golpeó fortísimo.*
5. *Héctor es amiguísimo mío.* 6. *Este edificio es antiquísimo.* 7. *Estoy leyendo una novela buenísima.*
8. *Los hermanos de Lola son educadísimos.* 9. *Miriam explica clarísimamente.* 10. *Durante la semana tengo poquísimo tiempo libre.* 11. *Paula y Gloria son amabilísimas.* 12. *Los padres de Aurora son jovencísimos.*

Unidad 106: Adverbios de modo. 106.1. 1. *deprisa.* 2. *atentamente.* 3. *mal.* 4. *alto.* 5. *despacio.*
106.2. 1. *Hazlo tranquilamente, Norma.* 2. *Álvaro juega inteligentemente.* 3. *Agustín actúa irresponsablemente.*
4. *Ven rápidamente/rápido, Adela.* 5. *Fran me llama continuamente.* 6. *Escribe así, Luisa.* 7. *Susana canta maravillosamente.* 8. *Tatiana conduce lenta y cuidadosamente.* 9. *Me golpeó fuerte/fuertemente.* 10. *Emilia nada extraordinariamente.* 11. *Arielina trabaja tranquila pero seriamente.* 12. *Mis hijos aprueban fácilmente.*
13. *Se ganan la vida honradamente.* 14. *La profesora de Matemáticas explica claro/claramente.* 15. *Se bajó del árbol hábilmente.* 106.3. 1. *buen.* 2. *exquisita.* 3. *gravemente.* 4. *egoístamente.* 5. *amables.* 6. *bien.*
7. *amablemente.* 8. *perfectamente.*

Unidad 107: Comparación de adverbios. 107.1. 1. *más bajo.* 2. *tan rápido.* 3. *más despacio.* 4. *menos.*
5. *tanto.* 6. *tan temprano.* 7. *más fuerte.* 8. *mejor.* 9. *más tranquilamente.* 107.2. 1. *Sofía vive más cerca del cine que nosotros.* 2. *Hoy hemos llegado menos tarde que de costumbre.* 3. *Susana corre tanto como Eloísa.*
4. *Julián cocina mejor que Vicente.* 5. *Arnaldo gasta más que Jesús.* 6. *Jorge se levanta tan temprano como yo.* 7. *Sara y Eva conducen tan bien como ustedes.* 8. *Hablo menos que mi padre.* 107.3. 1. *Héctor no corre tan rápido cómo tú.* 2. *Lucas no habla tanto como yo.* 3. *Sonia no se acuesta tan tarde como nosotros.*
4. *Silvia no explica tan claro como Laura.* 5. *Yo no camino tan lentamente como David.* 6. *Ernesto no juega tan inteligentemente como Carlos.* 107.4. 1. *el que estudia menos / el que menos estudia.* 2. *la que habla más / la que más habla.* 3. *el que vive más lejos / el que más lejos vive.* 4. *el que se levanta más temprano / el que más temprano se levanta.* 5. *las que peor bailan / las que bailan peor.* 6. *los que más corren / los que corren más.* 7. *el que menos trabaja / el que trabaja menos.*

Unidad 108: Adverbios de negación. 108.1. 1. *Adela no quiere ayudarnos.* 2. *A Sara no le gustaría vivir en Santiago.* 3. *No me ha llamado Andrea.* 4. *No me he duchado después del partido.* 5. *No nos gusta la música rock.* 6. *Preferiría no trabajar.* 7. *No hemos leído* Martín Fierro 8. *Roberto no se acuesta tarde.* 108.2. 1. *no conozco a nadie.* 2. *ninguno de mis amigos tiene.* 3. *No había nadie.* 4. *No me han dicho nada.* 5. *Nadie sabe.* 6. *No está a gusto en ningún sitio. / En ningún sitio está a gusto.* 7. *No quiero nada.* 8. *No me gusta ninguno.* 9. *no nos ha visto nadie.* 10. *no quiere hacerlo de ninguna manera.* 108.3. 1. *No voy nunca al fútbol.*
2. *Jamás salimos los lunes.* 3. *No he visto jamás un jaguar.* 4. *Nunca desayuno antes de ducharme.* 5. *No he estado nunca en Potosí.* 6. *Sofía no nos espera jamás.* 7. *De pequeño, jamás comía pimientos.* 8. *Jamás te olvidaré.* 108.4. 1. *Fermín no nos llama y tampoco nos escribe.* 2. *Teresa no ha venido y tampoco ha llamado.*
3. *Olga no trabaja y tampoco estudia.* 4. *A Armando no le gusta viajar en avión y tampoco le gusta conducir.*
5. *Beatriz no fue a trabajar ayer y tampoco ha ido hoy.*

Unidad 109: Expresión de coincidencia o no coincidencia. 109.1. 1. *también.* 2. *tampoco.* 3. *tampoco.*
4. *tampoco.* 5. *también.* 6. *también.* 7. *también.* 8. *tampoco.* 9. *también.* 109.2. 1. *no.* 2. *sí.* 3. *sí.* 4. *sí.* 5. *no.*
6. *sí.* 7. *sí.* 8. *no.* 109.3. 1. *A mí no.* 2. *Charo también.* 3. *Yo tampoco.* 4. *Mi hermana también.* 5. *Nosotras tampoco.* 6. *Tú tampoco.* 7. *A Diana no.* 8. *Yo sí.* 109.4. 1. *sí; no.* 2. *no; tampoco.* 3. *sí; también.* 4. *no; sí.*
5. *no; tampoco; sí.* 6. *no; sí.*

Unidad 110: Preposiciones (1). 110.1. 1. *Despiértame a las siete.* 2. *Los domingos sólo trabajo por la mañana.* 3. *Mi cumpleaños es el 31 de octubre.* 4. *Natalia nació en el año 1987.* 5. *Podemos quedar a mediodía para tomar algo.* 6. *Lo siento. No puedo salir en este momento.* 7. *Ana no puede estudiar por la noche. Se duerme.* 8. *A veces vamos a esquiar en invierno.* 9. *Llegaron a las dos de la tarde, cuando estábamos comiendo.* 110.2. 1. *de/desde; a/hasta.* 2. *hasta.* 3. *desde.* 4. *de; a.* 5. *dentro de.* 6. *hasta.*
7. *hasta.* 8. *desde.* 9. *Dentro de.* 110.3. 1. *Darío estuvo con nosotros desde el principio hasta el fin del verano.* 2. *Emilia vivió en Honduras de 1999 a 2002.* 3. *Eva y Mario se casan dentro de tres meses.* 4. *Trabajo en esta oficina desde el mes pasado.* 5. *Voy a un gimnasio de siete a nueve. / Voy a un gimnasio desde las siete hasta las nueve.* 6. *Me voy. Ya no nos vemos hasta la semana que viene.* 7. *He estado muy a gusto durante estos días.* 110.4. 1. *durante toda la clase.* 2. *después de la caminata por la sierra.* 3. *antes de la entrevista.* 4. *después de la ducha.* 5. *durante los conciertos.* 6. *antes del viernes.*

Unidad 111: Preposiciones (2). 111.1. 1. *de.* 2. *a.* 3. *a.* 4. *Desde.* 5. *hacia.* 6. *Del; a.* 7. *a.* 8. *Hasta; Hasta.*
111.2. 1. *a.* 2. *hasta.* 3. *hasta/al.* 4. *hacia/al.* 5. *De/Desde; a.* 6. *hacia.* 7. *De/Desde; a/hasta.* 8. *a/hasta.* 9. *De; De.* 10. *Desde.* 11. *al.* 111.3. 1. *sobre.* 2. *entre.* 3. *en.* 4. *a.* 5. *a.* 6. *sobre.* 7. *entre.* 8. *en.*

Soluciones a los ejercicios

Unidad 112: Preposiciones (3). [112.1.] 1. *Hay un bar frente al cine.* 2. *Los cables van debajo del suelo.* 3. *Hay una estación de metro cerca de mi casa.* 4. *Alfonso se sienta junto a mí.* 5. *No pongas nada encima del televisor.* 6. *Te espero frente al hotel.* [112.2.] 1. *junto al cine.* 2. *alrededor del museo.* 3. *debajo de la cama.* 4. *detrás del colegio.* 5. *frente al hospital.* 6. *lejos de la Tierra.* 7. *dentro de la botella.* 8. *fuera de la nevera.* 9. *delante de la tienda.* 10. *encima de la mesa.* [112.3.] 1. *lejos de.* 2. *delante de.* 3. *junto a.* 4. *cerca de.* 5. *dentro de.* 6. *debajo de.* 7. *encima de.* 8. *enfrente de.* 9. *detrás de.* 10. *alrededor de.* 11. *fuera de.*

Unidad 113: Preposiciones (4). [113.1.] 1. *No he oído a los niños todavía.* 2. *Todavía no he oído esa canción.* 3. *¿A qué hora has llamado a Enrique?* 4. *Begoña está regalando sus gatitos.* 5. *¿Has visto a alguien de nuestro grupo?* 6. *Tengo que saludar a Bárbara.* 7. *¿Hay alguien en el aula?* 8. *En mi oficina necesitan una secretaria.* [113.2.] 1. *de sol.* 2. *de oro.* 3. *de baño.* 4. *de fútbol.* [113.3.] 1. *a.* 2. *de.* 3. *de.* 4. *a.* 5. *de.* 6. *de.* 7. *a.* 8. *sobre.* 9. *en.* [113.4.] 1. *de trabajo.* 2. *a caballo.* 3. *a lápiz.* 4. *en metro.* 5. *de español.* 6. *del pelo largo.* 7. *sobre las diez.* 8. *en portugués.*

Unidad 114: Preposiciones (5). [114.1.] 1. *por.* 2. *para.* 3. *por.* 4. *Para.* 5. *por.* 6. *por.* 7. *para.* [114.2.] 1. *Quiero un café con leche.* 2. *No os podéis ir sin permiso.* 3. *¿Te gustan las patatas con carne?* 4. *No puedes cortar esa tela sin tijeras.* 5. *No veo ese cartel sin gafas.* 6. *Mañana hay una manifestación contra la pena de muerte.* 7. *No podemos pintar el techo sin escalera.* 8. *Es pesado conducir con lluvia.* [114.3.] 1. *con.* 2. *sin.* 3. *para.* 4. *para.* 5. *según.* 6. *por.* 7. *contra.* 8. *Según.* [114.4.] 1. *por correo.* 2. *sin diccionario.* 3. *para la habitación.* 4. *por el puente.* 5. *con un martillo.* 6. *por avión.* 7. *con los ojos.* 8. *sin abrigo.* 9. *contra el sida.*

Unidad 115: Verbos con preposiciones. [115.1.] 1. *Valentín se dedica a exportar fruta.* 2. *Sara no cree en la existencia de extraterrestres.* 3. *Siempre hemos soñado con visitar la isla de Pascua.* 4. *Arturo se parece a su madre.* 5. *Alba se ha enamorado de su profesor.* 6. *¿Puedes ayudarme a llevar estas cajas?* 7. *Con Pablo te mueres de risa.* 8. *Esta televisión tarda mucho en encenderse.* [115.2.] 1. *en.* 2. *de.* 3. *a.* 4. *con.* 5. *a.* 6. *a.* 7. *en.* 8. *de.* 9. *a.* [115.3.] 1. *a cenar.* 2. *a perfume.* 3. *con ganar para vivir.* 4. *en acompañarme a casa.* 5. *a levantarme temprano.* 6. *de la vida.* 7. *con la ayuda de sus amigos.* 8. *a hacer yoga.* 9. *de su pasado.* [115.4.] 1. *ti.* 2. *él.* 3. *conmigo.* 4. *nosotros.* 5. *mí.* 6. *contigo.*

Unidad 116: Conjunciones. [116.1.] 1. *o.* 2. *y.* 3. *u.* 4. *y.* 5. *u.* 6. *e.* 7. *o; y.* 8. *e.* [116.2.] 1. *Keiko habla inglés y español.* 2. *No hablo inglés ni alemán.* 3. *No me gustan la fruta ni las verduras.* 4. *A Juan y a Diana les gusta bailar.* 5. *Ni a Juan ni a Diana les gusta el fútbol.* 6. *Héctor estudia idiomas e informática.* 7. *Luisa trabaja en la universidad y en una academia.* 8. *Luis no tiene coche ni sabe conducir.* 9. *Ni mi hermano ni mi hermana quieren salir.* [116.3.] 1. *Raquel e Irene son españolas.* 2. *Raquel juega al baloncesto, pero no es muy alta.* 3. *Pedro no es muy guapo, pero es muy simpático.* 4. *A Pedro le gusta Raquel, pero a Raquel no le gusta Pedro.* 5. *Ni Raquel, ni Pedro ni Irene trabajan.* 6. *A Raquel, a Irene y a Pedro les gusta la música clásica.* [116.4.] 1. *sino.* 2. *pero.* 3. *pero.* 4. *sino que.* 5. *sino.* 6. *pero.* 7. *sino que.* 8. *pero.*

Unidad 117: Oraciones finales. [117.1.] 1. *Tengo que ver a María para darle un recado.* 2. *Tengo que ver a Carlos para que me explique algo.* 3. *Habla bajo para que no nos oigan.* 4. *Habla bajo para no despertar a los niños.* 5. *Llama a casa de Elisa para hablar con su madre.* 6. *Llama a Jesús para que venga a las siete.* 7. *Pablo trabajó mucho para comprarse la furgoneta.* 8. *Rosana trabajó mucho para que sus hijos pudieran estudiar.* 9. *No aparques aquí para no obstaculizar la salida.* 10. *No aparques aquí para que no te multen.* [117.2.] 1. *Lleva un paraguas para no mojarte.* 2. *Préstales el libro para que puedan estudiar.* 3. *Pon la radio para oír las noticias.* 4. *Daos prisa para no llegar tarde.* 5. *Baja la televisión para que se duerma el niño.* 6. *Venid a casa para que no se enfade mi hermano.* 7. *Tengo que ahorrar para comprarme la moto.* [117.3.] 1. *conozcan.* 2. *abriera.* 3. *vean.* 4. *entre.* 5. *vaya.* 6. *fuera.* 7. *viera.* [117.4.] 1. *para que descansaras.* 2. *para / a ver.* 3. *para que conozcamos.* 4. *para / a ver.* 5. *para que los niños no pasen.* 6. *a tomar.* 7. *para que Manu haga.* 8. *para que recogiera.*

Unidad 118: Oraciones temporales. [118.1.] 1. *hasta que.* 2. *En cuanto.* 3. *cuando.* 4. *después de.* 5. *Siempre que.* 6. *desde que.* 7. *Antes de.* 8. *mientras.* [118.2.] 1. *venda.* 2. *seas.* 3. *tenga.* 4. *termines.* 5. *vienen.* 6. *des.* 7. *veo.* [118.3.] 1. *aprendas.* 2. *hablar.* 3. *ducharme.* 4. *acabe.* 5. *sepas.* 6. *me afeito.* 7. *éramos.* 8. *voy.* 9. *me levanto; me acuesto.* [118.4.] 1. *Después de cenar, iremos a dar un paseo.* 2. *Siempre que me duele la cabeza, me tomo una aspirina.* 3. *Cuando sea abogado, trabajaré en esta empresa.* 4. *En cuanto venga Adela, le daré la noticia.* 5. *Nos fuimos a casa cuando empezó a llover.* 6. *Me quedaré aquí hasta que la fiesta acabe.* 7. *Llamadme en cuanto lleguéis a casa.* 8. *Hasta que no tengas 18 años no podrás votar.*

Unidad 119: Oraciones causales. [119.1.] 1. *Llegaron tarde por el accidente.* 2. *No se oye nada porque hay mucho ruido.* 3. *Ya que sales, cómprame el periódico.* 4. *Como estaba lloviendo, cogimos el coche.* 5. *Como Inés está resfriada, se ha quedado en casa.* 6. *Le hicieron un regalo por terminar la carrera.* 7. *Menchu no*

salió porque estaba lloviendo. 8. *Tocaré otra pieza, puesto que ustedes me lo piden. / Puesto que ustedes me lo piden, tocaré otra pieza.* 119.2. 1. *porque.* 2. *a causa de.* 3. *por.* 4. *Como.* 5. *ya que.* 6. *por.* 7. *porque.* 8. *Como.* 119.3. 1. *Como nadie quería ir al cine, me fui sola.* 2. *Ya que estáis aquí, quedaos a cenar.* 3. *Me felicitó el profesor por ser el primero en entregar el trabajo.* 4. *Como mañana es domingo, no tengo que ir a la oficina.* 5. *Apagaron la televisión porque no querían despertar a los niños.* 6. *Los aeropuertos están cerrados a causa de la nieve.*
7. *Rosa tiene muchos amigos porque es muy generosa.* 8. *Le duele la cabeza por leer sin luz.* 119.4. 1. *Es que estoy cansado.* 2. *Es que no tengo mucha hambre.* 3. *Es que tenemos que estudiar.* 4. *Es que tenía el móvil descargado.* 5. *Es que está enfadada.*

Unidad 120: Oraciones concesivas. 120.1. 1. *Tengo que trabajar a pesar de no tener muchas ganas.* 2. *Elena tiene que trabajar a pesar de que no tiene muchas ganas.* 3. *Tenemos que comer patatas aunque no nos apetece mucho.* 4. *Tendréis que comer la sopa aunque no os apetezca mucho.* 5. *No me podré comprar esa casa por mucho que ahorre.* 6. *No me puedo comprar un coche por mucho que ahorro.* 7. *Algo te sentó mal aunque comieras poco.* 8. *Esta comida te puede sentar mal aunque comas poco.* 120.2. 1. *llame.* 2. *trabajar.* 3. *corráis.* 4. *me he levantado.* 5. *jugar.* 6. *hace.* 7. *voy.* 8. *griten.* 9. *hizo/hacía.* 10. *llovía.* 120.3. 1. *hizo muy mal tiempo, nos lo pasamos muy bien.* 2. *Mariana coma mucho, no creo que engorde.* 3. *Arturo espere a Amelia, no creo que venga.* 4. *que duermo mucho / dormir mucho estoy siempre cansado.* 5. *fuera muy tarde anoche, me molestó que me despertaran.* 6. *Silvio madrugara ayer, llegó tarde al trabajo.* 120.4. 1. *Aunque no quieras.* 2. *Aunque esté lloviendo.* 3. *Aunque no queráis.* 4. *Aunque no les guste.* 5. *Aunque haga frío.*

Unidad 121: Oraciones consecutivas. 121.1. 1. *Esta noche hay partido, así que no podremos quedar con Pedro.* 2. *Era muy tarde, de manera que nos acostamos.* 3. *No sonó el despertador, por eso me levanté tarde.* 4. *Estábamos aburridos, así que nos fuimos a dar una vuelta.* 5. *Aún no ha llamado Teresa; por tanto no te puedo decir nada.* 6. *No me funcionaba el móvil, por eso no pude llamarte.* 7. *No hay mucha comida en casa, así que será mejor cenar fuera.* 121.2. 1. *tan.* 2. *tan.* 3. *tan poco.* 4. *tan.* 5. *tanta.* 6. *tan.* 7. *tan poco.* 8. *tanto.* 9. *tanta.* 10. *tan pocos.* 121.3. 1. *tanto.* 2. *tanto.* 3. *tantos.* 4. *tanta.* 5. *tan.* 6. *tan pocos.* 7. *tan poca.* 121.4. 1. *Hay tanto ruido que no se oye nada.* 2. *La obra es tan buena que no quedan entradas.* 3. *Hacía tanto frío que no salimos.* 4. *Había tan pocas sillas que no me pude sentar.* 5. *Le gustan tanto los gatos que tiene seis.* 6. *Habla tan poco que parece enfadado.*

Unidad 122: Oraciones impersonales. 122.1. 1. *se vive; Se vive; se tiene; uno se relaciona / se relaciona uno; se necesita.* 2. *se tiene; se divierte uno; se siente uno; se vivía; se vive.* 122.2. 1. *Se veía que Olga estaba contenta.* 2. *En Chile se suele bailar la cueca en las fiestas populares.* 3. *Se dice que Norma no se encuentra bien.* 4. *Se puede hablar por teléfono desde aquí.* 5. *Se sospechaba que Andrés había causado la discusión.* 6. *Se supone que Nacho es muy inteligente.* 7. *No se necesita ser alto para jugar bien al baloncesto.* 8. *Se espera que el Presidente hable mañana.* 122.3. 1. *Es fácil equivocarse.* 2. *Es importante no equivocarse.* 3. *Es mejor ser abiertos.* 4. *Es útil saber cocinar.* 5. *Es bueno hacer ejercicio.* 6. *Es malo ser egoísta.* 7. *Es difícil estudiar con tanto ruido.* 8. *Es imposible salir con este tiempo.* 122.4. 1. *Hizo.* 2. *Hay.* 3. *hace.* 4. *anochece.* 5. *Hace.* 6. *hace/hacía.* 7. *ha nevado.* 8. *Es; hay; amanece.*

Unidad 123: Reglas de acentuación (1). 123.1. 1. *balón.* 2. *cabeza.* 3. *Sánchez.* 4. *Madrid.* 5. *Ecuador.* 6 *Perú.* 7. *Guatemala.* 8. *enero.* 9. *cama.* 10. *mexicano.* 11. *octubre.* 12. *lloro.* 13. *lloró.* 14. *cárcel.* 15. *azul.* 16. *querer.* 17. *capitán.* 18. *balones.* 19. *Chile.* 20. *comes.* 21. *hospital.* 22. *España.* 23. *argentino.* 24. *portugués.* 25. *viven.* 123.2. 1. *melón.* 2. *francés.* 3. *alemana.* 4. *marroquí.* 5. *amarillo.* 6. *casa.* 7. *Pepe.* 8. *González.* 9. *Panamá.* 10. *África.* 11. *alemán.* 12. *melones.* 13. *lápiz.* 14. *lápices.* 15. *actriz.* 16. *útil.* 17. *árboles.* 18. *Bogotá.* 19. *pájaro.* 20. *Brasil.* 21. *vivís.* 22. *comí.* 23. *vivo.* 24. *América.* 25. *estás.* 123.3. 1. *sé.* 2. *mí.* 3. *Tú.* 4. *Qué.* 5. *Sí.* 6. *de.* 7. *te.* 8. *él.* 9. *tu.* 10. *se.* 123.4. 1. *¿Se acuerda de mí?* 2. *Felipe se ducha por las mañanas.* 3. *¿A qué hora te levantas?* 4. *A mí no me gusta el té.* 5. *Es el coche de mi padre.* 6. *¿Te gusta el zumo de piña?* 7. *Prefiero que me dé comida.* 8. *Si te gusta mi reloj, te lo regalo.* 9. *No sé tocar el piano.* 10. *Es la chica que vive con Marisa.*

Unidad 124: Reglas de acentuación (2). 124.1. 1. *ca-mión.* 2. *cien.* 3. *diez.* 4. *cuer-no.* 5. *ciu-dad.* 6 *viu-da.* 7. *o-cé-a-no.* 8. *hoy.* 9. *e-gip-cio.* 10. *ju-nio.* 11. *hay.* 12. *ví-de-o.* 13. *Ig-na-cio.* 14. *sen-ta-os.* 15. *di-ciem-bre.* 16. *die-ci-o-cho.* 17. *Ruiz.* 18. *ha-bla-bais.* 19. *cam-biáis.* 20. *cuí-da-te.* ■ 1. *camión.* 4. *cuerno.* 5. *ciudad.* 6. *viuda.* 7. *océano.* 9. *egipcio.* 10. *junio.* 12. *vídeo.* 13. *Ignacio.* 14. *sentaos.* 15. *diciembre.* 16. *dieciocho.* 17. *hablabais.* 18. *cambiáis.* 19. *cuídate.* 124.2. 1. *estáis.* 2. *cuídate.* 3. *habitación.* 4. *Europa.* 5. *Colombia.* 6. *acostaos.* 7. *Jamaica.* 8. *bacalao.* 9. *ruinas.* 10. *levantaos.* 124.3. 1. *tía.* 2. *oído.* 3. *raíz.* 4. *relojería.* 5. *óleo.* 6. *hacía.* 7. *ahí.* 8. *héroe.* 9. *vehículo.* 10. *subíos.* 11. *frío.* 12. *envían.* 13. *acentúo.* 14. *acentuar.* 15. *baúl.* 16. *enviamos.* 17. *mío.* 18. *vestíos.* 19. *reunir.* 20. *sonreír.* 124.4. 1. *oigo, oyes, oye, oímos, oís, oyen.* 2. *reí, reíste,* *rió, reímos, reísteis, rieron.* 3. *actúo, actúas, actúa, actuamos, actuáis, actúan.* 4. *reúno, reúnes, reúne, reunimos, reunís, reúnen.*

Unidad 125: Uso de mayúsculas. 125.1. 1. *Mi padre nació en Holanda.* 2. *Ayer fue dos de enero. Fue el cumpleaños de Manuel.* 3. *Hay una exposición sobre los incas en el Museo de América. La ha inaugurado el rey Juan Carlos.* 4. *El martes estuve en la Fundación San Carlos con el señor Arroyo.* 5. La ciudad de las columnas *es un libro de Alejo Carpentier sobre La Habana.* 6. *¿Quién pintó* La maja desnuda? 7. *Muchas ONG colaboran con la ONU en países del Tercer Mundo.* 8. *¡Qué impresionantes son las cataratas de Iguazú!*
125.2. 1. *Gerardo nació el 23 de enero.* 2. *Queremos ir a China en diciembre.* 3. *¿Has leído* El siglo de las luces? 4. *Don Julio Llopis vivió muchos años en La Paz.* 5. *¿Cuándo fue la Guerra de la Independencia?* 6. *La reina Sofía es griega.* 125.3. *Querida hermana: Llevo una semana en Buenos Aires. Estoy alojado en el hotel Sur, en la avenida Rivadavia, muy cerca del centro. Me gusta mucho la ciudad. Ayer visité la Casa Rosada, donde vive el presidente del país. Esta noche voy a ir a escuchar tangos al famoso barrio de la Boca. El domingo próximo salgo para Chile. ¿Cuándo llegas tú? Besos.* 125.4. 1. *Instituto Nacional del Libro Español (INLE).* 2. *Fondo Monetario Internacional (FMI).* 3. *Objeto volador no identificado (OVNI).* 4. *Comité Olímpico Internacional (COI).* 5. *Síndrome de Inmunodeficiencia Adquirida (SIDA).*